泉州师范学院"桐江学术著作"出版基金资助项目

A Narrative Inquiry into the Professional Development of
English Language and Literature Teachers in Scotland
Constructing Teacher Professional Identity
and Fostering Creativity

英语教学与测试研究丛书

苏格兰英文教师成长叙事

教师专业身份与创造力

周林莎 著

厦门大学出版社
国家一级出版社
全国百佳图书出版单位

图书在版编目（CIP）数据

苏格兰英文教师成长叙事：教师专业身份与创造力 / 周林莎著. -- 厦门：厦门大学出版社，2024.12.
ISBN 978-7-5615-9556-5

Ⅰ．G451.2

中国国家版本馆 CIP 数据核字第 2024T8K057 号

责任编辑　苏颖萍
美术编辑　李嘉彬
技术编辑　许克华

出版发行　*厦门大学出版社*
社　　址　厦门市软件园二期望海路 39 号
邮政编码　361008
总　　机　0592-2181111　0592-2181406(传真)
营销中心　0592-2184458　0592-2181365
网　　址　http://www.xmupress.com
邮　　箱　xmup@xmupress.com
印　　刷　厦门市竞成印刷有限公司

开本　720 mm×1 020 mm　1/16
印张　18.25
插页　2
字数　348 千字
版次　2024 年 12 月第 1 版
印次　2024 年 12 月第 1 次印刷
定价　69.00 元

本书如有印装质量问题请直接寄承印厂调换

厦门大学出版社
微信二维码

厦门大学出版社
微博二维码

序 言

比较教育是一种跨文化的对话。德国诠释学代表人物伽达默尔（Hans-Georg Gadamer）提出"视域融合"，指出理解是不同视域之间的交融过程，个体在对话与对比中才能真正理解异文化的丰富性和复杂性。本书作者正是以中国研究者的"他者"身份探究英国中学教师的专业成长叙事，将对比、反思与文化理解相结合。

作者自身曾在英国留学和工作，这一"局内人—局外人"的双重身份为研究带来了跨文化体验和深层观察。作者以诠释学和现象学为基础，通过分享英国教师教育项目、职前教师学员和教师教育者的真实故事，以及这些故事的"幕后"建构过程，为读者提供了鲜活的叙事视角，揭示了教育实践中的文化细节。这些内容既丰富又生动，为比较教育研究提供了立体的现场观察。

本书的切入点新颖独特，通过研究苏格兰基础教育和教师教育中的日常文化和对话，揭示了英国内部的权力关系、新时代教育目的的转变、教师职业身份的认同与社会地位的变化，以及英国教育领域存在的阶级分层等问题；探讨了培养学生创造力与标准化测试，教师发挥职业创造力与维持工作效率之间的复杂张力。这些日常文化表层之下的深层结构，使读者得以更全面地理解教师教育在不同文化背景中的复杂性和独特性。通过对跨文化教育现象的多层次解读，作者成功地为读者提供了一个跨越文化界限的理解框架，使读者能从中汲取有益的思想启发。

孙　进

北京师范大学国际与比较教育研究院教授

推荐语

一

我欣喜地收到周林莎老师的书稿，这本书从宏观上介绍了苏格兰独特的历史文化传承对教育生态系统的影响；从中观上聚焦苏格兰综合性研究大学为满足"卓越课程"改革而进行的教师教育项目变革；从微观上采用个案研究法以新手教师的访谈、当地某中学的非参与式访问以及学者反思日志，向我们展现苏格兰教育的生动细貌。

"天下大同、协和万邦"，2024年全国教育工作会议强调，我们必须跳出教育看教育，坚定推进高水平教育对外开放，同时完善战略策略，在教育领域坚持统筹高水平的"引进来"和"走出去"，不断增强我国教育的国际影响力。我们以苏格兰的教育改革为前车之鉴，在深化新时代教育改革的今天，这本书值得广大教育工作者深入阅读。

郑丹娜
北京市垂杨柳中心小学金都分校校长

二

当前，课程改革已经进入核心素养时期。那么，核心素养导向下好课的标准是什么？什么是有魅力的课堂？作为一位走进小学课堂，亲自给小学生上课的大学教授，我在长期的学科教研、师范生培养以及同一线教师和学生沟通的过程中，对以下三点深有感悟，这也是我在周老师书中得到共鸣的部分。

首先，无论什么学科，无论哪个国家的基础教育环境，一堂好课、一种好的教育体验都要激发学生的学习兴趣，教师应该在学科知识与学生之间架起一座桥梁，充分激发学生的学习兴趣，让课堂变得生动、有趣、好玩，让学生喜欢学，学得好，自发地学。书中聚焦的虽然是苏格兰的课程改革动态、英文教师成长和实习期间的酸甜苦辣，但也呼应了许多我国新课标、核心素养以及大单元学习任务群设计所提倡的理念，对我们即将成为教师的师范生来说也是个很好的借鉴素材。

其次，有魅力的好课应该促进学生养成良好的学习和社会交往习惯。文中提到苏格兰当地中小学在融合教育和差异化教学方面所做的努力，对我国师范生和教育工作者在学科教学中坚持立德树人，培养学生互相尊重、开放包容、独立思考、善于交流、勇于表达和质疑等综合素养具有参考意义。

最后，课程改革和教学创新不能以牺牲学科的科学性为代价。数学课也好，语文课和英文课也好，都要有自己的学科气质。一节好课，应该让学生在知识学习的过程中感悟学科思想，训练学科乃至跨学科思维，从而逐步学会用多学科的广阔眼光观察世界和思考世界，用学科语言表达自己观察与思考的世界。正如书中的职前教师教育学员提到，我们不能过分夸大游戏活动和动手操作的价值，为了创新的形式而忽略了创新的实质。要避免把英文课上成音乐课、绘画课或者手工课，而要合理地创新，适度地融合。最终的目标都是让学生全面、健康、快乐地成长。

苏明强
泉州师范学院教育科学学院教授

三

很高兴成为周博士的博士论文答辩评审之一。我认为这个质性研究非常出色，很适合以系列图书的形式发表，为苏格兰乃至国际教师教育理论、研究范式和实践做出原创贡献。周博士的研究探究了苏格兰社会政治文化与基础教育课程改革之间的关系，挖掘了学校教育实践层面语言文学和艺术学科之间的跨学科合作趋势，以案例形式深入分析了职前教师的专业成长历程与身份建构特点。

作为一名苏格兰人、苏格兰教师和本地的教师教育者，我吃惊于周博士对苏格兰精神气质的精确捕捉，我也通过这种跨文化比较视角得到了很多关于本土教育的新感悟、新启发。希望通过上述讨论，继续呼唤教育界和社会领域对教师的专业成长和创新劳动给予充分肯定和支持。

安吉拉·佳普（Angela Jaap）
格拉斯哥大学教育学院副教授

四

与周林莎老师的相识源于我校申报立项的全国教育科学规划教育部重点课题"教育数字化背景下小学跨学科学习的实践研究",周老师是核心成员。她一直从事比较教育和教师教育的国际研究,给我们带来了国际视角和实证研究的经验与启发。

我一直坚信,躬身笃行:一线教师应当在精神理想层面达到一定高度,不断提升育人的专业能力,尤其是加强教育研究的意识,持续成长为反思型教师、研究型教师和具有教育家精神的"大国良师"。周老师的书深入浅出,娓娓道来,为我们的教师开展跨学科学习的校本实践,深入探索大单元教学设计提供了全球视野与国际经验。

苏伟毅

福建泉州市丰泽区实验小学校长

五

周林莎博士的新书是一本视野开阔、内容丰富的教师专业发展叙事。作者结合自身在苏格兰的求学经历,对苏格兰的政治、历史、文化以及由此孕育而生的教育制度、教师文化、教师专业发展路径进行了深入地思考与分析,并结合九位英文教师的成长经历叙述了苏格兰教师全职业生涯专业成长的政策要求与发展脉络。

作为一名从业多年的一线教师教育工作者,在工作过程中,"为谁教""教什么""怎么教"一直是我们努力思考并着力解决的问题。书中,周林莎博士从苏格兰的政治制度、苏格兰教师教育的课程建构、苏格兰教师教育的创造力角色培养等给出了答案,对我国当前教师专业发展过程中专业理念与师德、专业知识、专业能力的培养与塑造都极具理论与实践上的指导意义。本书真是让教师教育实践工作者爱不释手的好书!

许晓蕊

北京师范大学教育培训中心

六

谈及英国，很多国人会自动将其和英格兰划上等号；很多人并不知道，在不列颠岛的北部，古老的苏格兰拥有着与英格兰联系紧密却迥然不同的民族文化和发展脉络。那是个神奇的国度，神秘的古堡下，悠扬的风笛随着凛冽的西风散向北海；那也是片创新的沃土，激昂的岁月里，启蒙运动大师和工业革命巨匠随巨轮出海改变了世界。

在历史演进与现实政治格局的双重作用之下，苏格兰的教育制度和实践兼具欧陆和盎格鲁－撒克逊特色，非常值得关注与研究。周林莎旅居苏格兰多年，在备受赞誉的爱丁堡大学进行其博士研究，那些年，她行走在苏格兰教育现场，饱含深情地进行记录和研究。对于苏格兰教育，她既有深处其中的局内人的洞见，又由于东方研究者的身份保持着局外人的清醒。

今天的苏格兰，正在践行其标志性的卓越课程，试图消解掉学校的"围墙"，让学校所在社区，乃至一整座城市成为儿童艺术表达、社会感知和自然探索的舞台。教师的课程设计、课堂教学和学校工作重心都围绕着孩子们的自主学习、内发成长和终身学习展开。

在这本书中，我看到语言文学领域的专业人士饱含热爱地扎根于这座世遗文学之城，采撷灵感，传承民族文化；我看到当地英文专业大学生从青涩努力走向成熟，致力于成为善于激发想象力和创造力的优秀教师；我也看到当地教育者，试图在全球化浪潮中坚守优秀传统文化，同时大胆革新，引入丰富的数字化教育资源与媒介。

书中的教师或许是平凡的，但是却让我无比尊敬。我深知，教育非一日之功，非一人之力。教育是一座城市的大脑，思维的脉动在此激荡；教育是一个国家的呼吸，生生不息地孕育希望。

整本书兼具学术性和可读性，宏观的地理和历史关照之下，蕴含着精彩的细节论述，鲜明地刻画出苏格兰的人文气质和浪漫情怀，让教育论述变得生动且"有根"。我相信，这本书将是国人打开苏格兰教育旅程的重要指引。

落 鑫
陕西师范大学教育学部副教授

前 言

中国著名教育家、华东师范大学终身教授叶澜曾经说过:"我的人生读的就是两类书:第一类是无字的生活与自然之书,第二类是文字之书。"她在散文《紫园花事》中,用诗意且真诚的文字记录了园内花草树木与她共同经历的"初醒的春、蓬勃的夏、温醇的秋、渐寂的冬"。这些景象"以无声的生命语言告诉我,天地与人相通,必须通过这些看似普通,甚至被蔑视的草木来实现,它们实则集天地之精华"。

美丽的生态环境不仅深深滋养着叶澜老师的教育世界,也使我们这些读者与教育学的学习者,在她娓娓道来的文字中感受到自然生态如何润泽着教育者与学习者的生命,共同孕育出欣欣向荣的教育生态。

叶澜老师古为今用,以东方智慧提出了"教天地人事,育生命自觉"的教育本质叙事。这是中国式的叙事精华,也在西方得到了呼应,让东西方的学者共同反思理性与感性的多元关系,探讨精神世界与物质世界、自然生态与文教的互动交织现象,关注教育现象中的人——人是教育的本质关怀对象。

关于教育领域的叙事,本质上是人们生命历程的叙事,是终身生长的叙事,是自然人文和社会生态中各方互动、共同建构的叙事脉络和叙事内容。笔者认为,它连通着学习者个人、教育者与教育机构、家长、社群乃至更多的社会关系网络集群。正如叶澜教授在《回归突破:"生命·实践"教育学论纲》中动情的表述:

如果让我用一句话来表达"生命·实践"教育学是怎样一种品性的教育学,我会这样说:"生命·实践"教育学是属人的、为人的、具有人的生命气息和实践泥土芳香的教育学。

2018 年《回归突破:"生命·实践"教育学论纲》英文版(*Reoccurrence and Breakthrough: An Outline of "Life-Practice" Educology*)的出版,是以叶澜老师为代表的中国优秀教育学者、教育实践者参与国际文化教育叙事的代表作。著作分享的是中国学者承上启下,聚焦当代中国教育现象的观察、探究与科学叙事建构,也展现了中国智慧对教育哲学的基础理论架构之贡献。

加拿大多伦多大学叙事探究领域的权威康纳利教授（Michael Connelly），在《回归突破》英文版序言中高度赞扬了叶澜教授以及中国教育叙事在国际学术界所做的贡献。这是中国声音、中国叙事得到的众多回应之一。

一个国家的教师地位与教师成长历程中得到的支持，深深地扎根于这个民族的历史与社会教育文化，也离不开系统化、专业化、与时俱进、不断创新的教师专业教育。要讲好全球化、数智化时代的教师和师生故事，离不开教育家精神的传承与创新建构。

放眼全球，世界百年未有之大变局加速演进，全球各领域、全方位竞争日趋激烈。教育作为科技创新变革和人类社会发展的重要基础，始终占据着国际竞争的关键领域。要打造"大国良师"的时代画像，更好地滋养中华民族人格气韵与师道精神，我们需要辩证地批判、吸纳他国的教育改革和教师专业发展经验，以此积极地参与全球教育话语建构，在倾听国际声音的同时，以中国教育家的力量推动教育的全球治理。

笔者沿袭前辈大家的开拓之路，基于在爱丁堡大学攻读博士学位期间的比较教育研究与教学经验，撰写此书，旨在分享部分博士研究成果，抛砖引玉，诚邀各位前辈同仁不吝赐教，共同探讨。我们期望通过持续努力，深入探究人类命运共同体这一宏大课题的时代叙事，发出更多来自中国的声音，探讨中国教育与外国教育在具体领域——如教师教育与基础教育课程改革——的相互借鉴与启示。

本书采用诠释主义现象学理论作为具体的理论框架，并通过叙事探究、个案研究等质性研究方法，结合数据收集与分析技术，作为研究的操作工具，聚焦了：

（1）宏观层面：苏格兰社会文化宏观叙事，探究苏格兰独特的历史文化传承以及它对教育生态系统的影响，特别是在基础教育阶段学校教育方面。讨论苏格兰在英国内部的位置，及其在国际教育变革中的位置、主要应对策略。

（2）中观层面：苏格兰教师专业成长生态共同体如何受到英国"议会权力下放"、苏格兰国民身份认同建构政策的影响。具体表现在近年来综合性研究型大学承担的教师教育项目如何变革，以满足苏格兰"卓越课程"改革的需求，满足当地人民对教育的需求。

（3）微观层面：采用工具性个案研究的方法，聚焦具有代表性的世界知名研究型大学职前教师教育项目在课程改革中的应对策略与实践，具体的实证数据包括针对某职前教师教育项目的跟踪调查，对英文新手教师的两次半结构深入访谈、新手教师的反思日志、对项目专业课的非参与式观察、对大学教师教育者和项目主任的半结构式深入访谈，以及对当地某中学（职前教师教育项目实习基地）

的非参与式访问、学者反思日志。

因篇幅所限，本书选取了宏观、中观和微观层面中与教师教育相关度较高的部分教育现象和教育叙事与读者分享。因为本研究发生在新冠疫情之前，故疫情对苏格兰学校教育生活和相关社会生活领域的影响未有涉及。研究开展时，虽然英国已经经历了"脱欧"全民公投和苏格兰"独立公投"，但其影响并非本研究关注的重点，受访者也未提及相关话题。根据笔者的生活观察，脱欧后的过渡期间，相关政策变动对苏格兰人的生活、工作和学习并无较大影响，因此书中未对此内容进行讨论。

因为水平有限，博士研究中仍有许多未能克服的不足与缺憾，故而怀着忐忑之情在此分享，期待获得反馈与指正。"驽马十驾，功在不舍。"通过分享与交流，才能获得更多进步的机会。只要朝着正确的方向努力，一定能以跬步积千里。也希望笔者的研究内容如天地渺渺一水滴，汇入汪洋大海，为中国与苏格兰文化的交流开启更多的可能性。正如苏格兰当代诗人艾德文·摩根（Edwin Morgan，1920—2010 年）的诗中写道的：

> 开启大门！
> 阳光，照进来；
> 思维之光，迸射而出！
> 我们有一座建筑，它绝不仅仅是砖瓦。
> 正如内室与外墙，必有连通，
> 光明与阴影，世界和思考着世界的世人，
> 必有联结。
> 这难道不令人着迷？
> 和谐的那部分，
> 一砖一瓦，明暗交织，
> 里里外外都恰到好处，
> 像花瓣拱卫出花的小世界，却将花蕊探出，试探天地的气息。①

周林莎

2024 年 7 月

---

① 节选自摩根的长诗《开启大门！》（*Open the doors!*）。本诗创作于 2004 年 10 月，原本是为了苏格兰议会重启而作的诗歌，赞美了爱丁堡的古代和当代建筑，歌颂了这座孕育了思想与文化的世界遗产名城，以及苏格兰的文化传承。笔者选取了最具想象空间的第一节，进行了意译，欢迎读者阅读原文，批评指正。

目 录

第一章 苏格兰历史文化的宏大叙事 ··················· 001
  1.1 苏格兰风貌 ································· 002
  1.2 苏格兰的社会文化叙事 ························· 004
  1.3 苏格兰民族文化与身份认同建构 ················· 027

第二章 苏格兰教育图景的空间叙事 ··················· 030
  2.1 苏格兰基础教育阶段的学生人数 ················· 031
  2.2 苏格兰综合教育的传统 ························· 032
  2.3 苏格兰现代基础教育和"卓越课程"改革 ·········· 043
  2.4 苏格兰教师教育的历史与革新 ··················· 051
  2.5 苏格兰的教育精神与文化传承 ··················· 058

第三章 苏格兰教师的专业群体叙事 ··················· 073
  3.1 英国与欧陆背景下教师专业群体的发展 ··········· 075
  3.2 教师专业表现、专业身份认同与专业成长 ········· 082
  3.3 教师专业成长的叙事建构 ······················· 087

第四章 苏格兰英文教师成长的个人叙事 ··············· 090
  4.1 无"规定教材"的英文课程与教学改革 ············ 092
  4.2 九位英文教师的专业成长 ······················· 095

第五章　苏格兰教育专家叙事 ·· 218

5.1 苏格兰课程改革的叙事主线 ······································ 220
5.2 改革的实践者与动力源 ·· 228
5.3 多元叙事视角下的苏格兰学校教育 ····························· 232

第六章　诠释主义现象学视角下的教师教育与身份建构 ············ 243

6.1 诠释主义现象学叙事网络的理论建构 ························· 246
6.2 苏格兰英文教师专业成长中的叙事身份建构 ················· 253
6.3 创造者身份认同与英文教师专业成长 ························· 262

参考文献 ·· 271

第1章 苏格兰历史文化的宏大叙事

导　言

苏格兰的学校教育体系与英国的其他地区——尤其是英格兰——相比，特点显著，这与它的生态环境、人口结构、社会文化传统密不可分。有文化遗产领域的学者指出，广义的文化包括三个层面：其一是物质文化，反映了人与自然的关系，是文化的表层，体现在城市环境、建筑、基础设施、广场、文化景观等方面；其二是制度文化，反映了人与人、人与社会的关系，可以称为文化的中层，体现在行政制度、城市管理制度、法律法规体系、行为习惯规范等方面；其三是精神文化，包含价值标准、道德风尚、精神风貌以及人的文化素质、风俗习惯、文化生活等方面。①

文化具有民族性、地域性和时代性，也具有一定的普遍性。例如，不同文明对世界和人类的起源可能有类似的传说、类似的故事脉络。本章将概述苏格兰的情况，为后续阐述苏格兰的教育叙事提供必要的背景信息。

---

① 单霁翔.从"功能城市"走向"文化城市"［M］.天津：天津大学出版社，2007：36.

1.1 苏格兰风貌

1. 生态环境

苏格兰面积 78 772 平方公里，南接英格兰，西北濒临大西洋，东临北海，首府为爱丁堡市。从地势上看，苏格兰境内多高地，主要集中在北部，称为苏格兰高地（highlands），包括英国境内最高峰本内维斯山（Ben Nevis，苏格兰盖尔语：Beinn Nibheis）。苏格兰中部的谷地与南部被统称为苏格兰低地（lowlands），气候相对温暖。

苏格兰西海岸布满了深入内陆的海湾和超过 790 个星罗棋布的岛屿，其中主要包括四大群岛：最北部的设得兰群岛（Shetland）、紧邻英格兰的奥克尼群岛（Orkney）、内赫布里底群岛（Inner Hebrides）和外赫布里底群岛（Outer Hebrides）。这些岛屿中，除了仅由岩石构成的小岛礁外，其余均各具特色。

除了壮丽的自然风光，这些群岛上还保留着石器时代、铁器时代、青铜时代以来的活动遗迹，以及维京遗迹和中世纪城堡。这些遗迹见证了北欧与英国北部民族与文化交融的历史。

赫布里底群岛（Hebrides）位于苏格兰西部大西洋中，由内赫布里底群岛和外赫布里底群岛组成，自中石器时代起就有人居住，先后受凯尔特语、古诺尔斯语（Old Norse，又称古北欧语）和英文文化的影响。在世界范围内，羊毛粗花呢面料以及用这种面料制成的猎装、西服夹克和其他各类时尚单品是赫布里底群岛的名片。其原料取材于当地黑脸羊的羊毛，由传统的纺织机手工纺织，经岛屿上的天然花草果木、矿物染色而成不同的条纹、格纹。

粗花呢的时尚文化影响之巨，至今被视为英伦风的标志之一。当地政府也采取了一系列原产地保护措施，规定制作者必须采取纯手工的传统工艺制作，才有资格贴上原产地标签；当地学校的生活课、实践课中也融入了纺织体验，最大程度地保留这一传统文化。除了纺织业，许多岛屿的酿酒业也驰名全球，尤其是威士忌的传统与创新工艺。酿酒与酒吧文化与当地传统的航海、渔业密不可分。

2. 行政区划与人口分布

苏格兰全境被划分为 32 个一级行政区（region），包括周边岛屿，每个行政区下设次区（district）。区的性质与英格兰的"郡"（county）较为类似，在翻译中常常被冠以"郡"之称谓。本书仍采取"区"的译法，以示区别。在 32 个行政区中，除了首府爱丁堡，还有格拉斯哥（Glasgow）、邓迪（Dundee）、阿伯丁（Aberdeen）、斯特林（Stirling）5个较大城市，各市均有同名的综合性研究型大学，在国际学术界享有很高的声誉。

其中，格拉斯哥约有59万人口，是苏格兰第一大城市。爱丁堡以近46万人口位居苏格兰第二大城市。紧随其后的是以欧洲石油之都著称的阿伯丁，但阿伯丁的人口还不到20万。位于苏格兰正中心的古代要塞斯特灵市的人口甚至不到4万。① 2021年的数据显示，英国的人口密度平均每平方千米276人，英格兰平均每平方千米434人，威尔士每平方千米150人，北爱尔兰每平方千米141人，而同年苏格兰每平方千米仅有70人，可谓地广人稀。② 综上，苏格兰的人口主要集中在地势较低、较为平坦的沿海港口城市，以格拉斯哥、爱丁堡、阿伯丁为主。

3. 苏格兰旗

苏格兰旗的正式名称是圣·安德鲁十字旗（St. Andrew's Cross Flag），通常被称为圣·安德鲁旗（St. Andrew's Flag）或苏格兰旗（Flag of Scotland），蓝色底色上有一个白色的斜纹十字（旗帜学术语 saltire）。圣安德鲁（St. Andrew）是苏格兰的守护圣人，他是耶稣的十二门徒之一。据传，约在公元1世纪，圣·安德鲁在小亚细亚地区被钉在一面斜交的十字架上殉道。他的遗骨被传至苏格兰，成为苏格兰基督教历史和传统的一部分。

图1.1　苏格兰政府与苏格兰圣·安德鲁斯国旗③

---

① Statista. Population of Scotland in 2022, by council area［EB/OL］.（2024-03-01）［2024-07-01］. https://www.statista.com/statistics/865968/scottish-regional-population-estimates /.

② Office for National Statistics. Population estimates for the UK, England, Wales, Scotland and Northern Ireland: Mid-2021［EB/OL］.（2022-01-31）［2023-05-22］. https://www.ons.gov.uk/peoplepopulationandcommunity/populationandmigration/populationestimates/bulletins/annualmidyearpopulationestimates/mid2021.

③ Scottish Government. What the Scottish Government does［EB/OL］.（2021-09-01）［2022-09-01］. https://www.gov.scot/.

1.2 苏格兰的社会文化叙事

说到苏格兰文化，许多人第一反应是影片《勇敢的心》中异国的勇士与战争，苏格兰裙上五颜六色的格子纹、威士忌、风笛和蔚蓝美丽的天空岛，草地上成群的牛羊，或者是爱丁堡大学、威廉王子和凯特王妃的母校圣·安德鲁大学，以及近年来闹得沸沸扬扬的苏格兰独立公投。诸如此类，人们从多种媒体、口耳相传或是短暂旅行中获取的印象与感受，构成了大多数人对一个地区、一种文化的集体印象。这类印象不一定准确，但往往具有生动、简明、概括性较强的标签特征，或称为符号化。

人类从远古以来就在持续地讲述自己的故事、身边的故事，这些故事经过时间的沉淀和艺术的加工，汇聚成本民族的故事、社会的故事、历史的故事。法国当代著名哲学家保罗·利科在三卷本巨著《时间与叙事》(*Temps et récit*，英译 *Time and Narrative*)的论述中深入探讨了诠释与叙事哲学。或者说，利科关注的是"谁"在讲故事、如何讲故事（如语言、故事背景、脉络、人物、情节等）、讲了什么故事、故事是如何融入历史的（或者说如何传播演变的）。

叙事理论关注人的存在、（同一或多重）身份认同乃至特定群体的存在与历史建构之间的不断互动、建构、解构、重构。概而言之，利科指出，历史可以从叙事的角度解读其形成的过程、背后的各种意义、人们的集体记忆与故事的脉络变化。历史不是故纸堆里的故事，不是束之高阁的古董，而是在一定地点、环境之中人们正在经历与讲述的现实（故事），是即将发生的、包含群体期望的故事展开（unfolding）。

利科与其他现象学家、具有后现代主义批判视角的学者启发我们以多元的角度看待不同地区、民族的文化，促进多元文化的相互理解、相互尊重。例如，密歇根大学教授、社会学家玛格丽特·萨默斯教授（Margaret Somers）提出人类的叙事可以从四个方面进行分析，这四个方面是：本体论维度（ontological narratives），集中体现个人经历与思考的叙事；公众维度（public narratives），聚焦社会主流舆论和常识；学科领域维度（disciplinary narratives），关注学者、政策制定者和专业人员在特定领域和行业所达成的共识，以及主要争论；宏观维度或宏大叙事（mega-narratives），主要讨论宏观领域的社会历史、文化传统。[①]

---

① SOMERS M R. The narrative constitution of identity: A relational and network approach [J]. Theory and society, 1994, 23 (5): 605-649.

同样的事件，从不同的叙事视角分析，可以得出微观、中观或是宏观维度的分析结论。这种分析有助于探究不同群体理解事件的意义，并揭示讲述事件故事的方法。宏大叙事或者称为元叙事、大故事的概念在20世纪早期就出现了，不过，法国哲学家利奥塔（Jean-Francois Lyotard）在1979年出版的著作《后现代状况：关于知识的报告》（*The Postmodern Condition: A Report on Knowledge*）真正让宏大叙事（grand récit）以及相应的多元的微观叙事（petits récits）概念进入学术与大众的视野。① 相关的讨论启发我们在研究文化的过程中关注本土语境（local context），关注这一语境下的时间、空间、叙述者、被叙事的事件、经历和背后的意义建构过程。

1.2.1 语言与神话流变：狂战士与战斗女王

基于上述学者的叙事理论视角，并为了让读者对苏格兰的人文社会环境有所了解，下文将首先对苏格兰的语言与文化的起源和变化进行简要介绍与分析。我国"生命·实践"教育学派的奠基人叶澜教授指出，"就文化活动本身而言，最重要的工具是以文字为代表的一系列、随人类精神创造不断丰富变化的符号工具"。②

举一个简单的例子，英国历史上的政党辉格党（Whig）又称维新党，其来源是苏格兰南部农民赶马时呼喊的方言"Whigg（马）amore（向前）"，后来苏格兰农民与英格兰进步知识分子和自由主义者结盟，反对国王专制、王权独断，在抗议示威活动时农民们高喊"Whiggamore"的口号，辉格党的政敌称之为"Whigs"，最初带有贬义嘲讽，而辉格党人作为回应，将此作为党派称号。辉格党主张个人自由、权利和民主，关注保护公民权利、限制王权和政府权力，得到了商人和企业家的广泛支持，同时该党倾向于推动教育改革、社会公平，促进科学发展。

辉格党人称王室支持者中的保守派、保守的社会精英为"Tóraidhe"，即爱尔兰语"土地占有者"或"山地强盗"的意思，逐渐演变为"Tory"，即托利党。该党派倾向于维护传统的社会秩序、权威和稳定，强调国家主权和国家利益，支持自由市场原则。辉格党和托利党的名称来源可以折射出语言和语言使用者的历史角色，从中看出苏格兰和英格兰分分合合、你中有我的社会历史交融。

根据苏格兰高地协会（The Highland Council）的官方资料，苏格兰现在仍在

---

① LYOTARD J F. The postmodern condition: A report on knowledge [M]. Minneapolis: University of Minnesota Press, 1984.
② 叶澜. 回归突破"生命·实践"教育学论纲 [M]. 上海：华东师范大学出版社，2015：103.

使用的本土语言并非英文，而是盖尔语（Gaelic），这是一种古老的凯尔特语言，与古爱尔兰语同源，和威尔士语算"远亲"。盖尔语曾经是苏格兰王国和民族的通用语言，许多当地地名就保留了盖尔语原文。苏格兰政府在公共场所常常用英文和盖尔语双语制作标识和名牌，许多官方信息都有双语版本，例如苏格兰政府的盖尔语是"Riaghaltas nah-Alba"，"Alba"即盖尔语中苏格兰的意思。

目前盖尔语的日常使用集中在苏格兰高地地区，苏格兰境内约有6.5万人会说盖尔语。例如，人们熟知的威士忌酒（whisky）实际是盎格鲁—撒克逊的称呼，苏格兰高地人称之为"Uisce beatha"，直译为"生命之泉"（Uisce 生命，beatha 泉），发音近似"意许格·巴哈"。总之，盖尔语的发音规则、构词法和英文的区别较大，而语言也潜移默化地影响一个民族的思维习惯和文化特质。

神话传说和民间故事是一个民族共有的精神财富，也是了解当地文化的重要叙事资料。1912年出版的《苏格兰简史》(A Short History of Scotland)介绍了古代苏格兰与爱尔兰共有的英雄史诗《夺牛长征记》(The Cattle-Raid of Cooley，爱尔兰语 Táin Bó Cúalnge)。故事讲述了康诺特（Connaught）女王梅芙（古爱尔兰语 Medb 或 Méibh，英文常作 Maeve）因为妒忌和对权利的贪欲发动联军，入侵厄尔斯特（Ulster）（古代爱尔兰北部），夺取一头棕色的神圣公牛丹·库林格的过程。这次事件直译为库林格的夺牛大战。① 这部史诗在爱尔兰文学史上的地位堪比《荷马史诗》之于希腊文学，同样充满了战火纷争、阴谋爱欲、诸神与先知、欲语还休的预言与咒语，塑造了许多经典情节，尤其是有血有肉的英雄形象库丘林（Cú Chulainn 或 Cúchulainn）。

关于库丘林的传奇故事大致成形于公元7至8世纪，文字记录出现在12世纪发现的手稿汇编中，例如《伦斯特之书》(The Book of Leinster)，以及14世纪后半叶的《莱肯黄皮卷》(The Yellow Book of Lecan)。更重要的流传方式则是民间口口流传的神话故事、歌曲、舞蹈（如传统踢踏舞剧《大河之舞》中的部分曲目）。因此故事的细节不尽相同，版本众多。许多欧洲古典艺术作品中能够看到半神战士库丘林驾着战车，挥舞神枪盖·博尔格（Gáe Bolg）的英姿，亦有他误杀独子的悲剧和27岁英年早逝的怆然。时至今日，即便不了解凯尔特文化的外国人也能在广受欢迎的小说、动漫、游戏、影视作品中看到凯尔特神话的影子，领略以战斗女王梅芙、英雄库丘林为原型创作的强权女王或狂战士风姿。

1. 狂战士与守卫者

从故事主线和主要人物来看，包括对阵双方的半神狂战士与战争女王。狂战

---

① LANG A. A history of Scotland from the Roman occupation [M]. New York: Dodd, Mead and Company, 1907.

士库丘林是厄尔斯特阵营的英雄，原名瑟坦特（Setanta），凯尔特神话中称他为光神（太阳神、至高王）与厄尔斯特公主的儿子。七岁时，瑟坦特在拜访著名铁匠库林时，徒手勒死了一条突然袭击他的猛犬。目睹主人悲痛之情，瑟坦特承诺在新犬养成前为其守护家园，作为补偿。在国王祭师的主持下，瑟坦特正式更名为库丘林，意为库林的猛犬，并立下一生不得吃狗肉的誓言（geis，古代凯尔特神话中的禁制）。

年幼的库丘林天赋异禀，苦于找不到趁手的武器。一天，他偶然听到国王先知和学生的对话，随即向身为国王的舅舅求封骑士，求得武器——他听到的只言片语是"在这一天得到武器的骑士，将会成为名留千古的英雄"。然而，先知的后半句话未曾吐露，"但这位英雄的生命会非常短暂"。

国王惊喜于库丘林展现出的非凡武力，欣然同意其成为骑士，并赐予战车与兵器。后来，为了与心爱的少女艾玛顺利结婚，少年库丘林应艾玛父亲的要求前往影之国（即苏格兰著名景点天空岛）①，接受女战士的严格训练。库丘林和一同训练的少年伙伴成了挚友，还获得了带刺长枪盖·博尔格。库丘林进步神速，在学艺期间就有勇有谋地战胜了师傅的姐妹与宿敌——女战士艾弗，得到师傅倾囊相授。后来，厄尔斯特遭到康诺特的攻击，岌岌可危。在旷日持久的血战中，库丘林孤身对战康诺特发动的三国联军。虽然库丘林最终未能守住阿尔斯特的神牛，但他孤军擒获梅芙女王，以"不得再侵略阿尔斯特"的条件放了她，赢得和平。

总体而言，史诗中的库丘林体格强悍，术士的药剂也对他无效，狂化后呈现出的半人半兽模样，更令敌人闻风丧胆。他风流不羁，自信而骄傲，暴躁鲁莽却也不乏对战策略。他自尊重诺，忠于家国，追求闪耀的荣光和永垂不朽的声望，不惧强敌与牺牲，代表了古代凯尔特人与苏格兰人民族性格的精神偶像，是集体记忆的一种外显代表。

2. 战斗女王与诸侯纷争

在凯尔特神话中，库丘林的对手是康诺特女王梅芙。她是爱尔兰至高王（类似周天子）的公主，后来统治着爱尔兰西部和诸多岛屿。梅芙的名字来源于古爱尔兰语，意思是摄人心魄的魅力，这个名字至今在当地广受欢迎。梅芙女王的形象常常被塑造为身披凯尔特铠甲，手持武器，冲锋陷阵的金发战斗女王。她身先士卒，执着坚定，雄心勃勃，狡诈而魅力四射。她要求她的追求者和历任丈夫必须遵守三项原则——毫不畏惧、不卑鄙、不嫉妒，这三项原则也成了当时成为王者的三大条件。

---

① 传说艾玛的父亲并不满意库丘林，提出这个非常要求只盼丘库林知难而退，甚至暗地希望他在前往"影之国"学艺的路上遭遇不测。

梅芙女王发动夺牛战争的原因表面上是与丈夫比较财力。她发现丈夫拥有一头白色神牛，超过了她拥有的财产，心生不平，随即决心获得唯一与之媲美的棕色神牛——厄尔斯特王者名下的财产。在交换谈判破裂后，梅芙女王举兵征战厄尔斯特。因为一位女神的咒语，厄尔斯特王国的男子均无法征战，只有半神血脉的库丘林幸免，因此只能孤身对敌。库丘林连连挫败女王麾下骑士，大放异彩。传说在对峙中梅芙因身体不适败于库丘林，承诺停战讲和，退出了厄尔斯特。

夺牛战争中神勇的库丘林得到掌管死亡的女神摩莉甘（Morrigan）的垂青，然而，怀着战士的骄傲，库丘林不仅拒绝了女神的祝福与求爱，还对她出言蔑视。传说，梅芙女王从摩莉甘那儿得知了库丘林的弱点，用计让他违背自己许下的三大誓言，复仇成功。这位以一敌众的狂战士在违诺后最终失去力量，遗憾而悲壮地战死。在凯尔特神话的某些版本中，梅芙女王是七位女神之一，和上文提到的女神摩莉甘地位相当，只是她不使用咒语，而是以武器作战。

在古爱尔兰文字记载中，至高王将梅芙公主嫁给厄尔斯特国王，以此笼络。梅芙的第一任丈夫厄尔斯特国王在登基一年后原形毕露，暴虐残忍，因其暴行与一位女神结下死仇，导致举国男子遭到诅咒。后来梅芙摆脱前夫成为康诺特女王，过程并非毫无波折。夺牛或许是个借口，几方势力的争夺与统治者之间的宿怨才是根源。梅芙女王晚年也遭到复仇被刺身亡，古代权力争斗的激烈与复杂可见一斑。

与古希腊神话类似，凯尔特神话中的自然神、男神、女神极具个性，有闪光点也有许多弱点，性格复杂，不乏傲慢、狡诈、暴戾等负面元素，也绝非人力不可战胜。在古代厄尔斯特流传下来的故事里，库丘林的形象光芒万丈，又风流倜傥，引众多佳人倾心，梅芙女王自然成为终极大反派，是放荡善妒的野心家；在古代康诺特人的歌谣里，库丘林残暴屠村，凶名远播，能让小儿止啼。

在现代及后现代流行文化中，梅芙女王的形象、个性与传奇故事常常与女权主义，反抗父权、夫权的思潮联系起来。主流观点同时认为梅芙女王是莎士比亚《罗密欧与朱丽叶》《仲夏夜之梦》中精灵女王的原型，她会在人类熟睡时潜入梦境，唤醒人类贪婪、战争与激情的神秘力量。

这种叙事形象的建构或许也象征着西方主流理性之外的感性与潜意识。在英国社会的公众叙事传统中，英格兰主流精英阶层往往将苏格兰地区与苏格兰人同蛮荒、好斗、倔强以及某种神秘力量联系起来，正如梅芙女王与狂战士在英格兰视角的文本叙事中呈现的刻板形象。

3. 亚瑟王传说的原型之争

因为缺乏系统的文字史料记录，英国各地区的远古历史往往笼罩在迷雾之中，充满故事性，为研究者和艺术工作者提供了丰富的想象与创作空间。我们在流行文化作品中了解到的亚瑟王故事传统上被当作不列颠统一民族渐渐形成的象征。提到亚瑟王，大众常常联想到石中剑与王者之剑，圆桌骑士的勇气、正义、友谊、忠诚，神秘的魔法师梅林等。因此，初到爱丁堡求学的笔者发现亚瑟王座之后打开了新世界的大门，渐渐从苏格兰人的角度解读亚瑟王传说中的隐喻与多种解读。

亚瑟王座实际上是一座约 3.5 亿年前形成的死火山，坐落于爱丁堡大学荷里路校区附近的开放式公园内。尽管这座山峰的高度仅约为 250 米，但它依然能傲视四周。山体具有一定的坡度，从某些特定的角度看去，仿佛一头静卧的雄狮，其棕黄青绿的"鬃毛"——实则是海风中摇曳的野草和树丫——在爱丁堡市中心的许多地方都能看到。

在苏格兰民间传说中，曾有一头巨龙四处喷火，劫掠家畜，当地村民苦不堪言却束手无策，只能用奉献食物来供养巨龙。巨龙贪得无厌，饱食终日，终于疲惫不堪地伏在一个高地上休息。自此之后，它再也没有起身，随着时间的流逝，最终化作了一座山峰。当地人常常通过这个故事告诫孩子们切勿贪婪。

在现实生活中，有英国媒体报道，1836 年 6 月，一群当地男孩在荷里路找兔子洞时意外发现山壁侧面有一些薄石板可以拉出，隐藏其后的小洞穴里藏着 17 个小石棺，盒内是装扮风格与材料不尽相同的木质小偶人。石棺分两层放置，第一层完全腐烂，第二层保存较好。①

苏格兰国家博物馆的简介称，这一发现在当时引发了关于亚瑟王与苏格兰亚瑟王座的讨论与传言，甚至有传说亚瑟王葬于亚瑟王座山体内的一座玻璃棺内。而在 2020 年，考古学家在亚瑟王座顶峰发现了距今 3 千年前石器时代古凯尔特部落堡垒的遗迹，包括约 5.4 米厚、1.2 米高的石墙。

亚瑟王座之下或许没有亚瑟王，那么历史上是否存在不列颠之王亚瑟·潘龙，或者说亚瑟王的原型呢？数个世纪以来，学者们对此争执不休。关于亚瑟王的典型叙事最早见于 1137 年蒙茅斯的杰弗里（Geoffrey of Monmouth）笔下的《不列颠列王历史》(The History of the Kings of Britain)，很快流传开来，而妙就妙在此前数百年未见关于亚瑟王的任何民间叙事。

杰弗里在书中声称亚瑟王诞生在英格兰西南部康沃尔郡。这座看似荒凉的小岛上确实有一座廷塔基尔城堡（Tintagel Castle），声声海浪与险峻的礁石或许真的窥见了一位少年成为罗马帝国麾下的军官，又带领他的骑士实现不列颠的独立，开创了一个统一王国的历史。

---

① Daily Mail. Ancient hillfort built by the mysterious Votadini ［EB/OL］.（2020-09-07）［2023-05-11］. https://www.dailymail.co.uk/sciencetech/article-8705719/Archaeology-Hillfort-dating-3-000-years-discovered-near-Arthurs-Seat.html.

与此相对，苏格兰学者西蒙·斯特林（Simon Stirling）引用古代盖尔语和古英文民谣、诗歌与其他文献，论述亚瑟王形象的塑造是一个英格兰人精心编造的故事，其形象与故事情节来源于古代盖尔王国达尔里阿达（Dalriata 或 Dál Riata，约公元6世纪苏格兰地名）王子伊登（Áedán mac Gabráin）和他的长子阿瑟（Artuir mac Áedáin）。① 伊登王子的生平故事确凿地见于中世纪文献，一说他未曾称王，直到战死，一直率军抵抗盎格鲁-撒克逊人和皮克特人（神秘善战的古代苏格兰部族之一，用蓝色的染料涂满全身）。

2004年上映的好莱坞电影《亚瑟王》就融合了上述传说版本。导演将亚瑟王的王后桂妮薇儿（Guenevere，英国女演员凯拉·奈特莉饰演）塑造成古代皮克特人（Pict）② 领袖。有一种观点认为桂妮薇儿的原型是梅芙女王的女儿，这位公主以美貌著称。

支持苏格兰版本伊登王传说的学者进一步指出，亚瑟王的导师梅林其实是古代凯尔特的德鲁伊（区别于基督教化的梅林形象）。相传阿瑟王子的姐妹莫甘是梅林与莫甘娜（亚瑟王的姐姐）的原型之一，而阿瓦隆其实是凯尔特圣城爱奥那岛（Iona）与影之国传说的融合。在历史上，爱奥那修道院曾是苏格兰教会的中心，苏格兰的国王们曾在这里加冕，圣人与国王在此安息。

从诠释主义现象学与叙事身份认同理论的视角看，无论故事的真实性如何，亚瑟王或伊登王子的故事脉络在特定时期的建构、解构与重建必然基于远古流传而来的民间诗歌与传说，通过多元演绎传达各自民族的认同感与自豪感。亚瑟王、桂妮薇儿王后、兰斯洛特骑士、众多圆桌骑士、梅林、莫甘娜、阿瓦隆等等人物与地点，并非源于某个特定历史原型或地点，或许代表了若干部族、阶级、宗教的碰撞、交融、演变。如雾如幻亦如真，或许正是它的魅力所在。

历史的真相在岁月的迷雾中隐去，古代凯尔特语言与神话在爱尔兰、北爱尔兰、苏格兰和威尔士地区流传至今，仍然活跃。五光十色又变化莫测的自然环境孕育了故事叙事中的冒险与浪漫情怀，英雄主义和奇幻元素；动植物、阳光、迷雾、土地、风雨闪电等等自然元素的拟人化处处可见，人性与自然的碰撞、交融不断塑造着苏格兰民族的性格。

正如苏格兰的国花蓟花（thistle），没有玫瑰的娇嫩华丽，却遍布荒野，扎根本土，以满是荆棘的花茎与花萼守卫紫红的花丝，顽强求生。相传很久以前，一伙北欧军队趁着夜黑入侵，准备将睡熟的苏格兰人一举歼灭。不料，一位赤脚的

---

① STIRLING SIMON. The King Arthur conspiracy: How a Scottish prince became a mythical hero [M]. Cheltenham, UK: The History Press, 2013.
② 拉丁语 Picti，意为身覆彩绘之人（painted people）。这是外界对该部族的称呼，其自称并未流传下来。

北欧人恰巧踩在了一株蓟花上，疼得大叫起来，惊醒了苏格兰人，坏了北欧人偷袭的计策。蓟花由此成为保护苏格兰人的英雄，被奉作国花，深受人民喜爱。在大多数苏格兰人心中，他们的民族性格是不屈强敌，捍卫领土，顽强生存，坚韧不移，也许不那么精致富丽，恰恰也胜在天然去雕饰。

1.2.2 熠熠生辉的思想文化与"北方雅典"

1. 迷雾、群星与歌谣

虽然苏格兰的面积不大，人口稀少，但自古以来这里涌现了众多文学家、诗人、思想家、艺术家，可谓众星闪耀，熠熠生辉。许多学者将民谣、舞蹈、戏剧、诗歌、小说视为苏格兰居民社会生活的重要组成部分，它们的创作、演绎和传播共同建构了苏格兰人的民族身份认同。

古代苏格兰地区的居民通常以北欧部族方言、盖尔语、低地苏格兰语和英文创作民谣。大约在公元71年，罗马帝国远征古代苏格兰地区。因文献缺失，历史学家大致推测当时的罗马帝国仅仅控制了一半苏格兰领土（依当代区划），统治时间仅仅80年左右。而苏格兰这个整体的民族概念在几个世纪后才渐渐成形，民谣歌舞、民间故事等艺术形式对苏格兰概念的形成功不可没。

考古发现，苏格兰地区早期盛行的演奏乐器已由竖琴演变苏格兰风笛。大约在公元1400年，苏格兰风笛风行高地地区，1680年左右出现了关于小提琴的记载。此后亦有关于长笛、高音哨笛（tin whistle）的记载。苏格兰风笛音色粗犷嘹亮，穿透力强，以持续音见长，可淳朴悠扬，活泼欢快，亦有雄浑悲壮的特质。除了高地部族和低地民间，也常见于军队之中，相当于军号，由专职的士兵吹奏。

现存最早的苏格兰叙事诗是当地牧师、诗人约翰·巴博（John Barbour，约1320—1395年）在1376年创作的长篇叙事诗《布鲁斯》（*The Brus* 或 *Bruce*），诗歌歌颂了1314年苏格兰民族英雄罗伯特·布鲁斯率军击败英国国王爱德华二世的壮举。

经过不懈抗争，布鲁斯在1328年迫使英王爱德华三世签署《爱丁堡—北安普顿条约》（*Treaty of Edinburgh-Northampton*），承认苏格兰独立，布鲁斯被拥戴为苏格兰国王，即罗伯特一世，史上称这次战争为"第一次苏格兰独立战争"。约翰·巴博不仅刻画了罗伯特一世勇猛顽强的抗争精神，也展现了他宽和、仁爱、正义，富有人道主义精神的一面。巴博曾在牛津和巴黎学习，后期担任阿伯丁圣马查尔柯克的副主教。虽是神职人员，巴博的作品主题与文风通俗，高度关注市民生活，可惜大多遗失。

浪漫主义先驱诗人罗伯特·彭斯（Robert Burns, 1759—1796 年）主要用苏格兰语创作，并且依据当地民谣的曲调押韵。彭斯的作品通俗流畅，深受人民喜爱、传颂，是世界范围内苏格兰人及苏格兰后裔的文化偶像。除了传唱世界的《友谊地久天长》（盖尔语原文 Auld Lang Syne），他的代表作有歌颂法国大革命的《自由树》（The Tree of Liberty），歌颂人民争取自由的《苏格兰人》（Scots, Wha Hae），以及抒情诗歌《一朵红红的玫瑰》（A Red, Red Rose）、《我的心在高地》（My Heart's in the Highlands），等等。

除了一系列国家荣誉与桂冠，苏格兰人——尤其在他长期居住、进行创作的爱丁堡市——每年1月25日都要在诗人的生日当晚相聚，有些人还会手持玫瑰，戴着彭斯家族特有的格纹围巾，和家人好友一起分享传统的苏格兰晚餐与美酒。人们在风笛的伴奏下演唱他的诗作，并以《友谊地久天长》的大合唱落幕。这一天被称为"彭斯之夜"，相传始于1801年，即诗人逝世五周年的缅怀活动之后。

苏格兰人怀念的不仅仅是这位诗人和他的不朽作品，更是历史长河中历久弥新的民族记忆。今时今地，来自不同民族地区的访客常常被热情好客、热爱文艺的苏格兰人邀请回家共享彭斯之夜，或三五成群相聚酒吧、咖啡厅，簇拥在街边的风笛演奏者身旁，一起编织新的友谊之歌。

另一位享有"民族诗人"盛誉的是沃尔特·司各特爵士（Sir Walter Scott, 1771—1832 年）。他是浪漫主义的代表人物之一，也是历史小说题材的创始人，著有《威弗利》（Waverley）、《撒克逊英雄传》（Ivanhoe，或译为《艾凡赫》《劫后英雄传》）、《肯纳尔沃思堡》（Kenilworth）、《昆丁·达威尔特》（Quentin Durward）等备受好评的小说。

司各特爵士的第一部历史小说《威弗利》于1813年出版后立刻引起轰动。当时还是乔治王子的乔治四世想认识小说的作者，特意邀请司各特爵士共进晚餐。传说司各特爵士与乔治王子交谈甚欢，为王子继位后成为两百年来首位访问苏格兰的英国国王埋下伏笔。

司各特爵士出生在爱丁堡，父亲是律师。司各特年仅12岁时就进入爱丁堡大学学习法律，即便是那个年代也比绝大多数同学年幼，可谓前途无量。可他痴迷德国文学和苏格兰民谣诗歌，大学期间就创办了文学社，开始创作。毕业后，他在爱丁堡从事律师工作，但始终未放弃自己挚爱的文学创作。他不仅翻译了许多德文诗歌，还搜集并整理了《苏格兰边境歌谣集》（Minstrelsy of the Scottish Border），并创作了具有重要影响的作品《最后一个吟游诗人之歌》（The Lay of the Last Minstrel）。

爱丁堡城市独有的建筑、自然风光，苏格兰乡野瑰丽而粗犷的风土孕育了司各特诗中浪漫、精彩的冒险故事。不过，和同时代其他有天赋的诗人一样，司各特遇到了更加天赋异禀的拜伦，故而开创历史小说的先河，专注于小说创作。

图 1.2　爱丁堡市的司各特雕像与纪念塔①

苏格兰新浪漫主义文学的代表之一罗伯特·斯蒂文森（Robert Lewis Balfour Stevenson）出生于爱丁堡市，父辈都是著名的灯塔设计师与工程师。史蒂文森自幼热爱冒险、航海故事，即便受到肺部疾病的困扰，他也拥有极为丰富的长途旅行经历。斯蒂文森17岁进入爱丁堡大学学习工程，很快意识到比起建造灯塔，自己对岛屿与海边流传的传奇故事更加痴迷。斯蒂文森赢得父亲的支持，转而学习法律，顺利成为执业律师，同时继续追求文学创作理想。斯蒂文森创作了《金银岛》《化身博士》《巴伦特雷的少爷》等脍炙人口的作品。

然而，现代文学兴起后，斯蒂文森的作品大多被归类为儿童文学或恐怖小说，被排除在主流经典之外，但这并不影响其作品在民间的受欢迎程度。其他享誉全球的苏格兰作家包括《彼得·潘》的作者 J. M. 巴里（J. M. Barrie），《柳林风声》的作者肯尼斯·格雷厄姆，柯南·道尔爵士和他的《福尔摩斯探案集》系列，《猜火车》原著小说的作者欧文·威尔士，等等。《哈利·波特》的作者罗琳曾长期在爱丁堡创作，并从当地的巫师传说与恐怖故事中汲取灵感。

2. 怀旧与启蒙萌芽

值得强调的是，苏格兰文学家对苏格兰本土语言文化的形成、国民启蒙与教育传承及苏格兰文化的国际推广做出了意义深远的贡献。其中具有重要代表性的

---

① Museums and Galleries Edinburgh. Scott monument［EB/OL］.（2024-06-01）［2024-06-01］. https://www.edinburghmuseums.org.uk/venue/scott-monument.

是诗人、历史学家詹姆斯·麦克弗森（James Macpherson，1736—1796 年），其代表作是《奥西恩之诗》——又称《莪相诗集》（*The Poems of Ossian*）。奥西恩是凯尔特神话中的英雄人物，传说他是一位优秀的诗人。詹姆斯·麦克弗森声称他发现了公元 3 世纪流传下来的奥西恩古诗作品，并对其进行研究与翻译。

《奥西恩之诗》于1760年出版，其真伪引起文坛的持续热议。经过认真研究，爱丁堡高地协会于 1805 年宣布《奥西恩之诗》为伪作，认为大多数诗篇是麦克弗森自己直接用英文写的。近现代学者普遍认同麦克弗森只是假借古代凯尔特神话诗人之名，搜集、整理、翻译古代凯尔特民谣、苏格兰高地盖尔语民谣和古代文献，在此基础上进一步创作了这本诗集。①

诗集本身具有较高的文学价值和历史价值，但目前学界的研究重点转而放在了麦克弗森重构的古爱尔兰和苏格兰诗歌体系上，以及这一重构如何深刻影响了苏格兰文学中的民族身份认同、苏格兰启蒙运动（Scottish Enlightenment）以及苏格兰文学在世界文学界的崛起。②

《奥西恩之诗》带来的苏格兰怀旧风尚未消退，司各特的浪漫主义文学创作进一步激发了全英国对苏格兰风土，特别是苏格兰高地的浪漫想象与"朝圣"旅行热潮。受此风潮影响，王国合并两百多年后，终于有一位英国国王希望造访爱丁堡，领略纯粹的苏格兰风。司各特受邀策划迎接乔治四世的大典。他精心设计了精致而富有民族风情的苏格兰高地游行，最终选定用格子裙作为游行队伍的着装。曾经是高地人遮体粗布的服饰经修饰后成为苏格兰格纹裙（kilt），其靓丽形象与特色在这一全国性的平台上产生了轰动效应，顿时风靡全国，连国王乔治四世都穿上了鲜艳的苏格兰裙装礼服。他的继任者维多利亚女王对苏格兰高地文化的热衷更是有增无减。

从前被视为难登大雅之堂、小众范围内的部族民俗、民风经由文学家的叙事建构、演绎、传播，成为一个民族自我认同、得到他人认同的身份名片，至今仍然引发世界范围内苏格兰后裔的故土依恋情结。苏格兰政府和议会也充分利用返乡节、高地部族庆典和各种国际知名的文学节、艺术节、军乐节等文化旅游活动深入展现本民族的特色文化，特别是吸引、团结全世界苏格兰的后裔，促进当地旅游业和经济的可持续发展。

苏格兰启蒙运动及其对世界的影响　提及启蒙运动，人们的思绪往往会飘向

---

① MULHOLLAND J. James Macpherson's Ossian poems, oral traditions, and the invention of voice [J]. Oral tradition, 2009, 24（2）: 393-414.
② MOORE D. International companion to James Macpherson and the poems of Ossian [M]. Edinburgh: Association for Scottish Literary Studies, 2017.

法兰西大地，然而，苏格兰启蒙运动在国际舞台上所激起的涟漪，同样值得我们驻足凝视。这场思想革命的种子，是在政治与经济变革的沃土中萌芽的。

回溯历史长河，苏格兰与英格兰宛如两位舞者，时而剑拔弩张，时而暗流涌动。在欧洲的经济版图上，苏格兰曾如一粒微尘，几乎难觅踪迹。苏格兰的诗歌与文学作品中，贫穷与饥荒两大主题如两道阴影，挥之不去。

与此形成鲜明对比的是，17世纪的英格兰已然迎来了现代化的曙光。这片土地不仅孕育出了牛顿、霍布斯和洛克等思想巨擘，更是近代工商业的摇篮。1688年光荣革命后，英格兰犹如一艘扬帆远航的商船，驶入了商业大发展的浩瀚海洋，其海外贸易如雨后春笋，蓬勃生长。

英格兰童贞女王伊丽莎白一世去世后无直系继承人，她的表侄孙苏格兰国王詹姆斯六世入主英格兰，改称詹姆斯一世，苏格兰与英格兰在名义上形成联合王国。然而，联合的名下却是暗流汹涌。苏格兰人认为自己并未充分享受英格兰经济大发展带来的红利，甚至受到后继国王的频频打压，民族意识迅速崛起，亲法势力尤其是强悍的军事力量蠢蠢欲动。担心受到苏格兰和法国的腹背夹击，英格兰贵族试图调和矛盾。

1706年，历经多年战争而急需复苏和稳定的苏格兰议会、英格兰议会终于展开了谈判。英格兰议会同意在经济、航运、贸易、税收方面做出巨大让步，并提供一笔巨款作为补偿，换取苏格兰同意不再设立独立议会，转而选派代表进入新的大不列颠议会。而苏格兰议会则坚持保留教会、司法机构与制度、医疗、教育等体系不变，相关机构、大学和专业技术人员依然留在爱丁堡市和其他主要城市，并形成中产阶级。1707年5月1日，苏格兰议会和英格兰议会联合组成大不列颠议会，事实上形成了联合王国，开启了大不列颠经济腾飞时代。

苏格兰启蒙运动的曙光初现，源于对宗教绝对权威的深刻质疑。亚瑟·赫尔曼在其著作《苏格兰人如何塑造现代世界》（How the Scots Invented the Modern World）中，将弗朗西斯·哈奇森（Francis Hutcheson）[①]誉为挑战基督教教条的苏格兰先驱。因为，哈奇森大胆提出人类的道德感并非上帝恩赐，而是与生俱来的本性。这一观点如同一颗思想的种子，在苏格兰的知识土壤中生根发芽。

---

① 弗朗西斯·哈奇森（Francis Hutcheson，1694—1746年），哲学家、道德感性主义的倡导者，出生于爱尔兰，其求学与学术生涯在格拉斯哥大学度过，是苏格兰启蒙运动的重要人物。重要著作包括《美和美德观念起源探究》(*The Inquiry into the Original of Our Ideas of Beauty and Virtue*)，《关于情感的性质和行为的论文—附有对道德观念的阐述》(*The Essay on the Nature and Conduct of the Passions, with Illustrations on the Moral Sense*)。Stanford Encyclopedia of Philosophy. Francis Hutcheson. ［EB/OL］.（2023-05-01）［2023-05-01］. https://plato.stanford.edu/entries/hutcheson/.

紧随其后，凯姆斯勋爵（Lord Kames）①试图在霍布斯的利维坦式国家论与哈奇森的人性论之间寻求平衡。凯姆斯勋提出，既要尊重人性中的欲望，又要倾听社会良知的声音。在他看来，法律对维护秩序不可或缺，唯有法律与社会良知和谐一致，社会才能臻于完美境界。

威廉·罗伯特·斯考特（William Robert Scott）在其研究弗兰西斯·哈奇森的学术著作中首次提出了苏格兰启蒙运动这一整体概念。后世的苏格兰学者大多将哈奇森奉为苏格兰启蒙运动之父，认为哈奇森的思想体现了苏格兰启蒙运动的典型特征。②总之，18世纪的苏格兰启蒙运动与法国启蒙运动不同，它以亚当·斯密提出的"商业社会"理论为中心，改变了17世纪和18世纪一批思想家从政治的维度来思考现代社会的转型这一模式，其影响远远超出了苏格兰而扩大到英格兰和欧洲各地。③

举例而言，大卫·休谟坚决批判以霍布斯、洛克为代表的启蒙思想家主张的社会契约论，反对全然以理性来设计未来的国家体制。休谟认为社会契约论主张是先验的预设，假设人们生活在自然状态，可以在理性的引导下，一致同意达成社会契约，进入社会状态。④休谟指出政治社会的形成并不完全是理性的产物，事实上，政府往往在战争纷乱之后形成，无法仅仅在政治维度上通过理想化的社会契约论来建构现代社会体制。

亚当·斯密进一步论述未来社会的三大基本要素：市场、法律和道德，主张不仅仅改善现存的人类知识，也要改善人类生存的环境，实现社会的进步。⑤亨利·洛瑞著的《启蒙运动研究译丛：民族发展中的苏格兰哲学》对苏格兰哲学的代表人物一一进行了梳理，其中包括弗兰西斯·哈奇森的伦理学，大卫·休谟的认识论，亚当·斯密的经济学，托马斯·里德的常识哲学，以及晚期的代表汉密

---

① 亨利·霍姆（Henry Home，Lord Kames，1696—1782年），头衔凯姆斯勋爵。曾任苏格兰高级司法法院、议会法院法官，与亚当·斯密、大卫·休谟等苏格兰启蒙运动的重要学者交流紧密。凯姆斯勋爵是苏格兰启蒙运动重要推动者之一，著作涉猎法学、哲学、历史、宗教与文学批评，对人类学和社会学的发展有重要影响，代表作有《人类历史素描》（*Sketches of the History of Man*），《道德与自然宗教的原则论文集》（*Essays on the Principles of Morality and Natural Religion*），其学术贡献和历史影响曾长期被后世学术界忽视。Institute for the Study of Scottish Philosophy. Henry Home, Lord Kames（1696—1782）［EB/OL］.（2023-05-01）［2023-05-01］. http://www.scottishphilosophy.org/philosophers/henry-home/.

② HERMAN A. How the Scots invented the modern world［M］. New York: Crown, 2007.

③ PAGANELLIM P. Recent engagements with Adam Smith and the Scottish enlightenment［J］. History of political economy, 2015, 47（3）: 363-394.

④ BERRY C J. Idea of commercial society in the Scottish enlightenment［M］. Edinburgh: Edinburgh University Press, 2013.

⑤ WATERMAN A M C. Economics as theology: Adam Smith's wealth of nations［J］. Southern economic journal, 2002, 68（4）: 907-921.

尔顿和费瑞尔等的学说。① 由于篇幅与主题的限制，本书不再深入探讨上述哲学家与思想家的巨著，而是从日常生活经验世界的宏观视角出发，简要梳理苏格兰文化叙事在商业、社会阶层和文化角度上的主要脉络与特点。

首先，苏格兰的启蒙运动并未完全剥离苏格兰教会的影响与制度，而是告别了宗教的绝对束缚，追求商业自由的社会。大大小小的教堂仍然是市民社会活动和文化教育的重要场所。

其次，有别于英格兰严格的社会阶级等级制度，古代苏格兰的民风淳朴而平等。在18世纪，苏格兰高地仍处在游牧阶段，南部丘陵地带以农牧业为主，商业方面已经形成两座主城——格拉斯哥与爱丁堡。虽然有经济条件的差距，但在城市形成的早期，贵族、中产阶级、富商与市民、小商贩共同形成社区，拥有相同的公共空间与社交活动，较为融洽，阶级壁垒不及英格兰森严。

格拉斯哥的商业气息浓厚，以海外贸易为主，而爱丁堡富有人文气息，涌现了众多文学、哲学俱乐部、学会和中产阶级行业协会。亚当·斯密就曾频繁往来于格拉斯哥大学和爱丁堡大学，参与凯姆斯勋爵举办的晚宴、沙龙，在交流中创作了《国富论》，与其他知识界人士一道为苏格兰的商业社会发展建立了伦理道德基础和学术支撑。

最后，苏格兰的医生和工程师培养体系有别于注重医学理论的英格兰大学，真正强调学生的动手能力。而活跃的家庭作坊和手工业也催生了一批以实用技术进行发明创造的工匠。

传统上，给病人开刀只是仆人和剃刀师傅（理发师兼任）干的苦力，不必医生动手。爱丁堡大学医学院则强调培养医学通才，开设解剖课，提供解剖学、生物学方面的知识和实操机会，吸引了大量英格兰和欧洲留学生，声名鹊起。

医学院培养了众多名医、药理专家，为防疫和公共卫生做出了重大贡献。其中，詹姆斯·林德医生用柑橘治疗坏血病的发现大大推动了英国的航海探险活动，对世界格局产生长远影响。后来爱丁堡大学又开设了兽医学专业，在专业领域声望颇高，每年都有大量优秀的生物、医学专业本科生进入大学接受两年制的兽医专业硕士训练，毕业后为当地农牧业做贡献。

对工业革命贡献最大的也是苏格兰人詹姆斯·瓦特，他并未接受系统的教育，曾在格拉斯哥大学当工匠，帮助约瑟夫·布莱克教授做一些实验。**物理学家与化学家布莱克教授成了他的朋友与老师，二人共同研究如何改进蒸汽机。**瓦特

---

① 洛瑞.民族发展中的苏格兰哲学［M］.管月飞，译.杭州：浙江大学出版社，2014.

在动手能力和系统测量方面十分出众，后续的技术改进为他赢得了英国皇家学会院士的称号。

发明电话的贝尔在爱丁堡长大并在爱丁堡大学学习，他的家庭就以设计和制造语音设备而闻名当地。卡耐基家族在移民美国之前世代居住在苏格兰的纺织小城，经营家庭纺织作坊。实用主义的思想、综合教育、实践教育的传统深深刻在苏格兰人民的家庭传承中，带到了新大陆的拓荒之中，影响着世界的发展。

3. 北方雅典之崛起与新旧城区的重建

在爱丁堡这座历史悠久的城市中，苏格兰的文学巨匠、哲学先驱、思想大家和政治精英们或扎根成长，或求学讲学，或长居耕耘。爱丁堡，这座名副其实的思想与文化摇篮，孕育了无数璀璨的智慧之光。

漫步于爱丁堡的街头，复古建筑与繁花似锦交相辉映，仿佛置身于一幅活生生的油画之中。大象咖啡厅里，仿佛还能嗅到J.K.罗琳创作《哈利·波特》时的灵感气息。古城的历史遗迹完好如初，高亢悠扬的风笛声中，烈酒的芳香与五彩斑斓的苏格兰裙相得益彰，吸引着世界各地的游客驻足流连。

每年一度的"Fringe"艺术节（当地华侨多采用艺穗节的说法）如约而至，犹如一场盛大的文化盛宴，吸引着四海宾朋齐聚一堂。在爱丁堡大学的校园里，莘莘学子追随达尔文、亚当·斯密、詹姆斯·穆勒的足迹，感受柯南·道尔爵士、朱光潜先生、钱南山院士曾经沉浸书海、刻苦钻研的学术氛围。

北方雅典（Athens of the North）——这个雅号恰如其分地诠释了爱丁堡的文化底蕴。1995年，联合国教科文组织将爱丁堡的旧城区和新城区列入《世界遗产名录》，更是为这座城市镌刻上了永恒的文化印记。在这里，历史与现代交织，传统与创新并存，构成了一幅令人叹为观止的文化画卷。

马克思指出："没有城市，文明就很少有可能兴起。"① 单霁翔教授认为："一座城市各个时期的文化遗存像一部部史书，一卷卷档案，记录着一个城市的沧桑岁月。"② 因此，穿街走巷，了解一座城市的来龙去脉、风土人情，不仅仅能加深我们对历史中的人们与人们创造的历史的了解，更能为我们解释城市的现状，一定程度上预测城市发展的方向，进而了解、理解生活在城市中的人们的故事。爱丁堡（Edinburgh）的盖尔语"Dun Eideann"，古称"Dun Diden"。

考古发现，早在公元前7000年左右爱丁堡就有人类活动的遗迹。公元前1500年左右，人们利用"亚瑟王座"的地势修筑防御工事。公元250年左右，罗马帝国看中了爱丁堡的战略要塞位置，沿克莱德河和福斯湾修筑安东尼长城，作

---

① 马克思，恩格斯．马克思恩格斯全集46卷（上）[M]．北京：人民出版社，1979：499．
② 单霁翔．从"功能城市"走向"文化城市"[M]．天津：天津大学出版社，2007：46．

为帝国最北方的工事,并在今天爱丁堡市中心的位置修建马路。在公元12世纪至16世纪,位于爱丁堡市中心的城堡一直是苏格兰皇室的居住地。它矗立在120米高的死火山岩顶,鸟瞰全城,见证了王国之间的厮杀搏斗,经历了法西斯的空袭轰炸,依旧岿然不动,业已成为爱丁堡乃至整个苏格兰的象征。

位于爱丁堡大学荷里路校区附近的荷里路宫(the Palace of Holyroodhouse)曾经是一座修道院,苏格兰国王詹姆斯四世将其作为王宫,后来成为英国女王伊丽莎白二世每年夏季巡查苏格兰的行宫之一。伊丽莎白二世女王去世前就曾下榻此地,后来,身体已然不适的女王选择在苏格兰北部阿伯丁区的巴尔莫勒尔城堡(Balmoral Castle)与世长辞。爱丁堡公爵查尔斯王储继位,英国暂别女王时代。

巴尔莫勒尔城堡在维多利亚女王统治时期成为英国王室财产。2014年苏格兰第一次独立公投之前,伊丽莎白二世女王正在巴尔莫勒尔城堡例行巡游。在公投前几日,女王特意安排了一次与王室主要成员共同参与的礼拜活动,允许民众接近、媒体拍照,并与当地民众见面、近距离交流,云淡风轻地引导民众三思而行。① 而往常的礼拜活动被视为女王的私人活动,一般不与王室成员共同参加,也不面向公众。可见,爱丁堡是王室维系苏格兰人民情感的关键纽带。

爱丁堡的建筑风格与城市景观环境与它的文化积淀、城市发展相互交织,共同成就了这座世界文化遗产名城。以王子街为界,爱丁堡分为旧城和新城。新城兴起于18世纪苏格兰、英格兰王国合并后的经济腾飞阶段。在16世纪及此后的100多年间,爱丁堡旧城人口在1.2万~1.5万之间。17世纪末,爱丁堡老城区人口已激增至5万余人。

根据官方史料记载,公元1707年,苏格兰境内总人口激增至100万左右,大多数集中在格拉斯哥与爱丁堡。穷人们蜗居在肮脏、拥挤的城市,污秽的河水既是生活污水的出口,又是饮水来源。幽暗潮湿、腐烂逼仄的贫民窟小巷盘根错节地缠绕着这座文化古城的地下世界。贫民区饱受黑死病、火灾、暴力纠缠,因此催生了许多恐怖惊悚的民间故事,玛丽·金小巷(Mary King Close)便是其中之一。

爱丁堡的地下世界,如同一个神秘的魔盒,吸引着无数恐怖与猎奇爱好者和媒体前来探访。然而,这些幽灵般的存在似乎有意回避镜头,留给世人的只有陡峭狭窄的石阶和阴风嘶号的回响。传说如潮水般涌来:"血腥玛丽"女王的悲惨

---

① The Guardian. Scottish independence: the queen makes rare comment on referendum [EB/OL]. (2014-09-15) [2023-05-03]. https://www.theguardian.com/politics/2014/sep/14/scottish-independence-queen-remark-welcomed-no-vote.

故事、女巫的诅咒、因黑死病被禁闭的冤魂们……这些故事如同藤蔓般缠绕在这座古城的每一个角落。

或许是媒体的巧妙营销，或许是人们对古城的奇幻想象，爱丁堡"世界十大鬼城"的盛名每年都吸引着络绎不绝的游客。为迎合这份神秘氛围，当地公交公司别出心裁地推出了暗黑双层公交，这些犹如万圣节游行"鬼车"的存在，为城市增添了一抹独特的色彩。

当夜幕如墨般洒落，海风呼啸着穿梭于街巷，寥寥星光与冰冷的雨滴轻轻亲吻着高耸尖利的哥特建筑顶端。此时，一群身披斗篷、手提油灯的导游如同穿越时空的使者，引领着来自世界各地的游客穿梭于古城的街巷之间。在这里，每一步都是对历史的触摸，每一次呼吸都是与过去的对话，让人们在这座古城的地下世界中，感受到时光的魔力和神秘的召唤。

1752年，爱丁堡市政厅提出了一项雄心勃勃的计划——扩建城区。这个消息如同一颗石子投入平静的湖面，激起了层层涟漪。从王公贵族到学者诗人，再到市井小民，整个城市沸腾了，各阶层的人们都热情地投身于这场旷日持久的大讨论之中。

如何在保留古老城区韵味的同时，满足工商业蓬勃发展带来的城市扩张需求？这个问题成为争论的焦点，引发了无数激烈的辩论和深思熟虑的讨论。直到1767年，一位名不见经传的年轻建筑师詹姆斯·克雷格脱颖而出。他的方案击败了来自全国乃至欧洲各地蜂拥而至的竞标方案。年仅26岁的克雷格用他的才华和创意为爱丁堡人描绘了一幅充满希望和活力的蓝图。

在克雷格的构想中，以王子街为界，新旧城区形成完美对称。宽阔的街道上，人流如织，马车穿梭，一派繁华景象。众多精心设计的广场点缀其中，为市民提供了丰富的社交场所，也为重大庆典预留了庄重的舞台。美轮美奂的花园、郁郁葱葱的河畔绿地，以及富有艺术气息的城市雕塑，共同编织出一幅欣欣向荣的城市画卷。这座新城，整洁而不失庄重，活力四射却又不失优雅。它不仅是一个城市规划的杰作，更是一个时代精神的完美诠释，承载着爱丁堡人对美好未来的憧憬与期盼。

总体而言，克雷格的建筑风格属于新古典主义和佐治亚式（Georgian architecture）建筑风格。建筑原料主要采用灰色和沙色的本地大石砖，外部多配以黑色铁艺装饰、白色栏柱、黄铜五金，以及金属和石雕装饰。建筑配饰多以传统的植物和几何图形为主，简洁、对称、精美。

在居住区，花园的面积几乎与住宅面积相当，甚至更大，热爱园艺的苏格兰人可以精心打理错落有致的美丽花园。这个雄心勃勃的新城规划方案吸引了当时全英国乃至欧洲最优秀的工匠、工程师、建筑师、园艺师、商人、律师、医生、经济学家、思想家聚会于此。

城市建设所需的大量财力推动了金融业、商业、运输业的迅速发展，直到1820年，新城的建设才告一段落，其建筑风格以及先进的城市设计理念成为欧洲的典范。苏格兰不再是寂寂无闻的边陲小国、蛮荒之地了。黑暗的中世纪似乎尘封于旧城，随着藤蔓般延伸开去的高地小巷隐入尘埃，凝固在哥特式建筑的尖顶之上，传唱于黢黑的渡鸦口中。

爱丁堡大学的建筑风貌浓缩了爱丁堡城市的演变历史。爱丁堡大学最古老的建筑是始建于1618年的旧莫雷学院，由一位女伯爵赞助而成。建筑风格是早期佐治亚式的：苏格兰特色的厚重石砌，高大方正的外墙、露台、尖顶，还有对称的窗户和优雅精细的装饰元素。

在19世纪，哥特复兴建筑风格（gothic revival）曾风靡一时。典型代表是始建于1846年的"新学院"，即神学院及神学院图书馆（the School of Divinity and the library）。它矗立在临近爱丁堡城堡的"山堆"（The Mound，旧城、新城改建的土堆而成）之上，狭长的石阶直下，串联起河谷花园、威弗利火车站、王子街以及新城。从外观上看，高大漆黑的塔楼庄严肃穆，细长的尖顶直指天际。内部装饰以实木雕刻和精美彩绘吊顶、彩色玻璃为主，具有哥特教堂的典型特点。除了珍本、孤本，学生可自由借阅馆藏书刊，其中不乏数百年历史的古籍。

沿着皇家一英里的古道转弯走进爱丁堡市中心的开放式草甸公园，大草甸旁坐落着主校区，融合了古典建筑、哥特复兴建筑、维多利亚建筑以及1967年初步完成扩建的新古典主义主图书馆。神学院图书馆旁毫无特色的长方石砖建筑是修缮后的学生宿舍，曾经是一栋数百年高龄的危房——"玛丽·金"式的恐怖故事发生地——拥有城堡式宽大的地下室和地下通道。

居住其中，透过古老的凸窗或是细长狭小的窗子窥探而出，瞥见凹凸不平的石道和神学院荆棘般的塔楼，渡鸦如约停在塔尖，发出阵阵高亢的笑声，远处的河谷花园没入或湛蓝或阴郁的天际……凯尔特神话似乎从未离开这座古城。它们渗入石墙的裂纹与缝隙，像血管一样，静静循环，伴着城市历久弥新。

图 1.3　爱丁堡大学神学院及图书馆

1.2.3　英国议会"权力下放"与苏格兰议会重启

1. 苏格兰议会与权力下放

1999 年，英国议会"权力下放"（devolution），苏格兰议会重新成立，在大多数事务上享受立法权和决策权。这是自 1707 年议会联合后苏格兰议会首次掌舵。这次权力下放和苏格兰议会的重建对苏格兰的整个教育体系——尤其是课程改革和教师职前教育、专业认证——产生了重大影响。本研究涉及的大学和受访者切身经历了这场社会、文教转折。因此下文将着重介绍英国议会权力下放的社会背景。

在 1979 年至 1997 年期间，英国由保守党执政，历经了三位首相——玛格丽特·撒切尔夫人（Margaret Thatcher）、约翰·梅杰（John Major）和安东尼·布莱尔（Anthony Blair）。保守党执政期间与苏格兰产生的矛盾主要集中在三个方面：

第一，经济紧缩政策导致社会福利削减，就业机会减少，引发苏格兰关于贫富差距加大、社会不公平的担忧。

第二，保守党坚持将核潜艇停靠在位于苏格兰的基地，苏格兰人民的反对情绪愈演愈烈。

第三，早在 1913 年，苏格兰就提出了建立苏格兰政府的法案，并得到了英国议会的支持。然而，由于第一次世界大战的爆发，该法案被搁置，长期未能落实。1978年苏格兰法案（Scotland Act 1978）通过，将建立苏格兰议会提上日程。1979年苏格兰进行了关于议会权力下放的公投，得到了51.6%的民众支持，然而，这一结果被视为"无显著性差异"。保守党政府从未考虑实现重启"建立苏格兰政府"的提案，只同意在管理权和经贸领域给予更多的自主权。最后，关于议会权力下放的呼声在威尔士、北爱尔兰得到响应。

1997年，工党时隔近20年后首次入主白厅，为了兑现竞选期间支持重建苏格兰议会的承诺，英国议会权力下放在1998年启动。当年，英国议会通过了《苏格兰法案1998》（Scotland Act 1998），明确规定苏格兰议会将于1999年成立。此后，关于苏格兰议会权力的具体规定又经历了《苏格兰法案2012》《苏格兰法案2016》等一些法案政策的完善。

表1.1显示了目前苏格兰政府享有的权力范围，以及英国政府保留的权力。英国政府同时承诺，如果关于保留权力的立法或管理变动会影响苏格兰政府的权力范围，英国议会须征得苏格兰政府的同意。

表1.1 议会权力下放后苏格兰政府的权力范围与英国政府保留的权力[①]

苏格兰政府权力范围	英国政府保留的权力
农业、林业、渔业	广播电视
教育与培训	宪法
环境	国防与国家安全
医疗与社会服务	移民
住房与土地使用、土地规划	能源
法律、法规	就业
地方政府	机会平等政策
运动、人文艺术、旅游业	外交与国际关系
社会治安的部分领域	宏观经济与财政政策
税收的部分形式	养老金及社会治安部分领域
运输的大部分领域	贸易（包括国际贸易）

在1999—2010年间，许多学者对英国议会权力下放的政治影响进行了分析。近年来，受英国脱欧、苏格兰独立公投、欧洲局势变化等一系列事件的影响，相关议题再次引起学术界高度关注。来自格拉斯哥大学的三位学者以苏格兰和英联邦的政治经济关系为例，从政治经济学和区域发展的历史的角度分析国家平衡规模

[①] UK Government. Devolution［EB/OL］.（2023-05-01）［2023-05-01］. https://www.deliveringforscotland.gov.uk/scotland-in-the-uk/devolution/.

（equilibrium size of a nation-state）的概念，该概念多指联邦国家或区域共同体在一定时期，人口、领土和资源方面的最优或稳定规模。①

文章指出，苏格兰的民族向心力较强，城市分布与行政区划在很长一段历史时期内并无较大变动。早在詹姆斯六世继位之时，苏格兰和英格兰就展开"王国合并"的讨论。伊丽莎白一世女王的合法继承人——苏格兰国王詹姆斯六世曾试图推动苏格兰与英格兰的进一步融合，包括合并立法、司法系统和教会机构，提议遭到了两国的共同抵制而作罢。

1650年克伦威尔②强制执行的联盟政策也在1660年的国王复辟时期被迅速撤销。概而言之，英格兰和苏格兰达成政治和经济联合是一个缓慢的过程，既有英国内战等政治因素的影响，也是经济利益的结果。经历了内战、无冕之王克伦威尔短暂的君主立宪、斯图亚特王朝复辟、宗教斗争等等风云动荡，英国君主立宪制度终于在光荣革命后的1689年得以确立。国王詹姆斯二世被议会罢黜，他的女儿玛丽二世与丈夫威廉三世共同加冕英国君主，同时接受议会通过的《权利法案》约束。

近20年后，苏格兰议会同意接受英格兰的条件，批准《联合法案》（见上文"苏格兰启蒙运动及其对世界的影响"）。苏格兰当地学者普遍认为，苏格兰和英格兰的政治联盟在很大程度上依赖"在联盟框架内保持各方异质性"的原则，一旦这一原则受到威胁，国家平衡规模状态就会受到冲击。

在联盟的怀抱中，苏格兰的文化精英、思想先驱和技术翘楚如瓦特等发明家，尤其是那些勇猛无畏的高地战士，为大不列颠的疆域扩张、繁荣发展乃至不列颠国民身份的塑造做出了不可磨灭的贡献。然而，苏格兰人始终怀揣着独特的身份认同，他们首先以苏格兰人自居，其次才是不列颠人，却从不将自己等同于英格兰人。当苏格兰的付出未能换来相应的福祉与经济回报时，重建苏格兰议会乃至国家独立的呼声便如潮水般汹涌而来。

---

① MUSCATELLI A, ROY G, TREW A. Persistent states: Lessons for Scottish devolution and independence [J]. National institute economic review, 2022, 260: 51-63.
② 1642—1651年，英国处于内战时期，直接原因是英格兰议会圆颅党和保皇党（又称骑士党）之间针对治理方式和宗教问题的矛盾激化。内战导致查理一世被处决（1649年），他的儿子查理二世（苏格兰单方面承认其继承王位）被流放（1651年），英格兰联邦短暂取代君主制。1650年，圆颅党领袖克伦威尔指挥的英格兰新模范军与苏格兰军队在爱丁堡东部的邓巴港（Dunbar）附近交战，英格兰军队取得决定性胜利，并在1651年的伍斯特战役（Battle of Worcester）中彻底击败苏格兰军。1653年，克伦威尔驱散议会，自任护国主，建立了护国公体制。但当时英国经济状况已不断恶化，阶级矛盾日趋尖锐，克伦威尔始终未能稳定局势。他在1658年病逝后，其子无力指挥军队稳定政局。1660年，查理二世复辟，史称斯图亚特王朝复辟。

阿伯丁大学荣誉教授麦克·基廷（Michael Keating）分析了英国权力下放过程中中央集权力因素与离心力因素的持续拉锯。早在1964年，法国著名社会学家杜克海姆将大不列颠及北爱尔兰联合王国（下文简称联合王国）作为现代主义范式的巅峰典范，认为联合王国代表了现代统一民族国家的特征，既具有中央集权下的领土整合、国家统一特点，又实现了社会各个部门和机构专业化分工协作。

1974年，政治学家让-卡洛·布隆德尔反驳了上述观点，认为英国在各工业社会中的同质化程度最高。从历史上看，威尔士在16世纪加入，随后是苏格兰（1707年）、爱尔兰（1801年）。英国的政治联盟既维持了英国议会的统一立法权，又在不同程度上保留了各民族国家的文化、基础管理和市民社会的原本架构，允许其在一定程度内自治。其中，威尔士融入英格兰的程度较高，苏格兰与爱尔兰的独立性较高，苏格兰本土精英的影响力较大。

在理想状态下，联合王国的国情符合民族国家或国民国家（nation-state）以及联盟（union）的概念。基廷教授认为联合王国最接近这种理想状态的时期是以凯恩斯主义经济学为基础的福利国家时期。政府采取了广泛的国家干预措施，建设了诸如国家医疗保健服务，以及就业、住房、教育等公共领域的保障体系。在经济衰退、福利开支锐减、各方面矛盾凸显的背景下，英国议会在千禧年到来之前与各方达成了议会权力下放的共识。

基廷教授对比了英国与西班牙议会权力下放政策对本国的不同影响，进一步总结了英格兰精英阶层对权力下放的几种主流解读：

（1）这是地方分权管理深化的形式，是统一国家处理内部多样化的一种行政手段，对威斯敏斯特的至高权利并无本质影响。

（2）这是联盟内部政治政策变化的新阶段，联盟的各组成部分通过协商与中央达成了妥协，但并未放弃作为民族实体的权利（constituent rights as demoi）。

（3）权力下放代表了一种联邦制度变化，引入了新的规则和实践，应该予以尊重。基廷教授的论述佐证了联合王国的向心力主要集中在经济贸易与国家福利方面，而不在于苏格兰文化对英格兰文化的认同感。

联合王国权力下放过程总体保持和平协商的态度，过程平缓有序，这得益于英格兰在联合王国中的强势地位，以及公务员体系和君主立宪制度的稳定性。相对而言，西班牙的民族构成更为多元化，国家由17个自治区组成，每个自治区都有一定程度的立法和行政权力，缺乏强有力的核心成员发挥领导作用，也缺乏类似牛津、剑桥及众多英国古典名校培养的精英公务员体系保驾护航。

2. 苏格兰执政党与首席大臣的交接

英国议会权力下放是一个连续的过程，苏格兰民族党（Scottish National Party, SNP）以推动苏格兰独立为纲领，在议会权力下放的过程中扮演着重要角色，目前是执政党。苏格兰的其他主要政党包括苏格兰保守党（Scottish Conservative Party）、苏格兰工党（Scottish Labour Party）、苏格兰自由民主党（Scottish Liberal Democrats）。

苏格兰前首席大臣妮古拉·斯特金（Nicola Sturgeon）在 2014—2023 年期间担任苏格兰民族党党魁，于 2023 年 2 月辞职。在长达 8 年的任期内，这位来自格拉斯哥的女大臣经历了 5 位英国首相、3 次大选、2 次苏格兰议会选举、1 次苏格兰独立公投和 1 次公投提案（被英国议会否决，未举行），见证了脱欧历程与抗击疫情的艰难时刻。

2023 年 3 月，苏格兰民族党新任党首胡穆扎·尤萨夫（Humza Yousaf）就任苏格兰首席大臣，宣布将致力于解决民众生存成本问题、结束苏格兰民族党党内分裂，同时继续寻求苏格兰从英国独立。

尤萨夫是英国议会权力下放后首位当选地方首席大臣的少数族裔政治家，也是首位穆斯林背景的英国主要政党党魁。尤萨夫的祖父于 20 世纪 60 年代从巴基斯坦移民英国，曾在缝纫厂工作。尤萨夫的父亲是会计师，母亲出生于肯尼亚。[①] 选举之前，包括前首席大臣斯特金在内的苏格兰民族党人士大多看好尤萨夫，认为他将重新团结本党，并领导苏格兰获得彻底的独立。

尤萨夫出生于 1985 年 4 月，毕业于格拉斯哥大学。尤萨夫在斯特金的八年任期内成为她的忠实同盟。当地民间认为少数族裔先后当选首相和苏格兰首席大臣，体现了多数人民对传统白人精英治理的不满，尤其是疫情过后复苏乏力、"激情"脱欧引发的一系列社会问题悬而未决。执政者似乎想通过领导人的变动塑造年轻、实干、平等、包容的新形象，挽回选票和民心。

英国广播公司指出，斯特金在任期间，苏格兰政府将教育视为重中之重，倾注心血提升弱势家庭学生的升学率、学业表现和高等教育机会。然而，这枚硬币的另一面也引发了争议：非弱势、非优势的普通家庭学生是否因此遭受不公平待遇？他们是否在愈发激烈的竞争中处于劣势？疫情期间暴露出一系列教育（如线上教育）、医疗、经济问题，这些是尤萨夫在任期内急需应对的挑战。

---

① BBC. Who is Humza Yousaf, Scotland's new first minister［EB/OL］（2023-03-28）[2023-05-22］. https://www.bbc.com/news/uk-scotland-scotland-politics-64874821?source=pepperjam&publisherId=120349&clickId=4385501359.

1.3 苏格兰民族文化与身份认同建构

民族身份认同（national identity）是一个复杂、多面且不断变化的概念，是通过一系列历史、社会、政治和文化过程建构起来的。除了民族，"national"本身也有国家的含义，而1999年英国议会权力下放之后苏格兰的官方称谓确实为国家（nation），或者更准确地称为大不列颠及北爱尔兰联合王国的联邦国家之一。阿伯丁大学荣誉教授麦克·基廷（Michael Keating）指出，英国呈现出"民族国家联合体"（nation-state union）的政治形态，也就是说，英国是由几个保持自身民族身份认同、法律制度和风俗文化的领土经过几个世纪的拉锯、交锋、谈判联合而形成的。[1]

在英联邦形成的过程中，威尔士融入英格兰的程度较高，苏格兰与爱尔兰的独立性和民族性较高。在这种背景下，以凯恩斯主义为基础的福利国家时期，各成员国矛盾较为缓和。而经济衰退时期，教育、就业等公共领域福利削减，各成员国趋于松散甚至分离状态。

不仅苏格兰掀起了独立公投，威尔士也开始脱离英格兰的影响，建立本土化的国家课程体系。而苏格兰议会重组之后的第一大政策变动就是推行"卓越课程"改革，使国家课程体系充分反映本土文化传承和开放包容性，符合教师专业行会和广大公民的教育需求及期望，同时适应国际化竞争的要求。

"卓越课程"改革的过程也是苏格兰议会重塑苏格兰公民身份认同，打造苏格兰学习型国家的国际形象的过程。总之，英格兰人长期以来与联合王国的其他成员形成了一种默契：不列颠身份认同主要指英格兰，而其他凯尔特民族传统更为显著的成员国则更加接近欧洲大陆的文化习俗和治理模式。

现代民族国家被普遍视为现代国际世界的政治基石，是复杂的社会建构实体。民族的身份并非一成不变，而是处于动态的建构过程之中，既有时空的连续性，又呈现出时代的特性。学者指出，人们关于民族身份的认同往往建立在"牢固的想象的共同体"（"a strong imagined community"）基础上，例如共同的神话起源、历史传统、语言文化与风俗、审美倾向、政治体制等等。特别值得关注的是国家起源故事和神话在创建和确认国家认同中的作用。

---

[1] KEATING M. State and nation in the United Kingdom：The fractured union [M]. Oxford：Oxford University Press，2021.

许多学者指出，民族国家的神话起源是牢固的想象的共同体的关键组成部分，是历久弥新，被一代代人传承并重新诠释的宏大叙事与集体想象，可以称为不断创新建构的宏大叙事故事。神话传说蕴含了一个民族或国家的历史和文化，承载了祖先对宇宙万物、斗转星移、山海变迁的绚烂想象，融入了先民在沧桑纷争之中感悟的生命价值、道德伦理和浪漫情愫，记录着朝代更迭、王朝兴衰、民族融合的起源、发展和重要事件。通过对这些故事的理解、重新诠释和传承，人们可以找到共同的精神支柱、理想信念和行为准则。

在本章第二节的"语言与神话流变"部分，我们看到苏格兰故国起源、诸侯纷争、抵御外敌的史诗与歌谣，这些传说不仅塑造了苏格兰人的自我认知，也映射出他们独特的民族性格：勇敢与冒险精神源自本土自然环境，开拓进取与不屈不挠的意志彰显于他们的奋斗历程，勤劳与务实构成了他们的生活态度，豪饮烈酒中的热情与好客溢于言表，而对公平的坚持与追求则深植于他们的价值观中。神话传说中的神灵、英雄和重要事件往往成为民族或国家认同的重要象征，激发了人民的自豪感和归属感，增强了民族凝聚力。

苏格兰的传说以风笛曲、盖尔语民谣和诗歌、传奇小说等形式展现了苏格兰的凯尔特传统和多民族融合过程中的文化多样性。而民族衣着习惯、建筑风格、饮食起居器物、图腾与徽章等不仅具体生动地记录了祖先们生活着的历史故事和民族审美情调，更反映了深刻的社会和政治意义。

古代高地战士（highlanders）穿着当地黑脸羊毛纺织、植物漂染而成的大苏格兰格纹裙进行战斗，因为百褶裙坚韧耐磨，保暖实用，方便骑马行动、携带武器。苏格兰裙因此被视为勇敢和战斗精神的象征。上面鲜艳多样的格子花纹（tartan）代表着不同的部族，每个部族都有独特的花纹设计，便于部族之间的区分和内部团结。而在英王爱德华六世访问苏格兰的著名事件中，苏格兰裙更是作为一种政治象征赢得了具有苏格兰血统的国王推崇，乃至风靡全英。至今，这一服饰依然被视为历久弥新的时尚文化标志。

上文提到的包括神话起源、历史传统、语言文化与风俗、审美倾向、政治体制等在内的民族想象的共同体都具有潜移默化的启蒙和传承教育作用。它们不仅被记录在文字文本上，还通过各种感官通道活灵活现地讲述着关于民族历史和乡土的故事，向年轻一代传递知识和智慧，塑造他们的民族性格。这种潜移默化的教育过程不仅可以增加学生对自己文化的了解，还可以培养他们的想象力和创造力等高阶思维。

如果说神话故事和民俗主要通过家庭和社会生活为民族身份认同的集体想象和宏大叙事奠定了底色，那么苏格兰的综合性基础教育、城市和古典大学则发挥着系统性的主要作用，开启民族智慧，传承实用技能，在文化思想、工业科技和经贸交往的前沿为苏格兰开疆拓土，赢得了国际影响力，成为苏格兰参与英联邦内部和国际叙事的底气。

　　本章主要介绍了被誉为北方雅典的首府爱丁堡，以及以商业社会、常识哲学和市民智慧为重要主张的苏格兰启蒙运动及其代表人物。本书的第二章将聚焦苏格兰的教育叙事，探究苏格兰社会文化在宏大叙事的基础之上形成的国家基础教育体系，以及苏格兰教师在教育传承过程中承担的角色。

第二章　苏格兰教育图景的空间叙事

导　言

本书第一章已经简要梳理了苏格兰文化社会层面的宏大叙事脉络,并且由面及点,介绍了神话传说中苏格兰人民的集体记忆,爱丁堡作为"北方雅典"汇聚学者与莘莘学子的文教和社会影响力,以及英国世纪之交"权力下放"、苏格兰议会重启的契机。本章将继续挖掘社会文化层面的宏大叙事如何深入影响苏格兰教育生态环境,尤其关注苏格兰基础教育阶段综合教育的传统理念与最新实践。

2.1 苏格兰基础教育阶段的学生人数

本书 1.1 章节"苏格兰概况"中曾经介绍过，在英国范围内，苏格兰的面积仅次于英格兰，但人口密度却排名最低，每平方千米仅仅 70 人。官方数据显示，2022 年，苏格兰中学（包括初中、高中）在校学生人数超过 30.9 万，小学生在校学生人数超过 38.8 万，学龄前儿童在保育机构与幼儿园的人数为 9.2 万，特殊学生在校生 7821 人。① 截至 2022 年，苏格兰师生比多年稳定在 1∶13，波动幅度不显著。② 同年，苏格兰公立学校教师总人数 54 193 人，其中，小学教师 25 451 人，中学教师略少一些，有 24 874 人，分布在各所公立学校和少数特殊学校的特殊教育教师有 2 097 人。此外还有学前教育教师和由市政厅聘用的弹性岗位教师超过 1 700 人。③

在此仅做一个简单的对照参考，让读者更为直观地感受苏格兰基础教育的规模。2021—2022 学年英国国内基础教育阶段公立学校（公立幼儿园、中小学和特殊学校）在校生人数总计 900 万，比 2020—2021 学年增加 8.8 万人，公立学校 2.4 万多所，平均班级规模 26.7 人。和上个学年的班均 26.6 人相比几乎没有变化。④ 2022 年苏格兰小学的每个班级平均 23.3 人，2021 年为 23.2 人，如果不精确到小数点后一位的话，则未有变化。⑤

而根据《2021 年全国教育事业发展统计公报》，⑥ 2021 年我国共有义务教育阶段学校 20.72 万所。义务教育阶段招生 3 488.02 万人，在校生 1.58 亿人，专任

---

① Statista. Number of pupils attending schools in Scotland from 2013 to 2022, by school type［EB/OL］.（2023-01-24）［2023-05-22］. https://www.statista.com/statistics/715853/number-of-pupils-in-scotland-by-school-type/.
② Scottish Government. Schools in Scotland 2022: Summary statistics［EB/OL］.（2022-12-13）［2023-05-24］. https://www.gov.scot/publications/summary-statistics-for-schools-in-scotland-2022/.
③ Scottish Government. Schools in Scotland 2022: Summary statistics［EB/OL］.（2022-12-13）［2024-08-01］. https://www.gov.scot/publications/summary-statistics-for-schools-in-scotland-2022/. 此图所示苏格兰教师人数的统计方法（公立学校、注册教师）和统计截止时间与图 2.1 所示的苏格兰在校学生人数并不同步，因此计算得出的师生比与苏格兰政府的年度官方数据有出入，但无较大差距。
④ UK government. Statistics［EB/OL］.（2022-06-09）［2023-05-01］. https://explore-education-statistics.service.gov.uk/find-statistics/school-pupils-and-their-characteristics.
⑤ Scottish Government. Schools in Scotland 2022: summary statistics［EB/OL］.（2022-01-05）［2023-05-01］. https://www.gov.scot/publications/summary-statistics-for-schools-in-scotland-2022/.
⑥ 中国教育部. 2021 年全国教育事业发展统计公报［EB/OL］.（2022-09-14）［2023-05-11］. https://www.eol.cn/shuju/tongji/jysy/202209/t20220914_2245471.shtml.

教师 1 057.19 万人，九年义务教育巩固率 95.4%。2021—2022 学年，仅北京市的小学生毕业生数就达到了 13.4 万余人，招生数为 18.6 万余人，小学在校生共计 103.7 万；同年北京初中在校生接近 35 万，高中在校生 17.6 万人。① 北京仅初中在校生人数就超过了同一学年苏格兰初中、高中合计的 30.9 万人。

总之，以英国为代表的西方国家现行的小班教学模式与其人口规模较小的国情密不可分。值得强调的是，相对于英格兰而言，苏格兰更显得地广人稀，人口密度相对更低，教师中产阶级的规模和规范培训具有相当完备的历史基础，更注重综合教育与教育公平。而英格兰地区——包括受英格兰（即中央政府）制度和文化影响更深的威尔士和北爱尔兰——在历史和教育传统方面则呈现出典型的双轨制特点：

（1）少数精英公学（public schools）、文法学校（grammar schools）和大学预科学院（colleges）面向绅士阶层、贵族子弟和少数中产阶级子弟，教授拉丁语、哲学、神学、古典文学、数学、艺术等学科。学生毕业后进入古典大学学习，为以后成为绅士阶层、国家官吏和其他高级人才做准备。

（2）面向平民大众的初等教育小学和实施职业技术教育的中学，目的是培养合格的劳动者和技术工人，历史上这类学校的毕业生一般不可进入大学接受高等教育。面向大众的中学班级规模明显较大，但一般不超过 60 人/班。直到 1944 年英国颁布《1944 年教育法令》（*Education Act 1944*，又称"巴特勒法案" *Butler Act*），综合学校才得以在英国的其他地方得以推广，英格兰传统的"双轨制"教育才呈并轨的趋势。

2.2 苏格兰综合教育的传统

本书在 1.2 章节"苏格兰的社会文化叙事"中简要提到了格丽特·萨默斯教授（Margaret Somers）叙事分析的四重维度论。本章从第一章的宏大叙事逐渐过渡到"学科领域维度"叙事（disciplinary narratives），关注苏格兰教育领域的重要政策、管理制度，以及学者、教育政策制定者和教师在特定领域和行业所达成的共识、存在的主要争论。

教育学科与其他专业学科的主要差异在于其突出的实践导向性。杜威的观点"教育即生活，教育即生长"已成为教育学领域的经典理念，绝大多数接受过教

---

① 北京市教委. 2022 年北京各区小学、初、高中毕业生在校生人数统计数据［EB/OL］.（2022-03-26）［2023-05-01］. https://www.sohu.com/a/532783686_414577.

育学培训或获得教师资格证的教育工作者都耳熟能详。诚然，杜威的理论需要与具体的国家背景、教育体系和课程设计相结合，不能断章取义。

但不可否认，杜威教育理论在当代世界主要国家教育学领域仍然保持其理论重要性和叙事地位，这主要源于其对教育本质的深入探讨，以及对人、教育与世界之间复杂关系的深刻洞察。这种洞察为我们理解教育的根本性质提供了广泛而富有启发性的视角。

教育不能离开生活，正如鲜花离不开泥土和阳光雨露；人的生命不能停止生长，活到老、学到老，为有源头活水来。教育生活化的特质，一方面使教育学领域的叙事内容十分丰富，为相关研究，特别是质性研究、行动研究和叙事研究，提供了取之不尽的源泉。另一方面又使得教育学的科学性和教师的专业性受到大量质疑，这是其他专业研究者和从业人员较少遇到的困境。[①]

如果从人的生长和生命的角度来诠释、建构教育理论和实践策略，就不难明白传统专业领域划分为何在教育学领域捉襟见肘了。人是如此之复杂、多元，生命不息，成长不止。这一现象决定了教育学吸纳多学科理论与研究工具的性质。现象学的理论，尤其是诠释主义现象学流派的观点，为了解生活的教育和教育之中人的生长提供了重要的理论视角和方法论设计依据。

法国哲学家、现象学的重要代表学者之一梅洛-庞蒂提出用生存论取代认识论，以解决西方哲学笛卡尔式的传统身心二元论，以身体主体论取代笛卡尔和康德著作中采取的纯粹意识主体论。

具体而言，梅洛-庞蒂强调自我和身体的关系不是二元对立思想下的主体和客体关系，人因为身体的存在而存在，并且能够有意识地通过身体的生长与生活，居于物质、社会世界之中，感知各种自然和社会现象，建构日常生活经验与意义。身体的生物本能、感知觉产生的生理体验和情感变化可以作为经验与意义建构的第一手经验来源，而不仅仅依赖于认知、精神的理性思考与再加工。

在梅洛-庞蒂和存在主义哲学家的论述中，心灵跳出了西方哲学传统的纯粹意识领域，进而启发了更多学者——尤其是结构主义和后结构主义流派——不断探讨心灵与身体，精神与物质，自我与他者，个人、群体与这个"生活世界"更为多元的连接、互动，又在互动中共同建构意义，影响实践行为。

在前一节，我们已经粗略了解了苏格兰乃至英国基础教育各阶段的规模和小班教育产生的客观原因。这一节我们将继续梳理从关键历史到近现代的时间脉络，探讨苏格兰和英格兰基础教育结构和学校教育在社会中的作用所带来的历史

---

① 叶澜.回归突破"生命·实践"教育学论纲[M].上海：华东师范大学出版社，2015：103.

差异，以及这种差异如何强化了苏格兰学校教育在社会生活和民族身份认同建构过程中的重要性。

2.2.1 苏格兰宗教改革的历史叙事主线

上文在1.2.2章节简要介绍了苏格兰启蒙运动兴起于17世纪，而推动启蒙运动的则是16世纪苏格兰宗教改革（Scottish Reformation）。① 将时间线再往前梳理，有学者认为苏格兰在公元5—6世纪开始接受基督教，而在公元400—1070年，基督教长期与本土部族信奉的凯尔特宗教信仰并存。在这漫长的历史进程中，苏格兰并非统一王国，而是充满了部族争斗和诸王国之间的纷争（参见《夺牛长征记》史诗传说）。

11世纪中下叶，苏格兰王权发生重要更替，马尔科姆三世（Malcolm Ⅲ of Scotland，苏格兰称Máel Coluim mac Donnchada）推翻了麦克白和他继子的统治，成功登基成为苏格兰国王，期间采取一系列举措加强王权。后来马尔科姆三世迎娶了盎格鲁-撒克逊流亡公主玛格丽特。② 玛格丽特王后（后世追封为苏格兰圣·玛格丽特）笃信天主教，她与马尔科姆三世推动了罗马天主教在苏格兰王宫的传播，并允许英文取代盖尔语成为宫廷用语。

此后几个世纪，苏格兰教会渐渐告别凯尔特传统，融入罗马宗教世界。依照1192年教皇雷定三世的教皇诏书，整个苏格兰统一为一个主教区，享有相当大的独立权。在苏格兰宗教改革之前，高级宗教领袖和修士对苏格兰和英格兰政治生活的影响力毫不逊色于大贵族甚至国王。各类重要修会都在苏格兰建立了机构，积极参与苏格兰的精神、经济、文化生活和高等教育发展——以圣·安德鲁大学和阿伯丁玛丽学院（后改名为国王学院）为代表。

苏格兰的宗教改革在世界历史上留下了浓重的一笔，相关的历史叙事围绕着主要人物和重大事件展开。在英格兰，宗教改革主要是由亨利八世需要男性继承人而谋求离婚引发的。这一时期，宗教改革更多地出于国王意志和巩固王权的政

---

① The Scottish History Society. The Scottish reformation 1525-1560［EB/OL］.（2023-05-01）［2023-05-01］. https://scottishhistorysociety.com/the-scottish-reformation-c-1525-1560/.

② 玛格丽特的父亲是流亡者爱德华（Edward the Exile），即英格兰埃赛克斯王朝国王埃塞尔雷德二世（Ethelred Ⅱ）的曾孙。流亡者爱德华曾在神圣罗马帝国皇帝亨利三世的庇护下返回英格兰试图争取王位，但他随后离奇猝死。因此玛格丽特王后与英格兰国王"征服者"威廉是敌对方。这一时期苏格兰与英格兰摩擦不断。不过，马尔科姆和玛格丽特的女儿玛蒂尔达后来嫁给征服者威廉的儿子，即亨利一世，他统治期间苏格兰与英格兰王国经历了历史上一个相对稳定和繁荣的时期。RONAY G. The lost king of England：The east european adventures of Edward the exile［M］. Wolfeboro, US：Boydell Press, 1989.

治目的，教义上主要保留了天主教的传统，在政治上则大张旗鼓地宣布英国国教的首领是英格兰国王而非罗马教皇。亨利八世唯一的儿子爱德华六世夭折后，继位的玛丽·都铎女王（Mary Tudor）和母亲阿拉贡的凯瑟琳一样，是虔诚的天主教教徒，与罗马教廷关系紧密，因此玛丽·都铎女王对英格兰新教教徒进行了残酷清洗，受迫害的教众称之为"血腥玛丽"。

苏格兰宗教改革与英格兰宗教改革最显著的区别在于自下而上，从爱丁堡到高地部族，从贵族、教士、乡绅、学者到贫苦大众、妇孺老人，公众舆论广泛赞成。苏格兰宗教改革排除王权更替和内外交困的诸多政治障碍，坚持对教义进行改革，回归宗教本身，反抗腐败的主教和奢侈繁重的宗教仪式，由此唤起了民族情感和团结的努力。

宗教改革的领导者是约翰·诺克斯（John Knox，1505—1572 年），他曾在玛丽·都铎女王登基（1553 年）后逃往宗教改革的中心日内瓦，与约翰·加尔文结识，深受加尔文思想影响。诺克斯曾与威廉·惠廷厄姆（William Whittingham）一起草拟了新的教会仪文，这一教会仪文后来成为苏格兰教会正式采用的仪文典籍——著名的《日内瓦典籍》（Geneva Book）。诺克斯回到苏格兰后成为当地宗教改革运动的领导者。

据文献记载，诺克斯的布道演讲铿锵有力，振聋发聩，具有苏格兰人特有的直接、活泼、简明的风格，睿智而辛辣，对教会腐败的声讨釜底抽薪，决不妥协。他的努力促成了苏格兰长老会的创立，后来成为苏格兰国教。他完成了巨著《苏格兰宗教改革史》（History of the Reformation），与苏格兰的玛丽女王①针锋相对，且在社会舆论上占据上风。约翰·诺克斯身列日内瓦"宗教改革纪念碑"的四巨人之一，亦被誉为"清教主义的创始人"。

概而言之，苏格兰宗教改革的历史背景极为复杂，这一时期苏格兰与法国、英格兰、罗马教会、欧洲宗教改革派系的关系暗流汹涌，动荡多变。1560 年，苏格兰议会在爱丁堡组成苏格兰改革议会（Scottish Reformation Parliament），决定通过三项法案，支持新教成为国教（但不受国家管制），并大部分采纳诺克斯撰写的加尔文派信条。

教皇和天主教高级神职人员的管辖权被废除，禁止举行弥撒。法案遭到了王权的抵抗，直到 1567 年苏格兰玛丽女王的儿子詹姆斯六世（后来继承伊丽莎白一

---

① 苏格兰的玛丽女王（Mary, Queen of Scotland）是玛丽·斯图亚特（Mary Stuart），于 1542—1567 年统治苏格兰王国，父亲是亲法的苏格兰国王詹姆斯五世，母亲是法国权臣公爵的女儿，支持教皇。出生仅六天的玛丽就成了苏格兰女王，由母亲摄政，她则被送往法国宫廷养育，许婚给表弟法国王储。1560 年，丈夫去世后，年轻的玛丽才回到故国苏格兰。受法国宗教立场和母亲摄政的影响，玛丽女王也不支持宗教改革。她曲折的生平及其与英格兰伊丽莎白女王的仇怨纠葛曾被多次搬上荧幕，但以演绎为主。

世女王的英格兰王位）继位后，苏格兰才大体成为一个新教国家，以苏格兰长老会为唯一正统。

苏格兰宗教改革对当地的市民生活、市政管理和文化教育产生了巨大影响，这种影响甚至随着苏格兰清教徒移民新大陆而对美国的国家文化和政体建设产生了深远影响。

例如，诺克斯及其追随者是比路德宗更为严格的加尔文宗信仰者和改革实践者，宗教改革废除了原来的拉丁文唱诗班、乐谱和伴奏风琴，专门委托当时的音乐家创作了《苏格兰韵律诗篇》（Scottish Psalter）进行民族音乐熏陶，虽然是出于传教的目的，但从某种程度来说也促进了乡土教育深入儿童和普罗大众的内心，与日常生活紧密相关。

后来的苏格兰启蒙运动开启了历史和人性的大讨论，主张以人为本，推动了苏格兰教会进一步世俗化，导致19世纪苏格兰教会温和派（moderates）和福音派（evangelicals）的分裂。① 总之，当代苏格兰教会对社会公众领域的参与程度不低，例如，教会明确反对核武器与核战争，支持英国议会"权力下放"，并作为重要成员参与了苏格兰议会的筹建。教会自1968年起实施男女平等政策，女性可以担任长老和议会长。

以历史、管理学家穆奇（Alistair Mutch）教授为代表的学者对17—19世纪苏格兰教会的管理体系进行了研究，指出教会的组织架构、记录规范和财务管理都成为后世组织管理的典范。② 1561年苏格兰议会曾向国会提出《教会管理规范卷一》（Fist Book of Discipline），管理层级架构清晰，集体商议，不设立绝对权威的宗教领袖（如教皇）。③

在每个教会中，由一位牧师及数位从会友中选出的长老组成"集会"（session）。小地区的教会会议称为长老宗（presbyteries），由各教会牧师代表及长老们组成。大区域的会议称为"议会"（synod），由各地区牧师代表及长老们组成。全国性的教会会议称为"大议会"（general assemblies），由来自全国各教会的牧师代表与长老们组成。④

---

① BROWN C G. Religion and society in Scotland since 1707［M］. Edinburgh: Edinburgh University Press, 1997.
② MUTCH A. To bring the work to greater perfection: Systematising governance in the church of Scotland, 1696-1800［J］. The Scottish historical review, 2014, 93（2）: 240-261.
③ KNOX J. History of the reformation in Scotland［M］. Glasgow: Blackie, Fullarton, & CO. and A Fullarton & CO., EDINBURGH, 1831: 486.
④ KNOX J. History of the reformation in Scotland［M］. Glasgow: Blackie, Fullarton, & CO. and A Fullarton & CO., EDINBURGH, 1831: vii; 59; 231; 257.

在公众叙事领域，一些畅销书的作家认为苏格兰清教移民带来的道德价值观（如自律、勤勉、节俭、价值）、对实用主义的推崇和较强的操作技能、团结的集体观念和丰富的社交群体、高效清晰的组织架构，包括高地豪爽、强健、务实的特质都对美国的拓荒、独立、建国和迅猛发展产生了很大的影响。①

诚然，美国的开国元勋之一詹姆斯·威尔逊（James Wilson，1742—1798年）就出生于苏格兰法夫区，据说曾在圣·安德鲁大学、格拉斯哥大学和爱丁堡大学学习，未获得学位，求学期间深受苏格兰启蒙运动重要代表人的影响，决定移民费城，一边教学一边攻读法律。富兰克林也与苏格兰的凯姆斯勋爵、大卫·休谟、亚当·斯密等等启蒙运动学者私交甚深，大力推动了苏格兰启蒙运动著作在美国大学、出版等文化领域的广泛传播。

正如阐释主义现象学家所指出的，阐释一种叙事文本的时候，叙事的真伪并不是研究的关键，而是叙事的脉络和核心观念或人物及其言外之意，乃至叙事意义建构的过程。苏格兰启蒙运动、宗教改革思想对美国的近现代影响已经得到舆论和学界的关注。

2.2.2 早期苏格兰教会对基础教育的塑造

西方学者与我国学者都指出，自1500年开始，民族国家的兴起导致的欧洲分裂是世界历史上十分独特的现象。② 以历史演变的脉络为基本分析框架，欧洲各国民族主义的发展可大致分为三个主要阶段。

首先，1500年至1789年之间，经历了从分散走向统一的过程，以及从绝对君主制向现代民族国家过渡的转型。接着，从法国大革命到第二次世界大战结束，欧洲进入民族国家扩展阶段，诸多新兴的民族国家纷纷形成，民族国家的理念逐步传播至整个欧洲。最后，欧洲各民族从独立个体迈向联盟，开启了欧洲一体化的发展阶段，③ 是正在发生的历史。

到了16世纪，苏格兰的高等教育已经颇具规模，当地贵族对政策的影响力较大，而这些贵族往往接受过良好的高等教育，并且有推动苏格兰主要城市建立本土大学的愿望。在此前漫长的中世纪，即公元5世纪到15世纪中期，苏格兰

---

① HOPPER K. The Puritan gift: Reclaiming the American dream amidst global financial chaos William Hopper [M]. London: I. B. Tauris, 2009.
② BEBBINGTON D W. Religion and national feeling in nineteenth-century Wales and Scotland [J]. Studies in church history, 1982, 18: 489-503.
③ 尹建龙等，欧洲民族国家演进的历史趋势—《欧洲民族国家演进的历史趋势》成果简介 [EB/OL].（2011-10-18）[2023-05-21]. http://www.nopss.gov.cn/GB/219506/219508/219523/15937831.html.

本地的知识精英和学子大多只能前往欧洲，尤其是与苏格兰关系较好的法国接受高等教育，极易受战事和政局动荡影响，生活交通也十分不便。

在经济基础发展到一定程度，尤其是在政治上有相应发言权之后，苏格兰知识精英、主教们联合国王，积极推动了圣·安德鲁斯大学、格拉斯哥大学和阿伯丁大学获得罗马教皇的诏令，获得大学地位，莘莘学子得以在本地接受高质量的学术训练，在毕业后亦能投身本地学术研究与教学工作。在16世纪之初，爱丁堡已经出现了第一家出版社，此后，本地印刷业、出版社如雨后春笋般涌现，大大促进了爱丁堡的学术文化发展，推动苏格兰在欧洲获得更大的文化话语权。

人类在航海与天文领域的重大发现，不仅推动了国际经济贸易的崛起，激发了各国争夺海上霸主地位的军事政治冲突，同时也催生了宗教改革的蓬勃发展。除了教义理解上的改革，教会组织和社会角色的变革影响亦十分深远。苏格兰教会研究专家约翰·史蒂芬森（John Stevenson）在著作中强调，苏格兰教育尤其是基础教育的核心理念"平等主义"（egalitarian）以及后来的"民主视野"也是苏格兰教会笃信、笃行的理念，也就是"要教育每一个普通民众阅读上帝的语言，感受上帝的指引，在世俗生活的方方面面追求智慧，探究实践的、哲理的、科学的、社会层面的人类智慧。"[1]

苏格兰宗教改革的领袖约翰·诺克斯坚定地贯彻上述理念，他在每一个教区，尤其是苏格兰高地和贫困地区，设立学校，推广综合教育，致力于教导民众阅读、写作、常识和音乐音韵。

约翰·史蒂芬森自20世纪50年代起在苏格兰成长，接受的是公立学校教育。斯蒂芬森形容当时的苏格兰学校由政府公费支持，免费面向所有适龄儿童，带有浓郁的宗教纪律管理风格，新教道德价值观深植于教育过程，每个孩子都要用英文和盖尔语背诵课文和诗歌，学校组织众多音乐会、歌剧、交响乐和戏剧相关的欣赏与表演活动。[2] 由此可见，16世纪宗教改革以及苏格兰教会对基础教育的影响之深远。

概而言之，苏格兰教会推动的教区学校在16世纪到19世纪中叶是苏格兰基础教育的主体，适龄儿童不论阶级，均可接受基础教育。学生依照个人兴趣和学业情况进入大学，生活贫困的儿童能够得到教会的慈善资助，尽可能保障贫困儿

---

[1] STEVENSON J. Fulfilling a vision: The contribution of the church of Scotland to school [M]. Eugene, Oregon, US: Pickwick Publications, 2012: x.

[2] STEVENSON J. Fulfilling a Vision: The Contribution of the Church of Scotland to School [M]. Eugene, Oregon, US: Pickwick Publications, 2012: x-xi.

童的教育权利。出于独立阅读圣经和培养实用生活技能的需要，普通女童也获得了接受教育的机会，但学习的科目仅限于阅读和缝纫、纺织技能，不学习写作，教育的层级和年限往往不及男童。

而在苏格兰知识阶层和贵族之中，女性接受优质教育（通常来自欧洲尤其是法国）是一种风潮。在同一时代的英格兰，高等教育以及优质的基础教育还是贵族和中产阶级的特权。普通民众尤其是穷苦人民只能从事体力劳动，几乎不可能进入大学。

在苏格兰经济腾飞、启蒙运动和爱丁堡新城建设开始之前，17世纪的苏格兰虽然有一定的发展，但受制于自然灾害、政局动荡和长期战争带来的损失，社会整体较为贫困；与此形成鲜明对比的是苏格兰的高等教育和基础教育发展较为先进。

苏格兰的贫富分化在17世纪中后期逐渐显露。地主拥有大部分土地，到1789年，约1%的人口拥有国家56%的财富。① 不过，苏格兰乡村和英格兰乡村最显著的区别在于苏格兰大部分农民拥有自己的土地，尽管土地面积很小。

而没有土地的佃农生活最为贫困，位于社会底层，他们只能向拥有土地的农民或大地主租地务农，或单纯出卖劳动力，绝大多数佃农还需要打杂工贴补家用。在17世纪的英格兰，农民往往在纺织工厂帮工。而苏格兰农民通常兼做木工、铁匠、酿酒、建造、编织等手工艺。②

相关文献显示，苏格兰议会通过《1633年教育法案》，该法案的重要条目包括议会、市政厅向土地所有者收税以资助各个教区建立学校。但鉴于苏格兰、英格兰教会与王权冲突频发，直到《1696年教育法案》实施后，苏格兰基础教育的理念、原则和制度规范才得以在法律层面确立，并切实实施，塑造了苏格兰基础教育的现代雏形。

《1696年教育法案》规定，各个教区的地主必须为教区学校提供校舍，承担教职工工资，而管辖该教区宗教事务的长老会（presbyteries）负责监督教育质量。根据《1946年教育法案》提出的"盟约主义原则"（covenanter principles），当时的苏格兰议会承认圣经的权威性和教会的独立性，维护信仰的纯正性，秉持公正治理的原则，在教区学校推行宗教核心道德价值观。

历史与社会研究的著名学者、圣·安德鲁斯大学历史教授拉布·休斯顿教

---

① HOUSTON R A., WHYTE I D. Scottish society, 1500—1800［M］. Cambridge: Cambridge University Press, 2005: 10.

② HOUSTON R A., WHYTE I D. Scottish society, 1500—1800［M］. Cambridge: Cambridge University Press, 2005: 11-12.

授(Rab Houston)在《苏格兰扫盲运动1560—1803年》(*The Literacy Campaign in Scotland，1560-1803*)中指出，17世纪的苏格兰王国是欧洲极少数以国家法律明确推行综合性基础教育的王国，苏格兰教会和世俗权力机构——包括苏格兰议会、市政厅和各级管理机构——合力实施全国性的扫盲教育运动，较早地奠定了教育公平的基石。综合性学校的普及也极大地推动了苏格兰国民身份认同的形成，也被19世纪的美国新英格兰地区、普鲁士和瑞典作为模版，在本地区推行扫盲运动。[1]

亚当·斯密曾在他的名著《国富论》中骄傲地称赞苏格兰教区学校的建立"让全体民众学会了阅读，让大部分民众进一步学会了书写和算术"。[2] 休斯顿教授基于史料指出，这一时期苏格兰的基础教育专注于对幼年至8岁儿童的宗教教条、阅读、写作以及一些实用技能的培训，而女童主要学习缝纫和纺织技能。

8至12岁的儿童通常进入城镇学校(burgh schools)或文法学校，或跟随其他私人机构与导师学习拉丁文、数学和其他自然人文学科。学业优异的儿童则继续深造，最终进入大学。升入高等教育的主要依据是学业表现，而贫困学生的高等教育费用通常由市政厅和长老会尽力解决。

受社会环境影响，到17世纪后半叶，苏格兰基础教育的国家扫盲运动才初见成效。1818年实施的全国调查显示，约6%的苏格兰适龄儿童在私立精英学校接受教育(类似于英格兰的贵族公学)，31%的儿童在公费资助的教区学校学习，约35%的儿童在其他私立收费学校学习，而这类私立学校涵盖了苏格兰国家教育法案颁布之前就存在的基础教育学校，不在苏格兰教会体系之内。

虽然苏格兰教会和议会采取了一些措施，希望实现国家统一的教区学校教育模式，但私立学校还是顽强地发展，教育方法相对于教区学校更为灵活，教育气氛活跃，与世俗知识、技能的新发展联系更为紧密。随着城市的发展和商贸的逐步繁荣，基础教育中的财会和账簿管理、测绘与导航等学科广受欢迎，热门程度胜过古典学科，如拉丁文、希腊文等学科。但出于宗教和政治原因，在教区学校中古典学科的开设较多，教育质量相对较高。

除了正规、体系化的教区学校和私立学校教育，贵族子女往往选择留学，或者拥有私人教师。贫苦儿童通常会向家长或者接受过教育的兄弟姐妹、邻里学习基本的阅读技能。

---

[1] HOUSTON R. The literacy campaign in Scotland, 1560—1803 [M] // ROBERT F ARNOVE, HARVEY J G. National literacy campaigns: Historical and comparative perspectives. New York: Springer, 1987: 50-51.

[2] SMITH A. An inquiry into the nature and causes of the wealth of nations, II [M]. Oxford: Clarendon Press, 1976: 785.

18世纪从英格兰传入的星期天学校（Sunday schools）在18—19世纪的苏格兰得到广泛传播，这类学校由教会或慈善人士组织，为无法接受正规教育、需要工作的贫困儿童提供学习读、写、算和道德、宗教知识的机会。在体系化的教区学校之外，苏格兰教会也积极推动家庭教育和家庭学校的开展。教会通常通过对男性家庭成员的教育来实现对家庭其他成员的教育。

在文化普及取得初步成效的基础之上，18—19世纪的苏格兰在经贸、工业、思想、文学、城市化进程和城市规划等方面都取得了令欧洲瞩目的成就，首府爱丁堡更是获得了"北方雅典"的美誉（详见第一章）。这一时期苏格兰基础教育最大的发展在于颁布了《1872年教育法案》（Education (Scotland) Act 1872），对17世纪确立的教育法案具体条款进行"增补和修改，以提高教育效率，让全体苏格兰人民得以获得教育机会"。[1]《1872年教育法案》长达72节，其中超过一半的规定一直实施到了1945年才被新法案条款取代。变革性主要包括以下几个方面。

第一，苏格兰政府取代苏格兰教会，获得完全的基础教育控制权，不过，法案仍然明确允许在基础教育阶段进行宗教教育，教会虽然失去直接控制权，但仍然通过教师培训、星期天学校和学校管理会代表间接对基础教育产生重要影响。

还有学者认为，《1872年教育法案》恰恰提高了苏格兰教会对学校教育的影响力以及在民众中的舆论引导力，因为在下文提到的教育委员会的竞选过程中，各位宗教人士有效地运用公众演讲等等一系列活动进行布道宣讲，普及教义，阐述自己的教育和社会主张。[2]

第二，《1872年教育法案》第69节明确规定苏格兰家长有法律义务将5～13岁的适龄儿童送入学校接受基础教育，缴纳一定费用，无力承担相应费用的家庭可向所属教区提出补助申请。[3] 苏格兰基础教育正式成为国家补助的义务教育。法案第40条还指出国家应当为7岁以下儿童提供幼教学校（infant schools），为13岁以上的儿童（许多普通和贫困家庭的儿童已经开始工作、劳动）开设夜校（evening schools），但实际上的实施力度并不显著。

第三，在各个城镇和行政区设立教育委员会，对学校进行管理。教育委员会成

---

[1] STEVENSON J. The education (Scotland) act 1872 and its significance for the church of Scotland [J]. Scottish educational review, 2021, 53 (2): 35-53.

[2] WITHRINGTON D. Church and state in Scottish education before 1872 [M]. East Lothian: Tuckwell Press, 2000: 61.

[3] Education in the UK. Education (Scotland) act 1872 [EB/OL]. (2023-09-01) [2023-09-01]. http://www.educationengland.org.uk/documents/acts/1872-education-scotland-act.html.

员由选举产生，法案具体规定了委员会和主席的选举方式、选举和换届时间、生效和监督方式，以及委员会的运作规范。

值得注意的是，教育委员会的权限相当广泛，涵盖了校舍和校址管理、经费和学费、学生录取、教师聘用与管理、教育教学效率评估、宗教教育的实施（宗教教育不再接受国家拨款），等等。各教育委员会拥有自我监督权，并接受英国督学的定期监察与评估。

第四，在聚焦小学教育的同时，法案一定程度上关注了中等教育，将已经存在的城镇学校、文法学校、教区学校（高年级）统一纳入新的国家教育体系，统一称之为"高级公立学校"（higher class public schools），其主要目的是"为国家的高等教育培养人才"。①

大部分学者认同，《1872年教育法案》体现了苏格兰教会对世俗权力的妥协，其主要原因在于教区学校的入学人数在18—19世纪明显下降，社会经济与文化方方面面的发展导致传统的、刻板的、理论化的宗教教育越来越多地受到世俗社会的批评。②苏格兰启蒙运动，尤其是亚当·斯密、大卫·休谟等学者对人性与商业社会的讨论进一步冲击了严苛的教条主义思想和教育规训。

与此同时，苏格兰教育与苏格兰议会、市政厅和各级村镇管理机构保持了密切的联系，而且转变为一个接受国家捐赠资助的国家教会，更接近于现代的非营利性公益组织、基金会。苏格兰教会逐渐发展出一套高效的、适应时代发展的社会运营机制，在坚持核心信仰的同时，通过加入教育委员会和校董会，参与、组织公众活动和慈善活动，参与国际宗教和文化组织、联盟等多种渠道在苏格兰伦理道德和精神文化世界发挥积极作用。

总之，苏格兰基础教育早期发展呈现出以下主要特点：

（1）由国家权力机构即苏格兰议会立法实施，在全国范围内建设综合性基础教育学校，普及基础教育，招收各个阶级的适龄儿童，接纳女童和贫困儿童。上述政策与实践领先于欧洲大部分国家和地区，而后者大多在一定的区域或小范围内推行基础教育，由地方政权实施。

（2）苏格兰国家权力机构与苏格兰教会在促进苏格兰国家综合实力发展和提升国民文化素质的前提下达成共识，基础教育的控制权由教会平稳移交给各级政府权力机构，促进了世俗知识与实用技能的普及，提高了教育质量和效率，

---

① STEVENSON J. The education（Scotland）act 1872 and its significance for the church of Scotland［J］. Scottish educational review, 2021, 53（2）: 38.

② MILLIGAN W. The present position and duty of the church of Scotland: Being the closing address of the moderator of the general assembly of 1882［M］. Edinburgh: William Blackwood and Sons, 1882: 9.

充分发挥了基础教育对经济发展的贡献力量，以及为高等教育培养、输送人才的能力。

（3）尽管苏格兰在很长一段历史时期内的经济发展和城市化进程落后于英格兰以及欧洲的许多国家、地区，但苏格兰本土知识分子和政教精英通过留学、学术交流、文艺活动与各个时期的欧洲学术中心均保持着紧密的交流与合作；商贸口岸的兴旺发达孕育了当地人开放、包容、实用主义、尊重人文艺术、勇于推陈出新的探究精神，促进了民间文化的交流与传播。因此，在政局相对稳定的"联合王国"时期，苏格兰在欧洲一跃成为文化思想的重镇，在推动世界文明发展的过程中发挥了独到的作用。

（4）正规教育与非正规教育、家庭教育互补互益，推动苏格兰国民身份认同与文化自信的建立。苏格兰的贫穷和高地的蛮荒一度遭到邻邦的鄙夷和嘲讽，但苏格兰人——尤其是诗人、文学家——并不避讳贫困与恶劣的生活条件，并以特有的乡土歌谣韵律和浪漫主义情怀对此进行艺术加工，在促进民族团结、激发民族自豪感的同时，引发了英国乃至欧洲范围内的"高地朝圣"风潮，讲好了苏格兰的民风民俗故事。

在非正规教育领域，教区教堂、城镇布告栏和广场上吟唱民谣、宣发小册子、讲解教义、演绎小说故事的多种群体用图文并茂、口述表演等形式，对民众进行教化。出版业的兴盛和义务教育的执行促进了文艺作品、"课外读物"和闲暇阅读（一般笼统称为 chapbooks）的大众接受程度。因此，与英格兰相比，苏格兰的基础教育在形成初期就出现了相对优秀的特质，包括：世俗化与道德伦理并重，强调公平正义和国家资助，突出实用技能，紧跟国际文化科技发展前沿等方面。

需要指出的是，《1872 年教育法案》推动了英文读写教育的普及，在文本中对苏格兰本土语言盖尔语的教育则采取忽略态度。有资料显示，在相应的历史时期，苏格兰正规学校的课程与教学剔除了盖尔语教育，直到现代才逐步恢复。

2.3　苏格兰现代基础教育和"卓越课程"改革

现代苏格兰的教育体制整体变革可以大致划分为英国议会"权力下放"（即 1998—1999 年）之前和之后两个关键阶段，也恰逢世纪之交。"权力下放"之前的教育主要由苏格兰《1945 年教育法案》确立，对此前实施近两百年的苏格兰《1872 年教育法案》进行改革。改革的主要内容包括：

（1）实现全面免费的义务教育，确保每名苏格兰儿童无论家庭条件、身体状况如何，都能接受综合性基础教育。取消了《1872年教育法案》中的教育收费。

（2）建立国家层面的苏格兰教育委员会，将原本归于地方教育委员会的管理权收归中央，加强对学校事务的管理和监督。

（3）明确建立统一的苏格兰教育系统，统一各地区的教育标准和学校课程，确保每个地区的学生都能接受标准化的学校教育。

（4）明确规定建立广泛的学科和技能培训课程，强调学生的全面发展。

（5）对义务教育涵盖的具体阶段进行了明确定义，即小学教育（primary education），面向5～12岁儿童，包括为2岁以上幼儿提供教育的公立幼儿园。中学教育（secondary education），面向12～15岁学生（相当于初中）或15～18岁学生（相当于高中）。

（6）小学和中学教育明确包含特殊教育，学校有义务为有特殊需要的儿童提供相应的特殊辅助与教育，政府有义务提供相应的设施、资金、教育资源和人力支持；继续教育（further education），一般面向15～18岁学生，包含全日制和非全日制的初级学院（junior colleges）、职业培训学院，以及中学阶段的职业培训课。公立初级学院和公立职业培训学校属于义务教育阶段，实施免费政策。[①]

纵观苏格兰《1945年教育法案》各项条款，在强调基础教育标准化、国家统一管理、免费性的同时，法案继承了苏格兰教育"机会平等"的传统，突出教育的"3A"原则，即教育要适应学生年龄（age）、能力（ability）和性情天资（aptitude）。此外，融合教育正式以国家法律形式在苏格兰得以落实，要求公立学校接纳有特殊需求的儿童，在平等教育的基础上给予他们特殊的支持与辅助。

在课程设计方面，苏格兰在1986年经过国家课程改革，实施了苏格兰"标准等级与高级"课程与考试制度（Scottish Curriculum: Standard Grade 5—14 and Higher，下文简称"标准等级"课程）。中学阶段分为12～16岁（中学1～4年级），16～18岁两个阶段（中学5～6年级）。中学四年级的学生开始参加"标准等级"的普通等级考试，成绩合格可领取中学毕业证书，中学5～6年级的学生可以准备"标准等级"高级等级考试，考试成绩可用于申请大学。

国家课程体系在原则上仅仅将英文、数学列为各年级的核心必修课，其他可选修的标准科目包括自然科学科目，社会科学科目、体育、宗教、道德与哲学、个人与社会发展。

---

① UK Government. Education （Scotland） act 1945［EB/OL］.（2023-01-01）［2023-01-01］. https://www.legislation.gov.uk/cy/ukpga/Geo6/8-9/37/enacted.

不过，大多数学校会要求学生在英文、数学之外，必须选择至少1门科学课程（至少从化学、生物、物理和科学导论中选取1门），以及1门社会科学课程（历史、地理、现代研究、古典研究、外语），避免过于偏科。每节课的时长大多在50～55分钟，英文和数学可以达到1小时。

在苏格兰议会重启之后，为了"适应21世纪的社会、经济和学校教育发展需求"，苏格兰推出了史上"最具变革意义"的"卓越课程"改革，于2010年起逐步取代原先的"标准等级"课程。新课程的四大教育目标旨在培养：

（1）成功的学习者：具有终身学习的积极态度，学业表现达到高标准，对新颖的观点和思想具有开放包容的态度，具有创新思考、独立思考以及合作学习的能力，能够在新的情境下应用所学知识；

（2）自信的个人：身心健康，不惧挫折，博闻善听；

（3）负责任的公民：积极参与政治、经济、社会文化生活，具有世界视角，了解自己的国家及在全球发展中的位置，理解不同的文化，理解当今世界的环境和科技议题；

（4）高效率的参与者：具有创业精神，坚忍不拔，能够在全新的环境中运用批判性思维独立思考，具有沟通交流能力、合作精神，具有解决问题的能力。

"卓越课程"改革源于"权力下放"后苏格兰政府的前身苏格兰执行委员会（Scottish Executive）下属的教育机构在2002年正式发起的国民教育大讨论（national debate on education）。有资料显示，这场大讨论以正式协商会、研讨会的形式持续了足足3个月——尚且不算由此引起的长期舆论关注，超过2万名利益相关者加入课程变革的讨论，主要议题包括课程如何提高灵活性，赋予学习者自主选择的机会，加强与社会生活的关联性，以及教育要如何更好地满足个体发展的需要，促进社会公平等。①

"卓越课程"改革面向3～18岁的学生，强调将学生放在教、学活动的中心位置，整个课程的设计与实践必须促进学生的听说读写与文化素养、数学能力、身心健康与幸福。下表2.1选取了"卓越课程"政策文本的相关部分进行翻译，详细介绍了上述三个方面的教与学活动预期达到的成果。

---

① MEYER M, HUDSON B. Beyond fragmentation: Didactics, learning and teaching in Europe [M]. New York: UNESCO, 2011.

表 2.1 "卓越课程"改革学生核心能力发展预期成果[①]

身心健康与幸福感

我所处的教育环境能够帮助我：
◇培养我的自我意识、自尊以及对他人的尊重。
◇应对挑战、变化，建立人际关系。
◇经历个人成就，增强我的韧性和自信心。
◇理解和发展我的生理、心理和幸福感，培养社会交往能力。
◇理解我的饮食规律、我的主观能动性。
◇主导我的行为和人际关系，意识到我的行为和人际关系会影响我的身心健康与幸福感。
◇广泛参与多种促进健康生活方式的活动。
◇理解学校社区的成年人有责任照顾我，倾听我的关切，并在必要时向相关人士请求帮助。
◇学习如何寻找帮助和资源，帮助我规划自己的下一步发展。
◇评估和管理风险，并了解冒险行为会造成的影响。
◇反思我的优势和技能，帮助我在规划下一步时做出明智的选择。
◇理解并承认多样性，并理解每个人都有责任挑战社会歧视与排斥。

听说读写与文化素养

听说读写与文化素养是各领域学习的基础。我能通过以下活动发展、拓展我的听说读写与文化素养：
◇沟通、合作、交往和建立友谊。
◇反思和解释我的听说读写能力和思维技能，利用他人的反馈帮助自己改进相关能力与技能，并为他人提供有益的反馈。
◇使用不同媒体接触和创作各种文本，利用信息和通信技术所提供的机会。
◇增进对自己和其他文化及其语言的独特、充满活力和有价值之处的理解。
◇探索语言的丰富性和多样性，了解它如何影响我，以及我和他人创造性表达的广泛方式。
◇通过倾听、交谈、观看和阅读来扩展和丰富我的词汇量。

数学能力

我在数学领域的学习能够帮助我：
◇发展必要的数学能力，使我能够充分参与社会生活。
◇理解成功独立生活需要财务意识、有效的资金管理以及使用时间表和其他相关技能。
◇适当解读数字信息，并利用它进行推论、评估风险，做出合理评估和明智决策。
◇在各种背景下，创造性地和逻辑性地运用技能和理解来解决问题。
◇理解如何通过富有想象力和有效运用技术来提升技能和概念的发展。

在具体的架构方面，"卓越课程"纵向分为六大阶段，横向科目设置涵盖八大领域，如表 2.2 所示：

表 2.2 "卓越课程"层级与科目架构

层级	年级	活动 / 科目	
早期	学前至小学 1 年级	培养英文或盖尔语听说兴趣和能力的活动；初步培养数形意识与数学思维，初步探索货币、时间和度量规律	讲、读故事，学会寻找、搜集信息；做游戏，探索性学习（科学启蒙），社会交往活动；艺术与设计课程（舞蹈、音乐、绘画、戏剧表演）；体育与身心健康辅导（食物与健康，生活、生理常识）；道德与信仰启蒙，了解宗教故事；接触、体验数字媒介与信息技术

---

① Scottish Government. Curriculum for excellence: Experiences and outcomes［EB/OL］．（2010-12-01）［2024-06-01］．https://education.gov.scot/documents/All-experiencesoutcomes18.pdf．

续表

层级	年级		活动/科目
第一阶段	至小学4年级	英文、数学	现代语言（盖尔语、多门外语）、科学、艺术、社会科学、技术、健康与幸福、宗教与道德
第二阶段	至小学7年级	英文、数学	现代语言（盖尔语、多门外语）、科学、艺术、社会科学、技术、健康与幸福、宗教与道德
第三、四阶段	中学1年级至3年级	英文、数学	古典语言（拉丁语、希腊语翻译、研读）、现代语言（盖尔语、多门外语）、科学、艺术、社会科学、技术、健康与幸福、宗教与道德
高级阶段	中学4年级至6年级及部分大学预科阶段	英文、数学	古典语言（拉丁语、希腊语翻译、研读）、现代语言（盖尔语、多门外语）、科学、艺术、社会科学、技术、健康与幸福、宗教与道德

"卓越课程"对每一门科目都制定了评估"基准"（benchmarks），教师必须以此为参考，对学生的日常学习过程和阶段学习结果做出专业判断，撰写详尽的学生成长报告，高度关注学生的成长过程，而不仅仅是传统的标准化测试结果。各学科的"基准"均以"卓越课程"的四大目标为指导思想。例如，英文学科基准包括四个层级，分为"听说""读"和"写"三个方面，对学生的"参与度"、"兴趣"和"学科能力"基准进行了指导性描述。

数学"基准"包括了几何和代数知识，但更侧重数学应用能力方面的要求：探究问题的能力，理解、解释运算或论证过程的能力，以及运用知识解决问题的能力。教师需要根据学生参与课堂活动的情况、小组合作探究学习的表现、同学互评等等多种方式收集学生在各项基准规定项目的表现，判断学生的进步与否，并分析原因。

"卓越课程"的一大特点在于其广度、包容性，以及一以贯之地突出核心课程语言（英文或盖尔语）和数学教育，以及各类广博的知识获取和解决问题的实践能力。即便在学前（3岁）至小学1年级（通常为5～6岁）这一儿童认知情感发展的早期，"卓越课程"也在总体设计上提出了一系列促进儿童语言、社交和数学常识、数学探究思维开发的教育活动、游戏和讲故事、表演故事的活动。以此为起点，课程强调培养学生广泛的学科学习兴趣，尤其是主动参与学习、动手操作的能力。除了英文、数学、历史、科学等常见学科，课程自小学起还开设了多门外语（中、法、德、意、俄、西），目的不仅仅在于培养学生的语言思维能力、应用能力，还在于促进学生多文化理解、尊重、交往的态度和素质。

除了课程设置广博，苏格兰小学老师通常会教授多个学科，即采用全科教学的方法，体育、音乐和一些艺术类课程常常设专门的老师。小学老师在获得专业资格的教师教育过程中必须具备广泛的教学知识和能力，能够设计跨越不同学科领域的教学内容、教学活动，进行相应的教学评估，促进学生培养广博的学科兴趣和学习自主性，能够进行跨学科思考，培养以问题为核心的跨学科实践能力。

在中学阶段通常采用分科教学。"卓越课程"增设了经典研读（拉丁语、希腊语），供有兴趣和天赋的学生选修。"卓越课程"改革还创新性地提供了一系列实践性学科组合，如家政学（包括消费者研究、食品科学、面料学等），商学（统计、经济等）。

在舞蹈、戏剧、音乐等传统艺术类课程外，又增加了艺术与设计（数字媒体艺术与摄影）。学生可以在中学阶段培养兴趣爱好，发展未来职业规划，根据自身兴趣、能力和需要选择职业教育，或者为大学专业的选择和学习打下基础。

《1945年教育法案》中基础教育包含继续教育（以职业教育为主），而在"卓越课程"改革之下，职业教育融入基础教育并贯穿3～18岁的整个教育阶段，中学生毕业后（16岁或18岁）可以选择专门的职业院校、高等学院（college，区别于综合性大学）进行中学后教育（post-secondary education），该阶段不再属于基础教育。

苏格兰本地各界对"卓越课程"改革的酝酿、设计和实施总体反馈尚显积极，但始终存在一些批判的声音和改进的意见。就"卓越课程"改革从酝酿到实施的整个过程而言，该阶段始于世纪之交英国"议会权力"下放后重建苏格兰国民身份、弘扬苏格兰综合教育优秀传统的政治愿景，回应民众对高质量、创新教育的集体期待。

设计提案和政策文本于2010年前后推出，真正推行到中学阶段（尤其是高年级）和"国家考试"（The Scottish National Qualifications，下文简称"国考"）体系的一系列改革，又经历了5～8年的过渡期。

综上，"卓越课程"改革是进行中的教育改革，反映了近20年来以及未来至少10年之内苏格兰基础教育的动态，为了解、研究国际教育趋势和国际组织对区域教育体系、课程改革的影响提供了独特的案例，也为本研究探索教师专业成长及其叙事建构如何受到教育生态系统的影响提供了重要背景。此外，课程改革折射出各国在百年未有之大变局时代普遍面临的一些问题，以及教师专业成长过程中常见的困境。这也为我国相关领域的研究者和一线工作者提供了苏格兰背景下的比较与参考。

第一，学界对"卓越课程"的批判和担忧主要集中在其内容过于广泛，目标雄心勃勃，缺乏理论支撑和学术论证等问题。表面上看，相关批评关注课程是否过于强调学科动手技能、跨学科问题的分析与解决能力，如此是否削弱了学科知识自身的整体性、连贯性和深度。①课堂上热闹非凡，小组讨论、活动、游戏、多媒体素材轮番上阵，一堂课的时间很快过去，大部分学生的确过得很开心，也积极参与了学习活动，并动手解决了一些问题。

但一个学期下来，学生们对本学科的知识体系和深入反思却寥寥无几，许多学生在小升初考试（不影响入学和择校）以及中学高年级的标准化测试中表现不佳，这对习惯了"轻松"学习的学生们造成了心理压力，甚至引发了焦虑、厌学情绪。这是自2010年"卓越课程"改革逐步实施之后，一些学校教师和校长向教育委员会和大学研究者反应的现实问题。

类似的困扰，笔者在2018—2020年深入实地采集数据时也时有耳闻。其实，运用多学科知识发现真正的问题、分析问题、解决问题的能力是必须培养的，大多数老师和学者也肯定了这一教育改革趋势。而更直接的挑战是，学校的教育时间有限，专业发展支持力度不足，行政管理存在不足，教师在各种文书、教学任务繁重的状况下，能否有效地设计教学活动，帮助学生发展上述能力。

而且，学生能否真正通过教育活动培养终身学习的兴趣，而不仅仅是喜欢教育活动的热闹和轻松的氛围，"买椟还珠"地忽略了知识与技能本身的价值。概而言之，课程改革涉及一个教育核心问题，即如何实现"以学生的成长为中心""以学生探究式的学习活动为中心""以促进终身学习为导向"，在这一过程中教育者如何恰当地引导、设计学习经验，而不陷入"放任自流"或"满堂灌"的窠臼之中。

第二，"卓越课程"改革的核心思想之一是推动教育公平，提升弱势群体儿童的"听说读写与文化素养""数学能力""批判性思维与创造力""跨学科解决问题的能力"——尤其是前两者的核心能力。具体表现在于弱势群体儿童在中学3年级到6年级参加"国考"3阶、4阶、5阶和高阶的成绩，以及升入大学的比率。苏格兰政府强调大学录取评审在同等条件下倾向于弱势群体儿童。

由此，一些既非弱势，也不属于优势家庭的儿童所获得的教育资源遭到挤压，形成了另一种不公平。此外，根据相关教育政策，在各级"国考"中取得优异表现的学校将获得财政拨款方面的倾斜，以及一些额外的扶持（例如配备更多资源教室和更多特殊教育辅导教师），当地教育工作者称之为进入"精英圆桌"（league table）。

"国考"形式虽然也在一定程度上反映了强调跨学科思维、批判思维与创造力的课改动态，但总体而言还是以学科知识为基础的标准化测试。这是否会导致

---

① PRIESTLEY M, MINTY S. Curriculum for excellence: 'A brilliant idea, but…'[J]. Scottish educational review, 2013, 45（1）: 39-52.

"卓越课程"改革只是旧瓶装新酒，苏格兰教育界仍存在争议。① 在考试和资金的双重压力下，一些传统名校仍然秉承传统的教学内容和教学方法，以最具效率的方式、严格的学业训练应对"国考"要求，并未实施"卓越课程"改革强调的创新部分，尤其是在中学高年级阶段，以考试为中心的刻板教学并不少见。

可见，基础教育尤其是中学高年级的学业评价方式如果不进行深入改革，中学和高等教育的衔接通道如果仍然以传统的标准化考试成绩为主，"卓越课程"改革是否会对落实"兴趣""技能锻炼""跨学科创造力"培养的学校和师生造成另一种不公平，这一问题尚未得到充分探讨。

第二，也是下文将要展开详述的一点，即教师的专业发展与职业幸福感如何在"卓越课程"改革的浪潮之下得到足够的支持和鼓励，而不仅仅是给教师增添了新的任务与工作量。上文提到，教师需要根据"卓越课程"的各个学科"基准"为每个学生和班级作为整体撰写学生成长报告，这种成长性评估相对学业评估而言所需的时间和工作量大大增加。

而原有的标准化考试压力在"国考"体系中并未削弱，反而得到加强，教师面临着提升学生——尤其是中学高年级学生、弱势群体学生——学业成绩、大学录取率的巨大压力。②

据笔者的实地观察，苏格兰小学阶段的快乐活动以及无升学压力的氛围导致大部分中学低年级学生基础薄弱，水平参差不齐，学习自律能力和动力不足。"卓越课程"对教师的能力和精力还提出了新的挑战，各科教师必须根据"基准"和课程指导自行设计教学内容和教学活动，除了历史、数学、科学学科中固定的一些定理和模块知识，英文、外语和其他社会学科的教师面临着多种多样的文本和资料选择。

这种课改导向一方面促进了学科教研组集体备课、多学科合作与交流，另一方面对教师的创造力提出了新的挑战，促使新老教师积极进行全职业生涯的专业学习。同时，中小学老师的沟通也急需加强。在现实中，中学老师（包括学生）常常不知道小学老师教了什么，因为一部分学科知识融入教育活动中，在学生的观念中远未形成体系，这显然不利于更高阶的知识学习和能力培养，也不利于保持教育的连贯性。

总之，职前和在职教师的专业学习和成长生态需要学校、大学和专业行会的

---

① PRIESTLEY M, HUMES W. The development of Scotland's curriculum for excellence: Amnesia and déjà vu [J]. Oxford review of education, 2010, 36（3）：345-361.
② KYRITSI K, DAVIS J M. Creativity in primary schools: An analysis of a teacher's attempt to foster childhood creativity within the context of the Scottish curriculum for excellence [J]. Improving schools, 2021, 24（1）：47-61.

多方支持，这样才能缓解攀升的教师离职率，在一定程度上提升教师的专业认同感和自信心。

2.4 苏格兰教师教育的历史与革新

每一次教育改革的中心最终要落在教师身上，每一次教育进步的实现往往依赖于教师的智慧、个性与能力。

——亚历山大·摩根（Alexander Morgan）①

20世纪60年代苏格兰教育学者马乔莉·克鲁克尚克（1920—1983年）受苏格兰教育研究委员会委托，撰写了《苏格兰教师培训史》(*A History of the Training of Teachers in Scotland*)，并于1970年在伦敦大学出版社出版。② 该书成为研究近几个世纪以来苏格兰教师教育历史与精神的重要资料。下文将在相关英文文献和苏格兰政府官方数据的基础上梳理、分析苏格兰教师发展的历史和现状，并对教师教育的革新方向进行分析、预测。

2.4.1 19世纪苏格兰教师教育的先行者

前文介绍道，苏格兰《1872年教育法案》确立了苏格兰政府取代苏格兰教会，对国家教育体系具有决策权和管理权，国家资助的免费义务教育取代教区学校，成为苏格兰基础教育的主体。不过，鉴于苏格兰教会和宗教慈善机构对扶贫和普及基础教育的显著贡献，教会人士与宗教思想在社会生活尤其是文化教育领域仍备受尊重，具有重要影响力。③

在1872年新法案推行之前，苏格兰教会及约翰·诺克斯的宗教改革思想对苏格兰学校的影响力已经受到苏格兰启蒙运动和社会工业化、城镇化的冲击。这一时期出现了两位对苏格兰《1872年教育法案》、国家基础教育体系建构以及教

---

① 亚历山大·摩根（Alexander Morgan），苏格兰教育学者，代表作《苏格兰教育的崛起与进步》(*Rise and Progress of Scottish Education*)。MORGAN A. Rise and progress of Scottish education [M]. Edinburgh: Oliver and Boyd, 1927: 212.
② CRUICKSHANK M. A history of the training of teachers in Scotland [M]. London: London University Press, 1970.
③ MCCAFFREY J F. Thomas Chalmers and social change [J]. The Scottish historical review, 1981, 60 (169): 32-60.

师教育产生重要影响的先行者——托马斯·钱默斯博士（Dr. Thomas Chalmers，1780—1847 年）以及慈善家、教育家大卫·斯托（David Stow，1793—1864 年）。

托马斯·钱默斯博士是苏格兰杰出的神学家、教育家和慈善家。他在 19 世纪初的苏格兰教育改革中发挥了重要作用，其理论和教育实践遗产至今影响着"卓越课程"改革。出生于苏格兰法夫，钱默斯在教区学校接受基础教育，后来进入圣·安德鲁斯大学学习数学和科学，曾经在圣·安德鲁斯教授化学，后来担任圣·约翰教区的牧师、成为爱丁堡大学神学院的教授，并在 1832 年当选苏格兰教会大议会议长，成为苏格兰教会福音派的领袖。[1]

钱默斯在道德教育领域明确阐述了教育的目标不仅限于知识传授，更重要的是培养学生的品德和道德价值观。[2] 作为神学家，钱默斯主张将宗教信仰融入教育体系，以培养学生正直、慷慨的品格和社会责任感，使其成为能为社会做出贡献的公民。这一理念与当时现代工业化社会和新兴阶级对教育的期望相契合。

钱默斯积极参与苏格兰教育委员会的早期发展，推动了普及免费义务教育的法案和教育实践。他坚持认为，每个儿童均享有平等接受教育的权利，不受社会阶级和家庭经济状况的影响。这一观点源于苏格兰历史的平等精神，并构成了当代苏格兰教育体系的核心理念。

此外，钱默斯对推动苏格兰教师教育体系的形成做出了重要贡献。他强调教师作为社会发展的关键参与者，其专业培训和素质直接影响教育质量和学生发展。基于此，钱默斯提出了建立正规教师培训机构的构想，为教师教育体系的发展奠定了基础。

另一位教育改革的先驱者是大卫·斯托。大卫·斯托的祖辈有些薄产，他的父亲是一位成功的商人，大卫·斯托在当地文法学院接受了系统的古典教育，成绩优秀，成为荣誉毕业生。但是当时的文法学校受宗教教育影响很深，教学方法刻板无趣，以经典书籍的背诵和研读为主，这些不愉快的教育经历后来激发了斯托的教育教学改革。

毕业后，斯托进入格拉斯哥的一家商行工作。在此期间，他亲眼看见了城市贫民区的诸多儿童因生计问题而早早投入劳动，完全丧失了接受教育的机会，甚至很少有机会参与宗教活动。当时正值工业化兴起，格拉斯哥等大城市吸引了大

---

[1] BETCHAKU A. Thomas Chalmers, David Stow and the St John's experiment: A study in educational influence in Scotland and beyond, 1819-c. 1850 [J]. Journal of Scottish historical studies, 2007, 27（2）: 170-190.

[2] MCCAFFREY J F. Thomas Chalmers and social change [J]. The Scottish historical review, 1981, 60（169）: 32-60.

量人口，包括逃避饥荒的爱尔兰移民、高地农牧民以及来自各地寻求生计的贫困群众。斯托对这一现象进行了详细记录和描述。

格拉斯哥的常住人口大概20万，其中3万人信仰罗马天主教，他们尽其所能为孩子提供教育资源。余下的人口中，四分之一可以承担学费，一半的人口能付得起一些学费，或多或少为孩子提供了教育机会，其余家庭因为贫困只能任由孩子成为文盲……格拉斯哥的儿童之中，大约三分之二受过教育，其中能够顺畅阅读的却不到三分之一，能理解字里行间意思的儿童更是寥寥无几。

斯托与声誉卓著的钱默斯博士展开合作，致力于为贫困儿童提供教育机会，此举被称为圣·约翰教区实验。随后，斯托被选任为圣·约翰大教堂的长老。在获得教会支持后，斯托着手建立慈善学校，并担任格拉斯哥幼儿学校协会副秘书长。他还积极购置花园和绿地，将其改造为儿童游乐场所。

基于对自身所接受的传统、僵化且严厉教育的反思，斯托提出了一系列创新理念。他强调发展儿童的感官、情感、体育和音乐教育，主张采用多样化的教学方法，超越单一的教条灌输和机械背诵。此外，斯托坚决支持废除当时学校普遍存在的残酷体罚制度。

斯托认为，拯救儿童心灵和改善其生活质量的关键在于实施人性化的教育和给予适当的关怀，而非通过精神规训、否定和肉体惩戒来达成。这一观点体现了斯托对儿童教育的深刻洞察和人文关怀。

斯托在1859年出版了著作《教育教养系统论》，系统阐述了上述教育思想和教学实践经验。[①] 这部著作至今仍然是许多新手教师的启蒙读物。斯托在本书开篇就清晰地指出：

本书使用的教养（training）一词，来自《箴言》（Proverbs）中的表述：教养孩童，使他走正当的道路（train up a child in the way he should go）。要实现这一目的，有两个必备条件。其一，教养者或家长必须亲自参与教养的过程，通过一系列实践实现教养儿童的目的；其二，应当将孩童作为一个整体，教养他的所有天资、才能、智力、体魄、信仰和道德品行，只有这样才能"使他走正当的道路"……而不仅仅是教他知识，发展他的智力。教育的对象只能是作为整体的"孩童"（child）。[②]

当时，斯托的教育理念和实践令人耳目一新，引起社会轰动，许多村镇学校

[①] STOW D. The training system of education [M]. London: Longman, Green, Longman, and Roberts, 1859.

[②] STOW D. The training system of education [M]. London: Longman, Green, Longman, and Roberts, 1859: ⅴ.

和家长纷纷效仿他的教育方法，教育报刊争相报道斯托的学校教学范例。当代苏格兰教育界也将斯托视为教师教育的先行者、"天赋的好教师"。他天生擅长激发儿童的学习兴趣，同时维持班级秩序，帮助学生主动学习，还撰写了一些符合韵律的数学口诀和童谣，帮助孩子们记住相对枯燥的数学知识。

1837年，格拉斯哥家长委员会——如今的格拉斯哥教育学会——新建了四所模范学校，配备宽敞的教室、若干运动场、游乐场、一所图书馆和一所博物馆，为各个年龄段和学段的学生提供新式教学。同时，由大卫·斯托主导，访问了德国和法国的教师培训机构，随后在格拉斯哥建立了教师培训学校，称为师范学院（normal seminary）。[①]

师范学院的学制最初设置为6个月，后来延长至9个月，最后定为1年，培训主要在学校和运动场进行。斯托不仅负责主持师范学院的各项事务，偶尔也深入学校做示范教学。他坚持所有的教师学院都接受幼儿教育培训，并强调"如果一个学员能够成功地教育幼儿，那么他对年长儿童的精神和道德教养也不会失败"。

因此，师范学员首先接受幼儿教育训练，随后学习其他阶段儿童的教育训练。到最后阶段，师范学员再回到幼儿教育训练，进行最高阶的教师教育培训。斯托的观点颠覆了当时的教育传统，让人们认识到不仅仅要养育幼儿，保障其生理成长，更要像"培育大树的幼苗一样给予幼儿最为仔细、全心全意的关怀"。[②]

马乔莉·克鲁克尚克在历史研究中发现，大卫·斯托的教师教育框架奠定了后世苏格兰教师教育的基础。当时师范学院规定学员必须通过入学考试的选拔，入学后必须住在宿舍，这样不符合教师专业规范的言行举止才能及时得以纠正。每周的专业学习时间为40小时，其余时间进行教学实践训练。导师会在学校亲自进行模范授课（model lessons），学员模仿、学习并试讲（criticism lessons），接受同学和导师的批评、建议和纠正。

1841年女王教育督导的报告中称，早期师范学院的学员以男性居多，在1840年，男性学员有41人，女性只有14人。大部分男性学员已经是城镇小型私立学校的教师了，其余学员的职业五花八门，有木匠、舞蹈老师、肖像画师、烘焙师和水手，还有5人是刚刚毕业的学生。

而且，师范院校对学员学习成果的考评十分接近商业美术馆和画廊的艺术点

---

① CRUICKSHANK M. David Stow, Scottish pioneer of teacher training in Britain [J]. British journal of educational studies, 1966, 14（2）: 205-215.
② STOW D. The training system of education [M]. London: Longman, Green, Longman, and Roberts, 1859: 210.

评。大卫·斯托和格拉斯哥模范学校的校长、教师会对学员的教学表现进行观察和点评，并当面宣布考评结果，合格的学员将获得教师资格。

新型的师范教育逐渐取代旧式非正式的训练，教师的教学技能、教育管理技能、对教育政策的掌握程度和其他世俗知识取代古典知识，成为教师素质的组成部分。斯托去世时亦有1 500名学员获得教师专业资格证，还有400名学员在训。

正如1865年女王督学在报告中的叙述："传统的教师掌握综合文化知识，但教学效果一般，对'教学的艺术'鲜少关注，而新型专业教师或许文化水平不及前者，但教学水平远远超过自身的综合知识水平。"[1] 至此，教育界意识到学富五车的牧师或者大学毕业生并不是成为教师乃至优秀教师的前提。"教学的艺术"逐渐在苏格兰得到承认和推崇，至今不衰。

2.4.2 "卓越课程"改革后的教师教育体系概况

目前，苏格兰的教师教育政策与实践由苏格兰教师委员会（General Teaching Council for Scotland，GTCS，下文简称教师委员会）组织和监督。教师委员会成立于1965年，是世界上最早的教师专业委员会之一。2012年"卓越课程"改革的政策相继推出，苏格兰议会正式授权教师委员会成为独立的教师职业监管机构，负责实施各种法定职能和倡议，并大力促进、支持和发展教师的专业学习。

教师委员会的责任包括维护苏格兰教师注册表、制定对所有教师期望的专业标准以及认可苏格兰大学的职前教师教育项目（Initial Teacher Education），其中以一年制"教育专业资格文凭"项目（Professional Graduate Diploma in Education）为主体。

值得说明的是，教师委员会的核心价值观、教师管理制度和一系列专业职能是由来自各个学区的委员会成员、苏格兰独立学校委员会、家长委员会、地方政府以及苏格兰教育领域的各类专业人士集体讨论、制定的。教师专业标准的制定必须广泛征求专业人士和其他利益相关者的意见。

苏格兰教师教育体系有几个主要阶段。第一阶段，高等教育优良毕业生（学业成绩在良好以上的本科学士及以上学历学位获得者）申请进入获得教师委员会授权、具有教师职前教育资质的大学，选择小学或中学ITE项目，接受相应的专业硕士阶段的职前教师教育。学员必须经过一年或两年的专业教育，其中一半的学习时间必须在大学合作的当地中学进行教学实习（placement）。

实习的时间可根据大学和中学协商确定，通常分两次至三次完成。学员必须

---

[1] STOW D. The training system of education [M]. London: Longman, Green, Longman, and Roberts, 1859: 213-214.

至少在两所不同学校完成实习，接受以资深中学教师（教研组）为主、大学教师为辅的实习评价与考核。学员在大学完成的教师教育专业课程，以及在中学完成的每次实习，成绩必须合格。

之后，学员可提交职前培训期间的主要专业学习和评价材料，建立教师档案，并在教师委员会系统进行预注册。学员可按个人申报意愿结合委员会调配结果进入苏格兰当地中小学，进行第二阶段的专业发展，即试用期考核。试用期考核合格后，正式成为注册教师，可选择留任本校，或重新申请工作学校。

正式注册之后是教师早期专业发展阶段。新手教师在这个阶段一般由资深教师进行一对一带教辅导。期间，教师委员会将对见习教师及辅导教师进行回访，了解教师专业成长的进程和问题。新手教师将持续接受在职教师教育，包括专业知识、技能、教育科研和领导力等方面的培训，以及"卓越课程"改革强调的可持续发展教育和教学理念专项培训。

此后，教师将定期接受在职培训，包括讲座、行业会议和大学教育学院举办的教师科研培训和专业技能培训。在政策文件中，苏格兰教师的专业成长与在职学习将贯穿教师的整个职业生涯。

需要特别说明的是，苏格兰小学教育采取全科教学模式。通常除了体育、音乐、艺术类学科，一位老师要负责其他多个学科的教育。在教师教育培养方面不另外分学科，统一选择ITE小学项目。有些大学也开设以培养小学老师为目标的本科体育、音乐、艺术专业。

苏格兰中学教育采用分科制度。苏格兰本地有11所大学经过教师委员会授权，提供若干学科的ITE小学和中学项目。申请者必须满足以下条件：获得相关学科的本科学位，且毕业成绩达到二等荣誉学位（2：1）或以上；在英语和数学两门学科的高中"国考"中取得良好或更高成绩；符合ITE项目所在大学的其他入学要求。符合上述条件的申请者需通过面试和筛选程序，方可正式进入ITE项目。项目毕业生将获得相当于专业硕士水平的学位证书。

然而，需要注意的是，此学位专门针对教师专业发展体系设计，与传统的教育硕士学位（如教育学硕士M.Sc.或面向非英语母语者的英语教学专业TESOL）有所不同。

部分大学提供双学科ITE项目，允许学员选择相关性较高的学科组合。具体而言，学员在完成培训并通过考核后，可选择其中一个学科作为主要教学领域，或根据聘用学校的需求，兼任两门学科的教学工作。常见的学科组合包括英语与历史、历史与宗教教育、数学与物理、生物与化学以及科技与计算机等。

值得注意的是，选择双学科项目的学员面临显著增加的学习课时和作业量。尽管在实习阶段可酌情选择单一学科进行教学实践，但考核标准并不会因选择双学科而降低。这种培训模式旨在培养具备多学科教学能力的教育人才，以适应现代教育体系的多元化需求。

2012 年，教师协会更新了《预注册教师、正式注册教师标准》（*The Standards for Registration: Mandatory Requirements for Registration*，以下简称"教师标准 2012"），第一次将预注册教师和正式注册教师标准合二为一，以此强调教师专业发展的高标准、连续性。两套标准在结构上无显著差异，主要在能力高低和熟练度方面稍有分别。

如表 2.3 所示，"教师标准 2012"具体包含三大核心层面：职业价值与个人承诺；职业知识和理解；职业技能和能力。这些层面互相关联，深刻影响了苏格兰教师职业考核与发展规范。虽然 2021 年教师委员会颁布了新修订的教师标准，但上述三大核心层面的建构与内涵描述并未有显著变化。

表 2.3 2012 年苏格兰预注册教师、正式注册教师标准[①]

核心标准	纲领	细则举例
专业价值与个人承诺	社会公平	◇在苏格兰及全球背景下认同以下社会及教育价值观念：可持续发展，公平、正义，当下及未来的权利与责任；公平地接纳各个年龄、身体状况、性别、种族……重视社会、文化、生态多样性原则与实践……将现实世界的问题融于学生的学习过程和成果中，鼓励学生为了更好的未来而学习。
	品行端正	◇包容开放、诚实、勇敢、睿智。
	信任与尊重	◇尊重、信任学校的每一位成员；创造富有同理心和人文关怀的校园氛围。
	职业承诺	◇积极热情，具有建设性的批判精神；致力于终身探究、学习、职业发展和领导教育的职业精神和合作。
专业知识与理解	课程领域	◇理解课程、学习环境设计的原则；掌握并理解课程的变化发展，本学科与其他学科、知识技能领域之间的联系；理解如何将课程模块与学生的需求相匹配；理解教师自主开发课程资源、激发学生参与互动学习的重要性；理解课程与社会文化生活之间的联系；理解本学科与培养学生读写算能力、健康、幸福感之间的关联；理解当前的教育重点，例如终身学习、可持续发展；理解如何评测、记录学生的学习过程与结果，以推动学生下一阶段的发展。
	苏格兰及其他国家的教育体系与职业责任	◇理解教育政策规定、学校运作、教学资源管理，理解建设教师"学习型社群"的责任和角色。
	教学理论与实践	◇理解学生的认知、社会、情感发展规律和需求；理解学习、教育理论在实践中的运用；理解自然、社会、文化、政治、经济多方面之间的联系，运用到教育实践、教育研究之中。

---

① General Teaching Council for Scotland. The standards for registration: Mandatory requirements for registration with the general teaching council for Scotland［EB/OL］.（2012-12-01）［2024-01-01］. https://mygtcs.gtcs.org.uk/web/FILES/the-standards/GTCS_Professional_Standards_2012.pdf.

续表

核心标准	纲领	细则举例
专业技能与能力	教学	◇能够合理规划,高效教学,满足学生多样化需求(包括掌握学习技能的需求,为将来的工作生活做准备);具备一定的读、写、算知识并运用到实践工作中;运用多媒体技术提高学生积极性和参与度;具备与学生沟通交流的能力(并反思总结师生沟通的效果),解决教学问题的能力;能够选择、设计富有想象力的创新教学方式。
	课堂组织与管理	◇具备课堂纪律管理能力,向同事或导师咨询班级管理意见的能力;合理运用教学空间,恰当运用技术辅助;促进独立学习、组织合作学习活动。
	学生测评	◇能够根据课程设计,运用多种方式对进行学生"发展性评估"和"总结性评估";实现学生的自我评估和互相评估,并在评估过程中促进学习;运用评估结果发现学生的优点和需要改进的方面,并规划如何加以巩固、改进。
	专业反思与沟通	◇广泛阅读并分析相应的教学、教育研究文献,反思研究文献,合理运用于实践;运用教师职业标准反思并进行自我评估;运用教育探究方法研究自我教学实践、职业语言的运用和职业发展;评估师生课堂互动,善于倾听学生反馈,并以此改进课堂体验;参与课程研发和设计;与同事分享经验、积极合作;记录职业学习与发展的过程,并完成《职业发展行动计划》。

2.5 苏格兰的教育精神与文化传承

《诗经·小雅·鹤鸣》中写道"他山之石,可以攻玉"。而国外的社会学家、哲学家也指出自我意识以及人对自我经验的意义建构,自诞生之日起便离不开语言文化的塑造、离不开与周遭人群的交往互动,自我也在与他者的经验共建、重建之中得到加强,得到更深入的反思。由人群、自然和社会组成的社会文化现象亦是如此。"不识庐山真面目,只缘身在此山中",从反面佐证了上述观点。

本书第一章在宏观层面描绘了苏格兰的历史文化叙事主线。本章则详细阐述了苏格兰综合教育的规模与人口结构,历史宗教传统和社会变迁,进而论述了苏格兰现代基础教育的形成,聚焦其国家教育核心理念和"卓越课程"改革的最新动态,以及服务于苏格兰基础教育目的和课程改革的教师教育体系。

作为小结部分,本节将概括英格兰教师教育体系——尤其是职前教师教育项目(Postgraduate Certificate in Education,下文简称 PGCE 项目)——与苏格兰的异同点,通过比较加深读者对苏格兰教师教育体系和教师群体的了解。本节的后半部分将在最新文献的综述基础上,勾勒出苏格兰基础教育在世界基础教育改革浪潮中的位置和公众舆论的主要态度。

2.5.1 苏格兰与英格兰教师教育体系的比较

上文曾简要提到，英格兰历史上实施"双轨制"教育形式。尤其是中世纪时代，英格兰教育主要由教会控制、组织，教育主要在修道院和大教堂中进行，由修道院院长、修道士和神职人员负责教授贵族子弟拉丁语、神学和经院哲学等课程。教师属于神职人员，通常是神父或修道士，接受过严格的古典教育，知识水平本身及其社会地位均得到尊重，享有一定特权。教师以口头传授和讲述为主，强调记忆和传统的教育方式，可以体罚学生。

在工业革命开始之后，英格兰城镇化和现代化速度大大加快，工厂需要大量掌握一定技术、能识字算数的劳动力，面向大众的基础教育和文化普及成为迫切需求，推动了综合性学校的迅猛扩张，对能承担基本教学任务的教员需求激增。

马乔莉·克鲁克尚克（1966年）曾在介绍大卫·斯托创办"师范学院"的论文中简要提到，同一时期的英格兰正时兴速成式教师训练班、培训课，有些学员仅仅跟着教师观摩一天，就上岗教学了。① 这也源于英格兰人口密度较大且高度集中于城市，加之适龄儿童人数远超苏格兰的客观条件。在教育双轨制向单轨制转向的同时，英格兰公立综合学校的教师水平参差不齐，受教育程度、社会地位和经济收入也远远不及传统公学教师。

英格兰现代教师教育的官方术语仍然是"职前教师培训"（Initial Teacher Training, ITT），下文所列相关政策条款在英格兰、威尔士和北爱尔兰均有效。近年来每年有超过3万名学员加入形式多样的职前教师培训，学员必须经过2次实习，考核合格后获得专业教师地位（Qualified Teacher Status, QTS）。学员无论通过哪一种培训途径，只要获得QTS即可成为正式教师，与苏格兰的教师教育体系有明显区别。

ITT的申请者同样必须获得学士学位，英文和数学的高中考试成绩在中等以上（略低于苏格兰的要求）。2017年后，英国政府宣布向语言和科学教师学员提供学费贷款，成绩优良的大学毕业生可获得全额学费补助，以此鼓励更多的优秀毕业生加入教师队伍。②

---

① CRUICKSHANK M. David Stow, Scottish pioneer of teacher training in Britain [J]. British journal of educational studies, 1966, 14（2）: 205-215.
② Parliament of the UK. Initial teacher training in England [EB/OL].（2019-12-16）[2-23-05-11]. https://commonslibrary.parliament.uk/research-briefings/cbp-7222/.

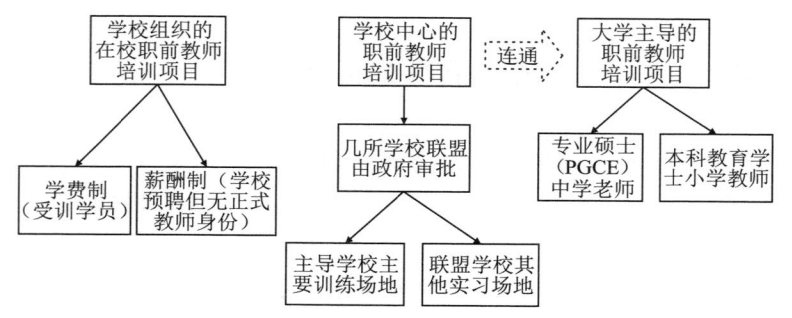

```
┌─────────┐      ┌─────────┐                ┌─────────┐
│学校组织的│      │学校中心的│     连通       │大学主导的│
│在校职前教师│     │职前教师  │ - - - - - - -  │职前教师  │
│培训项目  │      │培训项目  │                │培训项目  │
└────┬────┘      └────┬────┘                └────┬────┘
     │                │                          │
  ┌──┴──┐         ┌───┴──┐                 ┌─────┴─────┐
  │      │        │几所学校联盟│            │专业硕士│本科教育学│
┌─┴──┐┌──┴──┐    │由政府审批 │            │(PGCE) │士小学教师│
│学费制││薪酬制(学校│└───┬──┘            │中学老师│          │
│(受训 ││预聘但无  │     │                 └───────┘└─────────┘
│学员) ││正式     │  ┌──┴──┐
│      ││教师身份)│  │      │
└─────┘└─────────┘┌─┴──┐┌──┴──┐
                  │主导学校主││联盟学校其│
                  │要训练场地││他实习场地│
                  └────────┘└────────┘
```

图 2.3　英格兰、威尔士及北爱尔兰地区教师职前培训的主要途径 [①]

图 2.3 整理了目前英格兰、威尔士及北爱尔兰地区教师职前培训的主要途径：

（1）申请人可以选择加入学校组织的在校 ITT 项目，其中又有两种选择，即向学校缴纳学费接受培训（成绩优良的毕业生可申请学费补助），或者成为预聘教师，领取一定的薪酬，但不具备正式的教师资格，这种形式类似于助教或者学徒。

（2）另一种以学校为中心的 ITT 项目一般由几所学校联盟组织，其中有一所学校作为 ITT 的主导，负责组织学员的培训，此外，学员必须到其他联盟学校进行实习，这种途径接受培训的学员可以转为大学主导的 ITT 项目——特指专业硕士层级的教师专业资格项目（Postgraduate Certificate in Education，PGCE）。

（3）大学主导的 PGCE 项目，学员须经过一定的能力倾向测试和面试，成功申请提供该项目的大学，接受大学主办的教师教育专业课程训练，并进入学校实习。这类项目与苏格兰的 PGDE 项目类似，但只面向中学老师，期望成为小学老师的学员可以在更早的本科阶段申请相应的教育学位，或者选择学校组织、以学校为中心的其他 ITT 项目。

以学校为主要场地和以大学为主要场地的 ITT 项目存在何种区别，英国官方给出的介绍大意是前者可以让学员及早进入学校教学实践环境，成为教师团队的一员，在岗位上学习更为实用的技能；而后者可以有更多的时间学习专业知识，反思自己的进展。

上述所有途径均可以申请奖学金，获得免费教育的机会。获得教师资格后，新手教师将进入一年的适应期，所在学校会给予相应的帮助和辅导。一年过渡期结束后是否留聘，或者顺利拿到其他学校的邀约，并无保障，主要看新手教师的工作表现。

从政策和教师教育体系来看，英国政府加大了奖学金发放力度，对紧缺学科的补贴更为重视，也开辟了多种渠道力图扩大专业教师队伍。然而，根据英国教

---

① Parliament of the UK. Initial teacher training in England［EB/OL］.（2019-12-16）[2-23-05-11]. https://commonslibrary.parliament.uk/research-briefings/cbp-7222/.

育部2022年6月9日公布的官方报告，①近10年来英格兰教师的增长速度不及学生增长的速度，生师比从2010年的17.6增至2021年的18.5，虽然在疫情期间，英格兰的生师比暂时下降。ITT项目的招生情况也不容乐观。2022—2023学年，ITT总招生数低于目标人数29%，中学教师实际招生人数低于目标人数41%，小学教师招生数低于目标人数7%。其中有一部分原因是疫情期间的实际录取人数高于预期11%。

在疫情发生之前，只有2015—2016学年的目标招生人数得以实现，其余学年均低于预期。某些紧缺学科的ITT录取情况更是堪忧，物理学科在2022—2023学年低于目标83%，设计与技术低于75%，计算机低于70%。

报告显示，在经济合作与发展组织（Organisation for Economic Co-operation and Development，以下称OECD）国家范围内，英格兰教师工作时间长，工作压力大是造成教师录用率低、ITT录取率不容乐观的直接原因，同时教师离职率也相对较高。

OECD国家的中学教师工作时长平均为41小时/周，而英格兰2013年的数据就达到48.2小时/周，小学教师更是高达52.1小时/周，在其他参与调查的OECD国家内排名第二，仅仅低于日本。超过半数的中小学教师认为工作量过大，超出能力范围。

为什么英格兰乃至苏格兰教师的负担逐年加重，而且真正留给教学和师生沟通的时间似乎越来越少？许多学者认为这是新自由主义政治理念下行政主义（managerialism）和问责制（accountability）侵入教师专业领域，弱化教师专业性的表现，教学艺术的浪漫情怀和人文主义关怀无法抵挡标准化、绩效和问责理念在教育领域的盛行。加上英国学生的厌学情绪有加剧趋势，学习内部和外部动力均不足，教师离职率居高不下也就不足为奇了。

2.5.2 全球化浪潮中的苏格兰与英格兰

苏格兰与英格兰的基础教育体系和教师教育/培训体系，尤其是教育改革都深受新自由主义政策的影响，教育作为国家意志的集中体现，很长时间内是服务经济领域和社会福利领域的，其变革也多为执政党出于政治目的，为提升全球化加速过程中本国的国际竞争力而推动的。

当然，由于历史文化、人口与经济结构、政治环境和国家管理体系的明显差

---

① Department of Education, UK. Teacher recruitment and retention in England ［R/OL］.（2022-06-09）［2023-05-01］. https://researchbriefings.files.parliament.uk/documents/CBP-7222/CBP-7222.pdf.

异，苏格兰和英格兰的教育改革与现行的教育体系存在相应的差异，而英格兰、威尔士和北爱尔兰的立法和教育体系较为一致，统一由英国议会和政府进行中央调控。

全球化这个词时常占据世界各国媒体头条，早已成为人们耳熟能详的热门概念。普利策新闻奖获得者托马斯·弗里德曼在其代表作《世界是平的：21世纪简史》一书中，就形象地将人类发展划定为全球化1.0版本、全球化2.0版本以及全球化3.0版本。

从纵向的时间维度来看，人类全球化已依次走过了一战爆发之前的早期全球化、二战结束之后的中期全球化以及冷战结束以来的晚期全球化三大阶段。而从横向的内容维度来看，人类全球化则大体表现为商品的全球化、资本的全球化以及信息的全球化三个阶段。

国内外学者均对全球化、经济金融化和新自由主义进行了大量研究。我国学者宋博从全球化的历史进程这个纵向角度进行梳理，指出经济金融化从初期的工业垄断资本与银行资本的融合，演变为对经济发展起支配作用的金融领域的资本。

随着经济活动的全球化和科技的飞速发展，金融资本在全球快速流动，改变了以往的资本结构和产业结构，强化了金融市场在资源配置中的支配作用，导致经济活动的中心由产业部门和其他服务部门向金融部门动态偏移。[①] 这一变化也使得产业、国家乃至整个世界更容易受到经济危机的危害。

经济金融化促进了新自由主义的形成。1873年世界经济危机爆发后，资本主义自由竞争受到了挑战。资本主义无序发展的弊端逐渐显现，促使工业化较早的国家及其学者开始反思。1929年—1933年的经济大危机之后，凯恩斯国家干预主义逐渐兴起。同时，米赛斯（Ludwig Heinrich Edler von Mises）、哈耶克（Friedrich August von Hayek）提出了新自由主义，抨击福利国家政策和政府直接干预经济，提倡政府只对经济起调节以及规定市场活动框架条件的作用。

但受到二战后各种因素的影响，新自由主义受到冷落，直到20世纪70年代才迎来巨大关注。例如，1974年哈耶克和米尔顿·弗里曼（Milton Friedman）分别获得了诺贝尔经济学奖。1974年撒切尔夫人当选英国首相，公开宣布以新自由主义作为其执政理念，推行全面私有化。

新自由主义推动了国家垄断资本主义向国际垄断资本主义的转变。换而言之，全球化竞争的叙事主题日益占据主流，深入人心。20世纪90年代至今，随着高新技术迅速迭代、传播，世界各国相继卷入了经济全球化。与此同时，以美国为代表的国际垄断资产阶级到处推行新自由主义理论和"华盛顿共识"

---

① 宋博．经济金融化与新自由主义及其悖论初探［J］．国外理论动态，2019（9）：32-42．

（Washington Consensus）①，造成了一种社会公认的想象（social imaginary），或者称为公共叙事（public narratives）的意义建构。众多国家，尤其是发展中国家，坚信自己必须在全球化的竞争中努力争得一席之地，必须进行新自由主义经济与社会改革，强调私有化、市场化、自由化、全球化的重要性，削减国家福利、公共支出和社会保障措施。

牛津大学教育学院教授、著名教育政策研究家约翰·弗朗隆（John Furlong）深入研究了英国（以英格兰为主）从撒切尔夫人时期至卡梅伦时期执政党的变化以及伴随而来的国家重要政策转向，聚焦全球化、新自由主义对英格兰教师教育改革的影响。② 弗朗隆的研究赞同美国著名教师教育学者柯克兰-史密斯教授对研究教师教育背后的社会与意识形态的阐释：

> 通过社会和意识形态的视角研究教师教育，就必须探索塑造了教师教育的深层次社会结构和社会目的，解读结构与目的包含的多种文化观点、理论流派、价值和信仰信条……研究表明，教学与教师教育不可避免地，本质上是政治性的。③

关于全球化的宏大叙事，或者社会主流观点普遍认同的全球化进程直接影响了主要西方国家的新自由主义（neoliberal）政策。这些政策塑造了众多国家对教育体系的期望，推动了近几十年来持续不断的教育改革和教师教育改革。

赫尔德（Held）和麦格鲁（McGrew）认为，在公众领域至少有三种对全球化的解释：

（1）以英国著名社会学家安东尼·吉登斯为代表的全球主义者（globalists）认为全球化是因物质现实的改变而出现的。新技术和新的沟通模式有助于重塑时间和空间，因此产生了新的社会互动模式，从而导致了社会生活和世界秩序组织原则的重要重塑。

（2）怀疑论者（skeptics）认为全球化一词在很大程度上是意识形态的，因此其解释价值有限。赫斯特（Hirst）和汤姆森（Thompson）在1996年指出，全球

---

① 1989年，陷于债务危机的拉美国家急需进行国内经济改革。美国国际经济研究所邀请国际货币基金组织、世界银行、美洲开发银行和美国财政部的研究人员以及拉美国家代表在华盛顿召开了一个研讨会，旨在为拉美国家经济改革提供方案和对策。前彼得森国际经济研究所经济学家约翰·威廉森执笔写了《华盛顿共识》，系统地提出指导拉美经济改革的各项主张，包括实行紧缩政策防止通货膨胀、削减公共福利开支、金融和贸易自由化、统一汇率、取消对外资自由流动的各种障碍以及国有企业私有化、取消政府对企业的管制等，得到世界银行的支持。
② FURLONG J. Globalisation, neoliberalism, and the reform of teacher education in England [C] //The educational forum. Milton Park, in Oxfordshire, UK: Taylor & Francis Group, 2013, 77（1）: 28-50.
③ COCHRAN-SMITH M. The new teacher education: For better or for worse? [J]. Educational researcher, 2005, 34（7）: 3.

化的影响被夸大了。自19世纪末以来发生的全球变化并没有什么颠覆性的革新，是正常的发展进程。

（3）在这两个极端之间是转型主义者（transformationalists），例如瑞兹威（Rizvi）和林格德（Lingard）。他们认为全球化确实具有物质实际性。他们引用了哈维在1989年的开创性研究，指出在全球化时代，通过更好的沟通、互联网虚拟联系、更为廉价和便捷的旅行方式和数字化，时间和空间已经被大大压缩。他们还描述了资本主义如何利用这些可能性，扩展了市场的影响力，将整个地球纳入其影响范围。

然而，瑞兹威和林格德也承认，物质变化对经济、政治和文化产生的影响并不是不可避免的。换而言之，一个国家或一种文化可以视为有机体，其独特的历史脉络、意识形态、政治体制、国民性格等因素，都有可能影响全球化的叙事建构。

牛津大学教授约翰·弗朗隆的论述正是基于一部分宏大叙事、公众叙事，而聚焦政策文本和政府主导的教育改革。弗朗隆教授也指出英格兰教师教育在传统上更为实际，自其成体系之日起就是为了解决工业化经济发展和政府宏观调控的需求。

撒切尔政府实施的削减社会福利和财政支出等一系列政策造成贫富分化加剧，社会矛盾激化。这一时期英国也出现了一系列的文化理念革新，如性别平等、多元文化主义和环境保护等议题深刻地改变了人民的思想。

保守党的继任者托尼·布莱尔领导的"新工党"政府提出走"第三条路"（布莱尔1997—2007年任首相，此后由苏格兰人戈登·布朗任首相至2010年），试图平衡新自由主义经济改革和社会公正之间的关系。

政府采取了一些社会福利和教育改革措施，旨在提高教育质量、减少贫困和不平等现象，并推动了一些文化和社会价值的变革，包括实施议会"权力下放"，促进了苏格兰议会的重新掌权。

这一时期英国出台的国家政策和同一时期克林顿政府的国家政策都反映了英美对新自由主义的新解读，即通过教育和医疗保险领域的改革为国家的可持续发展提供市场支撑，而中央政府的宏观调控措施也更集中地体现在教育和医疗体系改革方面。其执政理念的转变主要体现在对教师教育进行调控，削弱大学在职前教师教育阶段的主导地位。

正如上一节介绍的，英格兰教师教育在传统上由高等教育机构主导、组织，而现在学校的实地训练和师徒带教形式已经承担了至少一半的教师教育工作量。让教师教育去学术性而加强实用性、操作性，这种干预旨在帮助国家在各个领域更好地应对全球化挑战。

这一理由的代表文本是 1999 年布莱尔政府的绿皮书《学习的时代》。教育事业不再仅仅受教育政策管理，而是上升到国家层面，同时作为政治、社会和经济政策进行推行。

对照第 2.4 章节介绍的"苏格兰教师专业教育的历史与革新"，不难发现，苏格兰议会重启后改革的教师教育体系不仅仅没有去学术化，反而进一步加强了大学的主导和组织地位。最突出的特点就是学员必须申请苏格兰本地大学主办的 ITE 项目，方可获得教师资格认证。当然，在教师的全职业生涯的专业发展过程中，苏格兰当地中小学的参与十分关键。

伴随着新自由主义教育政策得到强力推行的是行政主义（或者译为"新管理主义"）和问责制。布莱尔政府继承了保守党前政府的一些政策，以新管理主义形式和问责制为必要之举。

世界银行首席经济学家约瑟夫·斯蒂格利茨在 2002 年强调，现在有着比经济更广泛的社会目标，包括提高生活水平、改善人民健康状况、可持续发展、促进更加公平的发展以及推行更好的教育。这些都被纳入新自由主义政策改革的范畴中。

正如苏格兰议会和执政党在权力下放后的第一件事就是发起国民教育大讨论，制定一系列符合苏格兰长远发展利益的基础教育课程改革和教师全职业生涯发展改革，英格兰工党执政后的第一年就推出了"绿皮书"作为政治宣言，致力于改变教师缺乏问责制度的状况，旨在推行改革，加强教师的专业化（professionalism）。

实际上，这一举措是以中央政府规定的教师专业标准、教育理念和职责取代传统的教师个人专业自主性和认同感。直到 2010 年联合政府执政，英国都在连贯地执行以新自由主义、新管理主义和问责制为内核的教育改革和教师专业化改革。

由保守党主导、自由民主党（Liberal Democrats）①参与并担任副首相的联合政府一入主唐宁街 6 个月就出台了一部白皮书《教育的重要性》（*The Importance of Education*），公布了一系列在英国学者看来颇为大胆的学校和教师教育改革措施。

这部政策文件的叙事主线十分明确：英国面临的最大挑战是全球化经济竞争，而教育正是应对挑战的关键。为此，必须深化新自由主义改革，确保教师发展国家政策规定的专业性、专业素养和技能。

实现这一目标的重要途径是确保中小学和教师教育机构之间存在富有竞争性的多个市场。一方面，学校需要实现教育政策规定的目标、定期接受督学检

---

① 自由民主党是英国的主要中间派政党，主张社会自由、个人权利和民主价值观。在 2010 年的大选中，自由民主党在议席数量上排名第三，但与保守党达成了执政联盟。

查,其教育达标情况会直观地体现在排行榜的排名上,影响学校获得的经费、补助和各种资源。大学和其他教师教育机构则要培养出愿意接受并积极践行政府定义的专业化教师,能够适应问责制,以实现相应目标为驱动的合格教师。

换而言之,是不是一个传统定义上的"好老师"已经不重要了,实现既定目标的老师就是一个合格的、专业化的老师,学校亦是如此。为了实现教育公平,政策文本和政治人物反复强调扶持贫困家庭学生的重要性,并拨发专款予以资助。同时,贫困社区内的学校同样面临经济衰退带来的大幅度财政拨款缩减,甚至陷入财政危机。

或许是联合执政的原因,或者是为了和前任工党政府有所区别,联合政府的某些政策叙事存在复杂性和动态性——以英国学者特有的委婉表述方式来形容。联合政府明确指出,教育并不是经济政策的一部分,而是肩负着保留一个国家文化遗产的重要使命。这一点似乎借鉴了苏格兰教育体系和执政党的宣言。

也许不是每个人都能继承美好的外貌或漂亮的大宅,但我们每一个人都是人类祖先惊人智慧成就的继承者。我们可以对毕达哥拉斯、瓦格纳的天才感到惊叹,领略莎士比亚和牛顿的才华,通过巴尔扎克和平克(Pinker)①更深入地探索人性的奥秘——**只需费心接受教育。**

基于上述理念,英格兰政府对1988年起实施的中等教育阶段的学术考试(General Certificate of Secondary Education,下文简称GCSE考试)②实施调整,增设了"英国中学毕业生荣誉文凭"(English Baccalaureate,EBacc),它并非一个独立的文凭,旨在表彰在政府规定的古典核心学科考试中取得优异成绩或者荣获相关学科奖项的学生,获得者在申请大学时具有优势。这类古典学科包括——英文、数学、科学、现代外语、历史(或地理)。

推出"英国中学毕业生荣誉文凭"似乎是个颇为积极的鼓励举措,但它的推出很快导致一些以实用学科和职业技能为主的中学遭到降级,或者被剔除出学校排行榜,因此遭遇招生和办学困境。许多中学立刻意识到上述古典核心学科对教

---

① 此处指的是斯蒂芬·平克(Steven Pinker),他1954年出生于加拿大,是哈佛大学教授,也是著名的认知心理学家、语言学家和作家。他对人类认知、语言和心理过程进行深入研究,也是一位积极主张理性和启蒙价值观的公共知识分子。他的著作包括《思考的方式》、《暴力的下降》和《启蒙现代性的辩护》等,作品深入探讨了人类思维、社会进步和人性本质等重要议题。
② GCSE考试于1988年首次实施,自那时以来一直是英国中等教育的核心考试。GCSE考试涵盖了广泛的学科领域,包括但不限于英文语言和文学、数学、科学、历史、地理、外语、艺术与设计、音乐、体育等。学生通常需要在多个科目中参加考试。评估方法包括笔试、口试、实验和课程作品评估等。最常见的等级为从9到1的数字等级,其中9级为最高级别,1级为最低级别。此外,还有A*(A加)等级,用于表彰在特定科目中的特别优秀成绩。

学评估的重要性，采取措施加强这些学科的教师招募，减少了一些公共课领域的招募指标，对大学某些专业招生和教师教育产生了连带影响。

当地政府也运用奖学金补助的措施直接干预教师教育的招生，对部分科目加大补助力度，而对其他学科，如公民教育、宗教教育以及侧重实践技能的学科，则减少补助，或者不给予补助。相应学科的学员需要自己支付高达 2 万英镑的职前教师教育学费，极大地影响了这部分学科的教师教育招生。

就教师教育的主办方而言，联合政府大力推动了 500 多所教育评估中表现出色的教学学校（teaching schools）。这些学校大大分担了大学在教师教育领域的领导责任。自 2012 年推行以来，这类教学学校和以学校为主导的教师教育培训招收的学员逐年增加，已经从 2013—2014 年的 9 千余人激增至 2015—2016 年的 1.7 万人。以学校为主导的各类培训方式还在不断增加，跨越本科到专业硕士阶段，年限也从 1 年增至 2 年不等（针对未达到大学 ITT 项目最低录取要求的学员）。

联合政府在 2014 年发布的报告中承认，现有的学校主导型教师培训体系已变得过于复杂且令人困惑。多项研究表明，英国职前教师培训途径的多样性导致负责指导学员的资深教师难以全面把握教师教育的核心要素，从而难以确保学员接受系统化的培训。此外，部分教育工作者指出，政府制定的政策与实际执行存在差异，而将这些政策作为次年教师招募的主要依据是不恰当的。

一些学者批评以中小学为主导和场地的教师培训模式过分注重培养适应特定学校办学情况和管理理念的熟练工。鉴于学校间存在差异性，办学理念和水平也不尽相同，在特定环境中接受实用训练的学员未能系统学习教育学知识，因此无法做出基于教育本质的专业判断，仅能按照学校管理层的规定执行工作。这种情况类似于某些学校仅根据政策变化做出最适合督学检查和提升排名的决策，一旦执政党更迭导致教育政策变化，学校教育的连贯性也将受到破坏。

联合政府的另一项重要教育变革是资助并向任何人开放建立自由学校（free schools）的申请。最初的自由学校主要集中在伦敦，后来扩展到英格兰东南部。[①] 学校可以由社区团体（包括家长、慈善机构或教师）设立，由政府拨款，部分资助。

到约翰·鲍里斯执政期间，英格兰三分之一的学校是自由学校演变而来的学园学校（academy schools，下文简称学园）。学园主要分布于城市、城镇和部分农村地区。后期已经成为英国基础教育系统中的特殊类型学校，由政府资助但由独立机构管理、运营，学校拥有更大的自主权和灵活性，可以制定独立的课程计

---

① HIGHAM R. 'Who owns our schools?': An analysis of the governance of free schools in England[J]. Educational management administration & leadership, 2014, 42（3）: 404-422.

划、招生政策和管理模式。学园学校包括小学和中学，也可以是全年龄段学校，涵盖从幼儿园到中学的各个年龄段。

学园在法律上是公司，其财务和行政事务由一个称为学院信托（academy trust）的机构管理。学院信托主要由慈善组织、教育机构、商业公司或其他教育组织与机构组成。联合政府包括后来的保守党政府都宣称这一举措可以扩大教育公平性，促进半市场化教育领域保持竞争力，提高教育质量。

然而，2018 年伦敦大学学院的学者通过实证调查指出，自由学校的办学目的和录取策略具有更强的选择性，实际上加强了教育不公平，而非政府宣称的促进了社会和教育公平。[①] 例如，超过五分之一的自由学校进行了"宗教认定"，主要为犹太教、伊斯兰教和印度教家庭和学生提供教育，在生源选择上具有极强的筛选性。

同时，主流的英格兰公立学校主要是英国国教和罗马天主教学校。在英国教育部公布的官方统计数据报告中，其叙述变成了自由学校的包容性更好，因为就其平均数据而言，自由学校的少数族裔学生占比确实高于普通综合学校。[②]

又如，2010 年，相应政策公布后第一批开始招生的自由小学和中学录取的学生，其学业表现明显好于周边其他公立综合性中小学（不包含传统的精英公学）。这一点仅仅在第二批成立的自由中学中表现不显著（研究结束时已有五波自由学校成立浪潮）。这在一定程度上说明许多自由学校和学园的生源优于普通公立综合学校，并存在择校现象。

此外，自由学校招收的白人英国学生比例与同一社区其他学校相似，但这些白人学生的家庭经济状况普遍更加富裕，高于本区域平均水平，这一点在自由小学中尤为突出，并在后续发展中得以强化。研究最后得出结论，自由学校的建立和迅速增加并未实现政府为贫困地区、学习困难儿童提供额外教学机会的远大愿景。而英国教育部的官方数据在统计方式和报告叙述上颇有为政府政策站台的倾向。如果仅看官方统计数据，很难了解到质性研究观察到的实际情况。

2019 年，英国保守党取得了多数席位，党魁鲍里斯·约翰逊成为首相。脱欧议题和全球疫情暴发得到了更多关注，也凸显了英国教育智能化不足，基础设施资源区域差距较大，许多学校无法及时转入线上教学，贫困地区儿童缺乏信息技术（information and communication technology，ICT）。支持等问题。有英国媒体报道称，自 2020 年 3 月以来，大多数学生错过了约 100 天的学校教育课时。

总体而言，英国和美国高等教育和学术体系的最大差异在于大多数综合性研

---

① ALLEN R, HIGHAM R. Quasi-markets, school diversity and social selection: Analysing the case of free schools in England, five years on [J]. London review of education, 2018, 16（2）:191-213.
② 康安峰，王亚克. 英国自由学校变革成功了吗？[J]. 外国教育研究. 2020,（11）：73-89.

究型大学都是公立学校，除了少数拥有大量校产和信托基金赞助的古典名校，大多数学校依赖中央议会财政拨款、地方财政拨款，因此难免受到更多的政策影响。

相较苏格兰，英格兰的教师工会或行会组织对教育政策的影响十分有限，无法像苏格兰教师委员会那样作为独立机构制定教师专业标准、审核教师教育项目，管理贯穿教师职业生涯的职前、在职培训和专业成长。大学在教师教育领域的自主性甚至参与程度都大大削弱。

尽管苏格兰大学也要经过苏格兰教师委员会的授权和管理，与中小学进行深入合作，但教育的各个参与方都有权利在教师教育委员会协调会和苏格兰议会中充分表达利益需求和教育立场。这也是英格兰无法实现的。英格兰政府的政策必须经过英国议会通过，并在英格兰、威尔士和北爱尔兰范围内施行。

2.5.3 苏格兰大学与职前教师教育项目概览

上文提到在苏格兰成为专业教师的必备要求是接受当地大学提供的职前教师教育项目培训（Initial Teacher Education programmes，下文简称 ITE 项目），其中又以一年制、相当于硕士阶段的 PDGE 项目为主。这也是本研究关注的中观领域，以及工具性个案研究的发生场地。

目前经教师委员会认证、授权提供 ITE 项目的有 11 所苏格兰大学，即爱丁堡纳皮尔大学（Edinburgh Napier University）、玛格丽特女王大学（Queen Margaret University）、苏格兰皇家音乐学院（Royal Conservatoire of Scotland）、阿伯丁大学、邓迪大学（University of Dundee）、爱丁堡大学、格拉斯哥大学、苏格兰高地与群岛大学（University of the Highlands and Islands）、斯特灵大学（University of Stirling）、斯特拉斯克莱德大学（University of Strathclyde）、西苏格兰大学（University of the West of Scotland）。按照历史源流和特长专业，上述大学一般分为四大类。

第一类是苏格兰皇家音乐学院，只开设音乐专业的 ITE 项目，因此不作为本书关注的重点。

第二类是 4 所古典大学中的 3 所，即格拉斯哥大学、阿伯丁大学和爱丁堡大学，它们也是世界知名的综合性研究大学，教育学类师资力量雄厚，广泛开设各个学科的 ITE 项目，招生人数较多。

第三类是其他现代综合性大学，一部分是 20 世纪 60 年代英国境内大量涌现的平板玻璃大学[①]，另一部分是同一时期由技术学院扩招后升级为大学的。这类现

---

① 按照成立年代，英国大学可分为最为古老的古典大学（如牛津大学、剑桥大学）、工业革命期间涌现的红砖大学（如曼彻斯特大学、诺丁汉大学）、现代平板玻璃大学（如斯特灵大学）和新兴大学（如萨里大学）。

代大学所开设的 ITE 项目学科范围较广，招生人数一般少于古典大学。

第四类是新兴地方特色大学，定位精准服务于区域经济发展、生态保护和文化传承，与当地的企业、专业行会和中学后教育学院保持紧密联系，学科大多不完整，在 ITE 项目的开设方面沿袭了大学办学特色，不求广但求特色，着重培养"卓越课程"改革中增设的技能类选修课教师的培养。表 2.5 遵循大学成立的时间以及获得大学地位的时间顺序，按照上述分类对第二类至四类开设 ITE 项目的大学做作要介绍。

表 2.5　苏格兰有资质提供 ITE 项目的三类大学及其开设的 ITE 项目、科目 ①

大学类型	学校与建校时间	特点与发展历程	ITE 项目
古典大学	格拉斯哥大学（1451 年）	三所大学常年位于世界主要大学排名榜前 200 位，知名校友包括诺贝尔奖得主、首相与普利策奖得主。	小学 ITE 项目；中学 ITE 项目涵盖 13 个学科（如数学、英文、现代语言、物理、生物、化学、地理、艺术与设计、宗教教育等学科）。
	阿伯丁大学（1495 年）		小学 ITE 项目；中学 ITE 项目涵盖 15 个学科（包括戏剧、家政、音乐等学科），未设立计算机学科。
	爱丁堡大学（1583 年）		小学 ITE 项目；中学 ITE 项目涵盖 13 个学科，未设立家政、计算机、宗教教育等学科。
现代综合性大学	斯特拉斯克莱德大学（1796 年/1964 年）	前身是古老的技术学院，始建于工业革命时期，1964 年获得大学地位，优势学科包括科学、工程、商业和社科领域。	小学 ITE 项目；中学 ITE 项目涵盖 18 个学科，比古典大学增加了盖尔语、体育、心理学、技术教育学科。
	邓迪大学（1881 年/1967 年）	早期为圣·安德鲁斯大学的一个学院，在 1967 年英国高等教育扩张时期获得大学地位。2018 年后跻身世界各大大学排行榜前 300 位，优势学科包括生物科学、法律、药学和艺术设计。	小学 ITE 项目；中学 ITE 项目与格拉斯哥大学大致相同，区别在于增加了体育、技术学科。
	斯特灵大学（1967 年）	典型的英国现代综合性平板玻璃大学，具有小而精的特点。	小学 ITE 项目；中学 ITE 项目涵盖 7 个主要学科。
	爱丁堡纳皮尔大学（1964/1992 年）	前身是技术学院，1992 年获得大学资格，优势学科包括工程、应用技术类。	只设立中学 ITE 项目，涵盖 5 个主要学科：生物、化学、英文、数学、物理。

---

① 作者根据上述各所大学官网招生信息以及 ITE 项目手册整理。

续表

大学类型	学校与建校时间	特点与发展历程	ITE 项目
新兴地方特色大学	玛格丽特女王大学（1875年/2007年）	前身是高等教育学院，主要提供护理和医疗领域的专业培训。学科增加后于2007年获得大学地位。	小学 ITE 项目；中学 ITE 项目仅设 3 个学科：商科、家政、宗教教育。
	西苏格兰大学（1897/2007年）	前身是技术学院，专注于技术和工程教育。后经过多次合并与发展，于2007年获得大学地位。优势学科包括工程技术、计算机和商科。	小学 ITE 项目；中学 ITE 项目设有 8 个学科：艺术与设计、生物、化学、英文、数学、体育、物理、现代语言。
	苏格兰高地与群岛大学（1992/2011年）	前身是新兴的高等教育学院，成立时间晚，办学目标明确，聚焦保护与传承苏格兰高地和岛屿地区的文化和传统。优势学科包括可持续发展、环境科学、自然资源管理、文化遗产保护等。在多个群岛与高地地区设有分校，并与社区学院结合，开设线上线下教育。	小学 ITE 项目；中学 ITE 项目涵盖 10 各学科，包括主要学科与盖尔语、家政、宗教教育和技术教育学科。

无论是历史悠久、蜚声海外的古典大学，还是获得大学地位不到 20 年的新兴地方特色大学，苏格兰开设 ITE 项目的大学均严格执行教师委员会出台的教师职前教育培养框架，秉承"卓越课程"改革理念和相关基础教育政策，确保考核通过的职前教师教育学员达到《预注册教师、正式注册教师标准》的各项要求。因此，苏格兰职前教师教育具有高度一致性和标准化特征。各所大学的自主权和差异性主要体现在：

（1）开设科目与招生人数不同；

（2）录取要求、面试流程和录取率略有差异；

（3）所辐射的学区、合作的中学情况不同，某些学区学情差别较大，职前教师教育必须根据当地学情和教育机构的相关规定做出调整；

（4）实习安排略有不同，一年制 ITE 项目可分 2～3 次完成规定的 18 周实习，每位学员可安排至 2～3 所中学完成学习；

（5）各个大学都会标明 ITE 项目的收费情况，一年制项目本国学生的学费一般在 1000～1500 英镑，而外国学生费用通常会高出几倍。不过，教育主管部门和各学区每年都会提供各种补助，供相应学科的学员申请。尤其是在教师缺口较大的学科（主要是数学、科学、计算机和技术学科以及部分外语学科），往往补助

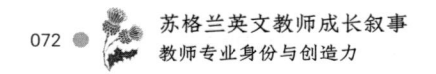

力度更大，大多数学员可以免费接受 ITE 教育，食宿自理。①

此外，为了应对"卓越课程"改革中涌现的主要问题，尤其是小学和中学过渡阶段教育脱节的普遍现象，爱丁堡大学莫雷教育与体育研究院近年来推出了全英国第一个结合职前教师教育和专业硕士的两年制 ITE 项目。申请该项目的学员在顺利毕业后不仅能获得通行的硕士学位，未来可申请就读学术博士（Ph.D.）或教育专业博士（Ed.D.），同时得到教师委员会的承认，能够成为预注册教师，成为专业教师。

该项目正式称为"过渡性学习与教学"项目（Transformative Learning and Teaching，M.Sc.）②，学员将在较为宽裕的两年时间内深入不同的幼儿园、小学（尤其是 5 年级及以上）和中学实习，了解小升初过渡期儿童的需求，开发相应的教学策略与资源，培养过渡性教育能力。目前开设的学科是苏格兰小学至中学过渡期中最为紧缺的四门：计算机、英文、外语和数学。每年招收约 30 名学员，除了来自英国本土的学生，还有来自美国、西班牙、希腊、芬兰和菲律宾的留学生。

学员在大学必修的专业课包括：教育测评（10 学分），儿童与青少年（10 学分），教师专业性发展（30 学分），听说读写与文化素养、学习者和学习（20 学分），数学能力，学习者和学习（20 学分），教师知识与素养（20 学分），理解知识与课程的本质（20 学分），学科专业知识与技能（未注明学分）。选修课则包括：融合教育、融合教育与特殊教育的比较研究，教师的专业合作等。

学员在实习和大学学习考核合格后，还需参加专业答辩。学员需要向评委展示他们入学以来的"档案袋"，包括各类课程学习、实习材料与评估。在答辩中，他们需要解释自己为何达到教师委员会的教师专业标准。评审委员会由大学教师和学校老师共同组成。

---

① Teaching Bursary in Scotland. STEM teacher education bursaries［EB/OL］.（2023-03-01）［2023-05-30］. https://teachingbursaryinscotland.co.uk/.
② Moray House School of Education and Sport. Transformative learning and teaching （MSc）［EB/OL］.（2023-01-05）［2023-06-01］. https://www.ed.ac.uk/education/graduate-school/taught-degrees/transformative-learning.

第三章 苏格兰教师的专业群体叙事

导 言

在经济全球化的时代，我们需要一种能够彰显文化特性、具有鲜明地域文化特征的身份认同，进而达成一种基于文化自信之上的文化间的相互欣赏与赞美。正如费孝通先生所言，"各美其美，美人之美，美美与共，天下大同"，而这样的理念其实也体现在不同学科对于各类乡土相关概念及现象的研究之中。

虽然在教育学领域还未形成研究系统，但社会学、人类学、建筑景观学和文化旅游领域已经有一定量研究关注乡土全球化（vernacular globalisation）、乡土文学（vernacular literature）、地域身份认同（place identity），以及乡土建筑与景观（vernacular architecture and landscape）的概念和现象。虽然学科领域和理论视角有所差异，但这些研究有一个共同点，即关注霸权（hegemony）主导的全球化叙事建构之外，具有民族和地方特色的、扎根乡土物质文化的自然、人文、社会现象和中观、微观叙事，即意义建构。

生态文明既涵盖了尊重、维护生物多样性，使地球充满生机，共建人类生存和发展的可持续基础，也包括倡导保护、继承、鼓励人类文明、社会和文化多样性，在团结一致、促进国际化背景下对话与交流的同时，尊重中观与微观维度的乡土特色发展，避免出现一刀切、千篇一律的所谓现代化城市建筑景观与发展途径，反对一言堂式的国际话语霸权和单极世界、两极世界的片面世界观。

与此同时，我们要警惕片面追求分数和升学率，以分数、绩效来判断教师好坏的教育观。在进行国际比较与交流的同时，还要考查地域空间（space/place）、时间（time）、人（群）和事件，关注生活世界和生活经验及其"故事"叙事，而不仅仅是抽象理念，这样才能加深对所研究现象的理解，不仅仅是回答好问题，更重要的是找到创新的、恰当的问题。

本书的叙事逻辑可以比作一个漏斗形状。前两章分别从苏格兰的宏大叙事、关于苏格兰教育系统的叙事逐渐缩小叙事的维度，从宏观转到中观。作为过渡章节,本章将承上启下,连接本研究所考查的质性数据,即后续章节包含的中观和微观层面对苏格兰职前教师教育体系中的代表性大学,具有代表性的ITE教育项目及项目的主要参与者的质性叙事研究。

本章也将系统阐明本研究的理论视角。首先,从英国与欧陆背景下教师专业性的形成展开,探讨行业自主形成的专业性如何受到国家政策的影响与规范。其次,在文献综述的基础上阐述教师的专业表现(professional performance)、教师专业身份认同(teacher professional identity)和教师专业成长(teacher professional development/growing)在术语体系、学科视角和理论基础方面的异同点,以及相关研究目前已达成的共识、存在的争议和学术发展动态。

最后,论述本研究所采用的诠释主义现象学理论视角,以及对本研究理论概念框架建构产生影响的社会身份认同理论,介绍为何上述理论适合研究职前教师教育这一关键的教师专业发展萌芽期、过渡期,并且将叙事身份认同的动态建构深植于现象的经验世界之中(a phenomenological life-world approach),深入探究准教师、新手教师的教育生长经验世界。

3.1 英国与欧陆背景下教师专业群体的发展

教师专业发展的概念可以从三个主要方面分析。首先，教师专业发展与这一古老职业在现代社会的专业化进程（teacher professionalisation）紧密相关。后者可以狭义地理解为获得入职所需的相应文凭，或完成相应的教师职前教育。

其次，满足权威部门和教育专家制定的专业标准，并取得教师资格证书，按照学校和教育管理部门的要求完成相应的在职培训或进修。职业与专业在概念上的显著区别在于后者不仅仅限于"以此劳动谋生"，还需要达到权威机构制定的专业标准。

最后，专业人员在实际工作中具有一定的自主性，能够依据所掌握的知识技能对具体情境进行判断、处理。在西方社会现代进程中，早期最为典型的专业人员包括律师、医生和会计。而中小学教师作为准专业人士，也经历了由行业化向专业化奋进的过程。教师的薪资福利随之得到改善和保障，晋升规则得以明确，但也带来了一系列矛盾。

在中世纪，欧洲的教育是基于神学和经院哲学的，学习的重点是宗教文本和教义。教师的角色更多地与宗教服务和传教活动相关联，而不是专门的教学职能。后来，随着城市的兴起和商业的繁荣，社会对知识和技能的需求增加，学术和教育的独立性开始显现。新的学术中心和古典大学开始兴起，这些学术机构的出现为教师脱离职业转化为专业，获得专业独立性奠定了基础。

专业化使得教师不再仅仅是宗教机构的一部分，他们成为学术机构的一员，并开始专注于特定的学科领域。在英格兰出现了牛津大学和剑桥大学，在苏格兰也建立了圣·安德鲁斯大学、格拉斯哥大学、阿伯丁大学和爱丁堡大学。学术机构开始建立教职员工的选拔和晋升制度，以确保教学的质量和学术的严谨性。教师需要具备专门的知识和技能，并接受严格的培训和评估。

印刷术的发明与传播也对教师职业的发展起到了重要的推动作用。例如，在苏格兰，以爱丁堡为代表的出版印刷中心大大促进了学术专著、普及读物和教材的广泛传播，教师可以更好地利用这些资源进行教学和研究。教育变得更加系统化和科学化。这一时期高等教育阶段的教师独立性、自主性开始增强，受到社会尊敬。基础教育阶段仍然以宗教教育为主，世俗教育也开始兴起，但各个国家的发展程度不一。

相较于医生、律师、大学教师与学者等典型的专业人士，基础教育阶段教师的专业权威性往往受到质疑，其原因恰恰在于基础教育的生活化、普及化，以及儿童学习和身心发展的特点。大多数接受过学校教育的社会人士都能从自身经历出发，对教学活动进行评论，这种源于生活经验的发言权加上此前校外补课、培训机构的冲击，都在一定程度上模糊了教师的专业权威性。

美国社会学家、哥伦比亚大学教授弗雷德森（Eliot Freidson，1923—2005 年）在其著作《职业的第三逻辑》（*The Third Logic of Professionalism*）中提出了一个理论框架，对职业和专业的研究产生了重要影响。

弗雷德森认为，传统上对职业和专业的研究主要基于两种逻辑：市场逻辑和官僚逻辑。市场逻辑强调经济自由主义的原则，即通过竞争和市场机制来决定职业的地位和权力。官僚逻辑则关注政府和行政机构对职业的控制和规范。然而，这两种逻辑无法完全解释职业的本质和职业化过程中的动态。为此，弗雷德森提出了第三逻辑，即职业的专业逻辑。这个逻辑强调了以下几个方面：

（1）知识和技能：专业人士的核心特征是他们的知识和技能。他们通过学习和培训获取专门的知识，并将其应用于工作实践中。这种专业知识和技能使他们能够提供高质量的服务并解决复杂的问题。

（2）专业自主权和决策权：专业人士应该拥有自主权和决策权，能够独立地制定工作方式和决策方案。他们应该有能力自我管理，而不仅仅是按照外部的指令和规定执行任务。

（3）职业认同：专业人士应该具有强烈的职业认同感。他们的工作不仅仅是一份职业，而是建构他们的个人身份和社会身份的一部分。他们对自己的工作感到自豪，并且对职业道德和价值观承担责任。弗雷德森的第三逻辑观念对职业和专业研究产生了深远影响。它挑战了传统对职业的定义和职业化过程的理解，强调了知识和技能的重要性以及专业人士的自主权和决策权。这个观念还强调了职业、专业认同的重要性，将职业和专业视为个人和社会认同的关键因素。

与其他专业相比，中小学教师的工作以未成年人和教育内容为主，由此产生独特的专业性。教师的专业性可以从教师专业能力结构框架和具体的能力标准管中窥豹。目前，西方主要国家的教师专业能力框架建构深受美国教育学者舒尔曼（L. S. Shulman）的影响。舒尔曼在 1987 年提出了七大类教师专业知识与能力。

（1）内容知识，例如某学科的基本知识结构，以及教育理念、概念、事实及其与某学科之间的关系；

（2）一般性教学知识，例如心理学、教学论知识；

（3）课程知识，例如教师对国家与校本课程的理解，对相应的学习目标和教学过程的理解；

（4）教学内容知识，例如，如何设计教学活动，利用类比、图文影像资料等教育资源呈现课程内容，以促进学生对学科知识的理解；

（5）关于学生学习特点与规律的知识；

（6）关于不同教育情境和背景的知识；

（7）关于教育目的和教育价值的知识，例如教师关于理想中的校园文化、理想教学实践和高质量教育的探究性知识。①

目前，美国、英国（英格兰地区）、澳大利亚政府推荐的教师专业标准基本涵盖了舒尔曼的上述七大类专业知识与能力，尽管在表述方面出现了细节差异，并突出了实践中教师知识与能力的交融。美国的基础教育政策存在较为明显的洲际差异，而美国全国教师委员会制定的《教师教学专业标准》（National Board for Professional Teaching Standards，下文简称 NBPTS）是广受认可的教师专业认证标准（National Board Certification）之一。NBPTS 围绕教师的核心使命阐述教师必须具备的四大能力，以及必须达成的教育核心使命：

核心使命 1：教师应当专注于学生和他们的学习过程。优秀教师能够公平地对待每一个学生，掌握并不断学习多种教学与学生发展理论，因材施教，充分挖掘学生的潜力，提高学生自主学习的动力和自信心，培养公民责任感和坚韧的品格。

核心使命 2：了解相关学科的知识以及如何教授这些知识。教师应当对所教学科有深入的了解，尤其是本学科与其他学科以及社会生活实践的联系。优秀教师能够引导学生应用学科知识发现、解决实际问题。

核心使命 3：教师有责任监管学生的学习进度。优秀教师能够运用、创造多种教学方式，营造适宜的学习情境和课堂环境，鼓励学生主动参与学习；为学生和家长提供建设性的反馈，鼓励学生进行自我评估。

核心使命 4：系统地思考教学实践，以实践促进教师专业学习。将教学实践作为终身学习的一部分，运用教育理论、学生反馈、教学研究等方式加深教师的专业知识，提高教师专业判断能力应变能力和教学创新能力。

核心使命 5：教师是学习社群的一员。优秀教师能够与其他教师合作、学习，促进学校发展；建构家、校、社区之间的合作纽带；了解地区和国家的教育政策，充分运用教育资源。②

---

① SHULMAN L S. Knowledge and teaching: Foundations of the new reform. Harvard educational review ［J］.1987, 57（1）：1-22.

② National Board for Professional Teaching Standards. What teachers should know and be able to do ［R/OL］.（2016-01-01）［2022-04-01］. https://www.nbpts.org/wp-content/uploads/2017/07/what_teachers_should_know.pdf.

英国教育部颁布的《教师标准指南：面向校长、教师与教育督导机构》（Teachers' Standards Guidance For School Leaders, School Staff And Governing Bodies，下文简称《教师标准指南》）适用于英格兰职前与在职教师的专业评估。《教师标准指南》强调教师以学生的教育为首要关切，要求教师应当以诚实和正直的态度行事，具备扎实的学科知识。教师有责任保持知识和教学技能与时俱进，并在工作中进行自我反思。教师应当建立积极的专业关系，与家长合作，将学生的最佳利益作为工作的出发点。

有别于美国 NBPTS 以五大核心使命描述教师专业工作要求的叙事结构，英国《教师标准指南》对教师的职业角色和专业工作的标准进行了细致阐述，其叙事沿教学和个人与专业行为准则两大主线展开，聚焦怎么做事与如何做人两大方面，在教学方面着墨较多。具体内容如下：

教学：

（1）对学生的学习持有高期待，鼓励学生实现较高的学习目标。教学应建构学生已有知识和新知识之间的关联；了解学生的多样化学习风格与进度，并在教学中有所体现；培养学生的兴趣，引导学生反思自身特点与学习需求；培养学生自主学习的态度与责任感。

（2）促进学生的良好发展，支持学生取得良好的学习成果。教师必须对学生的成绩、进步和结果负责；教师必须了解学生的能力和他们的基础，并在教学计划中加以利用；引导学生反思他们取得的进步及其不断发展的需求；教师需要理解学生的学习方式，并理解不同学习方式对教学的影响；鼓励学生对自己的学习和作业采取负责任和认真的态度；根据对方信息完善教学设计，有效地进行课堂教学。

（3）具备良好的学科和课程知识。教师必须对相关学科和课程领域有扎实的知识，能够激发并保持学生对该学科的兴趣，为学生答疑解惑；对学科和课程领域的发展有批判性理解，展现一定的学术研究素养；理解提高学生读写能力、表达能力和正确使用标准英语的意义，并能够积极承担相应的教育责任——无论教师的专业学科是什么。

（4）善于规划，合理备课，高效践行。教师能够通过有效利用课堂教学时间传授知识并培养学生的理解能力；能够有效激发学习热情和孩子们的求知欲；合理布置家庭作业并规划其他课外活动，以巩固和拓展学生已获得的知识和理解；能够系统地反思课程和教学方法的有效性；参与相关学科领域中有趣课程的设计与提供。

（5）因材施教，根据学生的优势特点和需求适当调整教学方式。教师需要了解何时，以及如何适应具体的学情，以便进行差异化教学；充分了解、理解一系列可能阻碍学生学习能力发展的挑战，并掌握最佳的解决办法；具备与儿童身体、社会和智力发展相关的知识，具有相应的教育意识，了解如何调整教学策略以支持学生在不同发展阶段的学习需求；清楚了解所有学生的需求，包括有特殊教育需求的学生、超常学生、多语言使用者（包括母语非英语的学生），以及有残疾的学生，并能够运用和评估独特的教学方法以吸引和支持他们的学习。

（6）准确且有效地运用评估工具。了解并掌握如何评估相关学科和课程领域的学习结果，包括法定评估要求。运用形成性和总结性评估来确保学生的学习进步情况；利用相关数据监测学习进展，设定学习目标并规划后续课程的教学设计；通过口头和准确的书面评语为学生提供定期反馈，并鼓励学生对教师反馈做出回应。

（7）有效管理学生行为，确保良好且安全的学习环境。教师能够在课堂上设立明确的规则和行为准则；并根据学校的学生行为政策，负责在课堂内外促进学生养成有礼貌的良好行为习惯；对学生在校行为有高标准的期望，能够运用一系列策略（如表扬、奖励和处罚）支持学生达到上述期望，并始终如一地公正执行相应策略；能够有效管理课堂，采用符合学生需求的方式以激发和调动他们的积极性；与学生保持良好关系，树立恰当的教师权威，并在必要时果断采取行动。

（8）更广泛的教师专业责任。能够为学校的整体生活和精神面貌作出积极贡献；与同事建立起有效的专业关系，了解如何以及何时寻求建议和专业支持；有效地安排教育教学辅助人员的工作；通过适当的在职培训提升教学水平，并积极响应同事的建议和反馈；与家长就学生的成就和身心健康进行有效沟通等。

个人与专业行为准则：

教师应通过以下方式维护公众对教师职业的信任，并在校内外保持高标准的职业道德和行为规范。

（1）教师必须尊重学生人格，基于相互尊重的前提建立师生关系，并始终遵守与教师职业身份相符的界限。

（2）教师必须根据法律规定，关注学生的身心健康。

（3）教师必须展现对他人权利的宽容和尊重。

（4）教师必须不破坏英国的基本价值观，包括民主、法治、个人自由、相互尊重，以及对不同信仰和观点的宽容。

（5）教师必须确保个人信仰的表达不利用或损害学生的脆弱性，或诱导学生违法。

（6）教师必须对所任教学校的精神、政策和实践保持适当的职业尊重，并在出勤和守时方面保持高标准。

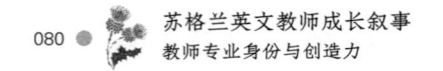

（7）教师必须了解并始终遵守规定其职业职责和责任的法定框架。

受澳大利亚政府教育部门委托，2022年，澳大利亚教学与学校领导研究所（The Australian Institute for Teaching and School Leadership，AITSL）发布了《澳大利亚教师专业标准》①（The Australian Professional Standards for Teachers）。文件围绕教师专业知识、专业实践、专业参与三大方面展开。

专业知识：了解学生和他们的学习方式，例如学生的个性特点、身心与智力发展规律；了解学科内容以及如何教授学科内容，例如运用电脑辅助教学技术，了解课程设置和多种教育评估方式。

专业实践：计划并实施有效教学；为学生提供安全、鼓励性的学习环境；评估学生学习过程，为其提供反馈意见与评估报告；注重课堂语言和动作交流；在教学策略的运用方面，注重发展学生的问题解决能力、批判性思维能力和创造力；有效地设计、组织课堂教学活动，管理课堂纪律。

专业参与：参与专业学习；与同事、家长和专业发展社群保持互动交流；教师应当理解该专业标准的各项要求，并根据自身需要和学生学习的需要不断学习专业知识，参与在职培训、教育论坛等活动；根据同事、资深教师、学生和家长的建设性反馈意见调整教学实践。

上述三个国家的教师专业标准虽然在结构与表述上各有侧重，但都在一定程度上融合或体现了舒尔曼七大类教师专业知识的内涵。例如，舒尔曼强调的学科内容知识领域在美国的教师"核心使命2"、英格兰的"教学"要求领域以及澳大利亚的"专业知识"领域都有充分体现。

而舒尔曼提出的"一般教学知识"即心理学和教学论知识则包含于各国关于"教学"领域的详细要求之中，这些教学方面的要求往往聚焦教师对学生家庭文化背景、身心发展需求、学习动机与风格、学习成效等方面的深入了解，强调以学生为中心，为学生创造良好的学习环境。

教师的各项知识与技能不应当与教学实践中的师生互动、教师的技能发展、专业学习及其对教育理论和理念的理解相割裂。教师的学习与发展同各种专业社群、具体的教育情境密不可分；教师的知识基础、教育远见和理念、专业发展的

---

① Australian Professional Standards for Teachers. The Australian professional standards for teachers［R/OL］.（2018-01-01）［2022-04-12］. https://www.aitsl.edu.au/docs/default-source/national-policy-framework/australian-professional-standards-for-teachers.pdf.

动机及外部支持、个人与不同社群之间的互动都会对教师的专业学习与发展产生影响。

需要指出的是，对教师是否达到专业标准的评估并非一次性的，获得相应的资格证或职称并不是教师专业发展的终点线。经过教育管理部门和教育工作者广泛商讨而成的专业标准与其说是结果导向的固化评定，不如说是对连续性过程的督促与引导。教师专业发展既是教师个人专业知识与能力在实践中的总结与提升，又与特定的学生群体、同事群体、学校环境、教育政策（尤其是教师专业标准的制定与考核）紧密相连，是保持教师专业性得以与时俱进、适应教育与社会环境变化的内在需要。

在教育研究和实践中，对教师专业发展概念的片面、狭义理解往往忽视了教育本身以及教师工作的复杂性、多元化与师生互动的情感联结，这也是教师有别于其他专业人士的关键之处。

第一，过于强调教师专业知识（尤其是学科专业知识）、技能的习得和认知维度的线性发展，容易陷入学历崇拜和唯分数论的误区，将高学历与好老师的概念挂钩。精通学科专业知识，了解教育学和心理学理论只是成为专业教师的基础，远远不能保证教师将理论与实践相联系，有效地分析特定的教育情境和学生特点，因材施教，尽可能地鼓励学生发挥潜力。

第二，对教师工作的考核评估过于繁重，且高度量化、重短期结果而轻过程。在西方教育背景中，同样存在新自由主义主导下学校和教师考核绩效化和问责制泛滥的倾向。发展一词往往被狭义地解读为向前的、单一的改进。学生的成绩和教师的工作考核一旦未能实现预期的进步，或出现倒退，往往会带来负面评价和焦虑，甚至影响教师的经济福利和晋升机会。长此以往，教师和学生的教与学难免出现唯效率、片面追求捷径、侧重短期利益的现象，忽视了教学活动与个人内在需求和兴趣的多元结合，也忽视了生命成长是一个连续性的、相互关联的过程，而成长的过程并非一蹴而就、唯知识与理性是论。

第三，对于教师专业成长的理解及其过程的研究需要更多来自教师的声音，需要教师在教育生活、教学实践和师生互动基础上的自我总结与反思，以及更进一步的理论建构。

关于教师全职业生涯专业成长的讨论恰恰将教师知识与技能变化的时间点，延长至有高低起伏，甚至螺旋发展的线状；从教师职前教育起，纵贯整个执教生涯。同时，在横向上，涵盖教师个人工作和成长过程中与不同群体及教育环境之间的互动和相互影响。早期的教师专业学习研究大多聚焦职前教师教育这一段关键期，主要研究促进或阻碍教师专业知识和技能学习的因素，以此改进教师教育项目的学制安排、课程设置、教学方法和入校实习等方面。

3.2 教师专业表现、专业身份认同与专业成长

教师的专业表现（professional performance）是指教师在教育实践中所展现的各种专业能力、知识和技能，以及他们在教学过程中的教育效果和取得的成效、成果。教师的专业表现不可避免地受到教育政策、学校绩效考核和问责制度的引导和规范化，但也依赖于教师的性格、态度与情感、需求与动机等内在因素的影响。而教师在整个职业生涯中的专业成长和专业身份认同，侧重于研究教师自身内部因素如何影响他们对教师职业角色的理解，以及对教育理想的意义建构。

3.2.1 教师专业表现与学习共同体

在现有的研究中，教师专业表现的概念涵盖了教师在课堂教学、学生指导、课程设计和评估等方面的综合表现，通常是专业性在日常教育生活中的具体体现。文献综述显示，对于教师专业表现的研究主要集中在以下几个方面：

（1）教师教学技能和教育知识。这方面的研究关注教师在知识传授、课堂管理、教学策略和方法等方面的能力。研究者通常使用观察、评估工具和教师自我报告等方法来评估教师的教学技能和知识水平。

（2）学生学习成果。教师专业表现的一个重要方面是他们对学生学习成果的影响。研究者通过考查学生的学术成绩、学业进展和学习动机等指标来评估教师的教育效果。

（3）教师专业发展。教师的专业表现与其个人所接受的职前教师教育、在职期间得到的专业支持和再教育密切相关。研究者关注教师参与教育培训、持续专业发展和反思实践等方面的能力和行为，以评估他们的专业表现。

（4）还有一些国外研究侧重于学校和社区合作。教师的专业表现也与他们在学校和社区中的合作能力和领导力发展相关。研究者关注教师与同事、家长和社区伙伴之间的互动，以及他们在学校和社区中的参与和影响力。

结合第三和第四个研究方向，还有许多学者采用温格尔"学习共同体"（learning community）的理论，探讨教师个人、同事、学校领导、学生乃至家长、社会共同组成的学习网络或社群。他们共同追求学习目标，并愿意为实现这些目标作出承诺和努力。

通过讨论、合作项目和小组活动等方式促进知识的共享和建构。通过对自己和他人的学习经验进行反思和评估，促进个人的学习和发展。学习社区提供共享资源和支持机制，包括学习资料、导师指导、学术辅导等，以帮助成员实现个人学习目标。

教师专业表现研究的主要目的是帮助教师提高专业知识和技能在教育实践中的运用效果，提升教育效率，并促进教师个人专业发展、专业成就感，以及提升教育质量。通过深入研究教师的专业表现，学校、教师进修机构乃至地方教育管理部门可以更好地了解教师的需求、挑战和成长机会，从而为他们提供更有效的支持和培训。

值得注意的是，教师专业表现往往受到多方面因素的影响，如教师本人的性格、气质，学校组织管理风格，学校和班级氛围，学生的特点，教师和学生交往互动的特点等等。有些教育方法很可能无法在短期内看到显著成效，如果不能进行实质化、量化的评估，是否就没有进行创新尝试的意义？这又涉及教育本质、教育评价方式和教师专业评价等等复杂而深刻的原因。

英国教师的离职率居高不下，除了一部分经济衰退导致的薪酬问题，更重要的是教师的工作满意度、成就感和幸福感缺失。许多教师的教育理念或者说理想化的教育目标受到种种现实掣肘，无法实现。当教师和教学被异化或者矮化成传递知识的工人、提高学生成绩的机器时，教师离职、转行也就不足为奇了。

3.2.2 教师身份"认同"：求同存异还是解构过度？

在过去三十年里，各国教师教育研究者对教师身份（teacher identity 或 teacher professional identity）相关研究给予了越来越多关注。我国学者李茂森在 2014 年出版的《教师身份认同研究》一书中对该领域的国际研究历程和动态进行了系统介绍与分析。[1]近十年来，我国学者以性别、年龄、教龄、学科、工作的区域和地点、学历等因素对教师群体中的部分子群体进行了深入探究，研究对象包括高校女教

---

① 李茂森. 教师身份认同研究［M］. 北京：北京师范大学出版社，2014.

师、海归研究者、乡村教师、各学科的中小学教师——英文教师占多数。生成式人工智能飞速升级后，有学者对人工智能时代教师可能面临的专业身份危机和应对策略进行了探究。①

在国际方面，荷兰著名教师教育专家杜韦·贝雅德（Douwe Beijaard）教授及其同事，英国教育学者克里斯托弗·戴伊（Christopher Day）及其同事，以及加拿大主教大学教授凯瑟琳·博尚（Catherine Beauchamp）等学者自 21 世纪初开始对教师身份与教师专业表现、专业发展的关系进行了持续研究。尽管理论框架各不相同，这些研究中大多认同教师的专业参与和个人生活会以不同程度相互影响。

贝雅德和梅耶（P. C. Meijer）指出，个性、身份与其作为教师的工作方式紧密相关，很难清晰地区分个人的社会身份和专业身份。② 这也是学校教师区别于其他知识技术型职业的特点之一。基于上述共识，越来越多的研究尝试从身份理论出发，探究教师的成长过程，讨论教学、教育对教师的意义是什么。③

传统上"identity"大多翻译成"身份认同"，重点在于"同一性"（sameness）和自我认知的内部一致性（coherence）。但随着后结构主义、批判主义思想的兴起，越来越多的学者从解构、重构的动态视角来质疑"趋同"的假设。比如，身份的自我认知一定会"趋同"吗？个人的成长故事是否在特定的时间和空间背景下存在矛盾冲突，乃至出现分崩离析的危机？在百年之大变局的宏大背景下，现代人的身份可能是碎片化的，或者是流动的多面体。这些不同的碎片或者层面真的能够，或者需要达成和谐同一吗？还是在特定的时空之下趋于和谐同一，在其他时空背景下又趋于松散分离的状态？为了保持学术讨论的开放性，下文将"identity"翻译为"身份"，在介绍到明确强调身份同一性、连贯性的理论和学者时，翻译为"身份认同"。

在西方学术语境下，教师身份和教师专业身份这两个术语通常无差别地交替使用。博尚教授与同事托马斯在 2009 年的研究中指出，由于身份理论本身的复杂性，加上教师个性与职业身份、工作与生活活动的复杂交织现象，学者很难在

---

① 周东. 人工智能时代教师的身份镜像：困境与建构［J］. 中国远程教育. 2024，44（04）：81-93.
② BEIJAARD D, MEIJER P C. Developing the personal and professional in making a teacher identity［M］// CLANDININ, JUKKA. The SAGE handbook of research on teacher education （Vol. 1）. London: SAGE Publications Ltd, 2017: 177-192.
③ HONG J, CROSS F, SCHUTZ P A. Research on teacher identity: Common themes, implications, and future directions［M］//SCHUTZ P, HONG J, CROSS F. Research on teacher identity. London: Springer. 2018: 243-251.

定义教师身份方面达成共识。因此，教师对个性、自我身份认同与专业的认同之间往往不存在明显的界限。

我国著名教育学者鲍嵘和陈向明也对教师实践性知识进行了探究，并指出教师日常教育教学工作的复杂性使其处在两难困境中，需要不断做出决策。而教师决策的过程也集中体现了他们的实践性知识，这种知识受个人性格气质、行事准则、专业知识与技能等多方面影响。荷兰乌特勒支大学教授、著名教师教育专家弗雷德·科塔根（Fred Korthagen）形象地提出了教师身份的洋葱结构，认为教师的专业实践往往由一系列由表及里的问题构成，信念、认同和使命是更加接近教师个人内核层面，关乎本体论和认识论的问题：

环境：你要处理什么事件？

行为：你在做什么？

能力：你能做什么？

信念：你相信什么？

认同：你如何看待自己的角色？

使命：你承诺什么？

从上述灵魂追问可以看出，对教师的教学与生活、教育相关的知情意行需要以整体的、发展的观点来看待，将个体的需求和态度、教育信念与准则、情感和行为等方面作为一个不可分割的整体。而这个整体的发端可以追溯到教师尚未进入岗位的职前教育阶段，[①]甚至受到学生时代教育经历和成长期间某些关键事件和教育者的影响。

越来越多的研究者指出，教师对个人发展和专业表现的理解是在整个职业生涯过程中不断建构而成的。教师专业身份的形成可以追溯到进入职业岗位之前：在职前教师教育阶段，在实习和见习阶段，甚至在大学与基础教育时期。教师专业身份的建构并非从拿到教师资格证的那一刻才踌躇起步。

教师专业身份形成的初期通常面临着显著的压力和各类挑战。许多教师意识到从前对教育、学校、学习者和教育者的理解与现实存在着鸿沟。在教育和教师问责制度不断强化的教育体系之中，绩效考核压力可能冲击教师的专业身份，对其工作和生活产生一定影响，而教师专业身份的不同可能导致不同的应对策略和

[①] FLORE M A, DAY C. Contexts which shape and reshape new teachers' identities: A multi-perspective study [J]. Teaching and teacher education, 2006（22）: 219-232.

自我发展方式。① 当外界压力和变化冲击教师专业身份更为深层和稳定的要素时，可能使得教师身份产生解构和重构。

教师身份解构通常指对教师身份进行重新审视和重新建构的过程，旨在深入探讨教师作为专业从业者的复杂性和多样性。在传统的心理学理论中，人的身份被看作一种稳定、固定的特质，人对自身或者说自我的理解具有连贯性、一致性、稳定性，即身份认同。

最常见的是对阶级身份的认同，这与相对稳定的社会历史环境、固化的社会流动与较强的宗教信仰和道德伦理观念紧密相关。对教师而言，传统的身份认同强调教师的教育信念、专业角色、社会责任和公众期望等。

然而，后结构主义理论流派倾向于"反叛"统一的、固定的自我概念，并提出自我是一个分裂和冲突的场所，始终不断变化，并在权力关系中持续建构。② 女性主义后结构主义进一步指出，主体性在创造它们的话语领域中会发生转变，个体是"总是存在着冲突形式的主体性的场所"。③ 这种观点旨在强调个人处于不断地自我建构和重构过程之中。

换而言之，个体总在重新建构个人经历和意义，尽管个人未必意识到上述重构的过程。而个体对身份重构的主观意识一旦觉醒，其中的自我质疑、冲突、自洽或迷失等张力往往创造了自我成长的新空间。这种涉及"我何以为我""我是什么样的人""我将如何应对挑战"等本体论和认识论基础的解构与重构已超出了专业身份的范畴。因此，后结构主义、女性主义研究者常常采用"教师身份"概念，而非"教师专业身份"概念。

在教师身份解构领域，后结构主义普遍认为教师的身份是多维度的，受到个人经历、教育背景、社会文化环境以及专业发展等多种动态因素的持续塑造与冲击。教师在不断解构、重构或探索自己的教学信念、方法和价值观的过程中，逐渐意识到这些观念和信念的来源，进而深入反思外部因素对自身的影响。通过这样的解构与重构，教师能够更好地理解自己的教育信仰、理念、知识与能力、师生关系以及专业发展等关乎个人生活和职业生活的关键主题。

---

① HONG J, CROSS F, SCHUTZ P A. Research on teacher identity: Common themes, implications, and future directions [M] //SCHUTZ P, HONG J, CROSS F. Research on teacher identity. London: Springer. 2018: 243-251.

② BRITZMAN D P. Decentering discourses in teacher education: Or, the unleashing of unpopular things [J]. Journal of education, 1991, 173（3）：60-80.

③ WEEDON C. Feminist practice and oststructuralist theory [M]. Oxford: Blackwell, 1997:32.

研究教师身份的解构，旨在了解压力和变化的多重来源，支持并促进教师的个人成长与专业发展。通过解构自我身份，教师或许能更加自觉地选择适合自己的教学策略，提升教学效果。同时，这类研究还关注隐藏的深层问题，例如教师的焦虑、专业认同感不足、幸福感与自我效能感缺乏等负面因素，这些问题常常阻碍教师的专业身份重构，影响其专业发展与表现。而主流研究中的宏观与中观视角，往往难以捕捉这些微观且隐秘的"暗流涌动"。

3.3 教师专业成长的叙事建构

在苏格兰的历史文化宏大叙事和基础教育、教师群体专业叙事的基础上，本书选取现象学视角下的叙事理论（narrative theories）作为理论视角，建构多元空间叙事分析框架，探讨苏格兰"卓越课程"改革的来龙去脉和影响课改深化的最新趋势，并在上述叙事空间之中探究教师个体的成长历程与相关叙事如何与社会其他领域互动，互相建构。

叙事理论以法国著名哲学家、诠释主义现象学的奠基人物保罗·利科（Paul Ricoeur）和加拿大哲学家查尔斯·泰勒（Charles Taylor）为代表。该理论流派注重探究社会现象背后的意义和意义建构过程，认为人类通过讲述历史故事、社会集体记忆的故事和个人故事有机建构事件背后的意义，表达价值取向、情感和期待。[①] 因此，故事中的关键人物、事件和背景不仅仅是静态背景板，也不完全是故事创作者的主观臆想。叙事研究者应善于提取叙事脉络、主题、意义和叙事建构模式，深入探究故事背后的时间、空间变化，以及人与人、与环境互动的关系网络。[②]

人类对时间的感知，以及对时间线之下的空间感知与过去、现在和未来的人类行为紧密相连，呈现出一定的叙事脉络和主题，进而体现了一定时期内和空间领域下的社会期待和想象，是建构、理解人类文明故事的重要途径。

例如，性别相关的自我感知不再被视为由生理决定。相反，它被认为是由社会行为者根据性别的意义建构的，包括特定文化中的女性和男性规范和符号，以及对性别、情感、个体自我理解和不同社会群体中人际互动的态度。著

---

① RICOEUR P. Time and narrative（Vol. 2）[M]. K MCLAUGHLIN, D PELLAUER, TRANS. Chicago: University of Chicago Press, 1985:214.
② TAYLOR C. Sources of the Self: The making of the modern identity [M]. Cambridge, MA: Harvard University Press, 1989:35.

名社会学家、《现实的社会建构》(*The Social Construction of Reality: A Treatise in the Sociology of Knowledge*)作者皮特·伯格(P. Berger)和托马斯·卢克曼(T. Luckman)指出,关于现实的知识和概念"嵌入在社会的制度结构中"。①

而在英国,不同区域的公民对大不列颠人(British)、英格兰人(English)和苏格兰人(Scottish)的社会身份认同态度可能存在明显差异,在一定程度上反映了不同的文化历史传统。对于不太了解英国和欧洲文化的外国人来说,他们往往笼统地将英格兰人与英国人、英国文化和制度联系在一起。

贝雅德和同事主张教师的身份是个人与社会互动过程中建构而成的,并处于不断变化之中。在教师职业和个人生涯成长的关键期,身份建构可能呈现更加显著的重构现象。②这项基于对荷兰中小学教师的实证调查、研究发现,小学教师在发展教师职业身份方面经历了与关怀(caring)相关的显著紧张情绪。荷兰的小学教师以女性为主,而且长期以来女性被视为具有关怀人的性格特质,在社会身份建构的过程中也大多承担照料者的角色。

受访的当地中小学教师普遍认同教育的核心理念在于关怀、关爱学生的身心健康成长和幸福。如果具体的教育、教学和考试评估政策与教师内心认同的关怀理念存在冲突,教师往往会出现紧张和焦虑情绪。可见,社会长期以来形成的宏大叙事与具体的教育领域的政策叙事可能存在冲突现象,教师的职业身份很大程度上依赖于教师的教育信念、社会角色认同和教育使命感,但教师在实践中的职业决策往往受到学校机构和问责制度的制约,乃至暂时偏离内在的信念、身份认同和使命。

加拿大著名教育学者克兰迪宁(Clandinin)和康纳利(Connelly)对教师故事的叙事研究作出了显著贡献,更将教育叙事作为一种教育研究方法论在世界范围内推广。克兰迪宁和康纳利的研究借鉴了杜威(J. Dewey)关于将经验的理论,③以及布鲁纳(Bruner)关于叙述和叙事作为认识方式的讨论。④教师通过借鉴他们的

---

① BERGER P T. LUCKMAN. The social construction of knowledge [M]. London: Penguin. 1966: 77.
② PILLEN M, BEIJAARD D, BROK P D. Tensions in beginning teachers' professional identity development, accompanying feelings and coping strategies [J]. European journal of teacher education, 2013, 36 (3): 240-260.
③ CLANDININ D J, ROSIEK J. Mapping a landscape of narrative inquiry: Borderland spaces and tensions [M] // CLANDININ D J. Handbook of narrative inquiry: mapping a methodology. Los Angeles, US: Sage Publications, Inc., 2007: 35-75.
④ CONNELLY F M, CLANDININ D J. Stories of experience and narrative inquiry. Educational researcher [J]. 1990, 19 (5): 2-14.

生活经验来创造他们的故事，涉及角色以及故事的开头、中间和结尾，将一系列事件组织成情节或故事线。

克兰迪宁和康纳利指出，通过对个体和事物的叙述，可以更好地理解教师的身份和经验，因为故事具有情感、情绪和情感共鸣的力量，为研究者提供了丰富的数据以了解教师所面临的挑战、问题和成长过程。同时，叙事故事也揭示了教师的信念、价值观、目标和动机，以及他们与学生、家长和同事的关系。叙事的话语形式多样，包括口头和书面的表达形式，可以是对话、演讲、课堂讨论、书面文本等。这些文本综合反映了教师对教学和教育的理解、观点和看法。

总而言之，叙事是一个个人微观故事与社会大事件的宏大叙事互动、互相建构的动态过程，涵盖了多种形式的故事文本和话语。叙事可以是个人的自述、历史故事、群体的共享经验或社会的宏大叙事。叙事理论强调了建构和传播意义的过程，以及社会和文化背景对叙事的影响。

在教育研究中，叙事可以帮助我们理解教师在不同社会和文化背景中如何建构自己的教师身份，并参与教育实践。教师的话语、故事和叙事都是研究教师身份和专业发展中常用的概念和方法，提供了深入了解教师的经验、信念和身份建构的途径，揭示了教师的个体差异和社会文化背景对教师身份的影响。通过分析教师的话语、故事和叙事，我们可以更好地理解教师的专业发展和教学实践。

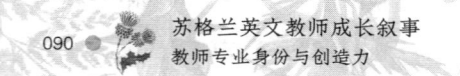

第四章　苏格兰英文教师的个人叙事

导　言

2024年全国教育工作会议强调，为实现2035年建成教育强国目标，我们必须跳出教育看教育，坚定推进高水平教育对外开放，同时完善战略策略，在教育领域坚持统筹高水平的"引进来"和"走出去"，不断增强我国教育的国际影响力。① 在深化课程教学改革，拓展教师队伍培养培训新思路的探索之路上，苏格兰的"卓越课程"改革为我们提供了前车之鉴，其经验主要体现在因地制宜、因校制宜的个性化课程设计改革与教师全职业生涯成长路径的落地实践等方面。

苏格兰自2010年起开始逐步推行的"卓越课程"改革以及相应的职前教师教育项目都积累了丰富的经验和教训，值得我们从"落地"的角度深入探究中观和微观层面职前教师学员的个人成长，以及这种成长如何反应了具有代表性的大学ITE项目、苏格兰教育政策之间的互动。

本章将着重呈现九位来自同一个ITE项目的英文教师学员如何适应PGDE项目——尤其是进入中学进行三次入校实习——如何从大学生、英文领域的专业人员转变为英文教师和合格的英文教师这一动态过程。本章将重点放在准教师的个人成长叙事上，力求原汁原味地展现九位学员鲜活的内心成长、情感变化、教学观念和实践技能的变化，进而深入探究学员个人教育经历、个性对教师身份的塑造。

为生动地呈现受访者的叙述内容，本章的引文部分有意保留了受访者的口语化表达，并加注了受访者当时的语气词和明显的神态与肢体动作，力求以中文再

---

① 中华人民共和国教育部.2024年全国教育工作会议召开［EB/OL］.（2024-01-11）［2024-09-01］. http://www.moe.gov.cn/jyb_xwfb/gzdt_gzdt/moe_1485/202401/t20240111_1099814.html.

现原英文对话的精髓，并针对受访者个性化的英文选词进行了原文备注。换而言之，本章节将侧重现象学的悬置理念，即"回到事实本身"，将各种意义解读和先入为主的观点高高挂起，留待后议。这里的事实指的是九位准教师成长故事中的事实。同一项目中的教师教育者视角以及笔者的思考将在后续的章节一一呈现。

定性研究者在寻找和发现有关研究对象生活世界的样式（pattern）和与其他群体的共性时，认为意义（meaning）不应当被简化成纯粹的被研究者的主观说明，而是需要从外部观点（the etic perspective）的角度进行二度建构，即由研究者诠释被研究者对"生活实在"的理解。这种建构的前提是必须忠于被研究者本身对社会实在的概念，以被研究者本身的解释及动机为依据。

此外，从方法论的角度着眼，"生活世界"构成社会结构，以个人的自主性和自觉能力为主，循此路向，定性研究是从被研究者个人生活的角度去理解社会现象和结构。所以，定性研究的解释力不仅在微观个人层面，而且也能够透视宏观社会结构。

透过观察被研究者个人的经验获得进入他们生活世界的机会，这种方式被认为可以强化被研究者的权能（empowerment），因为被研究者不仅仅是回应研究者的问题，同时也发出自己的声音、表达自己的见解并引导研究方向，是研究的参与者。

马凤芝，北京大学社会学系教授、博士生导师[①]

[①] 马凤芝.定性研究与社会工作研究［EB/OL］.（2024-08-01）［2024-08-01］. http://www.shehui.pku.edu.cn/wap/second/index.aspx?nodeid=2036&page=ContentPage&contentid=10155.

4.1 无"规定教材"的英文课程与教学改革

笔者接触、访问的苏格兰英语教育专家、教师和教师学员普遍认同英语（English language and literature）乃至语言文学的学科特性在于其突出的创造性（creativity）。语言文学作为一门历史悠久的人文学科，将想象力和批判性创造力置于其人文本质和学科本质的核心位置，既反映了社会文化的宏观叙事变迁，也体现着各个社会群体在一段时期内交流、沟通而产生的集体想象。

例如，前文描述了苏格兰社会传统的宏大叙事对于故园乡土、旷野海隅、英雄史诗、民俗民谣等情有独钟，历久弥新。许多苏格兰本土文学家、思想家、诗人、发明家的作品、经历轶事都曾入选英语教材，作为当地中小学生进行语言文学学习的鲜活素材。这些教学文本同时发挥着传承本土文化的重要作用。

在信息技术不断升级换代、人工智能异军突起的当代，青少年儿童的日常生活环境、社会交往习惯，乃至叙事工具、表达风格都发生了翻天覆地的变化。学生们热衷的社交俚语、表情包、模因或称为梗图，这些网络元素对语言的规范运用和经典文学教学造成了一定冲击。

如何让数字时代成长起来的青少年儿童自发地对英语经典著作产生好奇心和学习兴趣，同时吸纳语言环境中的创新元素呢？苏格兰的教育政策制定者和一线教育者迈出了大胆的一步，包括取消英文学科的规定教材，赋予教师足够的自主权去选取新颖有趣，贴近学生生活实际需要，并且能够反映英语语言文学学科内在逻辑的素材。当地教师还需要结合素材设计丰富多样的教学活动，让学生在多媒体、多感官发展的情境中活学活用，进而激发学习者交流和创作的热情。

职前教师教育项目的负责人艾琳女士（化名）同时担任该项目的英文学科导师。艾琳女士在访谈中强调，苏格兰英语课程和教学领域的改革反映了当地优秀教师的经验与思考，其核心在于与时俱进，保持语言文学本身的创造力和活力。具体而言，苏格兰英文学科的课程与教学活动设计理念可以从以下几个方面进行阐述：

第一，苏格兰英文学科以批判文学理念为课程与教学改革理念的基础，培养学生对包括文字在内的多媒体文本、社交媒体和社会现象进行批判性思考和分析，以此培养学生对多元信息的搜集、筛选、批判性理解和解释能力。

第二，课堂教学是一项社会实践活动，学习者、教师和教学素材都应该与当下的社会生活，包括新的社会变化和现象产生积极、恰当的关联，而个人的感官经验与逻辑思维同样是获得经验和知识的重要来源。英文课堂教学应当创设或引入情境，为学习者创造多种感官体验，培养学习者对生活的观察能力、共情能力和想象力。

第三，语言文学作为基础学科，应当为跨学科学习的开展提供相应的知识储备，创造机会，培养学生的信息理解和分析能力，语言表达和沟通能力。因此，英语学习材料和教学活动的设计可以围绕一定的主题，着重开放性。

总之，语言文学不应当被束之高阁，而应当成为一种实用型、应用型学科，在教学材料的选择、加工和教学活动的设计过程中与生活实践建立积极的联系，尽可能为具有不同兴趣爱好、学习习惯和水平的学生提供灵活多样、生动直观、富有想象空间、容易参与的学习体验，培养健康的终身阅读习惯和进行跨文化交流的开放态度。

上述英文教学理念既融入了苏格兰英语教育者对人工智能时代发展与学生需求变化的思考，也在一定程度上受到当地传统社会文化叙事的潜移默化的影响。正如前文所述，苏格兰在很长一段历史时期内较为落后，远离欧洲文化经济发展的中心。海岸港口贸易的兴起带动欧洲其他地区的思想流派涌入苏格兰。

游学归来的知识阶层较早地建立起本土大学——圣·安德鲁斯大学和格拉斯哥大学——成为苏格兰文化教育发展的创新动力源。教会、慈善机构和大学培养的本土知识阶层保持了开放学习的态度，善于批判思考多种理念思潮，致力于在苏格兰和欧洲乃至世界其他地区搭建起文学思想、产业商贸互通的纽带。

相较于贵族阶层长期垄断优质教育资源、掌握较大话语权的英格兰，苏格兰在情感和传统上更倾向于"草根阶层"，较为尊重、重视吸纳民众的通识智慧和经验知识。

上述社会文化传统也促使苏格兰的大学研究者和教师教育专家长期扎根基础教育实践生活，与中小学教师保持密切合作，共同创新。许多教育科研工作者正是来自基层学校，兼具理论素养与丰富的中小学工作和教学经验，有利于打破理论和实践之间的藩篱。

就苏格兰英语课程与教学改革强调的批判性能力与素养（critical skills and literacy）而言，其思想内涵主要源于以贝尔·胡克斯（bell hooks，原文即为小写）为代表的批判性教育学、后现代解构主义、女性主义、人本主义文学家和社会活动者，以及苏格兰本土的民族文学作品和启蒙思想。贝尔·胡克斯的英文小写字母是葛劳瑞亚·珍·沃特金（Gloria Jean Watkin，1952—2021年）的笔名。

沃特金是非裔美籍作家、学者、社会活动家，终身致力于为少数族裔、弱势群体和草根民众发声，推动教育公平。她在教育领域最具影响力的作品是《作为解放实践的理论——从教学到跨界》(*Teaching to Transgress Education as the Practice of Freedom*，下文简称《从教学到跨界》)，也是苏格兰许多教师教育者，尤其是英文学科教育专家和教师的必读专著之一。这本书传递的核心思想是教育可以成为解放思想、打破阶级藩篱和霸权主义的自由实践，强调教育和教学要寻找让任何人都可以学习的方法。

20世纪批判教育理论和实践方面最重要和最有影响的作家之一保罗·弗莱雷——也是《被压迫者教育学》的作者——如此评价《从教学到跨界》和贝尔·胡克斯：读完这本书后我再次惊叹于贝尔·胡克斯取之不尽的思维力量，这种力量来自博爱，这种爱也让她保持锐利的批判性。

艾琳女士指出教育者的批判性思维和创造性来自对学科和教育这份职业的热爱，尤其是对启发、培养儿童与青少年的热忱和责任感。正如苏格拉底曾经将自己比作产婆与牛虻，以此强调教师不能照本宣科地灌输学生知识，而应该坚持深入探询问题，让学生不安于现状，激发他们运用高阶思维技能，去评价、分析和综合信息，从而培养独立思考和批判精神，善于反思所谓权威答案之外的更多可能。

贝尔·胡克斯的"跨界"时刻警示教育者和政策制定者不应以性别、文化背景、经济地位等外部因素人为地筛选受教育者，也启发教师不因学生暂时的兴味索然、力有不逮而恼羞成怒，应付了事。山不来就我，我便去就山。教师应当乐于、善于、勤于"寻找让任何人都可以学习的方法"和素材。

在上述理念的影响下，苏格兰基础教育阶段教学材料的选择呈现出开放、多元、创新、本土化的特征，在英文学科中尤为明显。这体现出苏格兰教育者和语言文学研究者对西方工业化、现代化发展到一定阶段出现的社会阶级矛盾、生态环境问题、消费主义泛滥趋势、文化霸权（cultural hegemony）现象的反思与针砭。正如艾琳女士指出的：

学生不是生活在真空之中，社会是不断变化的。我们当然可以继续教他们研读莎士比亚经典文学，背诵十四行诗或是彭斯的作品，但我们也要注意到新闻报道中的舆论导向性语言运用，漫画中的符号与青少年文化，乃至流行歌曲和社交媒体中出现的流行语、图形和价值观变化等等问题。如果学校教育只囊括'高雅'文学，将日常交流拒之门外，那就丢失了很多鲜活的创造力，也让教育和生活脱了节。

（引自艾琳女士访谈转录稿）

关于批判性思维能力或批判性素养的概念定义，学术界仍存在争议，相关研究多集中于高等教育领域，强调批判性能力与素养是毕业生应对未来挑战、取得事业成功的核心素质之一。在与艾琳女士的交谈中，笔者曾询问她对"批判性"（critical）这个形容词的具体理解，以及在基础教育阶段，英文教学如何承载如解构主义、文化霸权分析等看似深奥的议题。

艾琳女士认为，"批判性"在苏格兰英语课程与教学设计理念中，首先体现在注重开发多元文本，而非一味推崇或沿袭传统的权威文本或精英文本——例如课程改革前的指定教材或莎士比亚经典著作。此外，英文学科对于学生批判性能力与素养的培养，集中体现在引导学生不仅关注文本的表面意义、词汇和篇章结构、写作技巧，还应具备深入挖掘文本背后隐含信息和叙事角度的能力，分析文本是否存在偏见与权力结构（power structure）。

近20年来，在苏格兰卓越课程改革的推动下，英文学科教师需鼓励学生审视并合理质疑文本内容，勇于表达自己的观点，同时善于倾听他人意见。通过批判性文学教育，学生可以在人生发展的早期，深入理解多元文化、政治与社会议题，持续锻炼批判性思维，从而提高参与社会生活实践的能力。

当然，要实践上述教育理念，对学生和教师以及教育研究者都非一朝一夕之功。对许多接受传统教育长大的大学生而言，这种理念上的转变甚至成了他们进入教师行业的一大挑战。下文将分享九位英文教师学员的专业成长故事，借由他们的微观叙事视角了解、观察苏格兰"卓越课程"改革近20年的历程，尤其关注英文学科的课程与教学理念是如何落地的；课改浪潮中的新手教师如何在大学生、学科专家与学科教师这几种角色之间摆荡，经历了哪些教育理念认同与冲突。

4.2 九位英文教师的专业成长

工具性个案研究（instrumental case study）旨在深入探索特定个案的特征、过程、行为和背景。它通常用于研究某种现象、问题或情境，并通过对个案的详细分析以加深研究者对情境中的人与事的理解。与探索性个案研究不同，工具性个案研究关注的是个案本身的特殊性，以便从中获得有关更广泛群体或情境的见解。

个案被选择为研究工具，以帮助研究者更好地理解某种现象或问题。个案的选择通常基于其对研究问题的代表性和信息丰富性。研究者通过收集和分析各种数据源，如访谈、观察、文献回顾和文件分析等方式，来深入了解个案，并从中提取有关研究问题的见解和知识。

工具性个案研究的目标是通过深入研究特定个案来获取对更广泛情境或群体的见解，而不仅仅是对该个案本身的理解。它可以用于揭示特定个案中的特定特征、挑战和成功因素，以及为设计和改进相关实践提供指导。工具性个案研究的结果可以具有一定的可推广性，尽管它们并不试图通过代表性样本进行普遍化。

根据教师委员会的规定，苏格兰的所有教师教育项目都应该包括大学课程学习和入校实习期，各占 50% 的时间。对一年制 PGDE（中学）项目而言，总计 36 周的学习时间内，18 周分别在大学进行，另外 18 周至少在两所不同的中学进行。实习期间，教师学员有专门的资深教师指导，大学教师会定期回访、听课，与学校指导老师一起对学员进行评估。

除了个人导师指导外，大学课程包括三大类：首先是学科专业课程与教学课程（Curriculum & Pedagogy，下文简称 C&P），如《英文课程与教学学习》《数学课程与教学学习》等。其次，设有旨在促进跨学科专业学习的《教师专业研习课》（Professional Studies，下文简称 PS），以及满足学生教师专业发展需求的选修课程 (optional courses，下文简称 OC)。此外，大学可以开发独特的课程资源，并以多种方式安排这些课程。A 大的实习分三次进行，都在不同的中学进行。

A 大是世界知名的综合性研究大学，而且历史悠久，属于古典大学。截至研究结束时，A 大当年的英语学员总计 22 人（不包括中途退学的学员），性别比例平衡。自愿参与本研究的有 9 位学员，其中女学员 3 人，男学员 6 人，学历包括本科、硕士、博士，有刚刚毕业的学生，也有工作一段时间的编辑出版、文学文化领域的专业人士。在招募过程中，笔者得到的反馈是女学员大多对实习报告和大学课程报告、论文的撰写感到焦虑，且忙于通勤、照顾家庭的顾虑较多，没有时间参与本研究的两次深入访谈和反思性报告撰写。

表 4.2 英文教师学员受访者一览表

学科	化名	性别	籍贯
英文	艾隆 Aaron	男	苏格兰
英文 & 历史	查理 Charlie	男	苏格兰
英文	伊森 Ethan	男	苏格兰
英文 & 历史	芬恩 Finn	男	苏格兰
英文	杰拉德 Gerald	男	英格兰
英文	海伦 Helen	女	英格兰
英文 & 历史	尼尔 Neil	男	苏格兰
英文	诺玛 Norma	女	英格兰
英文	奥莉薇亚 Olivia	女	苏格兰

表 4.3　苏格兰"卓越课程"学科领域、学生年龄、学段对应表

学段	年龄	课程领域
早期教育 保育与早期学习阶段至小学一年级	2/3～5岁 （特殊需要儿童可从2岁起）	注重家长引导，以"游戏教学法"为主要形式的儿童自我发现学习，辅以专家协助的合作学习（线上线下），以培养学龄前儿童的： ◇健康与幸福意识 ◇基本行为习惯 ◇数学意识与数学思维 ◇辨别和语言文字认知意识 ◇自我和他人意识 ◇数字学习意识（学习数字资源和运用数字化方式学习）
小学阶段 P1^① 过渡期 P2—P4 小学低年级 P5—P7 小学高年级	5～12岁	贯穿小学、中学阶段的八大领域核心课程领域： ◇艺术（一般包括美术与设计、舞蹈、戏剧和音乐） ◇健康与幸福（涉及精神、情感、社会与体育发展四大方面） ◇语言类（听说、读、写三大领域，涵盖本地盖尔语、英语、现代外语、古典语言如古希腊语、古拉丁语） ◇数学 ◇宗教与道德教育 ◇自然科学类（包括地球知识、力学、电与电波、生物、材料等科学知识） ◇社会科学类（包括历史与社会、人与人口、环境、经济与商业知识） ◇技术类（包括数字素养、食物与材料科学、社会技术发展与商业、手工、设计、工程与绘图、计算机基础） 小学四年级后开始参加苏格兰国家统一测试
中学低年级 S1—S3	12～15岁	课程领域同上
中学高年级 S4—S6	15～18岁	课程领域同上 ◇由"综合基础教育阶段"过渡到大学/中学后教育申请与预备阶段，18岁后自然结束中学教育阶段 ◇学生自4年级起开始依据学业水平参加苏格兰全国学业测试："国考"3阶、"国考"4阶、"国考"5阶、"国考"高阶，考试成绩将决定学生是否获得高中毕业证，是否达到中学后教育或高等教育入学水平

4.2.1　艾隆 Aaron：走出象牙塔的英文文学博士

1. 文学博士的重新启程：从学者、编辑到准教师

而立之年的艾隆是土生土长的苏格兰汉子，高大魁梧，热衷园艺。他在苏格兰本地大学接受高等教育，拥有英文文学博士学位，研究方向是罪案小说（crime fiction）题材，尤其关注苏格兰本土作家的罪案小说创作。博士毕业后，艾隆在苏格兰一家出版社工作了两年多，主要负责青少年悬疑小说的编辑出版工作。这类小说的读者以青少年为主，一部分书稿的作者也是青少年。

---

① 苏格兰小学阶段（Primary education）各年级缩写为 P1、P2 等，以此类推，全书同；苏格兰中学阶段（Secondary Education）各年级缩写为 S1、S2 等，以此类推，全书同。

作为编辑的艾隆在与年轻一代的频繁沟通中逐渐对英文学科的基础教育萌生兴趣。艾隆利用工作之余和休假时间担任一些暑期夏令营的导师，报名参加了一些中小学的课外辅导活动，担任义务辅导员。这些零零散散的教学体验让艾隆感受到手把手教孩子进行文学创作的乐趣，加上初为人父的心态转换，他决定辞去编辑职务，申请攻读教师职前教育项目，希望能顺利毕业，成为一名中学英文教师。

艾隆的家乡在苏格兰东部的一座工业和港口城市，气候相对宜人。回忆起自己的学生时代，艾隆形容他所在的中学颇为"中规中矩"。当然，和高地、岛屿的一些小规模学校相比，他所在的公立中学约有1 200名学生，属于比较典型的城市中学。被问及印象最深的中学老师或者教学活动，艾隆形容当年的苏格兰学校教育多为"教师满堂灌"，学生的日常就是打开课本，翻到第几页，朗读课文、做练习，以被动接受知识为主。

"只有一节课我印象比较深。"艾隆忽然说，"有一个单元的英文课，我们分组完成了广播制作活动。大概是我在高中的时候没有太多类似的自主学习活动，所以它在我的记忆中还蛮突出的。"艾隆已经忘了那个单元的主题，但在电波里听到自己播报的兴奋劲儿还是让他笑得合不拢嘴。

他记得那是个小组合作项目，老师在导入课上给了一些基本的指导，随后是自主性较大的活动。有的组员承担类似主编或导演的角色，负责选择播报的内容，比如一组新闻稿件或是一个小故事，若干位组员分角色扮演新闻或故事里的角色，还有一些组员负责收音、录音等技术类工作。正如艾隆所述：

大家都很兴奋，因为平时都是老师让我们干什么，我们就干什么。第一次有机会做一些不一样的事，能自己选择题材、分配任务。有些同学喜欢表演，有些不擅长表演的就做录音、编导，大家的积极性都被调动起来了……类似的实践性活动在我读书的年代是非常少的，至少我身边的同龄人接触得比较少。

现在（卓越课程改革后）比较常见了。真正让学生去动手做一件事件，完成一个任务，还有学习成果或者产品——比如我们当时的广播录音磁带——会让学生更主动地参与活动，有一种油然而生的责任感和兴趣。我在当时属于比较害羞的学生，但我不介意在录音的时候表演，因为感觉很酷。

2. 教学实习初显身手：为创意加油

笔者初次访谈艾隆的时候他刚刚结束第二次实习，对中学教学的日常活动和节奏有了初步体会，结合自己的学生时代回忆，艾隆在反思中提出，新手英文教师常常需要激发学生主动学习的积极性。

如果学生有机会动手完成一个任务，创作一些东西——最好是看得见、摸得着的那种成品——他们可能会更有兴趣主动学习，而且能更好地记住相关知识。比如在我刚才提到的广播制作活动里，我们作为学生实实在在编导了文案，扮演了一些角色，录了音——当时录的还是磁带，有了可以展示、分享的作品，就特别有成就感。

在设计活动时，中学教师应考虑到不同兴趣和能力的学生的差异。尤其是青少年的自尊心比较强，在同龄人交往中有些爱面子。一个内心、害羞的学生可能不太愿意担任主播的角色，或者参加角色扮演，但还可以选择其他方式参与这项教学活动，比如撰稿、导播、录音等。

经过多年的文学专业熏陶，加上从事博士研究和文学编辑的经历，艾隆在文学创作和文学理论方面都颇有心得。笔者请他从文学专业的角度简要概括英文学科的核心特质是什么。艾隆说，他脑海闪现出的第一反应是创造力，其次是想象力。这也许和文学创作的英文是创意写作（creative writing）不无关联。"那么你觉得中学英文教师有创造力吗，可能体现在什么方面呢？"笔者在艾隆阐述了对文学创作的看法之后，继续询问道。艾隆表示他在实习中有思考过这个问题：

我觉得教师是有创造力的，这主要体现在两个方面。首先，写作是英语课程的一个主要部分，你作为教师，在教学生如何发挥创造力和想象力创作一篇文章，写一个故事，做一个演讲等等。

换而言之就是在鼓励、培养他们的创造力和想象力。然后我认为还有另一个很重要的方面，就是教师在"创造"自己的教育资源库，尝试围绕某个教学主题进行思考，比如我要怎么样让学生对这些主题更感兴趣，更主动地参与课堂活动，去创作更好的文章。

打个比方吧，你可以用不同的图像、音乐啊，还有物体这些提示和刺激去激发学生的思维和想法，而不是每次都直接告诉他们要按照某种特定结构去写文章。我觉得，"卓越课程"改革使我们更有机会成为富有创造力的英文老师。虽然我们看似没有直接创造一个故事给学生看，但我们用更丰富有趣的教学方法和素材去激活学生的想象。这种教学设计中的巧思也算创造吧。总之，我认为从过程和成果来看英文教师也是创意工作者。

比如，有一个单元我们在读一本小说，学到修辞手法的时候，我想要帮助学生掌握比喻修辞法，包括隐喻（metaphor）和明喻（simile），首先要让学生有一个直观的感受……我记得小说的原文是"记者犹如一群秃鹰冲了上去"。

我不想直接甩一个什么是比喻的定义给他们，所以设计了一个活动，让半个班的同学画一群记者冲上去围堵的简笔画，另外半个班的学生画一群秃鹰扑向食物的画，再让大家对比、讨论两组画面的相似之处，理解这个画面的特征和作者用这个比喻的原因。接着让大家思考还有哪些词汇可以用来形容这群记者。

在探讨"比喻与绘画"这一创新教学活动时，笔者深入询问了艾隆老师关于课堂实施的细节。艾隆回忆起当时执教的是中学一年级（S1）学生，班级中不乏英语基础薄弱或对自身绘画能力缺乏信心的孩子。

面对这种情况，艾隆巧妙地化解了学生的顾虑。他在黑板上"打个样"，展示了自己的火柴人简笔画。接着用幽默风趣的方式打消了学生对绘画技巧的担忧，并且强调活动的精髓并非在于画作的精美程度，而是在于激发学生的想象力，鼓励他们将心中的画面具象化。

通过这种抛砖引玉、循循善诱的教学方法，艾隆不仅巧妙地将语言学习与艺术创作相结合，更重要的是，他为学生搭建了一个自由表达、放飞想象的平台。在这里，每一幅画作都是独一无二的，每一次创作都是对语言理解的生动诠释。艾隆的教学理念，无疑为传统的语言课堂注入了新的活力和创意。

与此同时，艾隆敏锐地察觉到，对于英文基础薄弱或缺乏表达自信的学生而言，在众目睽睽之下口头回答问题往往是一道难以逾越的鸿沟。然而，绘画这一富有创意的方式却为他们打开了一扇通向思想表达和课堂参与的新窗口。若一开始就采用传统的"教师讲解、学生造句"的老一套，这些学生很可能会如同蜗牛般缩进壳里，鲜少主动发声。

为了应对绘画活动可能出现的意外情况，艾隆未雨绸缪，精心准备了两组生动形象的插画：一幅是小报记者如饥似渴地围追堵截采访对象，另一幅则是一群秃鹰虎视眈眈地伺机捕猎。这些插图巧妙地呼应了小说原文中的比喻，为学生理解提供了直观的视觉支撑。

由此可见，教师在设计教学活动时，需要对学生的学科水平了如指掌，犹如裁缝量体裁衣般精准地调整任务难度和参与方式。这种因材施教的教学艺术，不仅能够营造出生机勃勃的课堂氛围，更能如春风化雨般滋润学生的心田，让学习效果如雨后春笋，自然生发。

艾隆设计的"绘画活动"这类激发学生主动思考的教学方法看似绕了个弯子，花了更多的时间，但他认为课堂效果很不错，气氛也活跃，这个尝试挺成功，因为"教师可以鼓励学生试着以他们之前不了解、不习惯的方式去思考，激发他们的大脑产生新的想法"。

在艾隆的另一段叙述中，他深入回顾了自己精心设计并付诸实践的中学一年级创意写作单元。这个单元以"恐怖悬疑故事"为主题，恰好契合了艾隆博士期间的研究方向。苏格兰中学一年级的学生，年龄通常在11至12岁之间，相当于我国小学六年级的学生。这个年龄段的孩子们正处于思维认知从具体到抽象的过渡期，他们的性格和情感也在经历着关键的蜕变。

这些青春萌动的少年对于成熟、独立、彰显个性的表达机会和文字世界展现出浓厚的兴趣和热切的期待。然而，当面临与同伴分享自己的想法和创作时，他们又常常被面子和自尊的顾虑所困扰。这些青少年往往担心自己的作品会受到负面评价，或者更糟糕的是，得不到任何反馈，让内心的期待落空。

苏格兰的英文教育工作者敏锐地察觉到，"恐怖悬疑故事"这一主题在阅读和写作教学中具有独特的魅力。它如同一片广阔的创意沃土，能够容纳各种天马行空的奇思妙想。

诚然，苏格兰是许多著名侦探、悬疑、恐怖小说的背景地之一，也是许多世界知名作家和作品的诞生地，其中最具标志性的当属《福尔摩斯探案集》和毕业于爱丁堡大学的柯南·道尔爵士，以及长期在苏格兰采风、进行创作的J.K.·罗琳与其《哈利·波特》系列。基于此，在教学活动设计之初，艾隆计划突出学生的主动性，从文学创作的重要源泉之一——感官经验和刺激入手，为学生放飞想象力提供充足的情境空间。

而且，这个主题不仅完美契合了学生在这个阶段的思维能力、性格特征和情感需求，更是深深扎根于苏格兰丰富的历史传统和充满活力的当代流行文化之中。通过这样的教学设计，教育者们巧妙地为学生搭建了一座连接传统与现代、想象与现实的桥梁，让他们在创作的过程中尽情挥洒自我，绽放独特的光彩。

因此，绝大部分苏格兰中小学都在各个年级的英文教学中保留了这个题材的单元学习活动，并且致力于依据不同年级、不同学习水平学生的需求选取教材文本，设置学习活动。艾隆的实习选题正是结合了学校教研组的指导和自己的专业特长，依据所带班级的情况设计而成的。

当时我要想找到一个最棒的方法，让这些孩子自信一些，发挥创造力，完成故事的创作。其实对那个班来说，尝试原创故事还挺有挑战性的。所以我设计了几个活动——类似的活动我在其他班已经尝试过，还挺有效的。

具体来说，我们移动桌椅设置了几个"灵感加油站"，摆放不同的道具、物品，比如生活场景里的镜子、梳子、杯子这些东西，工地常见的工具、护目镜之类。还有其他奇奇怪怪的小玩意儿，比如古董八音盒、玩具、娃娃等等。总的来说，就是一些小说和影视作品中经常出现的事物。还有一些站点可以播放特定的音乐，一些站点放了场景图片——比如看起来吓人的危房、悬崖，历史上著名的饥荒，或者那种看起来像罪案证物的东西、维多利亚马戏团的广告等等。

我选图片的标准就是要让孩子们觉得"哇，这是一个很好的故事背景"。还有一些"神秘盒"，把手伸进去可能摸到不同触感的道具，比如毛绒玩具、溜溜球、石头、金属块这些。我把学生们分为几个小组，轮流体验不同的"灵感加油站"，组内讨论以后写下一些句子或者段落，可以是最直观的感受，也可以是一些故事情节的创意。

图 4.1　艾隆"灵感加油站"素材：氛围图片

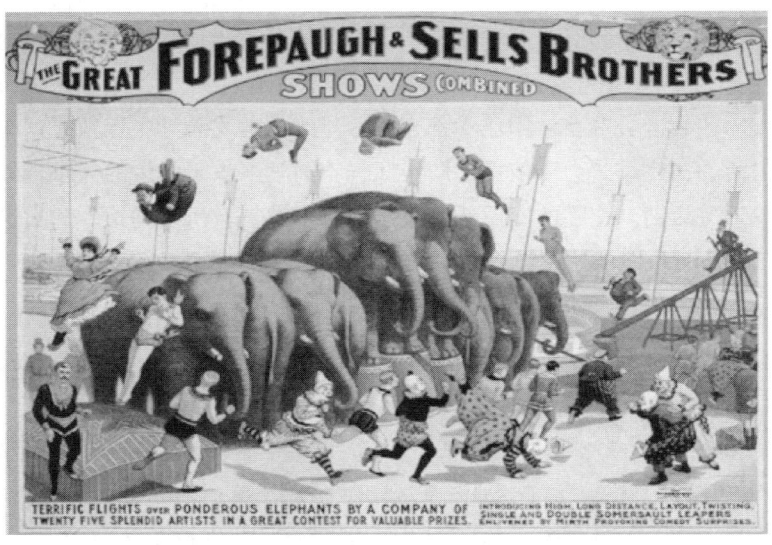

图 4.2　艾隆"灵感加油站"素材：古董海报

艾隆的"恐怖悬疑故事"单元活动设计背后不仅蕴含了英语文学创作方面的常用技巧，也包含不少相关主题的影视创作思路，可以大致概括为：

（1）**创设极具氛围感的情境，视觉感官刺激是关键**：从文学创作技巧出发，选择一个能够增强恐怖氛围的场景非常重要。例如，废弃的建筑物、荒凉的森林、孤立的小镇或是阴暗的地下室都是常见的场景选择。

（2）**善于运用多种音效和物体作为听觉、触感等感官刺激，辅助创作**：可以利用声音效果和环境描述来增强恐怖氛围，例如，描述嘶哑的呼吸声、诡异的脚步声或是阴森的气氛可以让观众、读者更加身临其境。在视觉和听觉已经营造的情境之中出现生活中常见的物品，其形态、功能及其触感都有助于创作者将一些粗线条的想法具象化、细节化，使得故事情节虚实结合，更好地对接学生的生活经验。这也是创作者寻找灵感的重要辅助方法之一。

（3）**关注故事背后的情感和悬念设计，使作者和读者产生共情**："恐怖悬疑故事"的情节或许各有千秋，但它们集中反映了人类的常见恐惧和与之相应的期待，包括黑暗与安全，孤独与陪伴，死亡、失去与失而复得、升华，失控与救赎等个人和群体命运相关的主题。如果能在一定故事结构的基础上激起读者的情绪共鸣，就可以让读者和作者产生更多的情感联结，那么文字背后传递的情绪价值也将更为丰富和动人。在反思相关教学实践经验时，艾隆谈道：

> 除了这种开放式的创作活动，在同一个单元里我也选取了一些当代青年小说的片段指导学生阅读，总结出一些写作经验和规律，比如，如何设置悬念，烘托气氛，怎么起承转合，怎么使用比喻、通感这些修辞手法等等。
>
> 这些技巧知识对于写作能力稍弱的学生好比一个梯子，帮助他们把"灵感加油站"活动里面写下的只言片语或者想法丰满一些，当他们发现写作没那么难的时候，就会比较自信地继续尝试。对能力比较高的学生，通常会有一些天马行空的想法，可能专业作家不会往那个方向走，规则就好比一个参照物，让他们了解到写作有收有放……
>
> 我认为这个单元的整体设计是比较均衡的，令我比较满意的，教学的效果也不错。有一些学生的作品让我挺惊讶的！他交了足足四页A4纸，写了一个以爱丁堡为场景的奇幻故事，结合了当地的历史传说和建筑景观，有些设置和情节"脑洞"还挺大的，超出了我的预期！
>
> 我给他的评语大概是：你创作出了生动有趣的人物，词汇的选择也很成功，即使你没有依照常见的开端、发展、高潮、结尾来设计故事结构。通常，教师也会在批语里标记一些值得注意或者肯定的词组和句子，说明为什么这里值得表扬，我们称之为建构式的正向评价。

对于 11～12 岁的学生而言，尽管他们在小说创作方面未必掌握复杂深奥的技巧，但其质朴纯真的童趣与天马行空的想象力，往往比成熟作家的创作更具感染力。教师如同苏格拉底所描述的"产婆"，通过精心设计的教学素材与活动，策略性地引导孩子们将这份天然的天赋转化为文字创作。

在这个过程中，教师应给予不同水平的学生充分的鼓励，帮助他们爱上写作，享受创作的乐趣，而不是让学生仅仅为达到范文的评价标准，而机械模仿或迎合。

否则，孩子们在学业和人生刚起步时，便可能注定为人工智能所取代，毕竟很少有人能在阅读量和知识储备上与大数据库或超级电脑匹敌——后者已能够在瞬间调取信息，按照指令量身定制若干完美的范文。因此，在智能化时代逐渐普及的背景下，语言文学学科的教师尤其需要关注教学理念与实践中的人性关怀和情感教育，珍视与呵护儿童与青少年的好奇心、想象力与创造力的萌芽。

3. 教师职前教育回顾：专业成长

第二次深入访谈的时候，艾隆刚刚完成了职前教师教育的所有实习、大学课程修习和相关考核，并且顺利进入心仪的见习学校，暑假过后就将成为全日制见习英文教师了。对绝大多数学员而言，总计半年的入校实习是最有收获、最具考验的教学经历，许多学员是第一次在课堂环境下接触苏格兰中学生，艾隆也是其中之一。在回顾职前教育经历和成长的时候，实习见闻和反思也成了他的主要话题。

艾隆的第一次实习和第三次实习都在同一所学校，该校在校园氛围和教学管理方面更注重培养学生的创造精神。英语教研组鼓励教师们开发新颖有趣的教学材料，运用多种采用试听触和运动方面的感官媒介和教学活动设计激发学生主动学习、创意思考的热情。用艾隆的话总结来说，老师们风格各异，不走寻常路。

第二所实习学校的整体教学风格偏传统，艾隆略显犹豫地表示，或许是因为年长的教师（教龄 15～20 年）比例更高，直接教学的方式比较常见。换而言之，这所学校主要采用以教师为中心的讲授法，教学材料也更为经典、保守，缺乏新意。艾隆稍后补充道，第二份实习适逢备考期和考试期，或许也影响了整所学校的教学氛围。在他试图用新的教学素材、设计多媒体学习活动的时候，教研组和他的指导教师似乎相当惊讶，但还是支持他付诸实践，并予以积极的指导反馈，这对他以临时闯入的实习教师身份树立教学信心起到了很大的鼓励作用。

围绕创造力这个主题，艾隆刚刚进入职前教师教育项目的时候对此有两方面的解读：教师注重培养学生的创造力，特别是写作中的想象力和创意；教师在教材和教学设计过程中的创新之处。经过三次实习和大学相关的研讨课，艾隆从教师专业成长角度总结了自身在职前教师教育阶段——尤其是三次实习之后的最大感悟，以及对什么是优秀教师、创造型教师的理解。这些感悟可以概括为三个方面。

我认为最关键的一点是学会在教学中平衡"创造性"与"结构性知识"，兼顾创意与效率。实习期间我体会到成为一名有创造力的教师真的非常具有挑战性。尤其作为英文教师，保持课程的创意性是最大的难题之一。毕竟英语是我们的母语，大多数学生也是母语的使用者，因此他们有时难以感受到这门学科的独特性，学习积极性也不高。

在实习期间我每天教授2～3节课，和全职教师相比，我的工作相对轻松，所以有足够的时间去思考如何创新备课。我利用这些时间搜集和创造各种资源，围绕特定主题探讨教学方式，思考如何让学生对这些主题和学科更感兴趣，如何通过技巧让学生更容易记住知识点，还设计了一些游戏和活动。

然而，成为全职教师后，工作量势必增加，时间紧迫将成为一大挑战。如果我每天的课时增加，是否还能保证每节课都能融入这些创新的教学设计呢？

想到这些，我也为见习期做了些准备。比如，我会随时积累自己的素材库，而不是临时赶在上课前花费大量时间制作PPT或工作表。我还会借鉴其他教师的创意和优秀的活动设计，这些都会让我的备课工作轻松很多。有些经验丰富的教师可能因执教时间长而逐渐失去创造力，但他们对于学生的课堂反应和需求有着深刻的体会，这正是我需要学习的宝贵经验。

之前的两次实习，我往往是自己"看似"很努力地完成教学设计，将所有的材料准备齐全给学生。而到了第三次实习，我意识到可以让学生更多地参与进来。比如，我可以给他们提供一个情境描述或一个故事开端，让他们发挥想象力继续编写故事。

或者，我可以给他们一幅故事创作曲线图，让他们填充细节。这些活动可以与我之前的开放式活动（如"绘画活动""灵感加油站"）相结合。这样不仅能减轻工作量，更重要的是让我能够将精力集中在课程设计的其他方面。学生也会因此获得更多主动学习的机会。

从艾隆的经历来反思，创造过程和产品中的原创性、独特性、深度和适用性其实有不同的层级和类型。正如创造力的认知心理研究者倾向于将创造力分为卓越创造力和日常创造力，以此区分大众日常生活中的灵光一现和创意，与卓越科学家、文学家、学者的创造力和重大成果。

还有学者主张将日常创造力到卓越创造力之间进一步分为专业创造力和学习创造力范畴，侧重于描述、探讨专业人士在特定职业、专业领域的创造性劳动，以及儿童、青少年乃至大学生在学习过程中展现的创造潜力和思考过程。

从教师全职业生涯专业发展的角度来看，教师需要平衡工作和生活，平衡教学效率和教育创意。新手教师要善于在总结、借鉴已有教育经验和课例的基础上依据学生的具体情况和需求合理地进行创造性劳动，这也有助于教师长期保持对学科教学、创造性育人的热情，避免职业倦怠，乃至失去创造性教学的热情和信心。

教师在进行课程和学习活动设计的过程中，也要适当地留白，或者说给学生的参与和创造性思考留下足够空间，而不是执着于自身的表达欲和知识体系的完整性、严谨性。从"卓越课程"改革的精神内核来说，学校教育的重点已经从教师的教转变为学生的学，也就是学生的学习兴趣、学习活动体验、实践性能力发展以及自我评估、互相评估的能力。教师教得如何，不再以学生的知识记忆和掌握程度为主要评判标准。

如下图4.3所示，艾隆在第三次实习期间进一步完善了自己的故事写作教学素材和设计。艾隆围绕故事人物角色的生活和经历，形象地用山峰的图形为低年级学生勾勒出一则故事创作的主要步骤和常见的故事结构：

（1）故事引入：主角的正常生活是什么样的；
（2）转折与悬念：是什么打破了角色们的正常生活；
（3）高潮：这个故事的关键"戏剧"事件是什么，最大的悬念和转折要如何揭开；
（4）收尾：接近尾声的时候故事角色经历了什么；
（5）结尾：角色们在这段经历后获得或学习到了什么。

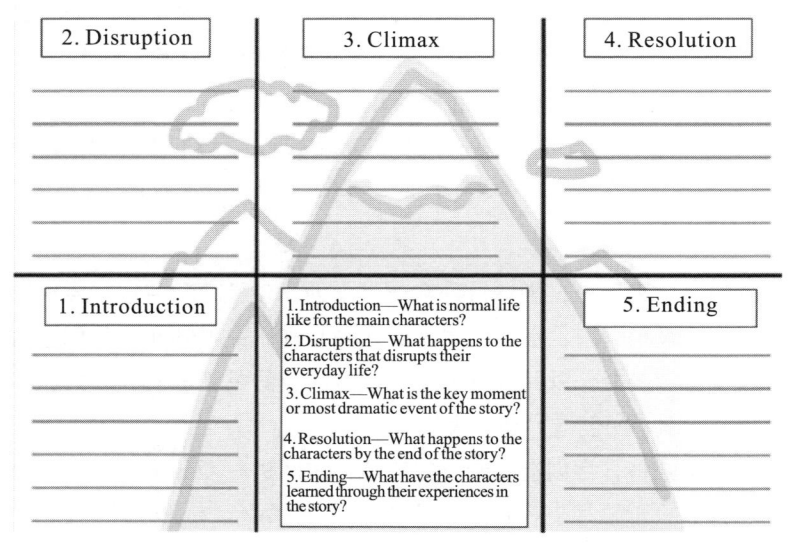

图4.3 艾隆的教学设计：故事创作框架

艾隆在听课时从其他英文教师的经验中借鉴了故事引子的方式,并与故事创作框架配合使用。教学实践显示,对写作水平稍弱、想象力尚未完全发展、英语非母语的学生而言,这些工具像梯子一样能够快速提高写作效率,增强学生完成作文的信心。下文举例展示艾隆使用过的恐怖、悬疑故事创作引子:

Flat Tire: You're driving in a rental car when you hear the thumping of a flat tire. You pull over and discover the thumping is not coming from a flat, after all, but from the boot of the car. What or who is making the noise?

车胎没气:你开着一辆租来的汽车。忽然,你听到轮胎发出"咚咚"的声音。你停下车来检查,发现原来那声音并不是轮胎瘪了,而是来自车后备箱。是什么东西,还是什么人发出了这个声音?

Gifts from a Stranger: One day, you come into school and there is a cookie sitting on your desk. You start receiving regular gifts and have no idea who is leaving them. One day, a creepy note is attached. What does it say and who is it from?

陌生人的礼物:有一天,你来到学校,发现桌上放了一块曲奇饼干。从这天起,你开始定时收到礼物,却始终不知道是谁给你留下的。有一天,一张令人不安的纸条附在了礼物上。纸条上写着什么,是谁写的呢?

Mobile Phone: One day, you unlock the door to your room and go inside to flop on the bed. However, you discover a mobile phone that isn't yours on your bedside table. How did it get there? And what text messages will you find on it?

手机:有一天,你打开房门,走进房间,倒在床上。然而,你发现床头柜上有一部不属于你的手机。它是怎么到那里的呢?上面有什么样的信息?

Angry Lookalike: You are having a lovely day walking in the sunshine, eating ice cream, until you see a person walking towards you who looks exactly like you. You don't have a twin and you've never seen them before. The person looks very angry. Why are they angry? What do they say to you?

愤怒的"双生子":在一个阳光明媚的日子,你愉快地散步,一边惬意地吃着冰淇淋。忽然,你看到一个人朝你走来。这人看起来和你一模一样。你并没有孪生兄弟或姐妹,至少你以前从未见过。这个人看起来非常愤怒。他(她)为什么生气,又对你说了什么?

从上面引用的英语原文来看,引子所采用的词汇较为基础,语法简单,行文以平铺直叙为主,没有复杂句式,照顾到苏格兰初中一年级各个水平阶段的学生,包括那些母语非英语的移民后裔。

从引子内容来看,它们寥寥几笔勾勒出一个学生非常熟悉的生活场景,大多数陈述中包含人物、地点、关键物品或者事件，画面感和代入感较强。情境结尾包含有别于日常生活的转折和悬念，这些悬念开放性较高，为学生后续发挥提供了极大的想象空间。

鉴于这些引子是"恐怖悬疑故事"写作单元的材料，它们日常生活化的情境与后续的惊悚元素形成了强烈对比，从而突显了故事的戏剧性。这种对比不仅在无形中为学生的课堂写作营造了紧张、悬疑和不安的氛围，也加深了他们对故事的共情与投入。

第二，基于学科性与学生兴趣和能力需求的大单元思维。大单元这个概念是我国2022年《义务教育课程标准（2022年版）》（以下简称"新课标"）中明确提出的要求。艾隆的反思突出了课程设计围绕"学生主动学习经验"展开这一点，强调教师在教学文本的选择与设计、单元教学整体设计和每节课时教学活动的设计方面应该具有整体观念和综合意识，在立足学科本身逻辑性和知识结构的基础上侧重反映当下社会语境，即现实生活的新变化、新技术、新主题，着重于服务学生的多元兴趣和能力发展需求，为学生主动学习、深入学习创造适合的课堂生态环境。

这与我国"新课标"中"探索大单元教学，积极开展主题化、项目式学习等综合性教学活动，促进学生举一反三、融会贯通，加强知识间的内在关联，促进知识结构化"的表述有共通之处。两种课程改革理念都旨在推动教育赋能，培养学生在数智时代成为问题的发现者、批判性思考者和务实又富有创造性的问题解决者，能够将经典、新颖的学科知识与现实生活有机联系起来。实践大单元教学对教师提出了较高要求，不仅要求教师具备高水平的学科素养和批判性思考能力，也对教师的综合教学设计能力、对学生复杂学情的应对能力有较高要求。

艾隆的教师专业成长经历反映了从学科专家思维转化为学科教育者思维的重要性，这一转变也为后续教师实践大单元教学提供了广阔空间。艾隆在世界一流大学接受了优质而完整的语言文学学科教育，并在研究生阶段接受了严谨的学术研究训练，在语言文学领域的某个分支有了原创性的研究成果和相关职业从业经验。

因此，他对英语语言文学的学科架构、发展历史和学科发展的新动态有了深入的理解和开阔的视野。在职前教师教育阶段，艾隆从单一的学科专家自我认知逐步转化为学科教育者的思维方式，并开始有了"大教育"或者说跨学科教育者的意识。

学科专家自我认知的表现包括以学科知识和所谓的"客观"学科评价标准为圭臬，重知识与优异的学业表现，轻学生个体的学习和成长体验。正如前文所述，苏格兰对准教师的筛选较为严格，在学业表现方面尤甚。申请任何学科的职前教师教育项目，申请人的高中学业成绩——英语与数学科目——必须达到高阶水平，本科毕业成绩必须达到良好以上。因此，进入职前教师教育项目的学员都曾是别人眼中的学霸、自律的好学生抑或是名校精英。

许多学员的思维方式还停留在争优和更优的状态，在实习教学的初始阶段更关注学生的知识掌握水平、作业完成质量，而对学生学习过程中缺乏兴趣、动力的问题和种种学习困难现象缺乏心理预期和应对经验。

艾隆的应对策略是以他博士研究的经验为基础，依据研究者特有的发现问题、研究问题、解决问题的思路系统地探究实习学校的学生在英语学习方面存在哪些问题和困难，如何整合新颖、适合的教学资源，设计大单元教学计划和具体的活动，鼓励学生尝试错误，在积累学生反馈和指导教师意见的基础上不断改进教学设计方案，形成若干较为成熟的大单元教学设计案。

艾隆：除了"恐怖悬疑故事"写作单元，我觉得有创意、效果也挺好的是"童话故事"写作单元。这是个三年级（S3，13～14岁）的班级。学生刚刚考完试，所以我决定给他们安排一个轻松活泼的单元（笑）。这个单元主题我在一年级也上过。

具体来说，在导入阶段的几个课时，我还是带领学生阅读一些范例文章。在学习和模仿的过程，我注重让他们沉浸在童话作品的氛围里，培养他们对童话故事创作的热情，理解这种类型的题材有哪些关键特征和风格。

接着，通过一些片段写作活动让学生动手体验如何在发挥想象力的同时建立令人信服的生活环境，创造令人信服且有趣的角色。让学生能够灵活借鉴我们讲过的一些创作流派的作品风格和主要特征，创作出既合理又引人入胜的对话等等。

如果是一年级的学生，我会让他们创作一个童话舞台剧本，自编自导一幕童话剧。不过，三年级的学生已经有点小大人的成熟自觉了（笑）。他们可能对童话剧嗤之以鼻。

所以，我在单元设计的时候做了一些改变。首先是阅读教学材料选得更适合青少年，有一些更深的内涵。在教学活动的设计上也倾向于给学生自由思考的空间，之后再用那些活动（引子、故事创作框架）作为辅助，因为他们算是过渡期，很快就到高年级了，在写作的原创性标准方面会有更高的要求。

最后在单元作业方面，我设计了"翻转童话"的主题。学生可以用"平行宇宙"的思路改写一则耳熟能详的童话，赋予它新的主题、人物性格和故事转折。这相当有趣，而且可行。大多数初三学生把故事写得更讽刺、反乌托邦或者有一些科幻、奇幻元素，还有一些童话人物穿越到了现实或者未来，又发生了什么好笑或者新奇的情节等。写作能力稍弱的学生也有话可说，因为人人都知道那些童话，不会觉得陌生或者困难。

研究者：学生可以任选一则童话改编吗？他们在选题上会不会倾向于那种耳熟能详的故事，比如白雪公主、小红帽呢？

艾隆：其实很少有学生选那些我们都烂熟的童话故事。因为我们在研读教学材料的时候往往会选一些稍微小众，但有特点的故事，范围很广，题材新，也更符合现在孩子的兴趣和审美。可能受这种教学内容选择的影响，学生也倾向于选小众的、独特、有趣的主题。当然，那些经典的他们以前也学过、写过了。

选经典故事的同学也有，但他们会加入自己的创意。比如，有人写《小红帽》里的外婆其实没有被狼吃了，她们联手设计狼入局。或者，王子公主人物的角色调转了等等。我在多媒体材料的选择上也会更多样化，比如赛博朋克的插画，其他文化风格的音乐等等，希望带学生跳出传统的西方文化视角来看待故事情节、人物和内涵。

研究者：这个单元教学过程中学生的课堂反应怎么样呢？

艾隆：很高能（笑）。他们表现太出色了！这个三年级的班比我之前实习带过的其他班级都积极活跃——很多时候我还得课堂管理一下，免得他们兴奋过头了。当然在一个单元的学习过程中总有一些时候他们比较兴奋，有些时候略显安静。这时就需要教师通过活动、多媒体教学方式和课堂管理调节一下气氛。

而且，无论他们觉得自己有多成熟，其实还是一群孩子，永远有好奇心，喜欢好玩的东西。所以我在单元设计，包括一些游戏活动设计和教具的使用方面，会多采用小组比拼的方式，这总能吸引他们的兴趣。

有些写作能力比较好的学生一开始表现得比较成熟，只想要动笔开始写作文，觉得那些思考和讨论可能有点浪费时间。但几节课后，他们也兴致勃勃地参加讨论和活动了，而且发现活动过程中也会激发他们有新的创作思路，其实也对最后的故事写作有帮助。

上文的叙事揭示了当地中学关注大单元教学设计的内核，尤其注重教学主题的延续性与成长性。以艾隆实习学校为例，在艾隆的实习学校，初一年级和初三年级的"童话故事"创作单元的主题虽然相同，但在教学材料的选择、活动设计和作业要求方面都根据学生的兴趣和能力发展做出了相应调整。

更重要的是，"大单元"和项目式教学将传统的课时知识点转化为具有生动的学习故事的教学活动——或者说学习经历，将以学科知识为重的知识碎片整合为思维方式和灵活的知识结构，提升学生理解与迁移水平，独立思考以及合作学习的能力，并帮助特定年级的学生用全景的思维看学科与世界、个体与学科和世界的关系，以跨文化的视野看待语言文化现象和文学创作活动。

第三，薪火相传，新手教师成长的领路人。艾隆认为职前教师教育项目中的指导教师是他这一阶段专业成长路上的关键领路人。他在访谈中多次提到艾琳女士和 A 大教育学院的氛围对他的专业成长助益很大。学院对"学生第一，学科第二"（pupils first, subjects second）理念的解读和提倡，促使艾隆从"学科专家"的自我认知逐渐转变为"学科教育者"，并且期望在职业发展的下一阶段成为更加优秀、更具创意的学科教育者。

我觉得我一开始就喜欢这个（教育）学院的氛围，英语组的导师给了我们很多鼓励。嗯，我还记得第一次来学院面试的时候……面试的内容就超过了我的预期。你懂的，我们想要成为英语老师，申请的时候我预料的面试问题大多是英文学科知识，还有一些教学方面的设计。比如你要怎么安排课堂座位，方便课堂管理；对某个教学内容有什么教材方面的设计啊，教学活动的设计啊……这类的问题。

结果我被分到一个（由面试者组成的）小组，我们拿到一大张那种做海报的白纸和一些彩色笔，接着看了一个奇怪的影视片段……我记得是一个男人在海边发现了一只机械螃蟹，嗯，是一个动画片段。还有一个音乐录影带的片段，音乐风格是非常典型的美国西部乡村音乐。看完后我们的第一个任务……我记得是作为一个小组，根据刚才的视频资料设计一张海报（笑）。

这确实挺意外的。当时我就纳闷，我不是来面试成为一名英文教师的吗？怎么没有问一些经典文本的教学内容呢？后来我慢慢明白了。实际教学中常常遇到一些意想不到的情况，需要教师随机应变，发挥一些想象力或者有一些幽默感，借助多种媒介传递信息，促进交流。比如你班上可能有特殊需求的学生，不能通过文字阅读或者交流的方式学习，教师需要另辟蹊径，实现教学目标……现在的"卓越课程"改革非常强调这些方面，和我上学的时候不一样了……我认为这是个很好的转变。

艾隆的回忆验证了他的教学风格和课程设计思路深受大学课堂互动和导师的影响。艾隆本身的学习和工作风格偏向于一板一眼，按步骤和学科逻辑推进，这既有个性的因素，也有长期接受学术训练的影响。因此，艾琳女士在课堂上的随机应变给艾隆留下很深的印象，启发他倾听学生的课堂表达，根据具体情境灵活变动教学语言和进度。职前教育阶段的跨学科合作活动课程也在一定程度上打破了艾隆的学科刻板印象。

我觉得这一年来印象最深的还得是课程互动中许多出乎意料的东西，很有创造力。我觉得艾琳女士很擅长和学生打交道。有时候我们在课堂讨论中会偏向另一个主题，可能和预设的主题有偏差。但艾琳女士很乐意鼓励我们朝新的方向讨论，而且给出中肯的点评和建议。

有一些课程内容的设计和素材的选择也很有新意，不是老一套的那些。比如，她给我们上示范课的时候……我记得正是童话故事写作单元，她用（20世纪）60年代和70年代的布鲁斯、摇滚曲风作为情境素材来启发学生的创作，这种对比很有趣。

这一年来我对教学的观点发生了变化。以前，我虽然觉得任何学科都具有创造性的一面，但说实在的很难想象数学学科该怎么启发学生的创造性，让课程有创意。经过（职前教师教育课程中的）跨学科学习，和其他学科的学员交流、合作。

我感受到数学——还有科学学科——不仅仅按公式去解题，更重要的是尝试找出解决问题的途径，或者说一种思维方式，为学生提供探索、发现、解决问题的体验，这个过程可以是富有创意的、批判性的、有趣的。甚至说数学、科学、英语和音乐等等，可以尝试很多不同的跨学科教学设计。

当然，基于我个人的看法和知识结构，我还是倾向于艺术、音乐和英文学科的跨学科合作，因为他们更适合激发学生天马行空的想象力，科学和数学毕竟要基于一定的自然规律、数据或者现实条件，比如做实验要遵守的规则……但我的观念确实开放了很多（笑）。

4.2.2 查理 Charlie：从自律的好学生到善于育人的教师

1. "吊车尾"中学走出的名校大学生

查理 20 岁出头，本科刚刚毕业就无缝进入 A 大职前教师教育项目，希望成为一名历史和英语双科中学教师。他从幼儿园到 PGDE 的学习阶段都在故乡 A 市完成。查理笑称原本计划申请外地的大学去"见见世面"，但最后还是觉得离家人和朋友更近比较方便。工薪家庭出身的查理形容他所就读的公立中学"颇具挑战"，委婉地说明该校曾经存在一些纪律管理问题。

查理后来谈道，他所在的中学附近社区有许多家庭经济状况不理想，甚至要依靠救济金补贴家用。学生毕业后升入大学的少之又少，绝大部分直接就业。总之，该中学学业成绩排名和升学率均不尽如人意，甚至一度在学区垫底。

尽管如此，中学还是给查理留下了许多快乐的回忆。他在中学期间选修了许多学科，包括人文社会科学、数学和自然科学，看似跨度挺大。"我不想给自己限定范围，这些学科我都挺喜欢的，好像没有特别喜欢的一门。"查理是这样解释的，"而且多选修一些科目对自己的能力提升、就业发展总是有帮助的……当然，我一直有当老师的想法，也留意自己适合教哪些学科，专业的那种（非私人辅导教师）。"查理的确热爱学习和社会活动，学习之余常年在博物馆、艺术馆担任讲解员。

高中阶段，查理脱颖而出，进入名校 A 大，最初申请的是数学学院，但他很快发现专业方向和他成为教师的目标并不十分吻合，于是转修英语和历史双学位。在英国精英大学修习双学位颇具挑战，不仅课时量大，学生还要协调时间按时完成各自学科的大量活动和研究项目。查理在 A 大 PGDE 项目修习的也是英语和历史双学科，录取要求两个学位毕业成绩均在良好以上，这往往需要很强的自律性和高效的学习方式。

从学习者的角度来看，查理不仅自律而高效，也在谈话中对教育评价标准展现出较高的关注度，这一点在职前教师教育的前半段尤为明显。在访谈之初谈及自身教育经历和对课程改革历程的整体印象时，查理着重谈到了评价方式的变化。他认为"卓越课程"改革前对鼓励学生创造性最有帮助的是英语的写作考核。

查理评价指出，当时实施的"标准等级"制度已经在写作科目上采取作品集的考核和评价形式，侧重记录、评价学生平时的写作学习进程。考核题目偏向开放式的命题，例如"回想一次你失败或激动的时刻"。作品集的题材相当广泛，包括故事创作、议论文、书评、新闻写作等，为兴趣、能力各异的学生提供了较大的发挥空间。

查理反思道："开放性和多元化在英语（写作）学科和音乐、绘画学科中最明显。比如音乐学科的作品集你可以选择器乐演奏、演唱、编曲等，风格和主题都比较广。创作故事、绘画和音乐很相似，都可以是非常个性化的，纯粹是为了表达自我、获得乐趣。在创造性活动中，给予展现个性的空间很重要。"

当然，出于日常学业考核和升学的需要，客观的标准也是不可或缺的。查理在回忆自身学习经历和职前教师教育时非常注重结果导向的学习管理。诚然，他自身具有较强的内驱动力，很享受历史、英文学科的专业学习，以及围绕这两个学科的教师专业成长，过程导向和结果导向对于查理而言是合二为一的。

2. 个人教学风格初见端倪："可见的学习"

尽管查理自身没有使用可见的学习（visible learning）这个概念，不过他的两次深入访谈均围绕着视觉刺激（visual stimulus）和可视文本（visual texts）的设计展开，对这种课程设计思路非常推崇。

新西兰教育学者约翰·哈蒂（John Hattie）教授长期在墨尔本大学从事教育研究，他自 2008 年出版的专著《可见的学习：对 800 多项关于学业成就的元分析的综合报告》《可见的学习：最大程度地促进学习（教师版）》，以及后续一系列围绕可视化学习的图书畅销世界。哈蒂教授基于大样本的研究梳理，将影响学生学业成就的因素归类到六个领域当中，即学生、家庭、学校、教师、课程和教学策略；由此进一步提出"可见的教导和可见的学习"理念。

学生"可见的学习"在很大程度上依赖于教师可见的教学策略，包括教师对学科和教学的热情、教学行为和态度。教师必须在自己的学习和教学中充满感染力和积极性，教学语言和行为引人入胜，恰到好处，深入浅出。基于此，教师应当将教学的注意力从传授知识转移到关注学生对知识的接受意愿和接受程度方面，侧重为学生的学习活动创造一种乐于、易于发生的环境。而查理这一年以来的专业成长也呼应了上述注意力的转移过程。

基于查理的自身经历，他反复强调的可视文本主要指影视作品。与传统的语言学习经典文本相比，影视作品具有独特的优势，也存在一定不足，因此查理强调了教师需要恰当地运用多种文本设计课程。

首先，影视作品的突出优点在于其生动形象的视听呈现，新颖有趣，容易激发学生的学习兴趣。影视作品通过视觉和听觉的双重感知，能够更加生动形象地呈现语言的使用情境。例如，电影、创意广告、纪录片、新闻等素材能够呈现出人物的语调、语气等非语言要素，帮助学习者更好地理解语言的情感表达和语言特点，帮助各种能力水平的学习者更好地理解语言的真实运用场景。

优秀的影视作品在叙事结构、角色塑造、镜头语言和音乐的运用方面往往非常出色，值得学生在潜移默化中提高审美素养，语言能力和文学修养。其次，影视作品往往融合了本土以及世界各地的文化、习俗和背景。通过观看影视作品，学习者可以身临其境地了解对应语言的文化内涵和时代变迁。

最后，影视作品往往能够唤起观众的情感共鸣。通过观看影视作品，学生可以更深入地体验正式语言、日常口语、俚语在不同情境中的情感表达方式，从而增强语言运用的生动性和情感色彩。

与此同时，教师需要意识到影视作品往往只能呈现某一特定情境、文化领域或者某一种风格的语言和叙事框架，而不能全面覆盖语言文学的各个方面，可能会造成学习者的片面理解，限制了学生的想象力。此外，大多数影视作品受创作者审美、拍摄资金、技术和时长的影响，其思想深度和文学造诣无法和经典文学作品相比。过于依赖影视作品，容易造成学生的审美降级，影响学生学习更深层次的文化和文学知识。综上所述，影视作品作为语言学习的可视文本具有其独特的优势和劣势，教师应当依据学生的学习需求和水平，对课程的文本进行整体设计和灵活调整，选择合适的方式进行教学。

我认为作为英文教师是很幸运的，因为英文这个学科本身就充满了可能性和创意。苏格兰的英文教师需要自己设计课程，包括选择哪些教学文本。所以理论上我可以选择一位不太知名但是很优秀的作者，让学生学习他的作品；可以选择英格兰、苏格兰作家的作品，也可以选法国、希腊的作品（的英文译本）。

甚至说，不必拘泥于文字形式，可以适当选择影视作品。我认为，让学生年复一年地学习经典文本，即便它们本身是非常优秀的文本，也难免消磨学生的热情。

教师可以选择的文本很多，电影、戏剧等等。我个人更倾向于使用电影文本。我认为好的电影可以帮助学生发展批判性思维和逻辑分析能力。对大多数学生来说，看电影也比看一本小说更加有趣，这是事实。我们可以引导学生分析某个角色的塑造方式，为什么导演让他穿这样的戏服，处于某个背景和场景之中，表达某种情绪等等。这些都是锻炼写作能力、表达能力和批判分析能力的好素材。

所以我认为英文学科，或者说语言学科在这方面具有广阔的空间。我们不必像科学或历史科目一样受到那么多内容的限制，比如必须学习历史事件的时间线，或者公式和原理。英文教师最大的限制可能是思维定式。

比如，我们经年累月地教莎士比亚文集，所以很自然地把它当作必选文本——当你不确定哪个文本适合学生，那么选择经典总是不会错的。许多教师一旦找到了有效的课程素材和教学方法，就会年复一年地重复使用，因为他们有太多其他的事情需要处理——这种安于现状（的心态）其实影响了教学的创新。

我个人非常乐意尝试新事物，让课程变得更加有趣和吸引人。我觉得刚刚进入这个行业的时候是你成长最快的时期。我们还在实习阶段，有资深老师给你建议和意见，有学生给你的反馈，所以这是尝试新事物的最佳时机。即使受挫了，也能及时纠正，不会造成太坏的影响，毕竟有指导老师和教研组帮你把关。

上述查理访谈的引文突出了影视作品作为英语课程文本的新颖性，这种新鲜的文本对学生有较大的吸引力，尤其适合一些有特殊需求或者英语能力较弱的学生主动参与课堂学习活动。作为 PGDE 的学员，查理本人表示实习期是学员积极试错，并收获各种建设性意见的好机会，对未来进入教师岗位和新手教师的早期成长有莫大助力。

除了影视作品文本，查理的可视教学策略也包括运用可视化教学方式促进学生综合运用语言形象思维、想象力和英语综合实践能力，将抽象的文本信息加工为可视的学习成果。

第一个实习期为期六周，我带了个一年级的班（S1，11～12 岁），教的是"哥特小说"①写作单元。我个人很喜欢这个主题。哥特小说综合了超自然、恐怖和浪漫元素，开放性很高，适合发挥创造力和想象力，所以我设计在本单元结束时学生需要完成一个短篇哥特故事。

单元一开始，我们阅读学习了一篇 1902 年的经典哥特小说。因为历史稍微久远了，

---

① 哥特小说是一种通俗文学流派，起源于 18 世纪末和 19 世纪初的英国，以大胆神奇的想象、浪漫浓烈的情感、曲折黑暗的惊悚情节著称，和当时英国的建筑风格、中世纪社会宗教背景有密切的联系，对后世的惊悚悬疑电影有着深刻的影响。

文本的语言比较深奥、古典。这虽然是一个混合层次的班级（mixed class），但学生的英语能力总体不错，所以在语言理解和小说分析方面进展顺利。

文本学习后，我给学生布置了写一篇小说分析的任务。接下来两个星期，我选取了多种短篇阅读材料，设计了一些学习活动，带领学生了解哥特小说的情节特征、标志性的故事结构、人物塑造和语言风格。

例如，我们上了一节关于人物塑造的课。我在黑板上展示了几张人物图片，让学生用他们所能想到的所有单词描述这个人物，然后猜测图片人物可能从事的职业，家庭如何，可能住在哪里，想象他身上可能发生哪些故事。这个活动结束，我进一步让学生创造自己想象的人物。我给了他们一个社交媒体账户的基本资料，就是对人物性别、年龄、职业、居住地、爱好这些的简单描述，学生两两合作，一组用彩笔画出他们想象中的人物图像，另一组用文字给人物做简介。完成后双方交换成果，对比彼此创作的人物是否符合自己心里的想象。

活动的过程如我预料的那样，很有趣。有的学生对伙伴说他的头发不是卷的，衣服不是这种样子，眼睛的颜色不对等等。伙伴却说，你没和我说这些细节啊，你说的不是这样的等等。

对比讨论后大家才发现，要将脑海中想象的形象转化成实实在在的图画，需要在口头、书面描述中准确、细致，不然其他读者是不明白的，别人无法钻进你的脑子里。这个活动很有效果，接下来的写作学习中，学生就会自己思考，我是不是写得足够明确，我的描写是否生动、合理，读者是否容易理解……

反思这个活动的设计和实践，我觉得执行力是写作的关键，也是一大难点。很多学生脑子里有很多想法，非常有想象力和创作的热情，但让他把想法写在纸上，立刻卡壳了，或者说想法的生动程度大打折扣。这种可见的沟通协作活动能够帮助低年级的学生认识到，从想法到文字的过程涉及许多注意事项和技巧。

总的来说，这是我第一次实习，是我真正地去教一个班。学生的表现太让我惊讶了。哥特单元结束的时候，每个学生都完成了一个短篇故事，具备了哥特小说的基本要素和故事结构，在场景描写和气氛烘托方面做得尤其出色。

实习结束前我有发问卷询问学生最喜欢哪些活动，我的教学还有什么需要改进的地方。他们都说很喜欢人物画像这类的可见式教学活动，他们还想要更多的小组合作活动。可惜我当时没有尝试很多小组活动，即便这个班的纪律很好，几乎不需要专门停下来强调纪律问题。

学员在开始第一次实习前有一个入校听课的活动，以撰写听课笔记为主。三次实习期间，学员除了完成教研组安排的教学任务，参加教研活动，还需要完成一定量的听课活动。查理在访谈中着重谈了给他印象最深的教师，从中不难看出查理对可见的教学方式非常感兴趣，从中汲取了不少经验和教学设计的灵感。

给我印象最深的是一位历史老师。因为我是双学科（教师），所以英语和历史的课我都听了。她（历史老师）教的是六年级（S6，16～17岁），学生很快就要参加"国考"高阶，正在复习。

通常我们会觉得复习课比较无聊，都是纲要和笔记。她用了很多图片，绘制了一些故事线，聚焦核心历史事件，把知识点串联起来，甚至编了一些谐音口诀（笑）加强学生对知识点的记忆。这种形象的视觉（记忆）加上听觉（记忆），会比单纯地背诵简单许多。

她还设计了一些活动和实践课。我记得她和另一位老师一起承担六年级的教学工作。这两位老师本身也是很好的朋友，所以会一起设计课程单元。哪怕是枯燥的复习课，她们也会通过一些启发性的复习卡片和图画让知识呈现在学生面前。

我的感受是，教师只有引导学生去思考这个事件为什么会发生，需要什么条件，有哪些人物参与，像讲故事一样呈现学习内容，学生才会主动地去思考。另外，采用一些竞赛式的答题比赛活动让大家动起来，学习的效果也不错。

结合查理初次实习的叙事和哈蒂教授关于可见的教学的论述，可见的教学策略要基于学生的兴趣、需求和能力水平，以及学科课程的大单元整体设计。从学段方面来看，可见教学策略适合低年级学生，他们仍处于形象思维到抽象思维发展的过渡期，从以自我为中心的思维方式发展为善于倾听、沟通协作的人际交往和学习方式。

正如查理的哥特写作大单元设计，从独立学习的小说文本精读和解析，到强调互动交流的绘画学习、课堂讨论活动，兼具英文学科语境中的抽象思维（小说文本解析）和形象思维（根据简单信息展开想象、创作人物画像）运用。已有研究显示，合作学习的方法能够使学生通过小组互动、同伴交流和互评来积极参与课堂，在促进知识交流的同时，以轻松活泼的气氛围绕一个特定主题开展协作活动。

"独立思考—配对合作—分享信息与学习成果"的方法可以在多种学科和主题学习中加以应用，以提升沟通的成效。这种方法可以将学生自身的思路发展、彼此之间的异同意见更加具象化地呈现给对方，也呈现给教师，促进学生自评、互评和教师点评。

与此同时，在设计、运用可见的学习策略和合作学习的过程中，教师自身的经验、能力和信心常常被忽略。正如查理反思所述，他对小组活动可能产生的一些问题缺乏临场应对的信心，加上第一次实习的紧张和谨慎心态，他在这方面的实践尚未完全放开。尽管他在主观上赞同教师应具备创新进取的精神，并表示"个人非常乐意尝试新事物"，他也认为实习期间是试错的最佳时期。

3. 本质转变：从知识本位观过渡到生活、成长本位观

知识本位观扎根于传统的教育理念和教学实践中，其缺点在于侧重知识的单向传输，以固化的经典书本知识为主，以教师为权威，重视检查学生对书本知识的记忆和快速提取。相应地，知识本位观主导的课堂活动多以教师讲授、学生被动接受为主，强调课堂纪律和授课效率，教学评价侧重标准化测试和终结性评价。

在西方教育领域，知识本位的理念可以追溯到中世纪的经院哲学，并在英国的贵族公学、教会学校和个别保守的学院制大学中得以沿袭。在研究进行时，查理刚刚本科毕业，在他的中学时期苏格兰"卓越课程"改革尚未推广，许多中学的教育教学风格仍体现出典型的知识本位观。虽然已有少数教师采取了更为灵活、多样化的教学方式，关注学生的兴趣培养与综合能力发展，但尚未形成体系和规模。这一点与艾隆对学生时代的描述基本吻合。

受自身教育经历、个性和家庭背景的影响，查理在职前教师教育前半段（完成前两次实习时）的个人叙事呈现出明显的割裂与冲突，这也是准教师初期成长常见的教育理念和实践经验转变特征。

比如，查理坚信英文学科是一个富有创造性的学科，既有很强的应用性，也是其他学科的基础。教师应当基于英文学科的创造性和应用性特征充分尊重学生的兴趣、爱好和能力水平，依据现实生活发展的新动态设计新颖、有趣、有效的学习活动。

与上述观点相呼应的教育行动具体表现为查理在课程文本的选择、大单元的设计和可见的学习活动设计中展现出了一定的创意巧思，同时运用 PGDE 项目课程中的知识对所教班级的学情进行了了解。

然而，与上述认知和行为割裂、冲突的地方散见于查理的一些叙事。例如，查理对学生缺乏学习兴趣表达了困惑，对一些纪律问题感到头痛："他们对英语这门科目缺乏兴趣""有时候你怀疑他们对任何学科有兴趣""这个内容（小说赏析）多有趣啊""这个班的纪律很好，所以我们进展顺利，如果出现一些行为问题，教师就会被打断，必须停下来管理纪律，这就很耗时。有时候有些学生会故意捣乱，让这节课很快过去，他们就什么（课堂活动）都不用做了。"

准教师和新手教师常常从自身视角出发，对所教的学科具有浓厚的兴趣，展现出高涨的教学创新热情，这往往是优秀教师的共同点之一。但他们对复杂的学情预估不足，一旦遇到与自身预设或思维定式大相径庭的情况，就会感到困惑，

如果这个困惑得不到及时、合理的纾解和引导，往往会影响新手教师的热情和教学自信，甚至引发焦虑情绪，形成负面循环。

对实习期间一些班级存在学习动力不足，课堂参与度较低，纪律问题频发的现象，查理在第一次访谈时将其归因为"卓越课程"改革推行"混合层次"教学政策本身的缺陷。在查理的学生时代，英语和数学学科通常依据学生的能力水平和学业表现分成高、中、低三个层次进行分班教学。有些学校在同年级间实施分层教学，也有学校实施跨年级分层教学。

例如，有可能出现初中一年级学生和初中三年级学生一同在英语或数学高阶班学习的情况，反之，也有初一、初二、初三学生一起在低层次班级上英语、数学的情况。查理在职前教育的早期自称"坚定支持分层教学"，并表示"我不理解为什么要实施混合层次教学，这给教师增加了很多不必要的负担，学生也学不到自己需要的知识，这实在是太混乱了"等等。

从表层叙事往深处追溯，查理的教育观、学生观仍带有知识本位观的痕迹，尽管他主观上并没有意识到，这也是许多名校大学生初入中小学课堂会遇到的态度、思维方式挑战。随着基础教育教师的资质和能力要求不断升高，英国越来越多传统精英大学的优秀毕业生开始申请中小学教职。

精英大学的录取和考核标准始终包括学术卓越一项，获得优良毕业成绩的大学生除了认知能力之外，往往需要较强的自律性、思辨能力、综合实践能力，以及自主学习的内驱力与能力。优秀的毕业生往往具有对高深知识与卓越能力的追求与进取心。而知识本位观的一个重要特点就在于推崇知识——包括抽象理念和实践性知识——在社会和个人发展中的重要性和优先地位，认为知识是推动社会进步和个人成长的核心。

在教育领域，知识本位观的优点在于注重培养学生的学科结构性知识和技能，强调学习的深度和广度，以及对知识的理解和应用能力，激励学生在高等教育领域以科学方法探索新知识。然而，过于强调知识本位容易造成一系列问题，突出的一点就是异化了知识与人的关系，将知识的进步置于人的生命多样化需求和成长方式之上，重效率而忽视学习体验，重结果性评价而忽略学习过程的多元化。

诚然，查理在刚刚进入学校实习时，最直接的感受是混合层次教学增加了教师的工作量和教学难度，降低了知识传播的效率，而未能充分从人本主义的角度关注学生的多种兴趣、个性化需求，从而充分理解"卓越课程"改革对教师角色和能力的新要求。

在第三次实习结束时，查理的观念发生了180度转折，自称"已成为混合层次教学的拥趸"。在回顾这一年职前教育的经历时,查理强调这是他专业成长过程中的最大变化。

这对我来说算得上是唯一的重大变化,我认为属于本质性的转变。刚进入PGDE项目时,我非常信奉能力分层教学模式。我觉得英语和数学学科就应该根据能力区分高分、中等分数和低分的学生,这样教师就能更好地根据学生的学习情况调整教学进度。但是,这一年PGDE学习的时间里我理解了"卓越课程"改革为什么要推行混合层次教学了。

我亲眼见证、对比了分层的缺点:如果学生一直在高阶班,从成绩上他们确实是优秀的,但很容易变得自鸣得意,觉得"我们就是最好的""高阶班高人一等",这对他们的成长没好处。以后一旦遇到挫折,可能有很多问题。同样的,低阶班的学生会觉得自己不够优秀,容易自卑,还有些学生会装作满不在乎,"哦,我就是学不会,没必要管我",以此为借口放弃努力。

对教师来说,这种分层教学方式其实也不好。一开始教师确实会觉得更轻松,但长期来说,高阶班的教师容易失去进取心和创造力。因为,就算你教得不好,高阶班的成绩依然是最好的,而低阶班的教师会觉得自己很失败,很受挫,或者产生一系列纪律问题。

对比之下,混合层次的班级非常适合开展小组协作活动,指导学生互相学习,取长补短。能力稍弱的孩子会受到鼓励,有向上的动力,能力强的学生也能从别人身上得到多种启发,培养沟通能力。教师也能从学生身上学到更多,积累应对各种学习困难的经验等等。我觉得这样的学习氛围更健康,虽然短期看来(教师)会多花一些时间去了解不同学生的情况,但我想,学生的成长才是更重要的。

从查理的教师成长反思中可以看出,他逐渐意识到混合能力层次教学包括以下优点:

首先,有助于促进学生合作学习活动的开展,"高水平的学生可以帮助那些困难的同学,在讲解和讨论的过程中巩固知识,甚至说发现自己的不足,得到新的启发等等;困难的学生可能更容易接受来自同伴的帮助,在一种轻松开放的氛围中理解知识、培养兴趣。"

其次,这也符合"卓越课程"改革倡导的差异化教学理念,是教师的必备能力之一。教师应当善于采用差异化教学技巧来满足学生的多样化需求,根据学生的能力和学习风格提供个性化的支持,设计富有趣味、人人都能参与的学习活动。再次,鼓励同学互相学习、互相评价。

"卓越课程"改革期望学生互相学习,交换想法,分享观点,并学习解决问题的不同方法,这可以增强他们对学科的理解。最后,查理认识到学生之间的同伴激励作用。学生可能会因为看到同学取得更高水平的成绩而更有动力去表现，从而创造一种健康的竞争氛围，并驱使学生更努力地发挥自己的学习潜能。

最后，"卓越课程"改革尤其强调学生为适应未来社会发展必须培养有效合作、善于倾听与沟通的人际交往技能，发展同理共情的能力，而英文学科的内容、结构和学科性质本身决定了教师必须善于设计课程，创设活动情境，培养学生的信息搜集和加工能力、合作沟通能力、同理心和共情能力。

4. 形成性与终结性评价：学校管理风格对教师的关键影响

在第一次访谈中，查理认为英语是教师实施创造性教学最容易的学科之一，但他也提到了教师在实践中面临的一些内部和外部限制。由于学科的性质，查理明确指出英文教师往往在设计自己的课程时有较大的自由度，比如引入一些不那么典型但有趣的文本、分析电影和其他形式的材料。

查理坚信创造形象的能力是英文学科的基础。因此，在英文教学和学习中，帮助学生发展"将图像与文字联系起来"并向观众呈现信息的能力非常重要，可能通过多种方式实现。即使只是通过书面文字，作者也可以运用各种效果和技巧，如比喻、隐喻和拟声词等在读者的脑海中创建生动的形象。

但是当教师试图实施他们的计划时，他们往往会受到一些限制因素的约束。首先要考虑教师的个人偏好或称之为舒适区。例如，查理首先就明确表示，在教学中，相对于其他媒介文本，他个人更自信地使用电影文本。其次，查理观察到了目前苏格兰全职教师的工作量较大，一些学校在管理程序方面冗余繁杂，影响了教师的工作效率。最后，也是查理更强调的一点，高年级教学受到"国考"指挥棒的影响较大。

> 必须承认，这取决于学校的整体管理思路和气氛。如果你被分配到更注重考试成绩的学校，它们往往更注重学业成绩而非年轻人的积极成长。在这种情况下，你会犹豫是否在课堂上进行创造性的尝试。

在查理看来，一个有创造力的英文教师能够，也应当"尝试新事物"或尝试利用"不同的资源和方法"，鼓励、促进学生的成长。值得深思的一点是，查理认为实习是学生教师尝试不同可能性和促进专业发展的最佳时机；然而，他关于实习实践的后续叙事显示出与这一判断的冲突。

> 我个人非常乐意去尝试新事物，尽可能地使我的课程有趣和引人入胜。而且我认为，刚进入这个职业时，实习期间是最好的尝试时机。你在学校待六个星期，指导教师会对你的课程设计进行评估，帮你把关。你可以尝试一些东西，如果完全行不通，那也没关系。毕竟（PGDE项目学习）刚刚开始，而且其他教师也会纠正你的错误。

我在第一次实习的时候没有尝试分组。(研究者：为什么没有更多地尝试小组活动呢？)作为实习老师，怎么说，初来乍到，六周的时间其实很短，教学内容还挺多的。而且他们的桌椅是比较整齐、固定的几排几行。我们看到有一些学校是摆放成一圈或者三五桌那样的，那种更适合小组活动。我不想打破他们已有的、习惯的模式。当然，等我经验更丰富之后，我很愿意尝试(小组活动)。

我第一次实习的那所学校在郊外，是一所学业成绩排名很不错的学校。大多数班级都是以两人一组的桌子排列的。我觉得这种布局不是很有创新性。在我听过的课里，也没有很多小组合作活动。总的来说，就是那种相当"标准"的教学。

我教的那个班，英文课正好是校长教的。她的教学能力非常棒。我们相处得很好，她也很支持我，总是很愿意让我尝试任何事情。但是，要在那里做一些教学形式上的创新比较困难。因为班级布局各种设置比较固定，而且一切都井井有条。**因为教学进展得比较顺利，我就不想改变太多。**

学生的表现很好，纪律很好，我们的课程进行得也很好。我认为，如果我在那里待得更久一些，比如见习期我有机会申请到这个学校就职，我应该会考虑将这个班级的学生分成流动的学习小组，进行一系列课程尝试吧。我认为现在(实习期间)对我来说，让他们保持原状更好，而且我已经记住了他们的名字和座位位置。

只有六周的时间，我对此(改变)没有百分之百的信心。我认为这是实习老师的普遍情况。当你处于非常临时的状态时，你很清楚地知道**这不是你的教室**。你虽然在这个教室上课，但它不是你的教室，也不是你的班级。**你和这个班级的(全职科任)教师是不一样的。**

查理多次强调、重复"班级"的归属权和自己作为实习教师的临时性处境，背后隐含着自己作为学员被考核的身份。PGDE项目中的考核实际上具有终结性考核的性质，除非有特殊情况可以重修，学员必须通过每一次实习考核，在每一次课程考核中成绩合格，才能成为预注册教师，获得为期一年的见习资格。因此，在完成所有考核前，查理采取了比较谨慎的态度，在进行创造性教学尝试之前，会充分预估可能带来的风险。

在完成职前教师教育的所有考核后，查理回顾三次实习的经历，认为他第一所实习学校与后续两所实习学校相比，有点传统。以数学和科学学科为代表的部分科目教师受到的限制较多，实习教师必须按照给定的课程设计、教学进度和素材开展教学，教研室不太接受与众不同的甚至显得激进的尝试。而学校的整体氛围相较于其他中学，也更注重学业表现和成绩，这可能直接导致教师的创造力受到限制，以及学生的学习经验过于狭隘。

我认为教师和学生的创造性能不能得到鼓励和支持，很大程度上取决于所在的学校，尤其是具体的学科教研部门。如果一个学校注重学生的长期发展和形成性评价，并且以学生未来的幸福、健康生活为教育的核心任务，那么我想大多数教师也会更加积极地去实践新颖、有趣的学习活动和课程设计。

如果一个学校非常注重终结性评价，比如"国考"的参考率、成绩等等——我不是说这些不重要——但是如果以考试和排名为学校工作的核心，那么衡量一个教师好不好的标准一定是学生的终结性评价结果。

当然，有些教师是可以兼顾创造性培养和学业成绩的。其实，创造性的培养对提高学生的学业成绩是有帮助的。比如，我观察到的一位非常优秀的历史教师，她在高年级的教学中依然能够采用很多有趣的游戏、活动去帮助孩子们复习知识、准备考试。

我听说在家校互动日，这位历史教师也被家长质疑了："我的孩子已经五年级了，为什么还在画海报，表演戏剧。"但是她有底气应对家长的质疑，因为她带的班级历史成绩一直是最好的。而在她来这所学校之前，学生的历史成绩一直吊车尾。所以我认为游戏活动、创造性的发展和学业成绩、传统的练习和复习之间没有矛盾。关键是学校不能过于强调其一而忽略了其他可能性。

4.2.3 伊森 Ethan：不合格是谁之过？

1. 从专业编辑到成长中的"准"教师

伊森 25 岁左右，是土生土长的苏格兰人，在本地完成了基础教育和高等教育。他曾就读的中学过去"名声在外"，时不时有打架斗殴、校园霸凌的现象，学生升学率堪忧。近年来在学生行为和校园风气方面得到了长足改善。伊森反思这种进步可能是苏格兰政府"消弭贫困"政策、"卓越课程"改革共同作用的结果。本科阶段，伊森在苏格兰一所精英大学攻读英语学士学位，毕业后从事全职编辑和兼职写作工作三年，再次回到大学加入 PGDE 项目。

一提到创造力，伊森很有切身体验。与同样具有编辑经验的艾隆相比，伊森对创造力的第一反应和主要理解也集中在创意写作方面，并自我归因于此前担任编辑和作家的职业经历，以及自己的兴趣爱好。就兴趣爱好而言，伊森认为自己的教育经历中最具创造力的活动——包括校内校外活动——是学校"多样性活动周"（school diversity week）和开放日（school open day）的各种学生才艺展示与表演。

在各类文学艺术类型之中，伊森对戏剧创作、音乐创作和文学创作最为推崇。他认为，戏剧和音乐表演可能需要一定的"门槛"条件，比如器乐和声乐能力，进行舞台表演的技巧和勇气等。总之，"不是所有人都适合、想要或具备那种自信去公开表演"。

与此相对的，写作是"放飞想象的自由之地"，任何具备初步语言应用能力的人都可以自由创作，"即便水平高低有别"。伊森强调，"创意写作应该是一种自我表达和自我探索的形式，甚至涉及你作为个人的核心概念。因为你的个性、兴趣爱好、经历会影响你的文风"。当然，伊森同时指出，从专业编辑的角度出发，他本身更加关注文学作品的深度和结构。

作为英文专业学位获得者和专业的文字工作者，伊森在访谈初期多次强调个人的创作没有限制，但对创意作品的外部评价仍然具有学科领域公认的、相对客观的标准，尤其对于创意写作结构、文辞和文本解读这些方面。基于此，伊森又强调中学英文教师出于学生学业评估和标准化测试表现方面的考虑，应当在鼓励学生发挥想象力的同时，帮助学生在某些学习任务中脚踏实地，不过于"放飞自我"。这种认识影响了伊森对自己学科教学、专业成长方面的实习表现和叙事，下文将进行详细阐述。

2. 内涵与文化有无高低之分？

伊森在两次访谈的过程中均着重强调了文化环境——尤其是高内涵文化环境对学生创造力发展的浸润作用，包括高内涵文化环境对学生个性的滋养作用。伊森所强调的"高内涵文化"环境和资源（high cultures）主要指更具挑战力的、内涵更为丰富和深刻，更具启发性，并且常常与人类更深层次情感表达相关的多种文本，例如艺术品、诗歌、戏剧、歌剧、经典文学著作，乃至丰富、独特的文化氛围等。

而与之相对的"低内涵文化"环境和资源（low cultures）包括侧重快速满足观众和读者"爽感"的那类漫画、肥皂剧、偶像剧和快餐读物，也包括网络上各类"无营养的"（伊森原话）短视频甚至是猎奇、不健康的视频和音频等。

伊森谈道，互联网和智能手机的普及让快餐文化和作品迅速占领青少年和成人的休闲时间，因为此类文化现象与作品能快速、强烈地刺激人的感官，使人们得到即时满足，消磨时间；而那些需要多方位调动知识储备、逻辑思维、批判性和创新高阶思维能力才能筛选、吸收、加工和受益的高内涵文化，则被许多人"劣币驱逐良币"似的置之脑后了。

在后续的访谈过程中，伊森也反复提出自己的担忧，不知是数字时代的到来还是一些社会风气的影响，西方社会普遍存在审美降级、文化内涵降级的现象。且不说孤独的沉思者越发难寻，现在愿意静下心来阅读一整本严肃文学的人似乎变少了。互联网技术和多媒体一方面拓展了我们的见闻，另一方面似乎削弱了想象的活力和新意。

我们常说一千个读者眼中有一千个哈姆雷特。事实上，在一位善于反思的读者眼中，可能同时、在不同时期存在若干个哈姆雷特。所以我们说文学作品的想象空间是无限的。你知道诺曼·麦克凯格（Norman MacCaig）吗？① 他有一首诗叫《酒店房间，第12层》（*Hotel Room, 12th Floor*）。

这首诗的背景设在早期的纽约，主要表达了对技术危险性的反思和警觉。但是，这首诗写得比较抽象、晦涩，也和特定的时代背景紧密相关，读者可能会对诗歌内容和思想做出不同的解释。我认为，只要读者有自己的道理，那就没问题。

我想想，还有另一个例子来说明我的观点。埃德温·摩根②的诗歌《冬日》（*Winter*）是英文"国考"5阶的内容。这首诗表面是描述季节的变化，隐含了对时光流逝和死亡的思考，整首诗歌的基调是肃穆、沉重的。虽然说读者有想象的自由，但是不能误解、扭曲作者的基调。

文学作品的韵律、句式结构、修辞手法这些外部形式和内涵是一致的。学生在文学欣赏的早期阅读经典和好的作品，能够培养他们的审美层次和赏析水平，而且阅读理解的客观标准或者大方向是比较清晰的，有助于学生进行迁移学习。

如果在文学学习的早期，学生就沉溺在一些不怎样的快餐读物里——这些文本的形式和内涵会比较单一，甚至矛盾——学习的上限就会受影响。所以，我觉得不能一味迁就学生读一些容易读，却没什么营养的文本。

伊森所说的审美降级和快餐读物泛滥的现象可以从延迟满足的角度切入探究。延迟满足的概念可以通过一个著名的心理学实验来形象地说明。让孩子们在一个小房间里等待，他们可以选择马上吃掉棉花糖，或者等待一段时间后得到更多的棉花糖作为奖励。

实验结果显示，大多数孩子无法忍受现成的诱惑，很快就吃掉了棉花糖；而少数孩子成功地延迟自己的欲望，最终获得了内心渴望的更多的奖励。可见，延迟满足的意思是人们情愿为自己认为的更有价值、更长远的结果而放弃即时满足的抉择取向。人们在选择延迟满足时，往往不是消极被动地等待，而是展现出较强的自我控制能力、内驱力和乐观精神，在行为上通常表现出较强的情绪调控能力、成熟、自律、勤奋积极等方面。

延迟满足的概念和研究在学前教育领域得到广泛关注，有学者编制了学业延迟

---

① 诺曼·麦克凯格（Norman MacCaig，1910—1996年），英国著名现代诗人，生于爱丁堡，在爱丁堡大学攻读古典文学。后于苏格兰斯特林大学任诗学教授。麦克凯格的诗作不仅有对苏格兰自然美景和文化的描绘，还深入探讨了人类的情感和经历，表现出对生活、死亡、爱情和孤独等主题的深刻思考。

② 埃德温·摩根（Edwin Morgan，1920—2010年），生于格拉斯哥，在格拉斯哥大学攻读法语和俄语。他是英国桂冠诗人，被誉为20世纪苏格兰最著名的诗人，他的诗作是苏格兰中小学英文课程高年级的必修内容。

满足量表,以便考查学生在学业方面的延迟满足能力。但值得注意的是,在心理学实验研究中,立刻能够获得的棉花糖(即时满足)和忍住不吃之后获得更多的棉花糖(延迟满足)被人为地设定为二选一,以便研究者进行对照组和干预组的严格控制。

而在现实情境要复杂得多,不仅"棉花糖"唾手可得,各种美味可口的"食物"和"用餐体验"令人眼花缭乱,而孩子的"口味"也往往一天一个样,并且具有同伴效应,即个体在群体中的行为受到同伴的影响,从而导致个体的行为与原来有所不同的现象。

例如,在生活中,孩子常常说"我班上的同学们都在玩游戏,我也要玩""我的朋友都在追星,为什么我不能追星"等等。家长和教师如果一味地禁止孩子和学生选择近在眼前的"棉花糖"或"巧克力",一味地通过说教甚至责备强制他们向若干年后才有希望兑现的更多"美食"看齐,不仅容易引起孩子的困惑不解、抵触情绪和抗拒行为,还有可能引起亲子、师生矛盾,适得其反。

3. 环境浸润,熏陶育人

蓬生麻中,不扶自直。近朱者赤,近墨者黑。环境育人思想是中国传统文化育人的重要理念,从孟母三迁的故事到"不知其人,视其友""不知其地,视其草木"的典故,前人的智慧无不在强调环境对于人,尤其是对青少年儿童,人生全历程的潜移默化的影响。

在英国文学近现代史上,自然、社会环境与人们之间的互动交织成绚烂、浩繁的文学卷帙。无论是简·奥斯汀笔下千姿百态、如歌如画的乡绅庄园,还是华兹华斯、柯勒律治笔下波光潋滟的湖畔,抑或是阴沉雾都之中小人物的悲欢离合——当地的自然生态无不深深塑造着乡土民情与社交风俗,折射出社会变革历程中的点点滴滴。

这种环境不仅影响了一代代的文学创作者,也凝结在字里行间,浸入了故事的脉络与情绪。故事历久弥新,传媒日新月异。从前的作品依然能在今日此时激起千万读者的共鸣,启发新的解读、想象和再创作,参与了当代叙事的共同建构。

作为英文文学专业毕业生和专业文学编辑,伊森分享了他将环境作为灵感孵化地的经历。反思自身的成长经历,伊森认为学校内、社区附近的绿地、公园和更广阔范围内赏心悦目的自然风光和多姿多彩的人文景观,于无声处陶冶着人们的情操,启迪着心智。

我们学校所在的社区虽然经济上不算发达,但是风景很好,有大片的绿地和恣意生长的各种花花草草。我记得初中的时候经常在休闲时间到绿地旁写生、读书，有时候弹弹吉他，自己写写歌。在那样的环境里，你会感觉有一种创作的欲望涌出来，可能也是一种情感的表达吧。

我觉得感官接收到了一些情绪，想要把这些情绪情感用各种各样的形式表达出来——有时候是文字，有时候是图画和音符——这就是创作的源头。联想到教学的话，我认为创意叙述（creative narratives）与教学密切相关，从教师的角度来讲，我们要着重于营造充满文化内涵（重音）的环境，激发学生的创造力和表达的主动性。

伊森在接受上述访谈时已经完成了两次实习。上述学生时代的回忆是伊森在谈论实习学校时有感而发。他认为在实习学校以及他接触的实习班级，中学生应具备的英文知识储备、应用能力、审美和欣赏水平以及自主学习的主动性离苏格兰"卓越课程"基准的要求还有较大差距。除了互联网时代的影响之外，伊森认为还有两个更加直接的环境因素：学校和教室的物理环境以及学生所处的文化环境，而家庭、教师和学校对这些环境的塑造起着重要作用。

一进入这所中学，你的感觉就很明显，四周的环境像一家诊所一样毫无特色，了无活力。我上学时非常幸运，学校的环境像温室花园一样，充满生机，学校墙上展示着学生五花八门的作品。

并不是只有非常优秀的作品才能得到展示的机会，而是人人都有自己的"高光"时刻，这非常有助于激发青少年的学习动力和学习的参与度。然而，这所整洁得像诊所一般的学校环境没有给学生和教师留有任何抒发创意和灵感的窗口，一切都是那么规范，却空白、无趣。

在我实习的学校，大多数学生来自贫困或弱势群体家庭，他们在日常生活环境中很难接触"高内涵文化"环境和资源，家长给予的关心和指导可能也比较有限。在这种情况下，学校就是学生获得"高内涵文化"环境和资源的主要平台，学校管理者和老师更应该提供支持，让学生与这些丰富的文化内涵的资源，比如戏剧、诗歌、经典著作、绘画、音乐等互动。这样，学生就可以拥有更多样的灵感和进行创意写作的工具——比如高级的词汇，多种修辞手法等等——从而超越他们有限的生活经验。

就算有些学生具有天赋，在创意写作中本能地具备无限的想象力，但这个创意之旅仍然需要土壤与肥料，这一方面来源于如生活经验或与他人互动的经历，通常包括多种感官刺激（视觉、听觉、触觉、嗅觉、动觉等），教师与同学的积极反馈。另一方面则基于结构化的知识、学习成果的客观评判基准和侧重兴趣培养与实践技能锻炼的引导标准。

归根结底，课堂教学活动是最基础、最日常，同时可以成为最富"营养"的微观生长环境，为青少年的兴趣、创造力思维和能力成长奠定基础。

4. 学生主动学习的设计与实践：现实中的巨大挑战

苏格兰"卓越课程"强调学生主动学习（active learning），突出学生在整个学习过程中的主动性和参与度。但这并不意味着教师仅仅作为学习方向的引导者和给予积极情绪反馈的拉拉队长。优秀的教师需要基于各个班级学生丰富多样的兴趣爱好和能力水平精心设计相应的"主动学习活动"（active learning activities）。

有效、恰当的学习活动不仅妙趣横生，水到渠成，还得张弛有度，大巧不工，寓教于乐。要让学生发自肺腑地产生好奇心，主动发现与现实和学科相关的问题，寻找解决问题的途径，获取信息资源和问题解决工具，通过合作学习、自主探究相结合的方式积极参与学习活动，并收获学习成果。

优秀的教师往往能让学生们在原本不感兴趣的学科领域撸起袖子在做中学，不知不觉地掌握了相关知识和技能，甚至主动迁移学习，形成批判性思维和问题解决策略。上述理想状态下的主动学习活动设计对教师的要求之高，可想而知。而新手教师在职前教师教育阶段，往往具备了创新教学的强烈内驱力和学科专业基础，但在与当下中学生沟通的过程中频频遇到挑战。

在第一次实习的过程中，伊森自我评价教学工作开展得比较顺利，也进行了一些创新尝试，获得了较为满意的实习评价和成绩。伊森认为英文学科中，创意写作部分最集中体现了对学生创造力发展的培养。在教学理念方面，伊森认为创意写作的主题更具开放性、吸引力，更能激发创造力，正如他所执教的恐怖、冒险和奇幻故事主题写作。相关策略与艾隆的实习叙事颇有相通之处，此处不详细阐述。值得一提的是，伊森在培养学生批判性思维方面也有所探索，尽管他本人未将其与批判性思维和创造力的发展相关联。

这是面向初一学生（S1）的"开放性学习"单元，伊森选择了"跨文化国别"研究的主题，主要是考虑到这个班级学生的种族较为多元化。"但这个年纪的孩子们不会有意识地去质疑自己作为苏格兰人的身份。他们认为自己就是土生土长地道的苏格兰人。"伊森谈道，"这是我比较欣喜的一点，在教学中也特别注意强调新苏格兰人是个开放、多元的概念。"

如伊森所说，他将学生分为学习小组，带领学生们任选一个国家或文化，利用互联网和图书馆资源查询这个国家或文化的地理、历史、文化、食物和饮料等主题，并分组学习讨论。本单元的考查方式也从传统的小作文形式，转变为小组活动汇报形式，给予学生充分的自由。学生可以任选一个国家和文化，以海报绘制、小组幻灯片制作与汇报或演讲等形式作为汇报展示的形式。

学生们非常投入，因为他们不需要从书中特定页面搜索明确的答案。我认为这个作业主题和形式非常开放。这个年纪的学生对异域文化很好奇，尤其是美食、文艺和影视、旅游这些主题，距离学生日常生活很近。但学生们往往对此一知半解，兴趣和了解情况之间的距离就给自主学习留下了很大的空间。

教师也可以指导他们运用互联网提高搜索的效率，搜集更丰富的资料再整理加工，以生动有趣的形式进行汇报。这个年纪的学生还是很好胜的，想要在同龄人面前表现得好（笑）。所以这次活动的学习效果很好。我们在三年级（S3）也有一个多元文化研究单元。我计划把这个S1的单元设计修改一下，变成相互关联又有所提升的整体教学设计，希望在见习期能够付诸实践。

第一次访谈结束时伊森虽有倦容，但显然对接下来的最后一次实习和见习期跃跃欲试。然而，第二次访谈时伊森在疲倦之余还充满了困惑和些许失望，言语间少了自信，多了一些谨慎的措辞和自我质疑。原来，伊森未能通过第三次实习，经过申诉，他将获得第四次实习的机会，向见习教师资格发起最后一次"冲击"。

刚听到这个消息时笔者心中很吃惊，如果不是因为教学能力无法达到实习学校的要求，那就意味着伊森与实习中学导师或者学生之间存在显著的矛盾或冲突。因此，笔者在第二次访谈过程中非常注重受访者的情绪变化，尊重受访者主动叙事的意愿，并在专家访谈时对受访者提到的一些事件进行了征询，以期实现三角互证。

伊森：第三次实习我被分配到一所公立学校。这可能是我去过的最贫瘠的校园了。学校的文化和风气很成问题，许多班级有各种课堂纪律方面的挑战，不少学生存在问题行为。当然，也有一些很好的班级——但不是我所在的班级。这所学校完全实施混合层次教学，这种政策当然有很多优点，但很遗憾，它不适合所有的学校——这只是我的个人观点，不知道是否正确。

研究者：你认为这所学校的情况更适合按能力分层教学吗？

伊森：是的。纯粹是因为这样对学生来说更容易，也更便于教师根据学生的能力和行为制定有针对性的教学策略。

研究者：那么在第三次实习的过程中，你尝试过进行创造性教学，或者鼓励学生发展创造力吗？

伊森：嗯……事实是，并不是所有的课教师都要尝试创造性。我认为在这个学校里，我作为教师的创造性的空间被大大压缩了。虽然我尽可能在教学工作中尝试创意，鼓励学生的创造性，但是对于这个三年级班级来说，这种方式并不适用。首先是因为他们明年就要开始应对"国考"了，要写更加规范的小论文。一年级也要写论文，但我想对于一年级学生来说，他们有一定的开放空间去探究、尝试自己喜欢的主题。

然后是在学校层面，我认为比较困难的地方是有时在网上找到研究资料很困难，因为学校的电脑不太好用。这所学校的物质条件支持有点欠缺。当然，我们可以在课堂上使用智能手机，但教师就要监督学生做和学习相关的事情，不能刷网页，在社交媒体聊天（笑）。

与前两个实习学校相比，这个学校就是很困难。我们正在进行创意写作单元的教学，但很多孩子还没有接触过相关的文化现象，所以对他们来说，理解相应的概念和知识点要比同龄人困难得多。在前两个实习中，我在写作单元可以用启发式的教学活动。

比如设计一个活动情境，抛出一个引子或者问题，让学生们主动去思考，讨论，形成创作思路，再给予指导。但在这所学校，在这个班级里很难这么做。因为你必须反复解释一些非常基础的东西。例如，创意写作有一定的规则，有时你有固定的模板可以参考，有时可能需要打破规则使它变得好。有些学生就是无法理解这些。

研究者：你认为这是因为他们不习惯这种开放的思维方式吗？

伊森：可能是这样……或者不是吧？我也不确定。我觉得很多学生只是没有这种创作经历，他们只是需要更多地接触一些文化现象，多阅读一些文本。遗憾的是这需要很长时间，不是我在短短的实习期间可以解决的。

我认为在前两个实习期，我知道自己在做什么，我知道学生应该达到什么水平。但是这次实习（第三次实习），嗯……也许有时候，我应该更清楚地解释我的教学目的和任务，有时候我对学生能力预期可能有点太高了，也许是我太累了……坦率地说，第三次实习前我的准备可能不够充分，状态没有调整好。到了这个阶段，各种大学课程的考核作业，实习总结，通勤等等压力汇聚等等，都让我绷得太紧了。

对于一些学习困难、基础薄弱的学生，我可以在耐心和教学策略方面多加努力。但是，当学习困难、有行为问题和特殊需求的学生都汇集在一个班级的时候，实习老师的尝试是如此困难。

研究者：你的意思是学生的需求和能力和你之前带过的班差别太大了？

伊森：是的，差距真的很大，而且各种问题都有，状况频出。我们在实习学校只待了五个星期，工作很难开展。听隔壁班的老师说，他们花了三四年都没法纠正一些问题，只是建立起初步的师生信任感，刚刚找到一些沟通的默契，因为学情实在是很复杂。

当然，这是极个别的案例。在听课的过程中，我看到的大多其他班级的学生似乎都表现得很好。我的意思是，实际上其他班级的实习教师、全职教师似乎都和学生相处得相当不错，教学也挺顺利的。

我不能评论以前的情况，因为我不了解，但从我看到的来说，其他大多数班级的学生基本上掌握了课程内容，大部分时间都知道自己在做什么，虽然某些学生也存在一些行为问题，但也算比较常见、常规的问题。而我所在的这个S3班级有很多麻烦。

S3 总是棘手的。很多学生还没有参加国家级考试，但他们已经失去了刚刚升入中学时候的新鲜劲儿和学习动力。他们往往觉得"这一年我可以做我想做的事情，因为我还没有考试压力"。

你懂得，他们似乎要享受最后的自由时刻，不在乎别人的看法。有些孩子本来就不在乎所谓的考试压力，他们对自己未来想做什么，成为什么样的人也没有目的，对所有的事情都缺乏兴趣——很遗憾，这不是你（教师）的错。

总之，这个班不仅有纪律、行为和学习态度问题，还有很多特殊需求学生。有些学生有阅读障碍，有些学生不会说英语，这些都需要特殊需求辅导员的支持进行有针对性的辅导，但学校缺乏这方面的人手。有些学生几乎不来上课——而当他们来上课时，他们的态度和行为问题对教师来说更有挑战性。新老师很难把握这个班级，很难把学生引领到正确的轨道上。

第二次访谈进行了接近两个小时，伊森对第三次实习"不怎么愉快"的教学经历进行了充分的叙述和反思。上文着重选取了几个有代表性的叙事片段。基于第二次访谈的整体结构，从教师专业成长的角度来看，伊森的叙述反映出新手教师常常面临的三大主要挑战，而这些挑战往往也是教师压力和焦虑的主要来源。

第一，新手教师想要顺利地进入、融入课堂并掌控局面，这往往比预期的更具挑战性，问题通常出在观念上。教育工作，归根结底是人与人，是成人与孩子的交流、沟通和相互理解。教师职业与其他知识技能型职业最大的区别在于教师的工作对象是生长发育中的未成年人，尤其在初中阶段，教师要面临处于身心发展关键转折期的青少年，师生沟通和交往存在复杂、多元和敏感性的特征。

在 PGDE 项目和当地中学走访的过程中，笔者经常听到教师教育者和教师类似的评论："很多实习教师的学科专业知识和应用能力很棒，但他们还没有充分意识到孩子才是第一位的，而知识的传授是第二位的。把知识的客观标准、知识传授的效率和效果作为教学工作的首要目标，往往是新手面临诸多挑战的根源。"

PGDE 项目的负责人艾琳女士评论道，"尤其是一些具有其他职业经历，但此前较少与青少年接触的学员，他们需要一定时间去适应教师职业最大的快乐和挑战——我们互动的对象是成长中的孩子，是跃动的生命，很多时候是不能用严谨的逻辑和单一的标准去推理、去度量的。"

从艾琳女士的观点出发，或许伊森一开始就给自己下达了"不可能完成的任务"——将某些"问题学生""引领回正确的轨道上"，让他们"明白自己在做什么"。或许以开放、包容的态度去看待每一位学生，不预设"对与错""高与低"，尝试理解青春期青少年的世界和情绪，才是沟通和理解的前提。

第二，教师个人的性格、处事行为和执教风格、形象、行为乃至教育魅力紧密相连，如何在满足职业基本要求的前提下成为可亲可敬的老师，对大多数新手教师而言颇有挑战。"一开始我有心理准备，预料到教师在工作之外的隐性劳动时间比较长，后来我才发现，教学、育人这份职业往往与你这个人有关，它是要触及你的人格和灵魂的。"包括专家在内，许多受访者在叙事中不约而同地提到了类似的领悟。不少学员在访谈中对自身性格和待人接物的方式"适不适合当老师""能不能成为一个受学生喜爱的好老师"进行了深刻的反思。伊森亦是如此，并且由于第三次实习遇到的诸多困难，他对自己的反思更为苛刻。伊森形容自己比较害羞、内向，属于"回避型性格"的人，有时候缺乏自信，容易急躁。

我觉得一个人私下的状态属于个人空间，但在课堂上担任教师时，要展现出职业的一面。对于一个教师来说，自信是非常重要的，要拥有自己的空间，保持对课堂的掌控感。我的实习导师有指出，我上课时声音使用不够充分。

研究者：是指你的声音不够洪亮吗？

不是，就是说我的课堂语言使用得不够充分，该解释的地方没有充分、清晰地解释，做出恰当的引导，这很容易让学生产生困惑。一旦产生困惑，他们往往就不愿意参与学习活动了。而且，我在课堂上走动不足。对年级比较低的学生来说，教师对课堂的掌控有时候就是很直观地体现在走位方面。你多走动走动，坐在角落的学生可能就会集中注意力。我在第四次实习的时候会改善这个问题，不再蜷缩在教室一角或者讲台旁边，充分使用翻页笔（笑）。

对大多数新手教师而言，教师对课堂的掌控力（control）最直观地体现在课堂语言的运用、课堂走位的控制、问题行为的管理和教学节奏的把握四大方面——或者，用受访者的话来说是一种教师的气场（aura）和姿态（how one carries oneself）。前两者体现在声音、语言、行动这些外显的交流方式上，后两者更加复杂、综合地呈现了教师的心理素质和教育综合能力，以及在一堂课前是否做足了功课，是否对可能出现的突发状况做出备案，是否有临场应变的机智。

基于本研究的样本，通过课堂观察和专家访问可以看出，受学生欢迎的不是一味讨好学生、对教学工作敷衍了事的教师，也不是一板一眼、严肃，甚至严厉的老师，而是热爱所教的学科、富有激情和创意，以及幽默得甚至有些犀利的教师。其中，在幽默中化解课堂（意外）状况和冲突甚至成为大多数受访者眼中创新型教师必备的人格特质和语言技能。这种观点在一定程度上反映了当地人对国民性格英式幽默（British humour）的自我认同。

在其他国家人眼中，英国人或许以保守、沉默内敛乃至"绅士"为特征。然而，在许多英国人的自我叙事中，幽默是其文化性格的一个重要的方面。英式幽默不仅仅擅长冷笑话，更以大胆的自嘲为常态，将具体情境中错位或冲突的夸张对比与丰富、犀利的语言修辞幽默相结合，达到"笑果"。而伊森在自我反思的叙事中也特别指出自己在课堂教学语言和日常师生沟通中过于严肃、坦率、直白，不够委婉和幽默。

第三，苏格兰小班教学的现实情况以及"卓越课程"对混合层次教学、融合教育的大力推广，要求学校切实支持教师形成专业成长共同体，协作教研，促进全职业生涯的专业成长。而在伊森和大学 PGDE 教师的相应叙事中可以看出，第三次实习小学存在一些教学资源不足和学校管理方面的问题。大量研究显示，对入职 5 年内的新手教师而言，教研室和学校的引导与支持对其自我效能感、职业倦怠感乃至离职率都有重要影响。

第四，对本研究涉及的 PGDE 项目学员而言，绝大多数受访者都认为在职前教师教育阶段，对其专业成长影响最大的是实习导师。伊森认为，他的实习导师没有充分支持他适应所在班级的学情，给他很多模棱两可甚至自相矛盾的指导意见。在复核实习成绩的过程中，大学导师也了解到相应的情况，并给出了进行第四次实习的决定。

在第三次实习的情境中，伊森感受到的情绪更多是冲突、压力、困惑和焦虑。几周过后，经过一定的身心调节，伊森对他的职前教育经历进行了总结性反思。

我觉得这一年我最大的收获在于观察到不同教师的多种教学方法，这确实使我有了很大的进步。在进入 PGDE 项目之前，我的教学实践经验非常有限，只在波兰的那种暑期夏令营当过兼职英文老师。

这次实习的经历让我认识到，很多时候不要自以为是地认为学生的提问很幼稚。这个年龄段的孩子有好奇心，喜欢思考，很多时候心血来潮，想立刻得到明确的答案，如果得不到就会泄气，不愿花力气去钻研。

其实每个学生都有自己的个性，这就是为什么"卓越课程"改革强调差异性教学的原因。老师要以恰当的教育方式引导学生去尝试错误，自主学习。苏格兰的课程改革也要求教师充分关注、利用学生的需求去设计学习活动——准确地说，不是完全按照学生的意愿，而是根据他们对某些事情的期望来激发学习的内部需求，据此设计教学计划和活动任务。我收获的经验是要把学生的发展放在第一位。不能忽视他们的意见和情感需求。

伊森的反思看似没什么新鲜的，许多专家已经从发展心理学、班级管理方式等角度展开了丰富的研究和分析。但值得一提的是，对新手教师而言，尽管能够通过阅读心理学、教育学的相关文献和专著以及观摩其他老师的课程得到上述知识储备，真正要将知识转化为应用能力和教学行为，必须通过教学实践，通过师生在课堂情境和学校环境中的真实互动才能达到知行合一。

教学不仅仅是一门科学，更是一门艺术。它不仅需要系统的知识体系、严谨的治学和育人态度，还需要教师在教学过程中展现出创造力和教书育人的热情，理解、尊重学生，在一定的知识或问题领域与学生产生共情、共鸣。大英百科全书将艺术定义为指凭借技巧、意愿、想象力、经验等综合人为因素的融合与平衡，以创作隐含美学的器物、环境、影像、动作或声音的表达模式；也指和他人分享美的感觉、有深意的情感或意义。

总之，艺术可以指人类用以表达既有感知的过程，这个过程往往是个人或群体体验沉淀与展现的过程。纵观人类文明发展的历史，无论是东方还是西方，艺术的酝酿、表现、百家争鸣和传承向来与文化及其背后的代表性理念密不可分。当下，苏格兰教育界重提"教学作为一门艺术"（teaching as an art）的理念，正反映了教育者对实证主义、科学主义和绝对理性的反思。

从本研究的访谈中可以看出，"卓越课程"改革之前，苏格兰的基础教育更多地将教学视为一门科学，在中学阶段侧重各个学科的知识和技能讲解，教学方式也以教师讲授为主。但是在实践中，许多优秀教师已然自觉或不自觉地将自己的人格魅力、博学广知、机敏幽默融入教学实践和气场、举止之中，善于反思学生的情感、认知和多元发展需求，勤于捕捉现实生活、学科最新发展的动态。

因此，教师在传授同一个知识主题之时能够显得更加人性化，循循善诱，水到渠成，拉近教师与学生、学生与生活情境中的真实问题之间的距离，更能调动学生的求知欲和主动学习的兴趣。

在课改前，这种大巧不工、大音希声的教学艺术却往往得不到充分重视与肯定，或者被单纯地归结为教师个人情商较高。即便在苏格兰课程改革呼唤教学艺术的当下，大学和中学似乎未系统地引导职前教育学员有意识地培养自己的教学艺术和教学智慧，学员这方面的成长更多地靠多听课、多反思、多积累教学经验，一言以概之，靠悟。一旦学员个人尚未了悟，而外部实习环境又缺乏积极的支持，学员可能担负较大的压力与焦虑，乃至将挫折错误地归因。

4.2.4 芬恩 Finn：双科教师眼中的跨学科创造性空间

1. 文史不分家，双科教师责任大

芬恩是苏格兰人，在苏格兰完成了基础教育和高等教育。本科阶段，芬恩在 A 大获得英语和历史双学士学位，随后在国外担任全职外语教师，为期两年，教

授母语非英语学习者的英语。之后他成功进入 PGDE 项目，申请修习中学历史和英文双科教师的课程。

尽管拥有两年的全职教学经历，芬恩对 PGDE 的学习依然充满了紧张与期待。用他的话说，在国外执教英语和在本国教授母语英文的侧重点不同。以英语为外语教学时，教师的首要任务是综合运用多媒体素材帮助学生了解英语语言文化和语言运用的社会背景，培养语言学习的兴趣，掌握基本的英语交流与沟通能力，在听、说、读、写方面相对侧重听说部分。

而在本国执教英语语言与文学，除了语言运用方面的知识和技能，也需要在文学方面培养学生的审美与共情能力、深度理解能力、信息加工能力、批判思维能力和创造力，而后者对新手教师的挑战显然更大。

芬恩在高中时最感兴趣的学科包括历史、英文和艺术类课程。提到创造力相关的学习经历，他的第一反应是历史课的戏剧表演。在第三次实习前后两次访谈中，芬恩均提到了他对戏剧表演活动的推崇。

这个表演活动给了我们很多自由发挥的空间。我们当时已经非常了解那段历史的基本知识了，所以在改编方面没有遇到任何问题。而且我们已经学了一个单元课时，这个戏剧表演是后期的一个学习活动。它给了我们一个完全不同的表达窗口——我是说和单纯地记忆课本知识和答题相比，这是更加灵活的形式，可以展示学到的知识。

而且，改编历史剧给了我们更多的主动学习的责任感吧。我们绝对不想在其他同学面前出糗（笑），所以心想着必须要把剧本、服装和表演做到位，这就要自己课后多钻研、排练。回想起来，我们的排演从专业角度看可能是闹腾吧，有些地方现在看来还处理得比较幼稚，但最终结果还是不错的。我们给自己定了很多课本之外的学习任务，而且都完成了。

加入 PGDE 项目之后，我的感受是，舞台剧表演无论是视觉还是肢体语言的运用都比较有趣。即使过了这么多年，当时表演的戏剧台词和历史知识还历历在目。可以说，戏剧为学习者提供了一个开放的创作机会。它涉及音乐和舞台艺术创作、语言的使用、现实或者历史生活背景，即使是在历史上发生的故事，也是基于相对真实的生活背景而产生的。

参与者可以展示个性——因为不同的人对相同的文本和表演情节往往有不同的观点，呈现出来的氛围也不同。当然，我说的解读和创作要在一定前提和框架之下。就是说，首先要对剧本，或者相关的历史文化背景有比较深的理解，表演才会得心应手，至少不会出戏或者大大偏离创作意图。总的来说，戏剧表演给人们愉快的创作空间，这也是一种个人探索的好方式。

芬恩同时指出，虽然他认为英文课本质上是富有创造性的，但他中学时代的英文课相当枯燥，教学严格基于教科书，学生们总是老老实实地坐着上课，朗读课文，写作品赏析等等。

现在回想起来（自己的中学经历），我更加坚定地认为英语是一门基础学科，是培养学生批判思维和分析能力等能力的重要工具。我个人认为，有创造力的英文教师往往能在课堂上给学生提供既丰富多彩、富有启发性，又与学生学习和生活相关的主题。

比如第二次实习的时候，我选择了一个有点"与众不同"的跨学科学习主题——战争。我觉得英文不仅仅是机械地完成听说读写任务，更应该作为批判性思维的加油站。战争这个主题更有现实意义，无论是古代历史上的战争，近现代的战争，还是时事新闻里正在发生的战争，都是影响我们人类生存环境和社会变化的重大事件，需要我们给予更多关注。

在这个主题单元中，我选择了不同文体、媒介的素材，包括以战争为主题的诗歌、小说、讽刺漫画，以及涵盖当下国际社会地区冲突战争的新闻视频。我把学生们分成几个小组，每个小组分配一种类型的文本讨论学习，再相互交流学习体会。这个班级非常闹腾，但这就是我想要的那种"闹"（笑），学生之间有很多观点的碰撞。

其他受访学员大多将创意写作单元作为发挥教师创造力，以及培养学生创造性思维和想象力的最佳机会，芬恩则在访谈伊始（第二次实习结束时）便明确强调英文学科需要关注学生身边的现实社会，尤其需要关注数字技术时代多元信息的搜索、筛选、批判性加工和分析能力发展，认为这是英文学科作为基础学科必须承担的任务。芬恩将这一观点归因于他的个人兴趣以及双学科专业背景。下文将继续介绍芬恩在职前教师阶段的成长历程和心得。

2. 历史视角下的语言文学教育改革进程

在参与访谈的 PGDE 英文学科学员中，共有三位拥有英语和历史双学士教育背景——查理、芬恩和尼尔。在三位学员的叙事脉络和内容中，芬恩较为明显地受历史学科思维的影响，倾向于从历史演进的视角看待英文学科，反思英语文学教育问题。

芬恩在两次访谈中均提到了语言文学教育在英国（以英格兰为代表）以及苏格兰地区的历史演进和新动态。回溯西方主流文化公认的源头，古希腊"三艺"文法、修辞学、辩证法，既包含语音、词汇、语法和句法等语言学习和理解的基础，为人们正确地理解和运用语言进行交流，阐述观点打下基础。修辞学侧重演讲技巧、论证方法、修辞手法的培养，尤其注重如何有效地使用语言来说服、影响和感染他人。辩证法则在前两者的基础上对思维能力、逻辑推理和论证方法提出了更高的要求，帮助人们发展批判性思维和创造力。

世界上公认的西方最古老的大学是意大利的博洛尼亚大学（University of Bologna），被誉为欧洲大学之母。古罗马帝国漫长的统治期间，拉丁文教育被视为"学术正统"（芬恩用语），而今天意义上的英语、苏格兰盖尔语还是尚未完善的区域性方言。

公元 6 世纪，奥古斯都及其追随者在英格兰建立文法学校（the grammar school）和歌咏学校（the song school），开启拉丁文基础教育。11 世纪起的中世纪，英格兰和苏格兰相继成立英国最早的大学：牛津大学、剑桥大学、圣·安德鲁斯大学，这些古典大学的核心课程（arts foundation courses）文法、逻辑和修辞学依然沿袭了古希腊和古罗马的高等教育模式，并增设了算术、音乐、几何和天文学的学士和硕士教育。此后，面向贵族和乡绅精英的高等教育机构在英格兰和苏格兰得以发展（见本书第二章）。拉丁语以及深受拉丁语影响的法语在中世纪很长一段时间内是欧洲的官方通用语，是学术发展的必修课。

直到 16 世纪末 17 世纪初，少数大学才开始在古希腊语和拉丁语之外增设英文和现代语言学科。拉丁语的权威学术地位乃至精英社会阶层地位的象征意义依旧稳固，但英语在英格兰以及盖尔语在苏格兰地区已经蓬勃发展。

根据史料文献推断，官方用语和教育领域的语言学科的转向主要由于英国手工业、商贸得到长足发展，城市兴起，中产阶级、商人和市民用本土语言交流的意愿强烈；此外，本土语言、文学多年来与其他语言交流互鉴，共同发展，加之文学巨匠的创新完善，逐渐形成了基于本国乡土民情和文化特色的学科体系。

作为土生土长的苏格兰人，芬恩本人的真实名字也源于苏格兰神话中的巨人勇士。他本人会说盖尔语口语，但不认得所有的盖尔文字。盖尔语属于印欧语系，大约在公元 500 年从现在的爱尔兰传到了现在的苏格兰。芬恩说，"苏格兰"这个词来自拉丁语"说盖尔语的人"。

芬恩认为，盖尔语、英语和爱尔兰语言的历史演变潜移默化地影响了当地人的表达习惯、国民性格和文化传统。"现在（苏格兰）高地和岛屿那边盖尔语的日常使用还比较频繁，在低地（沿海城市）地区主要通过诗歌、民谣、音乐、舞蹈这些艺术形式传承吧。"芬恩如是评价。在 PGDE 项目结束后，芬恩被一所中学录用为英文教师。但双学位教育经历依然深刻地影响着他的英文教师身份建构。

我觉得历史学科对我影响很大。包括从历史文化发展的角度来看过去和现在的英文基础教育。英文教师很容易陷入一个"陷阱"，我们自觉随便教什么都是很好的，是有意义，有创新性的——因为我们的文学著作、语言学知识那么广博，对吧，像是创意写作，它肯定能够培养想象力啊，理所当然。其实不一定的。我们从学科专家角度理解的学科创新和兴趣点，和孩子们眼中有趣、新颖、与切身需求以及社会变化相关的内容，其实是存在距离的。

很多学生对学习缺乏兴趣，他们经常不理解好几百年前写成的作品和当下的生活有什么关系呢？特别是一些中古时代的英文表达，本身与现实生活有距离。我觉得教师的创造性首先体现在能够将文本——无论什么时代和文化背景下的文本与现在的学生、现在的社会关注点嫁接起来。包括像古代"三艺"（古希腊）和雄辩术（古罗马时期）一样，注重英文学习对学生信息加工能力和批判性思维的培养。

研究者：你觉得英文教师要做到这一点有困难吗？

是的，并不容易。就像我说过的，我们很容易陷入本学科的思维方式之中，对经典文本和教学内容的"经典"解读过于熟悉，不容易跳出"盒子"看待问题——我觉得问题意识很重要。

英文本质上是一门基础学科吧，它是评论、批判对其他一切文本的一种工具，是一切理解的基础。英文不仅仅包括传统的文字文本，也包括视觉上的、数字化呈现的一些新媒体和素材。

我认为多样性和新颖性、时效性真的很重要。因为无论你正在阅读什么时代背景的文本，其实都是基于当下情境的共情和解读。哪怕是这么多年过去，你读莎士比亚的著作，依然可以产出新的想法，因为文本就像一个框，你总是可以把其他东西拉进去，包括不同的媒介，不同的学科和现实主题这些的。

我知道有些学生和老师抱怨过英文学科的实际意义，毕竟大家都会说英文（笑）。和其他学科相比，它似乎少了一些新鲜感。但是我真的觉得英文可以成为很强大的工具，用它来分析、谈论你感兴趣的任何主题。前提是你用一种大学科的视角来看待它。

从社会语言学的视角来诠释芬恩对英文学科演进的叙事，不难理解他想要表达的观点。英文学科的所谓经典和圭臬最初正是根植于市井商坊、田野乡间鲜活质朴的生活之中，在时代变化和产业革新的推动下逐步逆袭了象征古典精英阶层和宗教神权的拉丁语，成为不列颠群岛的主流用语。其后，随着工业革命的迅猛发展和国际格局的变化，英语成为欧洲乃至国际范围内应用最广的语言之一。

英文学术和文化教育领域的某些部分在一定程度上被视为优势社会地位的象征，例如，在一些人的刻板印象中，牛津腔、剑桥音就与劳工阶层的伦敦腔成为鲜明对比。所谓正宗的英伦英语与美式英语的流变，古典文学与现代通俗文学的对比，文字文本和多媒体、新媒体文本的对比等等。

而苏格兰推行中的"卓越课程"改革实际上推行的是回到学习活动的本源，回到人类探究新问题的现象本源这一认识论转向，旨在消解传统单一学科知识领域的"文化霸权"（艾琳女士语）与评价标杆，促进多元的、开放的、以人为本、非线性的学习、探究和创造过程。

具体在英文学科领域，"卓越课程"看似激进地提出了"无教科书"课程设计和学生主动学习的理念，这不是要抛却学科基础知识框架，而是悬置（epoché，胡塞尔现象学概念）传统的、单一的、脱离现代社会新动态的规范和教条，转而将关注点放在当代与当下，聚焦到微观层面某个学生群体乃至个体的多元兴趣、成长需求，以及生活中的新问题、新挑战和新困惑。其核心在于帮助学生寻找问题，学会提问，学会学习，乐于终身学习。因为单纯地记忆、提取封闭式的答案已经远远跟不上技术日新月异的当代社会发展了。

当然，一些扎根于苏格兰社会文化的核心价值观不仅没有被弱化，反而通过这种"无教科书"课程设计和学生主动学习的理念与实践策略有机地融入了各个学科的学习活动之中，以此塑造新时代的苏格兰国民身份认同。

可见，"卓越课程"改革围绕的核心是培养面向未来、面向世界劳动力市场、综合能力出众的苏格兰公民。而托举这一目标的是教育政策是赋能社会各阶层——尤其是保障弱势家庭背景学生获得差异化、个性化支持的机会。课程改革和教师教育系统着力重构的是知识观的重大转变，推崇的是学会主动学习、学会解决问题的教育观。

而芬恩的双学科专业背景和教育理念实际上契合了"卓越课程"改革的方向，尤其与英文学科的学与教新型课堂模态的持续革新相吻合。如果从学生素养和能力的角度来说，世界之大变局、新技术情境之下的语言文学教育应当侧重学生高阶思维与应用能力的培养，而目前学界普遍认同人类高阶思维与应用能力集中体现于批判性思维能力和创造力方面。

3. 英文学习的创造性与自主探究活动

基于芬恩的专业背景和英文教育理念，他在入校实习期间有意识地围绕创造力和批判性思维培养，以及数字化学习环境两大方面设计相应的教学单元和学习活动。芬恩的叙事主要围绕上述两大方面的主题展开。同时，访谈数据也反映了一个有趣的共同点。和许多学员一样，芬恩在进入中学教育伊始，无意识地自我带入学生角色，基于自己作为中学生时的所见、所闻、所感、所思，结合学科专业知识和教育理念，以此设计单元教学计划和学习活动。

我觉得对创造力培养最有帮助的形式是感知情境的创设，还有戏剧表演活动。前者更侧重信息的输入，后者则是输出的窗口，把学生的内在思维具象化。我尝试使用很多与感知刺激相结合的素材来营造情境。

比如围绕一个主题的电影、纪录片和新闻视频、音乐、图像的多元呈现，以多种（感知）通道来激发学生的兴趣和主动思考。有时候这比直接给他们呈现一个文本，让他们研读更能激发他们思考的意愿。当然，这也取决于整个单元的主题和学习任务设计，还有学生的年级和整个班级的（学习）水平。

举个例子，我在第二次实习的时候选择了一个以戏剧为主题的单元。学习材料选的是特蕾莎·布雷斯林（Theresa Breslin）的《分裂之城》（*Divided City*）。[①] 其实这是一本以格拉斯哥为背景的青少年小说，后来被改编为一部舞台剧，并且在当地的市民剧场上映，很受欢迎。我选择的是舞台剧本作为单元学习的文本。我觉得它很有趣，除了全都是青少年表演的戏剧外，还加入了歌舞。

研究者：它讲的是什么故事呢？

它的开头有一些悬疑、冲突，故事主线是少年球队里两个男孩的友谊，背景是格拉斯哥文化、宗教信仰和社会阶层的分裂，特别是天主教、新教社区之间的紧张关系，还有一些移民儿童家庭融入当地社区的一些问题。剧本中有真实的城市社会背景，很多孩子们最喜欢的运动足球，也有很多戏剧化的转折和冲突，加上一些紧张刺激的氛围，一些对社会问题、青少年社交的思考，正是这个年纪的学生生活中会遇到的一些成长议题。

苏格兰的英文教师——包括实习期仅为 5～6 周的实习教师——在设计教学单元时首先必须对班级学情进行分析，着重关注有特殊需求的学生（多动症、阅读障碍、听障、自闭症儿童等）、母语非英语和使用多语言的学生、学习困难的学生以及因为其他原因需要特别关注的学生。在学情分析的基础上，阐述文本选择的教学思考，涵盖每个大单元的整体设计（一般为期 1～2 周）、每课时的学习任务与活动流程设计，单元学习成果呈现及对应的课程基准评估，以及最终的教师教学反思。

可以说，一个单元的课程材料就是一个厚实的素材库，相应的单元教学实践就是一个微观的师生、生生互动生态节点（nodes），可在纵向上发展为围绕一定主题、横跨若干年级、具有无线延展性的课程线（strands）；也可以在横向上与学科教研组的其他教师讨论交流，共同积累素材库，不断完善；或与

[①] 《分裂之城》（*Divided City*）是 2005 年出版的小说，主要面向 9～15 岁的读者，亚马逊有评分 4.3/5。作者特蕾莎·布雷斯林（1947 年— ），苏格兰著名儿童文学作家，苏格兰文学研究协会的荣誉会员，1994 年获得卡内基儿童文学奖。已出版 50 多本儿童与青少年小说、绘本。

同年级其他学科教师进行跨学科协调合作，形成具有内生力的课程交互网络（networks）。

芬恩在这个初二年级小说单元的文本选择上下了一番功夫。单元设计教学时间为两周。这个班级的学生大多是12～13岁，有个别母语非英语的移民子女和一位多动症儿童。原著小说对大多数以英语为母语的学生来说阅读难度不大，但特殊需求儿童和移民后裔可能会对大段的书面阅读和理解产生畏难情绪，从而降低参与学习活动的积极性。

舞台剧本相比原著小说做了一些删减和改编，分幕进行，篇幅适中，而且真实的舞台剧完全是由格拉斯哥当地青少年表演社团的小演员完成的，更贴近学生的现实生活。芬恩还搜集了相关的表演、幕后访谈视频资料，与文字文本相互对应，从多种媒介和感官通道出发，为学生理解文本，以及本文背后的创作巧思提供开放性的讨论、自主探究空间。帮助学生进一步思考更深层的青少年成长、社会公平、宗教与文化问题。

虽然芬恩在这个单元的设计中没有统一要求所有学生都完成阅读整本书的任务，但大多数同学在自主学习时间完成了小说或剧本的全本阅读，并选择自己喜欢的议题和角色完成了评析类小论文作业（个人作业）。此外，芬恩在单元最后的成果汇报环节采取了集体戏剧表演的形式，让学生自由分组进行微戏剧的改编创作、编导和表演，在服装、化妆与舞台布置、道具准备等方面也有专门的小组负责。

这一表演任务的设置也使得学生们完成小论文的积极性空前高涨，达到知情意行的和谐一致。本单元的学习基于英文文本，但又超出了语言文学本身的阅读理解、修辞与写作技巧、创作思路解析等知识点，扩展到了对学生周边真实生活和社会问题的探究与反思。

有些同学利用影视课学到的分镜知识去绘制场景、设计草图，还有尝试自制服装的、配乐的……这很有趣，我试着尽可能多地让学生自己主导这出戏剧。看他们讨论如何布置教室当作舞台，怎么表演更符合人物内心冲突等等，这些都超出了我的预期。

我发现戏剧表演真的非常具有创造性，它允许教师在教学中发挥创造力，也允许学生调动综合因素去实现他们的想象，实现他们讨论的议题。总结性评估相对而言比较封闭，比如写一篇人物小传，比如模仿某个小说片段对城市景物的描写等等，基本上有一个相对客观的标尺可以对号入座。而表演活动允许有更多的灵活性，每个学生都可以很轻松地各抒己见，这很好。

图 4.4 "分裂之城"戏剧海报①

研究者：你刚才提到学生利用很多其他学科的知识，比如影视、摄影、绘画、音乐和戏剧去完成这个舞台剧的改编和表演，你觉得这是跨学科学习吗？

芬恩：跨学科学习的话，我们（这个实习学校）有专门的跨学科学习日。比如，有一个以"1960年代"为主题的跨学科学习日，我带了一群——7个孩子吧——制作了一首有20世纪60年代风格的歌。这挺难的。

他们仍处于初二年级，音乐知识和技能水平较为基础，且未曾接受过专门的音乐培训。但他们真的做得很好，利用编曲软件和音频资源自己做了一首歌，很有创造力。毕竟20世纪60年代距离他们还挺远的。

研究者：为什么会选择上世纪60年代为主题呢？

哦，这是学校拟定的跨学科学习日主题，每年都不一样。我觉得可能是基于历史学科的主题吧，想要鼓励学生去了解那个历史时期。当然，主题是开放的，学生可以选择时尚主题，当时的社会和政治议题，他们可以做马丁·路德·金相关的议题，制作一个新闻汇编等等，有很多灵活的选择。我觉得这对青少年很有好处，他们正是思维活跃的时期，可以尽情地展现自己的想象力。学校也鼓励他们这么做。

---

① Bloomsbury. Divided City［EB/OL］.（2024-01-01）［2024-01-01］. https://www.bloomsbury.com/uk/divided-city-9781408181591/.

芬恩的叙事一开始并未将英文课上的创造性活动和跨学科学习联系起来。在后续与研究者的交流中，芬恩认为，一个富有创造性的、扎实的英文课本身就具有一定的跨学科性，从实际生活相关的主题出发而设计的课程，一定会具有跨学科的属性，因为现实生活中的问题是很难只通过孤立的学科知识和技能去探究、去解释的。加之英文学科对当地学生的基础性、工具性作用，英文的学习和教学引导必须为学生发展其他领域的知识和技能打好基础。

通过其他学员以及 PGDE 项目导师的访谈可以验证，在苏格兰课程改革背景下，基于学科问题和主题而开发的教学单元往往需要注重其与学生现实生活、个人兴趣与需求之间的紧密联系，因而具有跨学科探究的特征。不过，大多数学校每学期都设有专项的跨学科教学周、开放日等活动，这一语境下，跨学科学习特指三门及以上学科教师之间的协同合作，所设计的融合式跨学科学习单元及学习活动。

融合式是指多门学科之间必须围绕一个基于社会现实发展的实践性主题展开设计，单元中的每个课时可以侧重某一门或若干门学科的知识与技能应用，但彼此之间必须有机结合，且符合学生的知识与能力发展阶段；任务设计必须具备实践操作的可能性，不能为了跨学科而将学科知识点人为割裂、刻意拼凑。

4. 教师形成性评估与"卓越课程"基准

包括当地教师、家长和社会人士在内，许多人对"卓越课程"改革持批评观点，争论的焦点在于课堂确实看起来越来越"热闹"了，但学生们学到的知识似乎明显变少了。从课程改革的总体思路来看，这种批判观点确实有理有据。因为"卓越课程"的确主张改变被动的知识传输（transmission）和机械性记忆、提取知识和信息（regurgitating information）的教学法，转而提倡教师引导学生培养学习兴趣，参与自主学习，通过活动学习，掌握、提升实践性技能。教师则有充分的空间进行课程设计。

"卓越课程"改革对教师提出了更高的期望：教师需要不断反思教学理念和教学行为，具备在热闹的学习氛围和场景中保持相对冷静的判断力和果断的执行力，有效地组织小组合作活动和自主探究学习活动，及时、恰当地给予学生反馈，完成针对每位学生的形成性评估，做好跟踪记录，以便在学年结束时完成每位学生的发展评估报告。虽然是小班教学，但精耕细作中的劳动与情感投入却非同小可。

对新手教师而言，工作中最大的挑战往往在于如何恰当地进行学情预估与分析，并合理设计与实施形成性评价。在职前教师教育阶段，上述专业知识和能力主要来自三个方面。

首先，大学 PGDE 项目中的课程不仅提供了专业知识和技能的来源，更为学员提供了广泛的交流平台。课程主要包括必修课《学科专业课程与教学》（C & P），如英语专业课程与教学学习、数学专业课程与教学学习等。促进教师教学综合能力与跨学科专业学习的《专业研究与实践》课程（PS），以及满足学生教师专业发展需求的选修课程，例如《特殊需求儿童》《手语》《发展心理学问题研究》《多媒体技术应用》《教育公平专题研讨》。

其次，来自实习期间指导教师和教研组类似师徒的言传身教。

第三，来自"卓越课程"相关的政策文件、实践手册、教师指导等，除了学员自习外，相关政府部门的政策制定者和主管会定期到大学进行专项讲座。

"卓越课程"政策文件涵盖了各学科的连续性"基准"及各学段的学科"基准"，为学生自主学习和教师形成性评估提供了一定的参考方向。英文科目3～18岁的卓越课程"基准"统一分为听说、读、写三大模块。下表4.3摘录了初中阶段（S1—S3）阅读模块的"基准"内容，以供辅助说明。

表4.3 苏格兰"卓越课程"英文学科初中阅读基准

	课程组织者	学习经验与成果：学习、教学和评估测试的导向	评估基准：教师对学生学习成果进行专业判断的依据
阅读	◇享受学习，自主选择：在一个充满激励和挑战的学习环境中，学生能够将文本与生活中的问题联系起来。	◇我对阅读抱有长期的兴趣，能定期筛选文本，阅读、收听或观看多媒体文本，享受阅读的乐趣； ◇我能清晰表达为什么这些文本能够满足我的成长需求，符合我的预期； ◇我能做到表达有理有据，逻辑合理，反映个性； ◇我能够搜索、筛选获得阅读资源的途径，不断拓宽阅读面。	◇学生对阅读抱有长期兴趣，能够选择感兴趣的多元文本，掌握获得阅读资料的途径，能够对阅读内容进行思考； ◇学生能够对阅读文本进行恰当的反思、反馈，能够表达个性化的观点； ◇学生能恰当地分析、表达为什么某个文本或阅读途径能够满足自己的多种发展需求和学习目标。
	◇运用多种工具进行阅读：帮助学生逐步学习更加复杂的以及陌生的词汇、思想、语法和篇章结构，巩固已有的学习成果，并逐步提升学习水平。	◇我能增加自己在标点符号、上下文呼应、语法和文章架构方面的知识积累。同时，我能够应用这些知识，越来越顺畅地阅读陌生的文本，加深对新文本的理解，能够更好地表达我对文本的思考； ◇在阅读前、阅读时和阅读后，我能够选择、应用恰当的阅读策略，并搜索、筛选合适的信息资源辅助阅读，还能够自我评估阅读成效，自我检验阅读的理解程度。	◇学生能够流畅、合理地阅读多种文本，理解文本并合理表达自己对文本的思考； ◇学生能够运用相应的语言和语法知识阅读、理解陌生文本； ◇学生能够采用一系列恰当的阅读策略阅读、分析文本，例如，略读、扫读、预测、澄清、总结和分析。

续表

	课程组织者	学习经验与成果：学习、教学和评估测试的导向	评估基准：教师对学生学习成果进行专业判断的依据
阅读	◇信息搜索与使用：在阅读小说和非小说类文本时，学生能够理解更加复杂的理念、文体与篇章结构和特定词汇，具备信息搜索与加工使用的能力。	◇基于我所掌握的不同文体特点的知识，我能够对所需要的信息进行搜索、筛选、归类、使用。 ◇我正在学习如何做阅读笔记，并给相应的笔记制作标题索引，学会运用笔记理解信息，探索相关的理念，发现问题，基于上述思考创作新的文本。	◇学生能够利用目录、索引、标题、小标题和图表阅读小说和非小说文本，并能够恰当辨别和查找关键信息。 ◇学生能够根据不同目的，在给定标题下做笔记。
	◇理解、分析、评估：学生能够探究、调查和赏析小说与非小说文本中的复杂思想、文体与篇章结构和专业词汇。	◇我能辨别并思考文本的多种创作目的和主要思想，以展示我对不同学习领域的理解； ◇我能回答不同类型的问题，完成多种精度的学习任务，并学习如何提出我自己的反思问题，以此展示我的理解程度； ◇我能区分什么是观点，什么是事实，基于多种信息来源形成我自己的观点； ◇我能够分享我对文体与篇章结构、人物和背景的理解和观点，了解作者的创作意图，并将其与我本人的经历联系起来，同时还能；评论作者的选词、用词和其他创作特点。	◇学生能够辨别文本的主要思想； ◇学生能够对文本的创作目的提出适当的见解； ◇学生能够回答关于文本的措辞、逻辑和评估性问题。 ◇学生能够提出恰当的问题以帮助理解文本； ◇学生能够认识到事实和观点之间的区别； ◇学生能够提出自己对人物、作者的语言使用、文体和篇章结构、背景的看法； ◇学生能够提出自己对作者意图的看法，并将自己对文本的理解恰当地与个人经历联系起来。

以芬恩叙述的初中二年级《分裂之城》舞台剧研读单元为案例，带入相应的"基准"内容，不难发现"基准"的各项指标给学生和教师留下了较大的自主解读和活动空间。"基准"的主要维度也与传统的以学科知识和结构为基础的课程标准有所区别，侧重于学生兴趣、生活需求和与高阶思维相关的实用技能发展，各项陈述之间的逻辑关联看似松散。

三大维度中的"学习经验与成果"维度从学习者的第一人称视角出发，情景式的描述让学习者更有代入感。"课程组织者"维度尽管面向教师，旨在为教师的课程设计提供引导，但仍然以学习者学习经验的获得和兴趣的发展为中心。最后一项"评估基准"维度则罗列了一些学习成果的外显特征，表现为具体的学习行为，旨在为学科教师提供参考依据，对学生学习成果进行专业判断。

芬恩的单元整体设计、课程设计和学习活动设计都需要参考"基准"的框架，基于班级学情而论述设计的合理性、特点和预期学习目标。虽然本单元的学习重点在于阅读，但剧本分析过程中小作文的撰写明显设计写作模块；而选择课堂微戏剧表演活动作为单元学习的成果展示形式，显然也涉及听说模块的学习目标。

如果说"基准"给初中学科教师搭建了一个课程设计的支架（"scaffolding"，受访者语），那么具体的建材砖石则来自学校和教研室的集体智慧，以及教师的个人的创造性特色（"personal creative touch"，受访者语）。因此，苏格兰当地同一学期、同一年级、同一学科的课程和教学情况可能大相径庭，各有精彩之处。

仍带有标准化色彩的是初中三年级开始的苏格兰"国家标准化系列考试"，仍采用统一命题的方式进行。但除了定时的标准化笔试之外，仍有一些科目的部分项目采用提交作业收入学生档案袋的形成性评价方式进行。

表 4.4　苏格兰"卓越课程"英文学科初中听说基准

	课程组织者	学习经验与成果：学习、教学和评估测试的导向	评估基准：教师对学生学习成果进行专业判断的依据
听说	◇享受学习，自主选择：在一个充满激励和挑战的学习环境中，学生能够将文本与生活中的问题联系起来。	◇我对各种文本的涉猎抱有长期的兴趣，能定期筛选文本，收听或观看多媒体文本，乐在其中； ◇我能清晰表达为什么这些文本能够满足我的成长需求和预期，同时能够做到表达有理有据，逻辑合理，反映个性； ◇我能够基于个人选择和偏好筛选主题、目的、形式和各类辅助资源，创作多种文本。	◇学生能够定期自主选择口语表达的文本，并给予合理的理由，解释为何选择这些文本或资源，以更好地满足自己的学习需求与期望。
	◇运用多种工具听说：帮助学生在与人交流沟通、表达观点的过程中逐步提升学习表现。	◇在与他人交流的过程中，我能够给予相应的反馈，鼓励他人参与讨论，认可他人有权利持不同的观点，各抒己见； ◇我能够基于自身立场和角色给出相应的、恰当的反馈，反思交流的内容，必要时做出进一步解释与澄清，或在思考后修改自己的观点； ◇在探讨和分析口语交际特点的基础上，我能够运用这些知识，灵活运用适当的口语表达方式，既契合我的表达目的，也为受众群体所认可和接受。	◇学生能够在小组讨论或合作工作时定期发表意见，贡献相关的想法、知识或观点，并能阐述相关的支持论据，有理有据； ◇学生能够适当回应他人的观点，反思、改进或调整自己的想法； ◇学生能够学会倾听，并理解他人的讨论与观点贡献，包括提问或问题回答、澄清或总结，支持或挑战某一观点的想法和理由； ◇学生能够恰当地运用口头和非口头表达技巧来提升交流效果，包括眼神接触、肢体语言、重音、语速、语调和一些修辞手法； ◇大多数情况下，学生能够根据口头表达的目的和受众情况，使用适当的语气、词汇、表达方式。

续表

	课程组织者	学习经验与成果：学习、教学和评估测试的导向	评估基准：教师对学生学习成果进行专业判断的依据
听说	◇信息搜索与使用：在倾听信息、观看多种文本素材，以及交谈的过程中，学生能够理解更加复杂的理念、知识结构和特定词汇，具备信息搜索与加工使用的能力。	◇基于我所掌握的不同文体特点的知识，我能够对所需要的信息进行搜索、筛选、归类、使用。 ◇我正在学习如何做阅读笔记，并给相应的笔记制作标题索引，学会运用笔记理解信息，探索相关的理念，发现问题，基于上述思考创作新的文本。	◇学生能够利用目录、索引、标题、小标题和图表阅读小说和非小说文本，并能够恰当辨别和查找关键信息。 ◇学生能够根据不同目的，在给定标题下做笔记。
	◇理解、分析、评估：学生能够探究、调查和赏析小说与非小说文本中越来越复杂的思想、文体与篇章结构和专业词汇。	◇我能辨别并思考文本的多种创作目的和主要思想，以展示我对不同学习领域的理解； ◇我能回答不同类型的问题，完成多种难度水平的学习任务，并学习如何提出我自己的反思问题，以此展示我的理解程度； ◇我能区分什么是"观点"，什么是"事实"，基于多种信息来源形成我自己的观点； ◇我能够分享我对文体与篇章结构、人物和背景的理解和观点，了解作者的创作意图并将其与我自己的经历联系起来； ◇我能评论作者的选词、用词和其他创作特点。	◇学生能够辨别文本的主要思想； ◇学生能够对文本的创作目的提出适当的见解； ◇学生能够回答关于文本的措辞、逻辑和评估性问题。 ◇学生能够提出恰当的问题以帮助理解文本； ◇学生能够认识到事实和观点之间的区别； ◇学生能够提出自己对人物、作者的语言使用、文体和篇章结构、背景的看法； ◇学生能够提出自己对作者意图的看法，并将自己对文本的理解恰当地与个人经历联系起来。
	◇创造文本：学生运用所听、所闻、所学的要素来创作不同类型的短篇和长篇文本，而且创作的文本中包含越来越复杂的思想、结构和词汇。	在不同场合倾听他人发言，与他人交谈时，我能够： ◇交流相关的信息、想法和观点； ◇解释清楚前因后果、相关概念和思想，发现、辨别相关的议题，总结收获，得出结论； ◇在与他人交流的过程中，不断提升学习能力，培养自信，做到观点表达清晰、流畅且生动，并学会独立筛选与组织相关信息和资源。	◇学生能够在各种情境中清晰且富有表现力地与人交流； ◇学生能够清晰阐述自己的观点，并运用适当的细节或证据进行有力佐证； ◇学生能够条理清晰地组织思路，并以有序的逻辑顺序呈现自己的想法。 ◇学生在演讲时能够尝试用其他策略吸引听众的注意力； ◇学生能够恰当使用接续词、转折词之类的策略承上启下； ◇学生能够根据交流目的、情境和听众，灵活运用恰当的语气和词汇； ◇学生能够尝试使用口头和非口头技巧，进一步加强与听众的交流和互动，例如眼神交流、肢体语言、语气、语调、语速和一些修辞手法。

"卓越课程"官方文本声称:"'基准'为教师提供了清晰的指导,简明扼要地阐明了学生在各个阶段应达到的标准,概述了他们在各个课程领域需要达到的目标,帮助教师全面追踪、监督与评估学生的学习进展。"文本进一步解释了教师评估的循证来源于学生课堂参与、校内日常游戏、活动、社交的表现等;既包括课程作业、测验的表现,也包括课堂讨论、小组活动的参与和贡献,师生对话,每学期的整体发展评估,以及相关标准化测试的结果。

如表 4.3 和 4.4 所示,从英文阅读和听说两大模块的"基准"可以看出,尽管"卓越课程"强调灵活性以赋能学校、教师和学习者,在学期内自主规划决定学习的文本、进度和主题,但这也带来了显著的挑战。这意味着教师、学校教研组需要花费更多的时间和精力进行全局规划,而教师对学生学习进度的跟踪和形成性评估也远比终结性评估来得困难,教师评语可能招致过于主观的批判。

5. 热情是创造力的养分,教师是"圆形战士"

关于教师创造力及培养学生创造力的问题,芬恩在职前教师教育结束时对自身的专业成长进行了再度反思。他的叙事从教师"做创造性工作"的难题切入,重点探讨了三个方面的困难与挑战:第一,教师工作量大,任务繁重;第二,学生学习的积极性不足和课堂教学配合度不高;第三,教师情绪消耗严重,易产生职业倦怠。

> 其实,我觉得(教师)要拥有创造力(be creative)还是挺难的。因为工作中总会发生太多事情,教师很容易陷入一种,怎么说,像程序一样"例行公事"的自动循环,"眼前的事情要尽快处理完,好进入下一个环节"这样无尽的循环。
>
> 我上过的最愉快的、最有创造性的课,我记得自己尽可能地尝试了许多有创意的东西,它已经变成了跨学科的课,而不仅仅是本学科的语法、阅读分析这些。我的意思是,它依然是一节扎实的英语课,学生可以获得关于文本的知识,回答一些英文学科的问题。但我们谈论的不仅仅是这个特定的文本,它扩展到了更多与现实生活相关的议题,有更加开放的探究空间。

基于 PGDE 课程的学习强度和学时的紧凑度,在实习期间,芬恩发现自己很难像他进入学校前期待的那样具有创造力,有恰当的时机去大胆尝试一些全新的教学理念。正如查理和其他学员谈到的那样,学员在实习期间要接受指导教师和教研组的评估考核。

另外,每个学校、班级的风气和具体学情不同,多数学员会采取相对保守的策略以求安稳通过考核。尽管稳字当头的心态占了上风,许多学员依然会做一些创造性的尝试。这不仅仅是为了调动学生主动学习的兴趣和参与度,也有助于实习教师实现自我价值，验证自己的教育理念。正如芬恩所言，一堂精彩的课程不仅能激发学生的兴趣，带来良好的学习体验，还能使教师全身心投入，乐在其中。

我在实习前设计了很多我认为很有创造性、有趣的课程设计，我觉得很适合这个年级的学生。但有些学生不愿意配合，导致一些活动没法开展……确实很受打击，感觉你花了那么多心血去搜集资料，去设计活动，结果却是浪费时间。

研究者：你觉得学生不配合的主要原因是什么呢？

这可能是苏格兰学校教育的一个常见问题，中学生缺乏学习动力。小学的孩子还保留着好奇的天性，比较乖，愿意听老师的话。中学生的情况就复杂一些，也不是说所有的学生都这样，但是……很多学生就是懒得动脑筋，懒得动手，如果能有一些课堂行为问题拖住教师的时间，这堂课就什么活都不用干了。

研究者：你们会布置家庭作业吗？

很少，一般是活动性的（作业）。你不能指望学生回家还会做书面作业（笑）。我们尽可能在课堂上完成学习活动和作业，也就是学习结果的呈现。

有一次，芬恩怀着对教育的满腔热忱，精心设计了一系列富有创意且多元化的课程，希望能激发学生的学习兴趣。然而，现实却是学生们的参与度远低于预期。更令人沮丧的是，他不得不打乱原本的活动计划和授课节奏，去讲解一些学生本应在小学阶段就已掌握的基础知识。

在紧张而短暂的实习期间，学生们的消极反馈有时会令芬恩颇为沮丧。然而，实习结束后，芬恩经过一段时间的沉淀与思考，深入剖析了导致学生参与度低下的根源。他发现，问题主要源于两个方面：一些学生存在注意力缺陷和问题行为，如过度寻求同伴和教师的关注、言语霸凌、无故旷课等等。另一方面，许多学生缺乏内在的学习动力。

从教育环境来看，芬恩认为"卓越课程"在小学阶段缺乏标准化测试，导致学生在升入中学后所掌握的知识和技能参差不齐。这种复杂的学情给中学教师，尤其是新手教师和实习教师，带来了猝不及防的挑战。芬恩说："有时学生口口声声说不知道一些非常简单的词汇和知识点，这让你难以判断他们究竟是真的不懂，还是在故意拖延时间。"

除了学生、课程和评价体系本身的因素外，新手教师教学实践经验的不足、课堂应变能力的欠缺，以及对学情的把握不够精准，都是导致课程互动效率低下、学生参与度不高的主要原因。正如艾琳女士所言，教师可能"倾注了大量热情和精力设计出一门极具趣味性的课程，却往往忽视了为学生创造既有趣又实用的学习体验"。

作为一名刚踏入中学课堂的实习教师，学员往往习惯于从学科专家的角度思考课程设计的精妙之处，未能充分意识到在课堂语言中给予学生足够的解释与引导。这导致一些看似合理、有趣"的设计，在学生眼中却变得模棱两可、不知所云，从而失去了参与的兴趣和动力。

本研究的案例数据显示，教师有效的课程规划和教学实践，在很大程度上取决于教师对学生知识与技能掌握情况、学习偏好及策略的深入了解。实习教师在刚进入实际校园和课堂时，常常不经意间感受到理论与实践之间的鸿沟，发出"现在的学生和我们当年真的不同"的感叹。若学员能及时总结经验，反思改进，并善于向学生和指导教师学习，搜集反馈与建议，往往能够迅速弥合甚至跨越这道鸿沟。然而，若深陷其中，被焦虑与压力所困，实习教师的自我效能感与教学热情可能会受到严重削弱。

像大多数受访学员一样，芬恩在三次实习中积累了丰富的经验。其中，中学指导教师的言传身教和针对性指导尤为显著。芬恩特别提及了实习期间观察到的几位专业教师的创造性教学实例，并称这些实例为"教师个性延展至教学领域的典范"。

有些技巧看似简单，却效果显著（笑），学生往往对此颇为受用。比如，在课堂（小组）讨论时使用一张超大的海报纸和许多彩笔，这样能迅速吸引学生的注意力，激发他们的参与热情。类似的情境下，也可以通过在白板上书写或举办小组抢答竞赛，促使学生真正投入讨论、思考，并完成教师布置的学习任务，因为他们在同伴面前的表现仍然十分在意，且具有一定的好胜心。当然，同一招用多了就没那么管用了，教师需要把握新鲜感和节奏。

在实习期间，我搜集了许多数字化学习空间和工具，这些工具在教师实践中广泛运用，令我倍感新奇。这些数字化平台的确极大地拓宽了学习的广度。一些学生在课堂上不愿发言，或因性格内向，或因过于在意他人评价。

但在数字空间中情况截然不同。学生可以像在社交平台上一样，用头像代表自己，甚至可以匿名，或者至少使用个性化的网名发表观点，随后还能收到同伴的点赞与评论。这种方式显著且迅速地提升了他们的参与度，学生立刻变得投入而认真（笑）。

在这个学习空间中，学生对数字化交流表现得异常积极，渴望得到回应与"赞"，因此会更加努力地提出原创且独到的见解。这种互动无疑是激发他们批判性思维和创造力的有效途径。在第三次实习时，我使用了派德拉（Padlet）平台[①]，促成了一些极具趣味的讨论内容。

---

① 派德拉（Padlet）是一款类似于小红书和微信朋友圈的可视化在线平台，用户可以在其中同时分享文字和多媒体内容。该平台提供免费功能，同时也有多种收费服务，用户可以根据需要设置个人、群组或班级界面，并灵活选择是否公开分享。近年来，Padlet 在英国中小学教学中得到了广泛应用，许多学校购买了为教学定制的功能界面，以更好地辅助课堂教学。

为学生营造一个富有创造力的环境，对他们自信且舒适地分享想法至关重要。因为在课堂上表达创造性的观点，往往涉及个体的自我暴露和被别人品头论足的冒险，尤其是对于那些自我意识日益增强的中学生而言。这样一个环境的构建需要时间、关注和耐心，而这些恰恰是实习教师通常较为匮乏的资源。尤其当某些学生的现任教师尚未为他们引入这样的环境时，挑战就更为明显。

纵观整个职前教师教育阶段的专业成长历程，芬恩深感自己在教学实践经验方面取得了显著进步，但他认为最深刻的体验和成长在于对教师这一职业的角色、责任及其内涵有了全新的理解。若用一个词来概括优秀教师的特质，芬恩将其归结为热情。

这种热情既指教师在学科领域和社会教育领域中不断探究新知的激情，更指他们对学生成长的关怀与投入，以及追求职业成就感的动力。唯有保持这份热情，教师才能在繁杂的工作中不断践行"否定—反思—实践—再反思"的过程，去创造新的理念、课程设计与教学策略，去点燃学生批判性思维与创造力的火焰。

我认为，新手教师应先在课堂中"找到自己"，只有这样，才能在后续的教学过程中"找到学生"，并引导学生"找到他们自己"。

在真正进入课堂之前，芬恩对负责任的好老师的理解更多聚焦于专业领域的工作。实习初期，他试图与学生保持距离，以维护教师专业和权威的形象。然而，事实证明，这种方式并不奏效。课堂上的师生互动往往包含个性的碰撞和情感的共鸣，这是一种建立在信任基础上的人与人之间的即时交流，需要教师具备临场应变的智慧。芬恩说："在课堂空间里，教师和学生都会展现许多个性和私人领域的东西，这是我之前未曾预料到的。"如果过于强调专业和严肃，学生可能会觉得教师不真实且难以接近。

有些教师天生具备一种独特的个人魅力和气场。他们在学校和课堂上创造出一种特定的存在感，让那些平日里对学习缺乏兴趣、提不起精神的学生也愿意参与学习，并认真对待任务。在我第二次实习的学校，就有一位这样的教师，深受学生们的喜爱。他的语言引导清晰明了，所运用的教学技巧和课堂管理技巧自然流畅、行之有效，既不复杂，也不花哨，却很实用。

有一节课是在体育课之后，学生们有些昏昏欲睡，他课前和学生们开了几句玩笑，突然间，大家就开始用盖尔语一齐高声唱歌（笑）。这可能是当地的一种风俗，或是只有他们才明白的"内部梗"。神奇的是，学生们瞬间就振作起来了，后面的课程也变得顺利且生动，整个课堂气氛轻松愉快。这一定是教师与学生平时培养的默契。我意识到，教师与学生之间这种日常的互动、人际关系的交融，以及个性与情感的碰撞，与许多其他职业——如律师、医生、工程师——是截然不同的。

教师在课堂上、在学校里确实需要展现出一种特定的人格。其中既有你自己的个性，也有一些符合教师工作需要的性格。比如，你在生活中可能不太擅长社交，比较内敛，或者不是一个很主动的人，但在课堂上，你得表现出一种主动性，传递出自信的气场，明确你在课堂上的引导角色，还得善于运用语言和肢体动作。所以，我发现教师这个职业比我之前想象的要更私人化。

很多琐碎的事会占用你自己的时间，工作之外你也要投入大量的情感和精力。这个职业涉及很多你个人的性格、情感和私人空间，很难把私人和工作完全分开。这也是我需要慢慢去习惯的地方。我意识到教师可能是个全能型的职业。

研究者：能不能解释一下你说的"全能型"具体指什么呢？

就是说教师的工作包含很多方面，不是简单地上课、下课就结束了。在上班时间之外，你还得牺牲很多个人时间，这份工作也常常会触及你为人处世的一些本质的东西。如果把个人和职业分得太清，你跟课堂，跟学生就会显得很疏远，学生也会觉得你有距离感。你得融入课堂，像是"长"在教室里一样，直到那个时候你才会意识到这份工作占用了多少你的个人空间（笑）。

经过职前教育这段充满压力与成长的旅程，芬恩逐渐意识到教师的创造性对于保持教学热情至关重要。如果像他观察到的一些教师那样，只是机械地完成枯燥的教学常规工作，既不关心学科的发展，也不关注学生的成长，芬恩认为，除了维持生活之外，"实在看不出继续从事这个职业的意义所在"。经过职前教师教育的学习和实习经验，他更加明确了自己对教师这一职业的热爱，并渴望不断提升自我，成为一名更加出色的教师。

总结而言，芬恩认为，英文学科的教学核心在于帮助学生提升高阶思维和实践能力："学生学习的目标不是简单地复述信息，而是通过自主学习、与同伴及教师的交流支持，最终能够加工并创造新的知识。"对于学生而言，培养可转化的创造力、批判性思维和分析能力，并将其应用于不同学科与情境中，是实现学科迁移与未来发展的关键。教师的责任，正是在这一过程中，助力学生实现这些能力的提升与发展。

4.2.5 杰拉德 Gerald：专业身份的重构与建构

1."旅行博主"的转型之路

杰拉德成长于英格兰北部，20世纪90年代末，他就读于一所"知名公立中学"，并成功考入英格兰一所研究型大学，2003年取得英语与哲学双学士学位。在进入PGDE项目之前，杰拉德将个人兴趣与特长紧密结合，积累了丰富且多样的职业经历，生活堪称丰富多彩。他曾以作家的身份出版过多部文学作品，兼职从事摄影、导游、自媒体创作等，还担任过帆船教练。

当被问及为何选择在苏格兰从事中学教师一职时，杰拉德坦率地表示，他在担任苏格兰高地导游时，深深迷恋上了这里的风土人情。对苏格兰优美自然环境的向往，加上这里的生活成本相较英格兰更加适宜，最终促使杰拉德选择定居苏格兰，并"重返校园"展开新的职业旅程。

杰拉德是唯一一位主动联系研究者的受访者，因为他对创造力这个概念很感兴趣，他认为自己很有创造力（"a creative person"，杰拉德第一次访谈），并在创造力相关领域有较为丰富的经验（"rich experiences in creative work"，杰拉德第一次访谈）。杰拉德的自我经历叙事基本沿着上述两大脉络展开：第一，创造力是一种人格特质或者个性化的特征；第二，创造力需要通过一定的媒介展现出来，通常表现为具象的成果（"tangible outcomes"，杰拉德第二次访谈）。

创造力往往源自天性的爱好。杰拉德回顾自己的成长经历，认为童年和青少年的兴趣爱好指引他选择了现在的专业，从而影响职业发展道路。他在第一次访谈中多次提到，"我总是花很多时间做一些东西，比如手工、绘画这些"，"我经常用相机记录自己的旅行和生活，再配上一些文字"，"我很喜欢琢磨构图和光影这些元素，我觉得这也是一种创作，用你的视角去看待世界，或是世界的一角，最终呈现的画面其实是内心想法的折射"。他还说："我非常喜欢旅行。在旅途中，你总会遇到不同的人和事，见到新的东西，这些都能给你带来无尽的启发，尤其对于想象力和创造力而言，犹如火焰的燃料与氧气。"

在杰拉德看来，人人都拥有创造的天赋，只不过爱好、创造力的类型和天赋的深浅各有不同，这属于个性的一部分。因此，他认为创造力本质上是个性的一种表现。然而，某种创造天赋与潜能需要不断滋养，精进相关技能，提升自身素养，才能达到一定的成果水准。这个滋养与成长的过程往往需要投入大量的时间与精力，也需要经历漫长的积累。没有足够的热情与毅力，没有足够的"燃料"，爱好可能只能停留在"闲暇消遣"的层面。

创造可以是个性化的，是在"私人空间"中对自我的陶冶与消遣；但若想让他人感知到你的创造力，分享、理解你的创造性表达与成果，就需要借助某种具体的媒介（media）、窗口（outlets）或成品（products）。他人的评价便在此过程中，或隐或显地成为一种衡量标准。虽然杰拉德并未明确阐述这些评判标准对创造力的特质、过程及产品的影响，但他分享的一些个人经历细节颇为有趣，揭示了"创造性"或"创造力"这一概念的本质属性之一，以及随之而来的争议与风险——新颖性、原创性，以及对既定传统的叛逆与挑战。

回顾我的教育经历，唯一让我记得有创造性元素的学科还是艺术类，尤其是美术绘画与视觉艺术。艺术学科的老师们总是充满创意，我认为艺术作品总会带有某种程度的独特性，这一点非常有趣。自从进入 PGDE 项目后，通过专业课程的讨论和授课内容，我注意到如今学校教育对创造力的重视和实践，远比我当年求学时更为突出。

我的中学时代已经是二十多年前了。我完全不记得英文课上有任何与创造性相关的内容，大多数时间都在做练习、写论文；也不记得科任老师在课堂教学或培养我们的创造性方面表现出任何热情。到了高中 A-level 阶段，确实有一些对文本的深入讨论，这让我颇有启发，但那种讨论主要是为了申请好的大学做准备，而不是为了创造本身或个人兴趣。因此，以我的经验来看，创造力主要体现在艺术类科目中，包括音乐，但尤其是在美术方面。

我认为美术，或者说视觉艺术，拥有最大的创造空间，不像英文、历史或数学这些科目，它们需要基于一定的知识框架、客观事实来形成观点，或者对文本进行解析。

研究者：那么素描写生呢，这类美术活动是否也具备创造性？

我认为，即便是写生，依然拥有广阔的原创性空间。你可以按照自己的方式去表现。即使大家都在临摹同一个橡果，你的线条、光影、构图等方面依然能够展现出创造性。每个人笔下的橡果虽然源于同一个实物，但总会带有独特的个性表达。

在大学期间，我们大多是带着特定的问题或专业兴趣去分析学术作品。至于与创造性相关的……我记得有一门课程叫"戏剧叙事"（Dramatic Discourse），其中有一部分是创意写作，确实给了我们一些发挥创造力的空间。还有一门我没选的课程，朋友选了，叫"创意写作"，那门课完全是创意性的。

所以在我的大学里，整个学士学位大概需要 360 学分，但只有两门各 20 学分的课程明确侧重于创造性的发展。其他课程的课程大纲和学习目标当时并没有包含创造性的内容。当然，你也可以选择"创意写作"作为专业。我主修的是英文，因为相比之下，英文专业在选择上更为灵活。

研究者：更灵活的意思是？

也就是说在就业方面更加灵活。我选择英文而非创意写作，主要是出于职业规划的考虑。举例来说，如果我想从事法律、英文教学，或者其他与语言文学相关的职业，英文学位的认可度更高。创意写作则相对局限，甚至成为老师都会有一些困难。我不知道现在是否有所改变。

研究者：那么，创意写作毕业的学生毕业后大多成为作家吗？

这方面我没有深入了解过。

杰拉德提到"（艺术）老师极富创造力"。然而，在他所学的英语等学科中，他很难回忆起有多少创造性的练习或老师展现出的热情。在英语课程中，唯一可能涉及创造性的，是他在升学考试期间进行的一些有趣且激励人心的讨论。"但这些讨论的本质是为了考试和论文服务，而非为了创造性本身的探索。"杰拉德特别强调了这些讨论的工具性目的，和为了创造性而创造的理念形成了鲜明的对比。

为了进一步探讨杰拉德对创造力的整体看法，研究者询问了他在大学期间的创造性体验。杰拉德用以讲授为主、传授式和学术性等词语来概括他在英文教学和学习中的大学经历。不过，他也提到两门给他留下深刻印象的课程，即《戏剧话语》和《创意写作》，并将它们形容为"明确具有创造性"的课程。

然而，杰拉德坦言，即便再给他一次选择的机会，他依然会选择英文专业，因为创意写作的就业面相对狭窄。"我觉得学习是在为未来做规划。"由此可见，单纯从兴趣出发，追求创意和个性的自由创造空间在现实生活中确实会面临一些挑战。换言之，并非每个人的创造力都能达到职业水准，获得广泛的认可；在表达和分享创新观点与作品时，也伴随着一定的风险，可能会招致批评，无法达到预期的认同。

总的来说，杰拉德在回忆自己作为学习者的创造性经历时，时而在不同的叙述中调整自己的观点，其中交织着多条线索。作为一名中学生，他对创造性的印象包含了原创性、有趣的元素、独特性以及个人创造力的投入。在谈及艺术时，杰拉德更倾向于关注创作的过程，尤其是视觉绘画，而非作品的最终质量或评估结果。

例如，绘画可以通过其原创性和独特性来进行评价，这两个概念具有多种解释的可能性。当然，也可以根据更客观的标准，如艺术技巧的展现来评判。然而，在杰拉德对中学学习经历的描述中，几乎没有提及绘画技巧的话题。或许他的中学绘画课程更注重激发学习者的参与、自我表达与乐趣享受。

另一种艺术形式音乐在杰拉德的叙述中仅被称为可能具备创造性。根据杰拉德的整体叙述推测，这可能是因为音乐表演要求音域天赋、嗓音条件，并且需要不断的练习与技巧掌握，如演奏乐器或作曲。因此，与绘画相比，音乐或许对每个学生来说并非都那么容易接触，其创造性空间与评价方式也与学科特性紧密相关。

杰拉德在自我叙述中反思道，创造的过程或许是一种极为孤独的体验，而他个性上更倾向于与人交流。总体而言，从一名富有创造力的自由职业者转型为中学英语教师，杰拉德的职业发展动力主要源于教学中的社交互动与社会影响力。同时，杰拉德也提到，教师这一职业为他提供了稳定感，成为他进入人生下一个阶段的锚点。

2. 创造性教师的内涵和实践

杰拉德认为，创造性是他个人的标签之一，也是他对自己教师角色的重要期待。

对我而言，富有创造力的教师意味着能够设计出让学生激发创造力的独特活动，以及有趣且原创的课程内容。实现这一目标的关键在于营造一个安全的环境，让学生能够自在地发挥他们的创造力与独特性。在最后一堂《母语非英语学生英语教学策略》课上（PGDE项目的选修课），我们探讨了二元对立与多元化的概念，我对此深感兴趣。

许多时候，优秀教师的能力在于打造一个能激发学生探索多种选择和可能性的学习氛围。无论是对世界的独特视角，对某个事物的见解，或是对文本的解读，皆展现了多元化的思维方式。学生应当理解知识背后多样性的丰富可能，而不是仅仅为完成作业或应对测试而（学习与思考）。

在第二次访谈中，研究者请杰拉德分享他在第三次实习结束后对"创造力与教师"理解的变化。杰拉德再次强调，他认为教师的创造性职业表现包含两大方面："教师设计能够激发学生创造力的学习环境和学习体验"，以及"课程和教学设计中的原创性"。

教师通过思维方式、观点表达以及问题解决等方面的创造性发展，培养并支持学生的创造力。而教师的教学原创性与创造力不仅体现在设计富有创造性的任务和课程上，还包括教师在面对教学挑战时的创造性应对，以及促进学生创造性思维的能力。

鉴于杰拉德在实习过程中主要面临学生行为问题与学习动机不足的挑战，他在叙述中多次提到自己如何通过"创造性策略"管理问题行为，并提升学生自主学习的兴趣和参与度。

在第二次实习中，杰拉德为初三班级设计并教授了"短篇小说"单元，单元的最终任务是撰写一篇 3 000 词的短篇小说。文本选择上，杰拉德选用了苏格兰本土小说家罗伯特·路易斯·史蒂文森（Robert Lewis Stevenson）①的短篇小说集作为学习文本；此外，设置了开放式写作学习活动与任务，鼓励学生在一定的框架内充分发挥想象力，尝试创作。

进入中学实习前，我利用业余时间读了很多关于如何激发学生创造力的论文和教师博客，从中受到了启发。其中，我觉得比较适合初二学生的活动是指定开篇第一句，让学生自由创作后面的内容。

比如，"那是一种快乐的燃烧"。这样一个句子，给后续故事的发展留下了极大的创作空间，句子本身也很有趣。你可以引导学生走悬疑、探案的路线，也可以让他们发挥历史背景下的奇幻想象，或者尝试童话风格等。

这只是学习活动中相对简单的一个例子。还有一些更具挑战性的任务是完全开放式的，比如用两三句话概括一个跌宕起伏、出人意料的故事。或者故事接龙游戏，每位同学轮流说一句话，共同创作一篇短篇故事。后一位同学需要仔细倾听前面同学的发言，在保持逻辑通顺的基础上，尽可能让故事变得有趣、生动、出人意料。因为你永远无法预知其他学生会如何续接，这个故事将走向何方（笑），这也是这个活动的妙趣所在。

我认为，这个单元的学习效果相当出色。大约 80% 的学生都写出了超出我预期的短篇故事，他们的想象力和创作热情令人惊叹，同时也掌握了短篇小说写作的精髓。

杰拉德的学习活动设计蕴含着教师智慧的精髓，体现在一种微妙的平衡中，即在开放与界限、自由想象与框架支撑之间的和谐共存。教师在学生的想象力与创作热情最为旺盛时，需适时引导，提醒他们单元学习的主线仍然是短篇小说创作，必须符合文体的特点。在这个界限内，他们可以充分展开创作。

通过导读与研读优秀的短篇小说，教师为学生搭建起知识与技能的框架，让他们在此基础上自由想象，实现有效输出。可见，一个孕育创造力的课堂，并非简单的热闹或刻意的猎奇以吸引注意力。孩子们的创造力如同刚刚发芽的种子，正处于初期的生长阶段，既需要精心灌溉施肥，也需要支架与大棚的保护，才能使嫩芽茁壮成长、节节拔高。

在这个前提下，大棚可以建得更加高阔，肥料也可以更加丰富多样，即受访者所提到的，根据学生的年龄、学习水平、兴趣与需求，在适当的框架内鼓励并支持他们从优秀、多元的文本以及彼此的讨论中汲取营养，培养批判性思维，激发想象力与创造力。正如"卓越课程"改革倡导的教育理念所指，这样的框架不

---

① 罗伯特·路易斯·史蒂文森（1850—1894 年），英国苏格兰小说家、诗人与旅游作家，也是英国文学新浪漫主义的代表之一。代表作是经典冒险小说《金银岛》和心理悬疑作品《化身博士》。

仅仅来自学科知识，更来源于与学生息息相关的生活以及更广阔的跨学科社会问题领域。

你期望学生具备创造力，但必须为他们构建一个能够孕育创造力的框架。否则，孩子们最终可能什么都做不好。这正是问题的关键，不是吗？他们不知道该从何处入手，也不清楚应达到怎样的标准——这两点对剧本写作和短篇小说创作的学习而言，确实是至关重要的难题。

毫无疑问，鼓励学生创造性的过程中会面临诸多挑战。首要的难题来自学校风气与教研室约定俗成的教学模式。自 2015 年前后"卓越课程"在中学广泛推广以来，各学区的进度有所不同。一些学校，尤其是那些以学业成绩见长的老牌名校与优质学校，依然坚守传统的教育理念和实践，即教师重讲解、学生多练习、以考试升学为中心的模式。对于受到"卓越课程"改革熏陶的新手教师而言，这类学校往往会对课改形成阻力。

杰拉德在评价第三所实习学校时，委婉地提到了这种阻力。他形容某些教师"过度的辅助如同建造了一个封闭的盒子"，极大地压缩了学生自主探究与创造力发挥的空间。一些高度结构化、正式化且传统的教学方式依然盛行。

与此同时，杰拉德通过听课观摩的经验指出，部分教师对"卓越课程"的理解存在偏差，或者出于其他原因，任由学生自由创造而不提供支持性的引导与反馈，这同样违背了自主学习的改革初衷。"不充分的学习辅助，仅仅让学生'发挥创造力'，让他们自行摸索，而教师什么都不说、什么都不做，实际上成了消极教学的借口。"正如杰拉德所言。

在第三次实习中，这个班级的学生吧，我认为他们（课任教师）没有提供足够的学习辅助。老师们会允许学生按照自己的意愿去进行学习活动，但指导不够，导致学习效果很一般，对知识和技能（的提升）没什么帮助。

举个例子，有个"桌游设计"的活动，学生们已经进行了一个星期。每次上课就是分组活动，设想一个桌游主题、游戏规则，做做手工，画画，设计游戏工具这些的。学生在如何设计桌游方面没有得到老师很多的帮助。所以，呈现结果的时候，所有小组设计的游戏都变得非常基础，规则玩法和大富翁没什么区别，剧情和背景也是换汤不换药。

如果他们有更多的案例去模仿，去分析研讨，在剧情创意方面获得更多指导，本来可以创造出真正有趣的东西的。而且，这本来是个很有趣的跨学科学习主题，比如，游戏规则背后的设计思路完全可以借鉴数学知识。

教师在课程设计上明显不足，缺乏对学生的有效引导，任务的设置也缺少挑战性。因此，我认为，虽然教师在某种程度上给予了学生积极的反馈，例如"是的，你可以做到"

或"很好，继续努力"之类空泛的鼓励，却没有针对学生的不足提出建设性的意见，也没有鼓励他们批判性地评估已有游戏及其他小组设计的优缺点。而我认为创造力是一种对自身现有水平与观点的挑战，同时也是对常见事物的超越。

作为一名准教师，杰拉德对在职教师参与的"桌游设计"活动的设计思路，以及课堂上所提供的支持性评价与指导提出了批评意见。从教育管理的角度来看，杰拉德作为实习教师，在办公室交往和学校活动中也深刻感受到教研室和学校的不足。

虽然学校部门原则上给予了他足够的空间去做自己想做的事情，但在实际操作中，却未能提供令他满意的有针对性且有见地的教学和工作指导。此外，在课程资源库方面，也缺乏吸引眼球的、新颖的课程模型，供在职教师，尤其是新教师学习与借鉴。老师们似乎各自为政。

我认为创造力的困难在于，虽然你希望他们（学生和教师）独立思考，但你也需要给他们点燃创造力的东西，引发真正的变化，或者说达成切实的工作成果。

3. 教师成长的重要支架：系统性的组织支持与良性环境

不仅学生的成长与创造性发展需要系统、长期的支持与引导，教师的创造力及其支持学生全面发展的专业能力与行为同样需要学校和教研室提供系统性的组织支持，从而营造积极的校园氛围与良性的组织环境。这种系统性的组织支持和良性的环境，首先体现在物理层面，包括校园建筑的设计、绿地的分布、教室的布局与装饰、教学设备的配置等方面。

有一所实习学校，其建筑物是从市政府租借的。租借合约附带有一些规定，其中一条是不允许在墙上悬挂东西。所以当你穿过走廊，只会看到零星几幅装裱的图片。在我看来，这种设计是非常、非常缺乏创造力的。

在 PGDE 项目里，我选修过一门课，我们在课堂上讨论如何构建更有利于学生发展的学习环境。尤其是在融合教育的背景下，学校有一些特殊需求的儿童和母语非英语的学生，他们需要更多元的视觉刺激来帮助他们融入学习环境，更方便直观地理解英文等等。孩子们目光所及的视觉区域，都应该是教育设计的一部分，营造一个能够激发他们学习兴趣、启发创造力的环境。

遗憾的是，受客观条件的限制，有些学校如同一块空白的画布般单调乏味。设备方面，只有投影仪和电脑，平板电脑的配备也不够充足，导致学生无法体验线上线下结合的学习方式。

研究者：学校没有配备智能黑板或智能教室吗？

他们使用的是大型苹果电脑,课堂讨论和学习活动时会使用平板电脑,大多数学校能为每位学生配备一台(研究者注:在特定活动时发放,活动结束后收回)。然而,还有一些学校条件不足,学生只能几人共用一台平板电脑。

物理环境是很重要的,学生的创造力需要有出口。如果能让他们参与学校环境的设计,至少是装饰吧,这对他们创作的积极性和自信心都是很好的反馈和鼓励。

在芬恩的叙述中提到,PGDE项目开设了一系列选修课,其中,影视、多媒体、戏剧相关的课程,以及面向特殊需要儿童和母语非英语学生教学的课程,都是英语教师选修的热门课程。这些选修课在某种程度上体现了"卓越课程"改革的核心理念之一,即通过多元感官的刺激以及班级和学校环境的精心设计,来激发学生的学习兴趣,培养积极正向的情绪,并为高阶思维的发展提供良好的土壤。许多学员在实习教学中都特别留意学生是否参与学习环境的设计之中,认为一个良好的学习环境应该为学生的创造性提供养料,并为他们的成果展示提供一个窗口。

数字化学习空间可视作物理学习空间的延伸,并在互动性与趣味性方面展现出显著优势。另一位受访者艾隆分享了一个有趣的生活小故事:他牙牙学语的宝宝走到电视屏幕前,试图点击并拖动屏幕上的图像,然而当图像并未随手指移动时,孩子显得十分困惑。

可以毫不夸张地说,数字时代的孩子自蹒跚学步起便被智能手机和平板电脑所包围,他们对数字空间有着与生俱来的兴趣和适应能力。在受访的学员中,最年轻的为95后,年纪稍长的则是80后。他们在实习之初便深刻感受到,数字化正在校园中迅速普及,数字学习空间对学生和教师的潜移默化影响亦无处不在。

在新冠疫情前,苏格兰中小学广泛使用的数字学习空间包括类似社交媒体和博客的班级空间派德拉(Padlet)、翻转墙(Flipgrid)平台与应用程序。学习游戏、竞赛、测试类的书柜(Blooket)、咔虎学习游戏(Kahoot)和智测(Quizlet)。供教师、学生进行问卷设计和调查的问卷通(Poll Everywhere)。除了上述较为通用的数字工具和平台外,还有越来越多的教师青睐图书设计师(Book Creator)、故事墙(Stoyboard That)、故事博(Storybird),以及更为擅长视频制作的简织(Loom)。

简织是能够帮助学生将剧本、短篇故事创作与漫画、插画、视频结合的软件。图书设计师等平台及其手机应用依托平台搭建的庞大素材库,学生可以轻松制作数字插画书,甚至将心中的散文、诗歌或(微)小说故事制作成短视频、微电影,并在个人或班级、学校的图书设计师电子空间中分享和互评。

值得注意的是,教师同样可以利用上述应用程序和相应的电脑版平台设计教学视频、动画和任务单，以孩子更加喜闻乐见的视觉效果和色彩形式编辑文本和学习单，如图 4.4 所示。这种创造性的输出空间极大地调动了学生主动学习的积极性，也让创造力更加顺畅地转化为可视化的学习成果，方便教师加以指导并引导学生自评、互评。

部分平台还设置了近似社交媒体的开放式交流区（并配备特定的用户身份审核流程），学生可以在其中公开分享自己的作品。平台还邀请绘本和儿童文学领域的专家、编辑入驻，对作品进行专业点评，一些尤为出色的作品甚至可能获得出版机会，如下图所示。

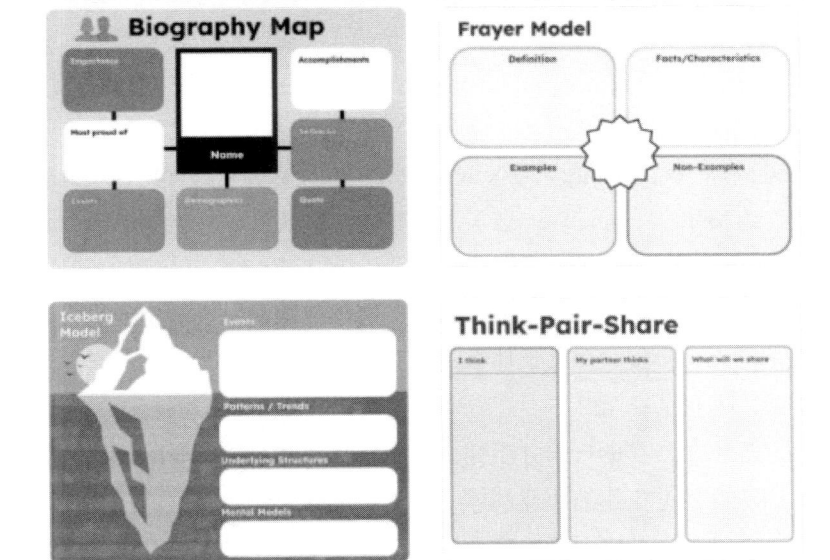

图 4.4　数字工具和平台示例

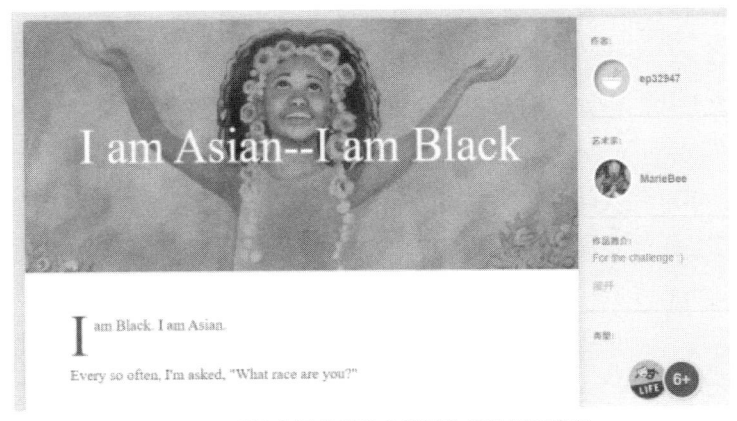

图 4.5　受访者提供的数字学习空间的运用案例

能够称为创造，那么你在这个过程中必须做些实际的事情。必须真正参与其中，有所贡献，有实实在在的成果。我把这一切都归结为学习动机，或者创造性动机。我觉得对教师来说最重要的是搞清楚学生的动机——他们愿不愿意参加活动，对什么感兴趣，对什么不感兴趣等等。如果你搞清楚了，一切教学尝试都会顺利进行。这是我在下学期的见习期要不断进步的地方：尝试去理解学生。

除了硬件和外部环境，人与人的互动可以被视为教育中的"软件"，它也是教育的灵魂所在。教师与学生、学生与学生之间围绕特定主题的互动，是学习发生的关键；而教师之间的交流与共同成长，也在"卓越课程"改革的推动下，越来越受到重视。大多数学校已经形成或正在形成"全职业生涯教师专业成长与实践共同体"（career-long teacher professional learning community of practice，以下简称教师成长共同体）。

实践共同体（community of practice，CoPs），又称为实践网络或实践社群，是由艾蒂安·温格尔（Etienne Wenger）和贝弗利·温格尔-特雷纳（Beverly Wenger-Trayner）提出的理论。经过二十多年的发展，该理论已广泛应用于管理、教育、社会学和人类学等多个领域。最初，实践共同体指的是一群对特定事物有着共同兴趣和热情的人，自发组成的集体学习和实践的非正式社群，他们通过定期的互动互相学习，提升自身能力。

然而，温格尔最初的理论并不完全适用于教师和其他职业群体，因为教师作为一个共同从事教育工作的职业群体，有着特定的工作场域、组织管理体系、职业规范和行为准则，并非因兴趣或爱好而自发形成的社群。随着终身学习理念的普及，建构学习型组织成为众多机构和组织的目标，关于专业发展共同体和学习型共同体的研究也在各个职业领域不断涌现。

越来越多的学者开始探讨实践共同体与传统组织管理概念的区别：后者强调科层或组织架构的形式，而前者更注重在工作情境中的终身学习互动网络，以及职业生活（indwelling）中那种缄默的知识——也就是约定俗成的共同利益、知识与经验、行事准则及问题解决策略，这些通常并未明文规定，同时也包含了人际关系与对外交往等复杂因素。

许多受访者在叙述中频繁提到"每个学校都有自己的氛围"和"以（学科）教研室指导为准"等观点，这可以被视为特定的教师成长共同体。这样的共同体包含以下几个层面。

职业领域层面：指同一学科乃至同一学校的教师们所共同关心的工作主题，他们共享的专业背景、知识与技能，以及共同设计课程、制定教学策略和参与在职学习的经验等。

职业实践层面：包含共同体的显性实践策略，如共享的知识、集体学习成果和工作成效，同时也包含成员之间流通的隐性知识与策略。

职业社交共同体层面：在此层面，共同体内部包含专家、新手、引导者、追随者，甚至边缘人物等不同角色身份。共同体对外有一定的边界，接纳新成员的程度各异，可能呈现出一定的封闭性。

值得注意的是，实习教师在每所学校停留的时间通常为 5 至 6 周，大多数学员与指导教师维持着职业上的同事关系，同时兼具指导与被指导、评估与被评估的双重身份。在执教经验和学校工作方面，学员并不具备较高的权威性，通常处于被引导和被接纳的地位。实习教师往往处于职业社交共同体的边缘，为了适应学校和办公室环境，完成实习任务，他们被在职教师允许接触和了解部分内部信息与社交圈，但尚未真正融入日常的社交共同体，成为正式成员。

这种情况容易给刚进入实习学校的学员带来一定的紧张感和社交压力，这在前两次实习期间尤为明显。学员们往往高度重视在职教师，尤其对指导教师的评价（九位受访学员均在采访中提及这点），并努力效仿指导教师的教学风格以维持良好的师徒关系（以查理为例），尽力适应所在共同体和学校的氛围（几乎所有学员如此），避免过于激进或高调的课程设计和教学尝试（以伊森为例）。

大多数学员表示，在通过考核并进入见习期后，随着拥有自己的班级和为期一整年的教学时间，他们能够更加自在地进行尝试，甚至实验较为革新的课程与活动设计方案，从而逐步形成更加成熟的教学风格。

大量相似的叙事反映出，多数学员在实习期内将自己定位为学校的"过客"（guests）、"闯入者"（intruders）或"空降兵"（bang-in，苏格兰俚语，指学员在学期中段短暂进入实习学校，执教 1 至 2 个单元课程，停留 5 至 6 周）。其中一部分学员，特别是那些刚从本科毕业直接申请 PGDE 项目的学员（如查理、海伦、奥利维亚），经历了从大学生到职前教师教育学生，再到中学教师的身份转换过程。

高度紧张的职业学习与实习任务，伴随着情绪、态度与身份的复杂转变，使得学员普遍缺乏安全感，或者说缺乏作为社群内部人士的自信从容。如果实习学校的氛围与教师成长共同体的互动模式能较好地契合学员在 PGDE 项目中的体验，学员往往能从中获得显著的激励与自信心（如诺玛）。反之，则可能引发较为强烈的焦虑与压力，甚至对实习表现产生不利影响，例如伊森在第三次实习中所经历的情况。

4.2.6 海伦 Helen：学生时代的老师梦落地现实

1. 爱好与学习经历影响教师早期成长

在加入 PGDE 项目之前，年仅 20 岁的海伦刚从苏格兰的一所研究型大学毕业，获得了英文学士学位。她出生并成长于英格兰，成为教师一直是她的梦想职业。海伦的教师梦源于她对英文学科的深厚热爱，但同时，她也怀有一些担忧。自认为性格相当害羞和内向的她，在学生时代曾犹豫过，自己能否像她崇拜的优秀教师一样，在教室里成功地控场？能否与学生顺畅沟通？学生会喜欢她吗？在"卓越课程"改革之前，苏格兰大多数中学已经配备了专门的职业发展指导教师。在教师的鼓励和引导下，海伦积极参与社团活动，有意识地克服羞怯与紧张，这也逐渐坚定了她成为教师的信念。

海伦对创造力概念的理解同样依托于她在艺术领域和艺术学科中的学习经历。前文提及杰拉德对绘画和视觉艺术的重视，海伦和杰拉德一样在英格兰成长，但他们中学时代相差近 15 年。与杰拉德不同的是，海伦更加热爱音乐和英文学科所提供的广阔创造性空间。在职前教师教育阶段，海伦将自己对音乐和创造力的理解融入了英文教学实践，逐渐形成了独特的教学风格和个性。

音乐本身充满了创造性，它不仅与英文紧密相连，还兼具多种艺术形式的融合。你可以在歌曲中聆听到歌词与旋律的交织，配以画面（带来视觉艺术的效果），甚至结合戏剧表演等多种表现手法。音乐本身就是一种极佳的语言表达媒介。

在大学时，我曾选修过歌剧课程。歌剧犹如一场艺术盛宴，为学习文学提供了独特的帮助。你可以研究最初的文本，分析它们如何在保留主旨与精髓的同时，被巧妙地转化为旋律。又或者，一个故事、一段文字是如何被重新演绎成一部歌剧的。我认为这非常具有创造性，就好比人们即便使用同样的线材，也能编织出不同的图案，创造出全新的作品。尽管原料或许看似平凡，但人们的创造力却赋予了成果独特而崭新的面貌。

海伦强调，文字与旋律都可以承载丰富的象征意义、文化内涵、人类情感以及社会背景，也能够建构、解构和重构诸多故事与意义。从人类历史发展的角度来看，音乐，无论在东方还是西方，都是早期人类用来传递情感、进行宗教仪式和寓教于乐的重要方式，甚至早于文字的出现，更为直接、自然地与感官体验相连。由此可见，音乐与语言、文字、文化之间的联系纽带由来已久，且意义深远。

除了个人在音乐方面的兴趣与特长，海伦还回忆起中学时期通过创造性方式学习经典文本的经历。这段经历启发了她在职前教师教育阶段，将音乐、英文、戏剧与游戏相结合，设计出新颖且富有趣味的学习活动，激发学生的学习热情。

> 我记得备考 A-level 时，英文老师让我们玩了一场"角色扮演"游戏，以全新的视角解读《罗密欧与朱丽叶》这部经典剧作。我们被分成小组，组内的同学会随机抽取一个角色，比如朱丽叶、罗密欧、提伯特、帕里斯等。其他同学则提出一些挑战性的问题，随后小组需要迅速讨论，创作出一个符合要求的简短剧本并进行表演。问题的内容……
>
> 嗯，像是如果朱丽叶和罗密欧没有死，故事会如何结局？又或者，如果他们生活在现代，成为来自伦敦不同区的"离家出走"的少年（笑），大概就是这样的情境。
>
> 研究者：那么你们表演时是否忠于原著，还是可以根据提问自由改编？
>
> 我们需要基于角色的性格来重新演绎故事，快速为角色编写台词。因此，这个游戏在很短的时间内促使你去展现人物的性格特质，而这又必须建立在对原著角色深刻理解的基础上。同时，整个过程充满趣味，你可以观察同学的演技，看到他们因急于应对挑战而抓耳挠腮，场面十分有趣（笑）。

《罗密欧与朱丽叶》可能是最为人熟知且被充分解读的英语文本之一。而这节中学英语课之所以脱颖而出，让海伦印象深刻，是因为它充分调动了学生的五感、认知和身体动觉（kinesthetic intelligence，海伦用词）等多方面的参与度。相比传统英语教学中听、说、读、写的割裂式陈规，学习游戏和活动显著增强了学生对知识的主动学习、深度理解与灵活运用能力，从而提升了长期记忆与信息提取的效率。

海伦提到的身体动觉来自霍华德·加德纳（Howard Gardner）的多元智力理论（multiple intelligences），其原意指人们运用四肢和躯干的能力，能够很好地控制自己的身体，对事件作出恰当的身体反应，并擅长通过肢体语言来表达思想与情感的能力。[①] 这种智力在操作性、肢体运动及表现相关的领域尤为显著，如运动员、舞蹈家、外科医生和发明家等职业。

在关于 PGDE 项目大学课程的研究讨论中，多元智力理论是一个频繁被提及的核心主题。大学教师与学员们围绕如何运用该理论分析学生的学习情况，并将其应用于课程设计进行了深入探讨。讨论的重点在于如何辨别学生的多元智力潜

---

① GARDNER H E. Multiple intelligences: New horizons in theory and practice ［M］. New York: Basic books, 2008.

能与应用能力,并结合相关理论与实证研究,帮助教师设计各学科的课程内容、学习活动、跨学科活动及户外实践活动等。

来自不同学科的学员普遍认为,游戏和学习活动的设置能够更有效地支持学生在视觉-空间智力(visual-spatial intelligence)、身体-动觉智力(bodily-kinesthetic intelligence)以及交往-交流智力(interpersonal intelligence)方面的成长,从而潜移默化地促进传统观念中与学业更为紧密相关的逻辑智力和言语智力的发展。

正如海伦所回忆的那样,中学时代她在"角色扮演"游戏中,乐在其中地观看同学们幽默地扮演《罗密欧与朱丽叶》中的角色,"这比单纯坐着阅读、朗诵课本和写评析论文的学习方式更具活力",因为"青少年精力充沛,总喜欢跑动、活动"。这种张弛有度的方式不仅激发了学习的趣味性,也显著提升了学生的知识记忆与反思能力。

海伦提到的两个富有创造性的例子,均与她最感兴趣的英语与音乐学科紧密相关,这充分体现了内在兴趣驱动在她个人学习目标制定与职业规划中的显著作用。在PGDE项目学习的初期,尤其是在第一次和第二次实习期间,海伦有意识地将自身的学习经历、兴趣爱好以及对英文学科的独特理解转化为课程设计和学习活动的灵感。这种做法不仅为她设计出了一系列富有创意的单元计划与教学素材,还获得了实习学校指导教师的高度评价。

在第一次实习时,我被分配到了一个初一班级。那时,我自然而然地想起了之前的"角色扮演"游戏。我曾非常喜欢这个游戏,我的同学们也很喜欢。我想,现在的学生们大概也会感兴趣吧?所以我对这个游戏进行了修改,并设计了一些以音乐为引子的学习活动。

在我看来,一位富有创造力的英文教师应该能够将多样且新颖的元素带入课堂,启发学生去思考、表达、分享,甚至尝试创造新的事物。因此,创造性的教师必须具备开阔的视野和丰富的知识储备,才能完成这一教学使命。

我认为在实习期间最具创造性的经历,发生在第三次实习中,当时我教授的是"动物主题诗歌"单元。这个主题本身相对常见,许多学校都有类似的内容,并不算特别。然而,这所学校的英语教学组近年来推行了改革,另辟蹊径地革新这个常见主题。因此,这个单元的设计并非我原创,所用的文本是教学组选定的系列新文本之一,但我也在教学中融入了自己的理解和独特的设计。

单元选择的课程文本是《消失的声音》(*The Lost Voices*),这是一部面向儿童和青少年的诗集,配有极为精美的童话风格插画。诗集以童话故事的视角,运用诗歌的语言,讲述了一些曾经生活在不列颠群岛上的动植物的故事。

然而，由于环境污染和人类活动的影响，它们逐渐消失，甚至灭绝了。教学组之所以选择这本诗集，是因为英文学术界——或说是备受争议的社会新闻——曾报道《牛津初级词典》删除了一些与动植物相关的词汇，如蜂蛇和翠鸟，理由是"它们与当代现实生活无关"。

与此同时，词典则新增了大量网络词汇，称这些才是孩子们日常生活中常用的词语。《消失的声音》正是描绘那些已经消失或濒临消失的动植物、景观，它展现了它们曾经美妙的自然声音、韵律之声，以及在人们心中引发的美好"回响"。我认为这本诗集本身已经极具创意，既新颖又富有深意，同时也与环保、生态可持续发展等"卓越课程"所强调的核心主题高度契合。

当我到达第一所实习学校时，教学组的老师递给我一整套课件和课程设计方案。她告诉我，你可以自由选择几首诗或其中一首诗歌来教学，单元的主题与活动设计也可以随意创作，或者参考现有的课件进行调整。所以，我拥有了完全的教学自由（笑）。

我仔细通读了所有课程材料，试图领悟诗集的创作初衷以及教学组的设计思路。之后，我挑选了几首诗歌作为精读文本，进行深入的讲解与学习。整个单元的学习成果是以所学诗歌为范本，围绕英国生活中的动物为主题，创作数首诗歌，并在课堂上进行分享和讨论。每位学生都需朗读自己的诗歌，并对其他同学的作品进行点评，最终提交一首自己认为最好的作品。

在这个单元的教学过程中，我个人的创造性主要体现在对辅助素材的选择以及教学活动的设计上。这本诗集本身以短诗为主，运用了大量象声词、拟声词、押韵等修辞手法，并且形容词丰富，尤其是描写动物和环境的词汇，还配有精美的彩绘插图。

为了增强学生的理解和参与，我补充了一些真实动物及其生存环境的图片，引导学生去想象、讨论这些动物的日常生活和特征（笑）。此外，我还设计了一些学习活动。比如手绘和音乐音频的结合使用，来帮助学生更生动地感受诗歌中的意境和韵律。

研究者：能举几个具体的例子吗？

比如，有一节课的活动环节中，我在课件上展示了两幅图片：一幅是美丽的森林景象，另一幅则是风暴肆虐的海滩。我引导学生先仔细观察这两幅图画，然后播放与森林和海岸相关的音频，接着让学生写一段文字，描述他们所看到的、听到的场景，并分享由此产生的联想。

这种"听写"活动是我首次尝试的，在以往的听课和实习经历中，我也未曾见过其他老师采用类似的方式。学生们对此表现得非常积极，或许是因为这与他们以往的课堂体验有些不同，显得新颖而有趣。

我注意到，学生们学会将视觉捕捉到的画面、听觉接收到的声音，与他们自身的生活经历和见闻结合起来进行描述。这个活动虽然不像视频那样信息量大，却更加专注于听觉和视觉的输入、加工与输出，我认为它很好地契合了整个单元的主题。

海伦在课程设计中高度注重从具象事物或现象出发，逐步启发学生进行抽象思考，循序渐进地进行教学，并为学生提供了明确的语言指导，使他们能够更好地理解和表达思想。

　　我认为，在教学实践中，富有创造力的老师在激发学生创造力时，通常会注重引入具体的形象，并清晰阐释每个活动的目的。通过这种方式，教师为学生构建了学习目标和成果的具体形象，让学生能够更容易理解他们为何要参与这些活动，以及需要达成什么样的学习成果。一旦学生在心中建立了形象化的目标和过程预期，接下来的学习活动便能更加顺畅地展开。当然，抽象的理解和逻辑推理思维同样重要。

　　然而，我认为，低年级的学生在进行抽象性总结、分析和反思之前，首先需要依托一定的形象思维，或者通过生动的感官刺激来引导他们，然后再帮助他们逐步进行更为抽象的思考，从而激发更具创造性的想法。教师必须为学生打下坚实的基础，使他们真正理解自己在做什么，并且心中有一个较为明确的目标。

　　因此，若你设计的学习活动较为戏剧化、新颖，甚至是颠覆性的，务必要确保学生理解为什么，而不仅仅是"还有五分钟、十分钟下课，不知道要做什么，那就玩个游戏来打发时间吧"这样敷衍了事，打发时间。这也是培养学生主动学习的一部分。

　　教师通过明确的语言指导让学生理解活动的目的、流程以及参与和评估的方式。这种方式不仅对他们当前的学习有益，更会在未来逐渐帮助他们掌握学习策略，变得更加富有创造力，同时也能够理解快乐学习的方法和意义。

　　我设计了一节以创意片段写作为核心的课程。在学习完与动物相关的诗歌之后，我让学生以"如果有一天我忽然变成了动物，我会是……"为主题撰写一篇小作文。在此之前，学生已经通过多媒体素材的观看、感官刺激的学习活动，以及文本研读等环节，对自己感兴趣的动物有了初步的认识。在这个写作部分，我引导学生充分发挥想象，进行富有创造力的写作。他们可以选择任何一种动物"变身"，并融入任何背景和剧情（笑）。

　　研究者：为什么选择在诗歌写作单元中进行这次小作文写作呢？

　　我觉得诗歌写作还是挺难的，就算对成年人来说也是不小的挑战，尤其是在语言的凝练程度、修辞手法还有立意这些方面。我觉得从小作文入手，更容易激发学生的想象力，可以作为诗歌创作的过渡。而且，《消失的声音》里有很多英国古代传说、民间奇幻故事的元素，所以"变身"这个主题是比较合适的。

　　研究者：有没有哪些学生的作文在新颖性方面让你印象深刻呢？

　　哦，确实有很多有趣的例子！让我回想一下……许多学生选择变成大型动物，比如猛兽或者鸟类，想象力非常丰富，还设计了完整的故事情节。有一位学生特别有意思，她写自己变成了一只野兔，这个主题相当独特。显然，她从视频中观察到了许多细节，比如野兔的生活习性。

而且，她在语言运用和修辞手法上也相当有创意。我还记得她在描述变身时写道："我像瀑布般坠落，世界在我眼前疯狂滋长"。"瀑布般坠落"（cascading）这个表达很妙。我也是第一次在这样的语境中见到这个词的用法，有种耳目一新的感觉。

研究者：为什么呢？

首先是因为选词很有原创性。然后，她能想到从人变成小兔子之后身高体重的变化，一个词体现了身体骤然失重后从高处掉落的动荡不安。而人在下降的时候其他景物相对是向上的，一上一下的对比很强烈，巧妙地运用了通感的修辞手法。对初一的学生来说，这是比较难得的。

从第二次访谈的叙事数据可以看出，海伦在第三次实习时已经能够在指定的课程文本、主题和教学素材框架之内融入自己的个性、创造性的教学设计理念，得到学生的积极反馈，激发学生主动学习的兴趣，由此产生较为令人满意的创造性学习成果。她自己也在创新课程设计和教学实践的过程中感受到工作的乐趣和专业提升的成就感，增强了作为教师的自信心。海伦认为，自己关于创造性教学和激发学生创造力的想法大多数时候是自己就冒出来了，而且指导教师也认为不错。

在她的专业学习过程中，她认为三次实习经历，以及实习间隙回到大学继续进行的 PGDE 项目课程讨论部分极具帮助。每位学员都会在课堂上分享自己听课时的见闻、教学中遇到的挑战、对学校教育的反思等，彼此间展开深入交流和探讨，同时还能获得大学教师的针对性指导。在这个阶段，大学提供的教师教育课程不仅停留在理论学习和论文撰写层面，而是更多地基于课堂教学实践与学校生活的现实，促进思维的碰撞和集体反思。

我认为，听取其他学员分享的实习经历，了解他们的想法是十分必要的。每个人所在的学校和班级情况各异，个人的视野和见闻也难免受限。有时候你可能为某个问题独自发愁，比如：我要教这首诗，该从何处入手，如何让它变得有趣？当其他学员分享他们的类似困惑与解决方法时，也为你打开了新的思路。从中你不仅可以获得启发，还能表达自己的不同见解，进而激发更多更深入的讨论与思维碰撞。

海伦对专业课程的讨论环节给予了高度评价，认为自己从中汲取了大量有助于专业成长的养分。然而，她也强调，每位教师——至少对于新手教师而言——所汲取的经验与对资深教师的模仿，最终都需要与自身的个性与个人经历相融合，形成独特的教学风格。正如世上没有两片相同的叶子，每一位教师都是独一无二的，个性化的，正如我们的学生也是千差万别的。

2."在现实的捶打中翻滚迂回"

海伦最终以优秀的成绩通过职前教师教育培训的各项考核，顺利进入见习期，看似一帆风顺的历程背后也暗藏着紧张、挫折与成长。用她自己的话说，在 PGDE 项目接受职前教师教育这一年，就是"在跌跌撞撞中前行"（"hitting the ground running"，海伦的第一次访谈），"在现实的捶打中翻滚迂回，继续奔跑"（"rolling with the punches and going on"，海伦的第二次访谈）。20 岁的海伦有着一张娃娃脸，笑容可亲，明亮的眼睛俏皮地眨了眨，说出了她的"翻滚迂回"论。

PGDE 项目刚开始的时候，我很兴奋。我一直把成为教师视为一种使命，或者叫天职（calling），就是说有些人注定要从事这个职业，是一种内心的召唤，全心全意地认为这个职业会充实你的人生。然而，现实比想象中的要困难得多。

我有一些很美好的高光时刻，但是还有一些……像文书之类的案头工作，批改作业啊，类似这样的琐碎事情。有时候你会觉得非常有压力。有时候你的课非常出色，有时候效果一般般，还有时候课堂甚至糟糕得惊人，你心里忍不住想："哇，那真是糟透了……"接着你从每一次失败的经历中吸取教训，认识到这终究是一份工作。

研究者：你是指自己对教师这个职业的认识更加具体、现实了吗？

是的，理想总是完美的，但现实不总是符合人们对完美的想象吧。

海伦坦率地表示她也有许多烦躁、压力大的时刻。实习教学的经历已经让她瞥见了教师在学校的日常生活和工作非常繁忙、琐碎，真实情况下的工作时间可能远远超出上班时间。除了工作繁忙之外，教育理想与现实之间的鸿沟，往往是大多数初入校园的新手教师必须自我调解的一大挑战。"在最初的几周以及第一个实习阶段，很多人都选择退出了 PGDE 课程。"海伦说道，"这不仅是英语专业的现象，数学以及一些科学学科也是如此。"

在加入这个项目之前，许多学员都有一定的教学经历，不过大多并非在正式学校任教。我自己在大学期间的暑假，曾在英国及其他一些欧洲国家做过兼职教师，主要教授英语。这些兼职经历带给了我许多积极的体验，也让我对申请 PGDE 项目充满了信心和热情，希望成为一名真正的教师。我不仅热爱英文学科，也喜欢与青少年互动，激发他们对英语学习的兴趣，培养他们的想象力，设计一些有趣的活动。我相信许多学员都有类似的感受。

然而，我们对学校全职教师的工作还缺乏深入的了解与实际体验。暑期兼职教师或夏令营教师更像是……怎么说呢，当时我并不完全是一名真正的教师。因此，你可以自由发挥，课程设计也非常有趣。当时我有很大的自主权去组织课程，而学生们也没有应试的压力，主要是提升他们的英语口语能力，培养对跨文化交流的兴趣，这种教学方式相对自由——与学校全职教师的工作确实有很大不同。

当我在国外教学时，我逐渐意识到自己并不是真正意义上的教师，那时的教学也并不具备严格的结构性。我很清楚地知道，自己只是一个临时的存在，没有接受过正式的教学培训。当然，作为英文专业的大学生，英语是我的母语，所以教学本身并没有太大的困难。学生和暑期学校也自然接受了我，他们不会期待你表现得像一名职业的教师。

然而，在英国的 PGDE 项目中，无论是大学老师还是实习学校的指导老师，都对你有非常高的期望和要求。甚至有时你会怀疑自己是否能够达到他们的标准（笑）。教学和工作的节奏非常快，有时你会感到不知所措，仿佛在跌跌撞撞中前行。你不得不从一次次的挫折中汲取经验，比如"哦，这样做不对，下次要避免"等等。

你总是得边做边学，时常感觉时间紧迫。从实习的第一天起，所有的教学工作都需要你亲自主导，必须做出决策。大学的 PGDE 课程部分相对轻松，主要是课堂讨论、自主阅读和小论文（笑），这些对我们来说并不陌生，难度也不大。

然而，在 PGDE 项目实习时，你首先要面对的挑战是如何赢得学生和老师的信任，如何在课堂上掌控全局。你会不断反思，自己的每一个决定好不好，对不对？如果是经验丰富的教师，他们会怎么处理？当进入下一个实习学校时，你总是问自己，这次表现是否比上一次更好，是否有任何改变或进步？这是一个与自己对话、探索自我、逐步找到教学风格的过程。

还有其他方面，比如你想成为什么样的教师，你想成为一名风趣幽默、引人入胜的教师，还是想塑造一个严谨威严的形象，或者更像是——脱口秀主持人，就是说扮演一个戏剧化的甚至搞笑的角色，在班上刷存在感（presence）。还有遇到学生行为管理问题，你不禁问自己：你的底线在哪里，你会坚持到什么程度？你会对某些学生做出让步吗？你会因为学生的特殊需求和多种文化背景而做出让步吗？以及你如何妥善表达这些让步，避免让其他学生觉得不公平？

研究者：你对自己最初设立的原则有过妥协吗？

哦，太多次了（笑）。整个学习过程（PGDE 项目）其实就是你不断地挑战自己已有的认知，和自己对话、反思，与自己的和解吧。

研究者：我能理解为这其实并不是单纯的妥协，你学会随机应变、因材施教了吗？

是的。我觉得自己已经找到了我作为教师的存在（presence）和角色人格（persona）了。

3. 不断解构、重构的教师专业形象与人格

各位准教师的叙事分享至此，我们已经深刻感受到许多学员共同的焦虑与困惑、挑战与自我成长。这些生动的叙事从多个角度展现了教师的专业成长，不仅仅是教育知识与经验的积累，或是教学技能的提升，更是他们在迈向人生新篇章时对自我身份认同的解构与重构。这一过程象征着个人过去的生活、学习与社交经历，逐步与全职教师的生活、课堂教学、校园文化与人际互动相融合的动荡期。而职前教师教育，尤其是入校实习阶段，正是学员们过往经历与未来教

师生涯的交会点，这也正是诠释主义现象学所关注的此时此地的"此在"（德语 Dasein）。①

伦敦政治经济学院（The London School of Economics and Political Science，LSE）前任校长、剑桥大学社会学系教授安东尼·吉登斯（Anthony Giddens）作为著名的社会学家，致力于现代社会理论的研究，深入探讨了在全球化浪潮和剧变中的现代性与社会身份认同。如果将吉登斯对现代世界和社会的宏大叙事中的身份理论，运用于解读准教师的微观专业身份的解构与重构过程，便能够得出一些引人深思且具有启发性的洞见。

吉登斯的身份理论虽立足于宏观社会，但并非高高在上的空中楼阁。他强调，身份是在日常生活实践中的互动中生成并维系的。个体通过与他人的交流互动，借助语言、行为及符号象征来表达并认同自我。当社会生活的背景发生显著变化，尤其是在文化多样性和融合性不断增强的背景下，个体在身份认同方面将面临更多的选择与挑战。同时，现代社会愈加强调个体的自主性与自我实现，使得人在构建身份时展现出更为主动和创造性的追求。

从现有的受访者叙事数据来看，即使是最为年轻、与中学生年龄层最为接近的查理、芬恩和海伦（20至23岁），也明显感受到了在"卓越课程"改革与数字化浪潮的推动下，学校生活与教育话语发生的巨大变化。

甚至相比一些较为成熟、已婚育的PGDE项目同学（通常指40岁以上的学生），部分较年轻的学员对这些挑战的心理准备不足，在实习初期仍停留在自身中学教育的记忆中。一些学员在选择成为教师时，主观上对追求教育理想和推动社会变革抱有较强的诉求，但对教育现实的了解却较为有限，这种理想与现实的强烈反差使得少部分学员最终选择离开基础教育的专业发展道路。

吉登斯的社会身份理论中特别探讨了本体性安全感（ontological security）这一概念，恰好呼应了以海伦为代表的众多学员在"我要成为什么样的教师"这一问题上的持续反思，以及他们在"教师职业性与个性化"交融互动中的"新"发现。本体性安全感概念强调的是个体在社会身份的动态建构中，其个性如何在社会生活环境中进行适应与调整，既保持连续性，又充满互动性与灵活性。

在身份理论中，连续性（continuity）指的是个体身份的稳定性与一致性，即个体主观意识到"我之为我"和"我依然是我"的稳定性、一致性和独特性。正是这种稳定性使得个体能够在不同时间和情境中辨别并确认自我身份，从而在不断变化的背景与环境中为自我认知找到锚点。这种锚定往往帮助个体在面对生活

---

① MORAN D. Dasein as Transcendence in Heidegger and the Critique of Husserl [M] // TZIOVANIS G, ENNIS P J. Heidegger in the twenty-first century. Dordrecht: Springer Netherlands, 2015: 23-45.

中的变迁与挑战时，保持一种自我认同感及心理上的稳定和韧性。

吉登斯指出，本体性安全感首先根植于自我的"基本信任"，这种信任感在个体的家庭、学校教育和社会交往的成长过程中逐步发展，成为个体身份中较为稳固的自我一面，与（社会）心理学中的人格特质（personality）和自我效能感（self-efficacy）有相通之处。

以海伦的成长与教育经历为例，她对英文学科的浓厚兴趣与热爱，以及她在基础教育，特别是高等教育英文专业学习中获得的专业知识和技能，构成了她初入 PGDE 项目、初次实习时的基本信任（basic trust），即"我相信自己能够胜任英文教师这一职业"的基本判断与信心。

在个性方面，海伦曾提到在中学时期，曾质疑自己相对内向、害羞的性格是否会阻碍她成为一个具有权威感、能够控场的专业教师。这一疑虑在教师的积极引导下，通过后续的学习与社交锻炼得到了显著成长。这种克服性格某些弱势方面的积极成长经历，也成为海伦对自身能力与性格的基本信任，构成了她面对压力与挑战的核心力量。

此外，海伦在叙事中多次表达了她对综合领域和英文领域的创造力与创新内驱力，并将其与成为一名优秀且受欢迎的英文教师紧密联系，展现出她在专业自主学习与成长方面的浓厚兴趣与强大动力。

此外，日常工作中的活动规律与可预测性（routine and predictability）也是本体性安全感的重要组成部分。在教师的专业成长过程中，所有的准教师和新手教师都曾是资深的学生，甚至是优秀的毕业生，因此校园对他们而言自带一种熟悉感与可预测性。

正如海伦在访谈中提到的："大学（PGDE 项目的大学课程）部分还算轻松，主要是课堂讨论、自主阅读和小论文（笑），没什么难度，因为这些我们都经历过。"学员们反复提及的挑战与压力大多源自入校实习，确切来说，微观层面来自课堂教学中师生互动的不确定性以及偶发的小意外。

在教室环境之外，这种意料之外的压力则来自特定校园与班级环境（如伊森遇到的众多问题行为和特殊需求的学生群体），以及"卓越课程"改革带来的基础教育理念与教学行为的变革，这些与他们曾经作为中学生时的学习经历形成了鲜明对比与落差（如英文学科中无课本教学与活动学习理念的引入）。

在紧张的实习期间，学员们在面对突出的不确定性和不可预测性的挑战时，常常表现出对外部信任感的敏感性，以及内部自我在本体论层面的存在性问题（existential questions）。本体论（ontology）这一概念源自哲学，主要探讨存在的本质与结构，核心关注存在是什么、存在者是什么样的以及存在者之间的关系等根本问题。在日常生活中，大家较为熟知的本体论问题如"是风动，幡动，还是心动"便是对此类思考的典型例子。

关于教师专业身份的存在性问题常涉及诸如"什么样的教师才算优秀"、"我该成为什么样的教师"以及"我是否能够成为那样的教师"等个体如何在行为与心理上适应环境、达到评价标准与预期的问题。吉登斯在研究中强调，个体在环境与社交关系变动中，往往通过反思性自我认同（reflexive self-identity）来构建和重塑自身身份，表现为个人在生活中不断审视、评估和调整自己的行为与选择，以适应不断变化的社会环境。正如前文中提到的访谈原文，海伦多次反复地自我反思。

这个决定好不好，对不对？如果是其他老师（有经验的在职教师）会怎么做？进入下一个实习（学校）了，你又会时刻问自己，这一次是不是比上一次好，有没有改变或进步？这是你和自己相处的过程，你找到自己的过程。

在此前芬恩的叙事中也频繁提及自己在职前教师教育实习期间对自己的深刻反思："教师在课堂上、在学校里确实需要展现出一种特定的人格。""我发现教师这个职业比我之前想象的要更私人化。"

第三次实习遭遇失败经历的伊森也对自己的行为表现乃至性格都做了深刻的反思，试图总结实习教学失败的经验，不断改进自己，呈现出更为专业的一面。

当个体无法感知自身作为一个真实而完整的存在，或因新环境的变化使其原有的身份认同被解构，且在短时间内无法重建基本的信任时，个体的本体安全感便会受到冲击。"当我们不再清楚自己是谁，身份感不再稳定或确定时，我们便陷入了本体性的不安全状态。"① 仿佛无论做什么、说什么都显得不合适，甚至是错误的。

庆幸的是，尽管海伦在叙述中流露出困惑与紧张，但总体而言，她收获了积极的反馈，得以顺利地自我调节，重构了自己的教师专业身份：我觉得自己已经找到了作为教师的存在和角色人格。

海伦提到的角色人格（persona）本身可以指公众形象、公众身份、自我表现或印象管理，换而言之，可以理解为一个人希望他人如何看待自己的方式。如果以另一位著名社会身份学者戈夫曼的拟剧理论来解读，那么角色人格可以理解为角色面具、舞台形象。戈夫曼认为，社会可以比喻为一个巨大的舞台，人们在社会生活中的不同场景中扮演不同的角色，并对不同的观众进行表演；舞台可分为

---

① KINNVALL C. Ontological insecurities and postcolonial imaginaries: The emotional appeal of populism [J]. Humanity & society, 2018, 42（4）: 523-543.

前台（front stage）和后台（back stage）。在前台中，人们作为演员需要在众多的观众面前塑造可被他人接受的形象；而后台则是个体的私人空间，他们在这里可以摆脱角色，呈现本真的个性。

海伦在叙事中的特定用词或多或少反映了她对歌剧和英文戏剧的浓厚兴趣以及相关的学习经历——若这种诠释在某种程度上带有研究者的主观判断影响——那么，海伦在其他叙事部分明确提到了舞台隐喻，以及作为实习教师和 PGDE 项目学员所感受到的被凝视、被审视乃至被评判的紧张感。在教室这一舞台的中央，学生和导师的目光犹如聚光灯，学员被学生、职业教师和大学教师教育者审视、评估、期待，这种紧张感无疑加剧了个体对存在性问题的深刻反思。

海伦：无论你如何努力去扮演一个完美的教师，你的个性终究会不自觉地展露出来。个性以各种方式影响着你的行为、态度和言辞，同时也影响着你的学生，以及他们的反馈——这也取决于他们的性格特点。比如，我是一个性格较为冷静的人，友善且常带微笑（笑）。

在我教的班级中，有些学生或许更需要一个——也不能说高冷，但相对来说更为坚决果断的老师，甚至可能需要更为严厉的引导——但这并不是我作为教师的风格。有些老师声音洪亮，善于运用语言，课堂上的掌控力极强，言辞直率，甚至有时略显尖锐（harsh）——然而这也不是我的方式，尽管他们的方式同样优秀。因此，这就是一个不断探索自我、寻找到底你是谁、你是怎样一位教师的过程。

研究者：你是否觉得自己在性格上有所调整，以更好地适应教师这一角色？

海伦：我可以肯定地说，我的性格确实在某种程度上发生了改变。在课堂上的我与生活中的我截然不同，授课时的我更加自信，也更加坚定……因为你必须掌控全局，否则你就会失去掌控力，整个课堂的节奏和纪律管理就会陷入混乱。对我来说，能够做到这一点让我感到有些陌生，甚至有些惊讶，因为我从未想过自己会变成这样的人。在生活中，我还是相对比较……随和（easy-going and nice）的吧？

在实习期间，我面临的主要挑战之一是如何提升我的课堂存在感以及有效管理学生的行为问题。如果我拥有自己的班级，成为正式的老师，我想一切可能会变得容易一些。实习时，你并不是独自一人，时时刻刻都在学生和指导老师的注视下，他们对你的一举一动都进行评判。我经常想，如果背后没有导师盯着，当我是班上唯一的教师时，是否会更轻松一些？我也许不再只是一个临时教师，而是拥有属于自己的课堂，能够对自己的权威感到自信，并且能够从容应对任何学生的不良行为。

有时候，我确实会有些顾虑，担心自己是否会对学生过于严苛。坦率地说，关于纪律管理的问题，我担心如果我与学生正面交锋，而结果却是我输了（笑），那我的权威感——

如果我拥有一些权威的话——将会彻底瓦解，整个班级的学生都会看在眼里，从那时起，我可能就会节节败退（笑）。因此，我现在选择暂时退一步，但我很期待见习期。那时我有整整一年的时间，能够拥有自己的班级，并且更加自信地施展我的纪律管理能力。

如前文所述，芬恩和其他学员在叙述实习中的安全感时，同样强调了自己过客或闯入者的身份，认为自己尚未成为合格的职业教师，在权威性上缺乏足够的自信。如果说温格尔的实践共同体理论中，职业社交共同体更关注特定学校工作环境中全职教师和教研组对实习教师的边界设定与接纳程度，那么，海伦的经历与叙述则从拟剧论与本体性安全感的角度，展现了学生对实习教师的接纳与认同，以及课堂中隐性的微权力生态。前文提到，连续性与稳定性构成了个体本体性安全感中自我信任的基本部分。

在更加复杂的日常社交互动中，实习教师由于其空降的身份，天然缺乏在特定校园和课堂情境中的连续性与稳定性存在感。学生、指导教师乃至实习教师自身都深知实习的临时性、不稳定性以及考核属性。实习教师需要通过展示特定的知识、能力、态度，甚至个性，来赢得学校和学生的信任。在这种情境下，学员的教师本体性安全感与基本信任感在很大程度上依赖于课堂互动中临时建构的师生信任感。

在那些学生问题行为较为突出的班级中，学生与教师，尤其是学生与实习教师之间，往往会出现微观的权力与权威之争（power and authority issues）。在传统的以教师为中心的讲授式课堂中，教师通常拥有较高的权威，主要表现在对课堂秩序的掌控、任务的分配以及对学生表现的评估上。

而学生可能通过不服从、质疑教师的决定或表现出不尊重的行为，来挑战教师的权威。然而，在注重活动学习、无固定教材的苏格兰课堂中，实习教师的权威可能进一步被削弱，表现为学生对学习活动的消极参与或直接拒绝参与。

本研究的质性数据显示，在学生问题行为较少、学生年龄段较低的班级中，受访学员往往能感知到自身具备更高的教师权威，直接体现为学生的配合度更高。海伦对此进行了专门的叙述和反思：

有时在讲课中，你会不经意间与那些眼神相遇——我的意思是，我忽然意识到所有人都在注视着我（笑），他们在专注地听我说的每一个词。我感觉自己就像站在舞台中央，站在聚光灯下。

我前不久还和另一位 PGDE 项目的同学讨论过这个话题。当时他在教一首诗歌，他说，当他讲解诗歌的结构和比喻时，班上的学生将他每一句话都认真记录下来。他说，那对他来说是一个重要时刻，因为学生们全神贯注地听他讲，眼神中充满信任。

有时你会意识到，作为教师，你几乎可以告诉他们任何事情，他们都会记下来——这是巨大的权力，也是巨大的责任。因为有些学生——尤其是低年级的学生——他们会将你的话视作绝对的真理，甚至不会去质疑。这是一个非常有趣的顿悟，我突然意识到教师拥有如此大的权力（power）、潜力与影响力。

有时我感觉，教师的气场就如同其身体的存在感一般。作为教师，你在教室里的走动与站位、你占据的空间、你引导学生注意力的方式，使你成为引导者与主持者。通过响亮的声音、明确的动作和肢体语言，你组织学习活动，达成既定目标。我认为，当教师经验足够丰富时，就会自带一种……这很难形容，就像一种在空气中弥漫的氛围，学生自然明白他们要听从你的引导，必须尊重你，不会忽视你的存在（笑）。

所以，我觉得教师的存在感是一种难以确切定义的力量，它既指你在教室中的物理存在，也包含学生对你的尊重与专注。你的存在感意味着他们自然而然地遵从你的指示，按照你设定的节奏学习。然而，这种存在感同时也是你为学生创造一个积极、富有吸引力的学习环境，而非通过强制手段迫使他们服从。

然而，教育环境与情境复杂多变，教师的引导，即便旨在激发和培养学生的批判性思维与创造力，有时仍会遭遇学生的质疑与抵触。这种情况往往受到学校文化、学生家庭的教育背景、教育理念以及教育政策等多重因素的影响。

我觉得即使在见习期，我也会尽量保持创造性。虽然有时会感到些许犹豫，因为当涉及创造性时，难免会开始反思：这些培养学生创造力的活动，以及教师自身的创造性，是否真正对学生有意义？它对学习的积极影响有多大？这些是我们能够切实看到的吗？这样的设计真的会有效果吗？或许，正因为如此，创造性的活动更容易引发质疑吧。

大多数时候，我的课程设计和创新的学习活动效果不错，但偶尔我也会怀疑：下次还会奏效吗？这个班的学生会喜欢吗？尤其是在像X中学这样相对传统且优质的学校，孩子们有时也会表现出自己的态度。

在实习期间，我曾与中学的一些教师交流过。他们说也曾经尝试过极具创意、有趣且富有吸引力的授课方式和活动，但学生们反馈不喜欢这种方式。他们更倾向于安静地坐下来写作和练习。因为在他们看来，这才是最有效的学习方式，而不是那些所谓的创造性学习活动。

由此可见，本体性安全感不仅受到基本信任、日常工作活动的规律性与可预测性、存在性问题以及具体情境中的权威与权力的影响，还深受社会系统性的影响。具体而言，尽管"卓越课程"改革在苏格兰已推进近20年，但在此前漫长的历史中，英语作为传统的文学艺术科目，长期以读写练习和背诵为主，教学模式以教师讲授为核心，学生则大多安静聆听、记录、记忆知识点。这种以应试为导向的观念，或是通过教育实现阶级跃升的理念，在英国的社会文化中依然具有顽固的影响力。

在英国，多数世界排名领先的研究型大学仍然将学术科目的标准化测试成绩及学术性学习成果（如作文、科学实验操作和研究报告等）的表现作为录取的重要标准。相比那些开放性、探索性的学习活动，讲授式教学与重复练习确实被视为效率更高的学习方式。

学员在实习过程中意识到，"卓越课程"改革与标准化测试、升学评估以及学校教育质量排名之间存在着矛盾与冲突。在实践自己创造性的课程设计时，学员往往会对课程实施所面临的风险进行全面考量。这些风险包括学生年级（尤其是高年级面临的升学压力）、学习能力、教研组的氛围与惯例，以及校园管理制度等。海伦在她的书面叙事中对此进行了深入探讨。

4.2.7 尼尔 Neil：教师是连接现实与虚拟学习空间的桥梁

1. 当老师原本只是读博的过渡——"真香"

尼尔是苏格兰人，直到本科阶段都在本地接受教育。获得英国文学和历史学双学士学位后，他在威尔士攻读中世纪文学硕士学位。在加入 PGDE 课程之前，尼尔已在苏格兰的历史博物馆和画廊从事中世纪研究工作，并通过自学不断提升自己，积极申请博士研究的经费。

谈及成为教师的契机，尼尔坦言，最初的想法源于他在博物馆为青少年进行讲解的经历。在导览过程中，他逐渐发现自己热爱与年轻人交流古代历史和文学。当他成功激发了他们对文史和文化的探究热情时，也从中获得了巨大的成就感与快乐。

随着对教师职业的兴趣不断加深，尼尔加入了当地学校的课后辅导志愿服务组织，尝试与中小学生近距离接触。在积累了一定的互动经验后，他下决心申请进入 PGDE 项目，选择历史和英文双学科。尼尔坦言："一开始，我只是想换个工作，同时继续申请博士经费，因为历史文学的经费确实难以申请。"他原本并未将教师视为终身事业，然而，随着实习的结束，尼尔已然准备将教学作为自己的职业发展道路。一个重要因素在于，尼尔深刻体会到成为优秀的研究型教师所能带来的职业成就感，以及能够激发一代又一代青年对文学和历史的热情。

尼尔对历史和文学有着浓厚的研究兴趣，此外，他也热衷于各类运动，尤其是滑雪。谈及与创造力相关的教育经历时，他的第一反应是历史学科，因其极具趣味性，但细细回忆之后，却发现自己上学时几乎没有什么令他印象深刻的创造性学习活动，大多是围绕书本和桌案展开的。唯一让他记忆犹新的，是几次与众不同的学习体验，尤其是一节栩栩如生的英文课。

我认为创造力意味着要有与众不同之处，至少展现出一些独特的地方。从这个角度看，中学时期的研学旅行显得格外特别。它让我们能够走出教室，离开学校和日常的生活，看到许多新奇的事物，遇见不同的人和风景。我还记得高中时我们去了纽约和华盛顿，参观了葛底斯堡战役遗址，那是我们高级历史课程的一部分，而亲身感受到的东西远比从课本中学习来得深刻得多。

有一个诗歌单元，他带了土豆和一个削皮器，然后开始背诵谢默斯·希尼（Seamus Heaney）[①]的诗歌。这真的非常栩栩如生了，非常形象。我的英文老师原本就是很有个性的人。这节课我十几年之后仍然记得，我想这就是他的成功之处吧。

研究者：为什么把谢默斯·希尼的诗歌和土豆联系起来呢？

哦，他有一首很有名的诗歌名叫……《挖土豆的人》？嗯，名字我记不清了，但是里面的内容是和家人一起削土豆皮。[②] 我以前没想过他为什么这么做，现在看来，我觉得老师想用这种道具营造一个场景，让我们更直观地感受人物的刻画吧。这很有趣，因为13年后我仍然隐约记得那节课和那首诗（笑）。

从尼尔的整体叙事中可以总结出，他从学习者自身经历的角度认为，与创造力相关的学习体验具备以下几个特征：首先，学习的主题和活动应当具有新颖性和趣味性，且能够巧妙地将学习内容与学生的现实世界相结合。其次，学习的体验与空间应超越传统的限制——例如教室、学校和学生的日常家庭环境，给予学生探索世界和获取多领域知识的机会。最后，学习过程及其成果的评价应具有启发性和开放性。

上述基于自身学习经验所形成的教育理念与创造力培养观点，在PGDE项目学习的初期，以较为隐性的方式影响了尼尔的课程开发与实习教学策略——需要明确的是，这里的隐性影响并非指影响微弱，而是指叙述者（学员）在讲述自身专业成长时，往往未能清晰地意识到这种影响的存在。而到了第二次访谈——也就是PGDE项目结束时，这种影响在叙事数据中变得更加显著。通过自我反思，

[①] 谢默斯·希尼（1939—2013年），爱尔兰著名作家、诗人。1995年获得诺贝尔文学家，因其诗作"具有抒情诗般的美和伦理深度，使日常生活中的奇迹和活生生的往事得以升华"。代表作有《一位自然主义者之死》《北方》《野外作业》《苦路岛》等。

[②] 根据尼尔的描述，此处应指谢默斯·希尼早期代表作之一《清理》（*Clearances*），描述的是作者以第一人称的口吻描述与母亲一起削土豆的生活场景。而《挖掘》（*Digging*）则是希尼的另一首诗歌，诗歌里有诗人以第一人称的口吻描述父亲在天地里挖土豆的场景。土豆在爱尔兰的历史中扮演了至关重要的角色，曾经对该国的经济、政治和社会生活有关键影响。1840年，爱尔兰因为病害造成土豆产量锐减，饿死了上百万人，史称"土豆饥荒"。

受访者能够更清晰地追溯并归因于自身的教师专业发展与启发,展现出其自我身份认知和专业反思能力的提升。

2. 文史不分家,双学科教师眼中的文化包容性与创新性

在 A 大 PGDE 项目进行质性案例研究的过程中,研究者常常听到教师教育者、中学教师以及学员们探讨一个话题——"教育跨界,教育破界"(crossing the borders and pushing the boundaries)。这里的边界(borders)和界限(boundaries)可以因人而异,通常涵盖但不限于国家边境、国别和文化差异,也不局限于传统的学科领域和技术壁垒。教育理念和课程改革的核心之一,便是创造一个能够为未来幸福生活做准备的学校环境,而教师们则能提供有别于传统教学与学习方式的多种选择,从而激发学生无限的潜力。

以尼尔的个人教育经历为例,他在中学时期的创造性体验可归纳为充满意外的新奇感,以及打破既有思维模式与日常交流局限的广阔视野与灵活性。这段经历启发了尼尔在职前教师教育阶段,以一种新颖且贴近学生生活的方式,将学习文本与主题融入真实情境之中。尼尔认为,作为一名富有创造力的教师,他应具备引导学生自主建构知识的能力,并让这一过程更具趣味性、易于理解,且与实践性活动紧密相连。

我认为,要成为一名富有创造力的英语和历史教师,关键在于能够以人们意想不到的方式——至少是部分地——传递传统的信息,并善于通过多样化的手段激发学生的热情。相比于简单的课本朗读和死记硬背,教师应以灵活多变的形式为学生带来不同的启发。

比如,选取新颖有趣的文本片段,围绕特定主题展开学习,启迪学生的全新思考。或是引导学生拆解并分析整本书籍的内容,通过独立思考与合作学习相结合的方式,完成特定的学习任务。

我认为,在"卓越课程"改革后,教师们正在尝试更多地引导学生自主建构知识,而不是直接告诉他们答案。与其按传统的方式逐章讲解,简单概括中心思想和人物分析,教师们更倾向于采用启发式的方法,营造一个让学生主动学习的环境。

我个人的授课风格和活动设计中大量运用了信息通信技术。这不仅仅是指使用许多 PPT 或数字辅助工具——更重要的是,我注重将信息技术(information and communication technology,下文简称 ICT)理念深度融入教学设计中,将网络化和数字化的思维方式贯穿于课程的各个方面,并拓展到课堂教学的实际操作中。这就像是用青少年更易接受的方式来传递一些相对传统的英文知识与实践。

毕竟,他们是互联网原住民(笑),而我们所教授的内容,有时与他们的生活现实在

时间上有些差距。如果能够通过这种所谓的包装吸引学生的注意力，再通过长期的引导与启发，激发他们讨论学科内容，并对其产生兴趣，我认为这也是一种合理的方式。

其实这些数字化设计思路既简单又高效。比如，在英文或历史课堂上提问时——我认为口头表达与讨论是这类学科的重要学习形式——但有些班级的学生会比较安静，可能出于顾虑在同伴面前的表现等各种原因，而显得不太愿意参与。这时，与其直接点名，给学生带来尴尬或抗拒，我使用了一个姓名随机筛选器。让学生随机喊停，鼠标一点，屏幕上（大多数教室都配有大屏智能电视作为学习设备）就会显示一个名字。

学生们觉得这很有趣，甚至没有意识到被抽查回答问题的尴尬感（笑）。因为这种方式完全随机，即便老师是真正随机点名，学生们也可能会感到不自在。而在视觉上，这种电子大转盘的效果更具冲击力。

有趣的是，这种方法甚至激起了学生的好胜心，为了争取按按钮的机会，他们表现得更为积极。你还可以将这一机制作为一种激励手段。我想，这就是一个简单的例子，如何通过数字化的小技巧让平常的课堂活动变得令人兴奋，这也算是一种创新吧。

尼尔提到的小技巧中，既有带有网站链接的工具，也有应用小程序，这些都能帮助教师轻松导入学生名单，并随机生成摇号结果。这类软件在界面和图像设计上色彩缤纷、风格各异，尤其能够吸引低年级学生的注意力与兴趣。如果说这些应用更多地体现在教学形式和课堂行为管理上的小花样（tricks），那么尼尔在课程设计方面同样践行了他关于教师创造力与培养学生创造性思维的理念。

在第一次实习期间，尼尔的教学经历已相当丰富，他分别负责了英文学科的 S1、S3 和一个高年级班级的教学工作，同时还兼任了历史学科的两个 S1 班级和一个 S3 班级的教学任务。在第二次实习中，尼尔依然身兼英文与历史两科的教学职责。他每天基本是早晨大约 7 点 30 到校，下午 4 点 30 离校。尼尔认为，身兼两科的教学优势在于，他比其他科目的实习教师拥有更多与学生在课堂上互动的机会。

苏格兰"卓越课程"中的社会人文学科有一个常见的主题——"苏格兰"。尼尔分享了他为 S1 班级设计并实践的"苏格兰"主题课程的构思与策略：

这是一个较为固定的主题，也很容易陷入俗套，因为相关的课程材料过于丰富。为此，我尝试运用不同的教学理念，让学生们保持开放的心态去探索苏格兰，打破他们固有的刻板印象。一提到苏格兰，人们脑海中总会不自觉地浮现出那些典型的符号：格子短裙、威廉·华莱士（电影《勇敢的心》中的主人公）、风笛、威士忌，以及那浓重的口音（笑）。

但事实果真如此吗？我引导 S1 班级的学生们上网搜索关于苏格兰的最新数据和资讯。

他们惊讶地发现，如今苏格兰首府爱丁堡仅有2%的人仍在使用本土的盖尔语，而波兰语的使用者比例却相当高，并且每年都在增加。根据苏格兰政府官网的统计数据，爱丁堡约有60%的人口的第一语言既非英语，也非苏格兰语，这个比例确实相当高，令人震惊！

我想，在这个单元里，我们都经历了一次开阔眼界的过程，打破了许多固有的刻板印象。

研究者：你了解这个班级学生的文化背景吗？

这个班的学生非常多元化，他们中有人讲波兰语、中文（普通话）、广东话、西班牙语、日语和法语。有些学生在苏格兰出生，另一些则是随家人移居而来。我希望他们能形成一种认知：苏格兰是一个多元化的国家，其语言文化同样多姿多彩。在相互尊重民族文化的同时，我们营造了一个开放包容的氛围。苏格兰的形象远不止于红头发、风笛演奏者、雪白皮肤、浓重口音和高挑身材（笑）。

说到这个，有个颇为有趣的笑点——我本人，红发、苍白皮肤、带有苏格兰口音的大个子，在课堂上强调苏格兰人的形象并不仅限于这种刻板印象（大笑）。这种反差的对比实在让人忍俊不禁。

话说回来，在这个"苏格兰"主题单元中，我不仅引导学生们打破陈旧的刻板印象，去探寻新苏格兰的人口与文化发展，还鼓励他们向父母和祖辈了解各自的家庭历史，描绘出一个个家庭变迁的故事。无论他们是土生土长的苏格兰人、凯尔特后裔，还是来自非洲、亚洲或欧洲其他地方的移民家庭。这一单元的学习成果是让学生尝试用两种语言创作一首诗歌，一种是英语，另一种则是他们祖辈曾使用的语言。

研究者：如果学生除了英语不会说其他语言，或祖辈是苏格兰人但早已不再说盖尔语呢？

我提出了让学生去调查长辈，或是与身边懂得第二种语言的人交流，甚至可以通过网络学习简单的语言。如今有许多资源可以帮助他们探寻文化根源，比如家族树类的网站，能够根据姓氏和出生地绘制家族迁徙的路径。

我认为这个单元结合了语言、文化与家族故事，是一次全面的探究式学习。我希望我的课堂不仅反映出语言背后的文化与社会变迁，还能培养学生广阔而包容的视野，从而在此基础上讨论什么是当今的苏格兰，什么是苏格兰人。为了这一目标，我与学生们在这个单元中倾注了大量心血——这是我进行过的最具创意的教学尝试之一。

研究者：学生对这个单元的反馈如何呢？

他们非常喜欢这个单元。事实上，当我在教育调查研究中给他们发放电子问卷时，他们的反馈十分积极，很多意见也拓宽了我对教学的视角。显而易见，这个S1班级对诗歌创作部分格外感兴趣，许多学生选择用意大利语进行创作，这可能与他们的音乐课有关。

这让我意识到，我们不能强行推行一些关于公平、包容和多元化的理念，因为大多数这个年龄段的学生根本不会质疑自己的苏格兰人身份。或许等他们再大一些，才会接触到社会上，尤其是网络空间中关于种族和文化的负面内容。

让我感到欣慰的是，学生们在课堂上打破了固有的刻板印象，彼此尊重，并对其他文化产生了探究的兴趣，事实上，他们也进行了初步的文化探索。

当然，也有一些活动设计并不奏效。比如，我做了一个《塔姆·奥尚特》（*Tam O'Shanter*）① 诗歌改编的戏剧表演活动，有些学生很喜欢，有些不喜欢。我想我会对这部分进行修改，在见习期尝试新的文本或者活动设计。

此外，"苏格兰"这一学习主题具有连续性。这次我仅在 S1 班级进行了相关课程的教学，显然，很多内容具有导入性和启发性。未来，当我在 S3、S4 年级再进行相关主题的学习时，我将更加侧重引导学生深入分析和辩论复杂的文化现象以及背后的社会历史变迁。

尼尔从历史和英文学科的专业基础出发，将"文史不分家""文以载道"的理念贯穿于英文教学的每个环节。由此可见，无论文化和国别的差异如何，人文艺术与社会学科之间始终有着紧密的联系，这一点在全球范围内都普遍适用。许多世界知名大学，以 A 大为代表，将社会学、教育学或教师教育归入人文艺术（humanities and arts）学院或学部，旨在通过多种形式和方法探究并表达人类的经验与情感。

人文艺术这一综合领域致力于培养学生的批判性思维、创造性表达和跨学科的理解能力。通过扩展视野和多样化的研究方法，学生能够深入探究文化、历史和社会现象，并通过多种文学艺术的途径表达个人和集体的情感与观点。这种教学方式，不仅有助于加深学生对世界的理解，还激发了他们对不同学科的兴趣。

以尼尔的"苏格兰"S1 单元教学为例，他以"历史与当下的苏格兰"为主题，巧妙地将英文（诗歌创作）、社会、历史等知识和技能的学习融合在一起，同时运用网络信息资源和搜索工具，将课堂学习与家庭故事及社会变迁紧密结合。这个单元以"新"破题，激发学生的探究欲望。以情动人，将学科活动与祖辈的家庭文化生活故事关联起来，使学习根植于学生的生活体验之中。以小见大，从家庭移民与多元文化的发展延伸至区域和国家的文化历史变迁。

在学习的最终阶段，尼尔以诗歌创作为落脚点，虽然诗歌创作在英文学科中难度较高，但由于之前的探究学习和对个人及群体故事的挖掘，诗歌变得鲜活有

---

① 苏格兰国民诗人罗伯特·彭斯（Robert Burns）的长篇叙事诗《塔姆·奥尚特》（*Tam O'shanter*），诗歌内容源自苏格兰民间故事，彭斯将它改编整理。这首诗主要叙述了一个喜欢喝酒的主人公 Tam，一次喝完酒回家途中在教堂碰见鬼怪然后逃跑的奇幻经历。故事妙趣横生，全篇出现了许多苏格兰特色的意象，极具苏格兰风情。然而，对于当地青少年来说，这个故事可能缺乏新意。

趣、情感真挚。两种语言的使用虽看似增加了难度，但其实充分利用了低年级学生在想象力和语言韵律、发音等方面的创造性优势。

最终，学生们创作出了一批充满趣味、真挚婉转的短诗作品，令人十分满意。这些作品也契合了苏格兰文学中诗歌与民俗、民谣及古代传说紧密结合的特征。尼尔将这一教学单元视为自己实习早期最具创造力的尝试，实属名副其实。

3. 创造力的年级限制——喜忧参半

尼尔在第一次实习过程中观察到一个颇为遗憾的现象：随着年级的升高，学生的创造力受到的限制越来越多。这种限制并非因为学生随着年龄增长，想象力和原创性逐渐减弱，而是由于 S3 之后即将进行的"卓越课程"国家标准测试，学校和教师不得不调整课程设计和教学策略，以帮助学生更好地适应应试要求。

由此可见，即便在教育改革相对成熟的苏格兰，标准化学业测试成绩仍然是衡量学校排名和声誉的关键因素。对于希望申请名校的中学生而言，标准化测试成绩依然是不可或缺的条件。正如前文所述，计划进入 PGDE 项目、成为任何学科教师的申请人，必须具备英文和数学双学科的高阶考试成绩。

在我第一次实习的学校中观察到，教师在 S1 和 S2 阶段的教学普遍更加灵活且富有创造性。他们甚至可以创设全新的单元和学习主题。例如，"苏格兰"主题单元就是学校教学计划的一部分。

虽然传统的设计方式与我先前提到的课程设计有很大差异，但这些现有的素材和大纲多半依赖于人们对苏格兰的刻板印象——这本身也无可厚非，毕竟这些印象也是苏格兰文化的一部分。我只是希望融入一些新元素，增加更多开放性和探究性的内容。学校也允许我进行这些全新的尝试，哪怕我只是个实习教师。

然而，在 S3 及以上年级的教学中，情况有所不同。学校在教学方面会更加谨慎，通常要遵循既定的计划和素材进行教学。在"卓越课程"的实施中，无论是教师的创新还是学生的创造性培养，都会受到年级的限制。换句话说，创造性的发挥空间较为有限。这实际上取决于学校和学生的具体情况。

如果学校从一年级起就引导学生进行开放性、批判性的讨论，培养他们的创造力，那么在高年级，这些素养和能力就有更多的机会得到充分发挥，这与标准化测试并不矛盾。但如果学生长期以来都是以刻板、陈旧的文本为学习对象，没有机会进行批判性学习，那么到了高年级，他们势必需要投入更多时间为标准化测试进行准备。

我注意到，新颖且富有创造性的课程大多集中在低年级。不过，有一节 S4 的课程给我留下了深刻的印象。这节课让我感到很受鼓舞，因为即便到了高年级，你仍然可以尝试一些新鲜的教学方式，依然可以激发学生的创造力，并在这一过程中帮助他们更好地掌握"应试"知识。其实，创造性和应试之间并没有必然的冲突。

这节课围绕莎士比亚的《罗密欧与朱丽叶》展开，可能是英文经典文学中最为人熟知的作品（笑）。你当然可以按照传统方式来教学，无论在哪个年级，学生们都能学到新的文学知识，进行更深入的文学分析。然而，这节课的创新之处在于以"莎士比亚式讽刺"为主题，开展了戏剧表演活动。

由于学生对这个文本已相当熟悉，再加上影视剧改编版本层出不穷，因此让他们自己上台表演，依然带来了不少新意，课堂氛围也异常活跃。此外，莎士比亚式讽刺的语言风格非常契合这个年龄段学生的叛逆心理（笑）和交往模式，既幽默又新鲜。他们在讽刺彼此时格外有动力（笑），还能结合现实生活和当下社会背景，展现出强烈的创造力。这一课让我印象深刻。

在这次表演活动之后，后续几节课的教学也进行得很顺利。我记得接下来还有以爱、嫉妒、戏剧冲突为主题的表演和分析活动，每一堂课都给学生提供了更多创造和思考的空间。

从尼尔的叙述中不难看出，在模仿专业教师的创造性教学方面，他充分汲取了实习期间优秀教师的实例，尤其在课程内容的选题和活动的组织上展现出卓越的学习能力。在此基础上，尼尔将自己的跨学科特长和兴趣巧妙融入其中，迅速转化为完整的课程素材和教学设计方案。

除了在英文和历史学科的探索，尼尔还在三次实习中深入观察了数学和科学课程。他相信，许多实践活动可以从这些学科迁移至英语和历史教学之中，因为"许多教学技巧是相通的"。他发现，学生往往对那些操作性强、需要身体参与的活动展现出更为浓厚的兴趣。这种多学科的观察与反思，不仅丰富了他的教学视野，也为他带来了更具创意和实践性的教学手段。

我曾旁听了一节低年级的教学课，主题是"概率"。老师通过一种生动的方式引导学生理解这一抽象概念。他将教室划分为三个区域，最左边代表肯定会发生的事情，右边代表绝对不会发生的事情，中间则表示可能发生。学生们根据老师提出的问题，迅速选择答案，并奔跑到对应的区域。

比如，老师问道："爱丁堡城市中心发生火山爆发"，所有学生立刻跑到"不可能发生"的那一边。随后，有人提出："或许有一点点可能性。"有些学生听后动摇了初始的选择，接着有人反驳市内的火山是死火山，不可能爆发。通过这样质疑、辩论和反思的过程，教师巧妙地引出了概率的概念。

我注意到，学生们尤其喜欢与生活密切相关的活动，这不仅让他们能够起身动一动，还让他们在活动中获得了更加深刻的理解。那堂课对我来说非常有趣，充满了活力与启发。

回想起自己曾在课后辅导中旁听过的各种课程，涵盖了化学、物理、数学等多个领域，大概有上百节之多。这种跨学科的学习对我来说至关重要，它让我看到了许多全新的事物，也激发了我在自己的学科中应用这些不同思维方式的灵感。

尽管每个学科有其独特的框架与限制，或者说是我们人为设定的边界，但实际上，许多技能与思维方式是相通的，可以跨越学科范畴，创造更丰富的教学体验。

在职前教师教育结束时，尼尔回顾了三次中学实习以及大学课程的讨论。他特别强调了在第二所实习学校中所感受到的组织支持和融洽的团队氛围，这种支持为教师们提供了广阔的创造性空间。学校宽松且包容的工作氛围让他感到备受鼓舞，并体验到了来自同事与环境的接纳与认同。这种氛围不仅激发了他的教学热情，也让他对未来的教育工作充满信心与期待。

第二次实习的中学是一所公立中学，拥有大约1100名学生。学校的整体氛围非常出色，英文和历史两个教研室的气氛都十分融洽，老师们亲切友好，总是乐于伸出援手。

其实在实习前，我心中还是有些顾虑的，毕竟我从未在西洛锡安（West Lothian）学区工作过，甚至很少去过那里，对当地的生活也不太了解。但到校之后，我发现这里的学生对学习充满渴望，虽然也有部分学生的内在动力稍显不足，但在大多数情况下，学生们都表现得友好有礼，积极参与课堂活动，思维活跃，进取心强。

总体来说，这次实习体验非常棒，可以说是我三次实习中氛围最好的一次。这次我分别教授了S1、S2和S3的英文课，历史课程也是如此。

尼尔第二次实习所在的西洛锡安区是苏格兰32个行政区之一，地处苏格兰中部低地，东接首府爱丁堡，西邻北拉纳克郡，南与南拉纳克郡接壤，北临福斯湾，交通便捷。根据苏格兰政府的统计数据，西洛锡安区的面积约为427平方千米，接近2019年苏州城市建成区的面积（477平方千米），两者在规模上相当接近。该地区以其悠久丰富的历史人文底蕴和壮丽多元的自然景观闻名，曾是古代苏格兰王国的核心区域。境内著名的林利斯戈宫（Linlithgow Palace）是苏格兰国王詹姆斯五世与玛丽女王的出生地，见证了苏格兰王国的辉煌历史。

根据目前公布的最新人口普查数据，西洛锡安区2021年的总人口为18.5万余人，约7 600户家庭，每年新出生人口不到2 000人。[①] 目前，该区域共有13所中学，尼尔所在的中学在其中表现尤为出色，辐射周边四所小学。学校的官方

---

① Scottish Government. West Lothian［EB/OL］.（2024-07-01）［2024-07-01］. https://statistics.gov.scot/atlas/resource?uri=http%3A%2F%2Fstatistics.gov.scot%2Fid%2Fstatistical-geography%2FS12000040.

介绍中特别指出，校方为具有多动症、孤独症等特殊需求的学生提供专门支持，目前可容纳 18 名特殊需求儿童，致力于为这些学生提供全面关怀与帮助。

该中学在学校发展规划中明确强调，其首要任务是在苏格兰"国家教育改进计划"（National Improvement Framework）的框架内，积极改善弱势家庭子女的教育状况。为实现这一目标，学校在整体发展目标方面聚焦于三大核心领域：

（1）学习成就：学校认为每一位成员都是终身学习者，致力于为所有学习者提供广泛的机会，使其充分参与高质量、富有挑战性且充满创意的学习体验，激发并实现他们的最大潜能。

（2）交往与互动：学校珍视并尊重每一位成员，努力营造开放、真诚且积极的沟通环境，促进相互合作，共同进步。

（3）抱负与期望：在这里，我们秉持坚韧不拔的精神，努力工作并追求卓越，对自己和他人怀有深切的期望与信念。

在实践路径上，学校着重于中学基础阶段（S1—S3）的教育公平，积极推动弱势家庭子女的学习参与、学业提升与健康发展。通过鼓励学生进行自我评估，并提升对融合教育中特殊需求学生的专业支持，学校力求实现上述三大整体发展目标。

尼尔在访谈中提到的实习体验确实与该校的办学目标和重点相呼应。轻松开放的氛围显然对教师和学生创造力的发挥起到了显著的推动作用。

教研组和学校对新教师的创造性发挥给予了充分支持。事实上，这所学校在这方面表现得尤为卓越，他们不会限制你教授给学生的文本内容。不同于一些学校，尤其是到了 S4 高年级，学生必须学习大量规定的教材，教师也要严格按照固定的模板和材料教学，所有人都遵循相同的教学指南。

然而，这所学校完全不同，他们真正将选择权交到了你的手中。他们给了我选择权，决定是教一年级学生的说服性写作，还是教创意写作。[①]

于是我选择了创意写作，因为我自己对说服性写作已感到厌倦，他们欣然同意。我问道："你们希望我具体做些什么？"他们回答："你只需要考虑自己想如何教学，一切由你决定。"于是，我决定以翻转童话为主题。没有人告诉我应该选什么题材或该如何授课。整个教研组都非常支持我去探索，去尝试新事物。

我猜，他们显然相信我有能力教授自己热爱的内容，并完全信任我去执行。他们本可以轻而易举地说："不必多想，这里有 16 本创意写作的教科书和模板，直接使用就

---

① 说服性论文、说服性写作属于议论文，是英文写作中的重要部分。旨在表明作者对某一具体话题的鲜明的立场和看法，同时通过最充分有力的证据围绕逻辑性和合理性对自身观点展开论述，最终使其具有说服力和信服力，从而达到让读者信服的目的。

好。"——但他们没有。这种信任感令人愉悦，因为当你知道自己被信任和支持时，创新会变得更加自然和轻松。

我见过，也从其他实习教师那里听闻过，许多学校并没有给实习教师比较大的自主空间。我完全能够理解学校的顾虑。教学部门会全面审核你的课程设计，确保其可行性，才会允许你去尝试。如果他们对你说："这听起来是个糟糕的主意，请不要这样做。"那确实会让人感到备受打击，你肯定会说："哦，好吧，对不起。"但他们并没有这样对我，恰恰相反，他们鼓励我去试试看，看看效果如何。我相信，如果我的想法真的很糟糕，他们会让我重新考虑。

总之，作为一名实习教师，能够赢得部门的信任，并获得自主选择教材和主题的权利，我感到非常幸运。这种信任不仅帮助我建立了自信，也让我更加从容，能够跳出框架去思考。我认为，教师越自信，越能够激发出自己的创造力，而这种自信也部分来源于课堂上孩子们对你教学的积极反馈。

尼尔在总结三次实习经验后，提出了一个耐人寻味的发现：在S1至S3阶段，教师的创造性尝试往往拥有更为广阔的空间，能够实现"跳脱条框限制"的效果。然而，这种创新究竟是为了追求新颖和热闹的形式，还是为了真正促进学生的创造力及其他高阶能力的发展，教师在短期内却难以做出明确的判断。毕竟，创造力的潜能需要长期的培养和生长，往往无法在短期的终结性测试中得以充分展现。

我觉得经过PGDE阶段的学习，我对教师这一职业的看法确实发生了很大的转变。入学前，我以为我会像我上学时的老师那样，对学生说："今天我们来学习某某小说，翻到第几页，接下来几周我们将读完这本书。"虽然我知道"卓越课程"的改革已经带来了许多变化，但我以为至少在某些方面还是会保持不变……然而，现实远比我想象中的改变更为深刻。

我逐渐意识到，在低年级，也就是苏格兰的综合教育阶段（Broad General Education, BGE），教师的角色更多地像是一场精心设计的表演的主角。教学不再只是单纯的知识传递，而更像是一场由教师主导的秀，而教师则仿佛成了舞台上的主持人或表演者。

很多时候，教师其实是在为学生演绎知识，展示学习的全过程。我上学时，老师大多是这样教学的——"这是课本，翻到第17页，做第1到10题。如果完成了，继续翻页，做后面的题目。"一切仿佛早已安排妥当，教案详尽且标准化，内容固定不变。

同年级的学生在同一个学期的同一阶段，大致学习相同的内容。刚开始PGDE课程时，我对差异化教学的理念几乎一无所知，尽管我在课后服务志愿支持系统中已经有了一些经验。

然而现在，我深刻体会到教育确实发生了变革。如今，你可以通过三种不同的方式教授同一个文本，虽然是相同的内容，却可能划分为三种不同的难度等级，或者从不同学科和主题的角度出发。这些理念已经融入了我的课堂教学。

与此同时，学校教育也更加注重教师对多样化评估方式的掌握，评估的形式已经完全不同于以往。我们努力让学生自我评估，把学习的责任更多地交还给他们，这是我们共同奋斗的目标。

尼尔在三次实习中都未被安排教授高年级班级，因此他对 S3 以上年级的教学情况仅限于听课观摩的经验。这种安排方式背后有多重原因，其中一个不便直言的原因是，许多中学不愿冒险让实习教师"干扰" S4、S5、S6 年级学生的考试备考过程。因为苏格兰国家标准化考试的参考比例、弱势家庭学生的参与比例以及考试结果，都会直接影响学校的排名、教育质量评估，进而影响拨款和声誉。

相比之下，BGE 阶段的学生和教师尚未承受这样的考核压力，教学目标更多是激发学生的自主学习兴趣，提升课堂参与度，尽量降低辍学的风险。于是，许多教师放飞想象力，组织了不少热闹、活跃的课堂，甚至施展个人的表演才能，恨不得将所有新颖的教学方式一一尝试。然而，这类课堂往往形式重于内容，流于表面热闹，实质上的教学效果则难免被忽略。

4. 打造可持续的创造性的环境与氛围

如何确保创造性课堂与学生创造力的持续发展，不因年级升高和考试压力而中断？一方面，显然需要当地政府教育部门和"卓越课程"专家组继续对国家标准化测试的形式和内容进行循证研究和不断优化。另一方面，则依赖于学校和学科教研组的氛围营造，以及教师对班级学习环境的精心培育。前者能够帮助教师获取更多信息并提升积极性，促使他们在教学实践中保持创造性活力；后者则激励学生勇于、乐于并善于表达独特而新颖的见解，积极尝试创新想法，主动融入创造性学习的全过程。

我觉得每个人都有创造力的潜力，但创造性的成果并不是一下子就冒出来的。有时候，这个过程还挺有风险的。比如，学生对某个话题特别感兴趣，但可能偏离了你的课程设计，甚至超出了学科的范围。这时，怎么在完成教学目标的同时，鼓励学生去探索和学习，对老师来说就是个不小的挑战。这大概也是为什么我看到的创造性教学更多出现在 BGE 阶段（笑）。

听课时，我看到了一些完全超出我预期的教学方式，很多都挺"非传统"的。我发现学生们都很积极地参与讨论，学习效率也提高了不少。很多时候，老师没有明确说自己在教什么主题，也没特别强调跨学科，但你会发现他们其实是在围绕某个生活话题，做跨学科的探究。这些观察让我挺受启发的,我也打算在见习期里,把这些方法尝试融入自己的课程设计中。

我记得在实习的第二阶段,教授诗歌单元时,有一首诗是关于越南的。学生们对越南几乎一无所知,但他们却展现出极大的兴趣。这让我感到意外,因为我原本以为,异国的历史和文化或许不会引起他们的浓厚关注。

我们的学习目标其实是理解那首关于越南的诗,但他们渴望了解更多的背景知识。我觉得他们是真正的积极学习者,充满求知欲和探索精神。毕竟,有时他们会毫不掩饰地表达厌倦,比如"我讨厌这个内容""好无聊啊""我不想学"(笑)。然而,当他们主动表现出探究的欲望时,我心里不禁感到惊喜。

因此,我决定抽出一些时间,与学生们进行更多互动,鼓励他们自己上网搜索资料,独立思考。这不仅是一种学习的乐趣,也是创造性萌发的时刻。作为教师,我们的职责便是点燃他们内心的那把创造力之火。

我坚信,这种投入在未来定会收获丰硕的回报。下一次设计课程时,我或许不会仅仅将那首诗歌视为多元文化学习的文本之一,而是会围绕诗歌本身,设计一个更大的主题,鼓励学生继续探究与诗歌相关的历史和文化。

研究者:你从学生的反馈中得到了创造性的启发?

我始终认为,这种互动往往充满启发性。嗯,有个例子。我还记得第三次实习时,班上有个学生总是在课堂互动中被边缘化。起初,我并没有留意这点。记得有次英语教研组组长还专门来听了我的课,我正好请那位学生站起来,朗读课文的一些片段。

课后,教研组长问我:"你是怎么做到的?"我疑惑地回应:"什么?"她惊讶地说:"你居然让他读出来了!三年来,他从未回答过问题,也从不参与课堂讨论!"当时我心里想,"我真的不清楚自己做了什么,不知道这一切是怎么发生的。"显然,他一直有这个能力,只是从未被激发。

我至今仍不明白,那位学生为何会对我那节课产生兴趣,但他确实做到了。听说他以前常常把椅子掀翻,然后冲出教室,甚至旷课。而如今,看到他如此积极的转变,真是令人鼓舞。这让我意识到,教师或许需要始终坚信,学生总有可能做到。有时候,学生在课堂上沉默不语,或者调皮捣蛋,令人头疼;当你批改他们的作文时,甚至会忍不住感叹,"天啊,真是一团糟!"(笑)

然而,教师依然要坚守自己认为对他们有益的教学方式,相信他们终会改变。这个过程对教师而言,充满启发。不仅是因为某些话语在学生心中播下了种子,也提醒我们,不能仅凭表面去评判他们,不能因为一时的表现而武断地否定他们。学习的成果往往不会立刻显现,但只要有这样的例子,教师就应坚定信念,继续前行。

在访谈中，尼尔坦言，由于实习期间没有机会接触高年级学生，他在见习期间经常向有经验的教师请教，如何在确保高年级学生应试成绩的同时，尽量让课程变得有趣且富有启发性。他深知自己肩上的压力与强烈的责任感，因为这些学生正处于备考阶段，教师的职责是帮助他们达成特定的学习目标，尤其是短期内的考核成果。

为了证明自己值得信赖，尼尔倾向于采取较为顺从的态度，严格按照见习学校的规定与指导来执教，尽管这意味着他无法施展太多的个人创造力，课程也因此受到一定限制。"这也是对教师的一种考验，"尼尔指出，"在完成既定任务的同时，如何依然保有并发挥自己的创造力。"

学生与教师之间建立的关系，构成了课堂环境的基础。这种关系对学生的参与度，以及教师的自信心、专业表现和满意度，都有着重要的影响。在两次采访中，尼尔尤其关注了如何激励学生积极参与课堂。他指出，教师或许会选择那些他们认为富有创意或对教学有益的主题或方法，但如果缺乏学生的主动参与，教师的热情和努力将无法产生实质性和有效的效果。

在三次实习期间，尼尔通过自身的经历，不断从导师和其他经验丰富的教师那里汲取经验。他分享的例子，都强调了营造一个鼓励学生参与的环境的重要性。这样的环境应当是无评判且轻松的，能够以相关且富有吸引力的方式激发学生的学习兴趣。然而，激励并不意味着课堂会沦为与学习无关的娱乐表演。在他的叙述中，即便是在 BGE 阶段，依然蕴含着如何在寻求乐趣与培养特定技能之间找到平衡。

尼尔的一些例子集中讨论了如何通过适当的奖励机制，激发学生的参与感和课堂行为表现。例如，在一节 S4 历史课上，尼尔观察到，获得最多分数的小组被给予选择每周末观看 10 分钟电影片段的自主权。历史老师之所以做出这样的决定，是因为班级对电影十分着迷，学生们确实为了心仪的电影片段在课堂上非常努力地表现自己。在这种情况下，尼尔认为，教师的创造力体现在能够设计出既吸引学生，又与课程内容紧密相关的电影片段清单，并充分利用丰富的素材库。

为了营造一个轻松的学习环境，尼尔广泛运用 ICT 和数字化学习空间，以提升学生的自信心和参与度。与许多学员一样，尼尔注意到，中学生有时因过于在意自我形象而不愿参与活动，或在同伴面前表达自己的观点。为了解决这一问题，尼尔从观察到的课堂中学到了许多"有趣的行为管理技巧"，并在实践中加以运用。

这些技巧包括在学校中展示学生的作品、使用座位安排计划、应用 ICT 工具（如随机抽取名字的工具和 Padlet），以及实施形成性评估。尼尔的导师建议他多使用线上社交平台，因为这种平台提供的在线学习空间能够有效提升学生的积极性和参与感。学生们常常会努力改进自己的作品，以期在社交平台上吸引更多同学的关注与反馈，这也反映了青少年在现实生活中受社交媒体影响的重要性。

在试用年内，尼尔的目标是创造一个积极的课堂氛围，使学生在其中能够相互尊重、自我尊重，尤其是在独特性和自由表达观点的方面获得支持与肯定。

4.2.8 诺玛 Norma：教育的理想是促进社会公平和包容

1. 社会教育理想的萌芽与壮大

诺玛出生于英格兰的一个中产阶级家庭，幼年时失去了母亲，先后在公立学校、教会学校和寄宿制公学就读。用她自己的话来说，她"拥有丰富的基础教育经历"，并由此萌生了投身基础教育事业的想法。随后，诺玛在苏格兰 G 大学获得了英文、文学和电影学的双学士学位，毕业后即加入了 A 大学的 PGDE 课程。

诺玛认为，早年的生活经历，尤其是家庭的意外，对她的性格产生了深远的影响。她认为生活磨砺了自己，使她成为一个"坚定、独立、沉着且富有条理的人"（诺玛第一次采访的自我评价）。多样的教育背景让她善于反思教育环境，特别是教育在促进社会公平中的作用。在 PGDE 课程结束时，诺玛顺利成为一名预注册教师。

通过两次深入访谈，诺玛展现了她通过基础教育实现社会教育理想的强烈愿望。在求学过程中，她广泛接触了多个职业领域，这些丰富的实践经验使她在大学毕业时，能够做出与自身兴趣和能力相契合的职业选择。

在本科阶段，我通过实习和探索涉猎了多个职业领域，这让我更加清晰地认识到自己的兴趣所在以及适合的职业方向。我深知自己渴望在人际互动和协作中工作，并且有着强烈的社会意识（social consciousness）。我渴望通过自己的努力对社会产生积极影响，使其变得更加美好。我自认为是一个富有创造力的人，厌恶条条框框的束缚，甚至连对活动空间的限制也难以接受。

例如，我曾在广告公司实习，负责文案创作。那段经历让我感到极为压抑——整日被困在狭小的格子间里，对着电脑工作。相比之下，我更向往能四处走动的工作环境，这种偏好甚至影响了我的职业规划和最终的选择。

回顾过往，我感到自己十分幸运，在学习期间有机会进行多方面的尝试。这些丰富多样的经历不知不觉地引领我走上了如今的职业道路。我曾有过教学经验，尽管不是全职的，但这些实践经历让我在做职业选择时能够综合考虑各个方面的因素，做出更加适合自己的决定。

回忆起学生时代最具创造力的活动时，诺玛流露出对戏剧的浓厚热情。她分享了自己坚持完成戏剧等级考试以及参与社团表演的经历。正是这些经历全方位提升了她的综合能力，为她日后追求教师理想打下了坚实的基础。

在高中的最后两年，我转学到了私立寄宿学校，并加入了戏剧社团，参与戏剧表演和制作。此外，我还报名参加了学校组织的意大利游学活动——我对这样的活动充满热情。尽管这些活动看似与 A-level 备考无关，且耗费不少时间，但我在旅途中结识了许多有趣的人，接触了不同文化的生活方式，这一切都充满了创造力。

我从 4 岁起就一直在参演（学校的）戏剧活动。我一直都是话剧社的成员，总是在暑期课程中选择戏剧，在学校时也参加了伦敦音乐与戏剧艺术学院（The London Academy of Music and Dramatic Art，LAMDA）推出的戏剧表演等级考试——这有点像乐器等级考试，业内认可度很高。它让我能够清楚地了解自己在这一领域的能力水平。

我认为，整个学习和参与戏剧的过程极大地培养了我的创造力。为了塑造一个角色，我必须熟悉台词，学习歌曲，了解服装设计和舞台布置——这一切构成了出色的戏剧表演，能够将观众带入戏剧的情境之中，这无疑是极具创意的体验。

那（戏剧）是在课堂之外的。在课堂学习方面，我最钟爱的学科是英语，因为我始终对创意写作抱有浓厚的兴趣。大约在我 14 岁时，我开始认真投入写作中。我有一位极具才华的英语老师玛丽女士（化名），她的教学至今仍激励着我，促使我立志成为一名富有创造力的教师。

研究者：是玛丽老师激发了你对英文的兴趣吗？

是的。我在学校一直是个普普通通的乖学生，各方面都比较普通，没有卷入什么麻烦，也没有明显偏科，但也不属于最优秀的那一拨。你听说过那个右脑左脑的说法吧？我觉得自己是一个很有创造力的孩子的老师。我喜欢设计游戏，喜欢讲故事。我在右脑负责的科目方面更有天赋，比如英语、历史、语言（外语），这些学科的表现要比其他科目好得多——也不一定比别人更好，只是我在这些方面更有信心。而玛丽女士是第一个认可我天赋的老师。

在那个傻乎乎又平凡的青少年阶段，得到这样的肯定对我而言是莫大的鼓励（笑）。玛丽老师是第一个在课堂上展示我写的诗歌和故事的老师，她还夸奖了我对文本的解读。她让我觉得自己是个聪明且有创造性天赋的人。那种自信的感觉非常美妙。我也很喜欢艺术，但我的美术老师并没有给予我足够的重视和肯定——当然，我的美术天赋也没那么高，完全不会成为艺术家的那种（笑）。

此后，我就坚信语言文字创作是我独特的天赋。我想对于一个年轻人来说，这种自信非常鼓舞人心，这也让我觉得我有表达的东西，能够通过更广阔的媒介去分享，从而坚持不懈地锻炼这项天赋。

或许正如诺玛所言，童年时期的家庭变故，以及因父亲工作调动而转学的经历，使她比同龄人更早培养了坚韧与独立的性格，也促使她更加渴望得到长辈的认可与鼓励，追寻与他人建立深层联系的机会。

诺玛的英文老师玛丽女士不仅在学科知识与技能方面对诺玛进行了针对性培养，更在心理层面给予了深刻的支持，极大地提升了诺玛的自信心与创作热情。这位卓越的教师不仅塑造了诺玛的成长轨迹，也深深地将优秀教师的榜样烙印在诺玛未来的教师之路上。

谈及对英文学科的理解，诺玛回顾了自己的教育经历和实习见闻，特别提到了当代学生在互联网背景下呈现出的新特点、兴趣与爱好。

我认为在英文学科领域发挥创造力确实是一件难以言说的事情。但我热爱英语，坚信它能够激发年轻人的思考，并将当下的社会对话带入课堂。作为一名英语教师，你的职责是引导和鼓励学生进行深入思考。

举个例子吧，在第二次实习时，我设计了一个关于话语写作与社交媒体的单元，目的是将年轻人日常生活中热衷讨论的话题融入课程计划，并探讨新时代的某些话语究竟带来了积极的转变，还是潜藏着消极的影响。

如今的年轻人几乎无法离开社交媒体，但他们未必会对自己看到的视频或在网上进行的交流进行深入分析或反思。他们在表达，却未必真正触及问题的核心。或许他们会与同龄人谈论社交媒体上的热点事件，但我认为，他们并未充分意识到网络中的各类观点如何影响他们的生活及未来的幸福感，也没有认真思考如何应对网络成瘾现象，以及这种现象是否加剧了青少年的心理压力和社交焦虑等问题。

我认为英语是一门极具基础性与综合性的学科。作为英语教师的优势在于，你可以轻松地在课堂上引入一个话题，激发年轻人讨论相关的事件，并引导他们以某种特定的方式探讨这些话题。

例如，在话语写作单元中，教师不仅可以让学生表达他们对某些问题的感受，还可以引导他们将思考和创作的过程具象化。运用一些语言技巧来改善他们的思维与表达方式。我认为，构建个人观点是一项核心技能，这种技能不仅在课堂上必不可少，在生活中同样至关重要，因为它帮助你学会如何组织想法并与他人有效沟通。

有些人在讨论散文写作时，认为它与说服性写作相比更具创造性。我认为散文写作有时候只可意会，允许模棱两可的表达，可能看起来更有想象空间。在苏格兰的"国考"5阶及更高级别的评估中，学生通常需要提交一篇带有明确观点的议论文，而我觉得这个过程同样充满创造性，并且与当下的社会现实议题联系得更加紧密。

人们在谈及英语时，往往首先想到那些显而易见的创造性文体，如散文、故事创作等，这些当然是创造力的表现形式之一。但我认为，创造力也存在于更为正式的写作风格中。你需要构建论点，收集信息来支持这些论点，在这个过程中，你不仅是在建立论述的链条，也是在进行某种创造——你在创造一个有理有据的观点，在创造一篇前后呼应、具有说服力的文章。只是与想象力相比，这种创作过程更侧重于逻辑性与规范性罢了。

结合两次深入访谈的数据，诺玛之所以特别强调议论文体对创造力培养的重要性，另一个关键原因在于，来自弱势学校和家庭的学生在这一学习领域中面临更多挑战。相较于传统优势家庭的学生，他们的学业表现差距更为明显。而正是这种差距，成为诺玛希望通过创造性教学和学校教育加以弥合的核心目标之一。

如何激发来自不同背景与能力层次的学生的学习兴趣，并通过鼓励和支持，帮助他们在正式文体的写作、逻辑思维及批判性写作能力方面获得长足进步，是诺玛在教师工作和专业成长中重点关注的方向之一。

一些优秀的私立学校与贫困社区的公立学校相比，无论在学生的学习资源、生源背景还是期望值方面，都存在巨大的差异。举例来说，我高中时，几乎没有人考不上大学——至少我从未听说过有人没考上。现在回想起来，这真是一个令人惊叹的事实，但当时确实如此。

我高中毕业那年——我毕业于英格兰传统的私立寄宿制精英中学——班上大约有20名同学考入牛津和剑桥大学。我记得大约80%的同学去了"罗素集团"大学。而我上一所实习学校的情况则截然不同，"国考"5阶（申请大学的必备成绩）的通过率只有30%，在我教过的班级中，只有一个学生拿到了A的成绩。

所以我认为学校之间在学习成果上的差距依然巨大，对学生未来的期望值也显然可能完全不同。这种悬殊的学业成就和升学差距令我深感忧虑。我们生活在同一个国家，却仿佛身处两个平行宇宙。我觉得，缩小这种差距至关重要。我一直希望通过教师工作，通过教育为社会贡献一份力量。

2. 反差的幽默，平衡中创新

在 PGDE 项目中，学员可以填写三个希望实习的区域，大学则会尽量根据学员当前的居住地点以及未来的工作区域来调整实习安排。诺玛的实习学校位于格拉斯哥。格拉斯哥坐落于苏格兰西部的克莱德河河口，不仅是苏格兰最大的城市与最大商港，孕育了18世纪苏格兰启蒙思潮，也是英国的第三大城市。大格拉斯哥地区的人口约为169万，占苏格兰总人口的31%。

诺玛在回顾她的实习经历时，通过举例详细阐述了她对创造性教学的理解，并探讨了如何通过教师有意识的课程设计，来培养学生的创造力、想象力以及逻辑思维能力。

我始终认为,语言是一种正在使用、不断演变的社会现象,这本质上是一个持续创新的过程。在教授英语时,我一直希望学生们能够意识到,他们的创造力体现在他们不断参与创造和重塑我们使用的语言中。

举个例子,我设计了一个名为"格拉斯哥俚语"的教学单元。这个主题非常新颖,教研组的其他老师之前并没有尝试过类似的内容。我希望通过这些学习活动让十四五岁的学生意识到,我们日常的口语交际其实是一项充满技巧且趣味横生的活动。学生们可以在标准英语和格拉斯哥方言之间自如切换,仔细思考,这种能力本质上是一种极具价值的创造性语言实践,值得深入探讨和鼓励。

我不是格拉斯哥的本地人,我的口音是典型的英格兰标准口音。我注意到学生们与我交流时的方式,与他们彼此之间的沟通方式大相径庭。与我交谈时,他们倾向于使用更为通俗的表达,夹杂着大量俚语和方言。在进行说服性写作或小论文写作时,他们同样能够运用正式的书面英语,表现出较强的语言能力。

在"俚语"单元的教学中,我首先注重选用本地化的文本素材,例如埃德温·摩根的格拉斯哥十四行诗之一。摩根虽不算是严格意义上的现代诗人,但他在英国文坛极具代表性,尤其作为格拉斯哥的后裔,他的创作风格在当时堪称前卫。摩根的诗歌中融入了大量关于格拉斯哥风土人情和社会问题的描写,尤其是贫困问题。我实习的学校位于一个贫困社区,我希望通过学习摩根关于格拉斯哥历史与社会的十四行诗,能够引发学生们的共鸣。

事实上,学生们的表现令人印象深刻。我们分组讨论了摩根的诗作,尝试理解其深层内涵与创作意图。我鼓励学生将这些意象与他们所熟悉的格拉斯哥联系起来,探讨不同历史时期格拉斯哥所面对的挑战。

随后,我以此为契机,引导学生们总结出一个诗歌分析模型,帮助他们培养深入思考的能力,从多角度解析诗歌,运用这些技巧表达他们对故乡城市的情感与认知。

尽管十四行诗是一种传统的诗歌形式,但摩根的十四行诗却反其道而行,着重描绘地方风情,讲述这座城市的故事。因此,在教学过程中,我也尝试在学生与诗人,以及诗歌中呈现的故事之间架起联系。在课堂讨论中,语言赋予了他们创造的力量,让他们以一种独特的方式参与诗歌的世界中。

在完成诗歌学习后,我们又回到了方言和俚语的探讨。我鼓励学生在口语讨论和诗歌创作中融入他们的方言,谈谈他们在格拉斯哥的成长经历和独特故事,探索他们与这座城市的深厚联结。毕竟,格拉斯哥是他们从小生活的地方,这里一定蕴藏着无数值得挖掘的回忆与故事。

诺玛提到的用"不同的媒介"进行再创作,不仅局限于不同的文本形式(如文字、影视、绘画等),也涵盖了各种修辞手法、语种等多种表达方式。尽管日常口语往往相较于书面文字创作被低估，但口语中的创造力能够通过许多有趣且富有表现力的方式展现，增强沟通效果，表达情感。口语中的俚语、缩略语等，恰恰是语言文学中对文化现象和社会最新变化反应最迅速、最具活力的部分。

例如，双关语、笑话、巧妙的文字游戏，运用同音词或发音相近的词编织的顺口溜、俗语，能让对话妙趣横生，充满机智与锋芒，展现市井生活的鲜活与热辣。对话者还可以通过语气、音调和措辞风格的变化，传递不同的情感和细微的差别，巧妙地利用拟声词和肢体语言，生动描绘事件、人物或设置悬念，极大增强感染力。

格拉斯哥的口音和方言在苏格兰地区尤为丰富，幽默且极具特色，折射出不同种族与文化背景的长期交融。例如，地方方言"Tatties o'wer the side"直译为英文是"土豆掉到了船边"（Potatoes are over the side of the boat），实际上是指事情有些不对劲。而哥拉斯个人常说的"我要去打听些消息"（I'm away to get the messages）实则表示"我要去买点东西"。而"嗡嗡"（Buzzin）在普通英式口语中指的是蜂鸣的拟声词，而在格拉斯哥则意为一个人非常兴奋、开心。

诺玛看似大胆的教学尝试，实际上基于她对 S3 班级学生的深刻了解。她对这些学生有着极高的评价，同时也坦率地分享了自己最初信心不足的原因。

这个班的学生真的非常聪慧，且拥有出众的幽默感，这正是我选择专注于语言表达教学的原因。然而，在实际教学中，我发现自己有些手足无措，因为他们对格拉斯哥方言与俚语的熟悉程度显然远超我的认知，毕竟我只在格拉斯哥生活了五年。因此，我感到自己并没有为他们提供足够的挑战。我非常希望能够在另一个班级再试一次（笑）。

尽管我在方言运用方面有短板，这个教学单元对我的挑战也不小，但我确实希望学生们能够珍视自己的语言，包括口头语言和俗语部分。正如我对指导教师所言，我想将那些看似平凡、日常的语言行为和主题，与诗歌等更为深邃的知识相结合，设计出有趣且富有价值的活动形式，让学生意识到他们日常的口语交流其实充满了创意与趣味，且通过学习能够进一步升华，创作出令人惊叹的诗歌。这正是我的初衷和目标。

我知道这课程设计可能有些疯狂（笑）。身为英格兰人，用我标准得好似 BBC 播音员的口音带领学生学习格拉斯哥俚语，这对他们而言实在是太好笑了！这种反差确实充满了戏剧性。

诺玛的叙述中也提到了作为实习教师在自信心和教师权威之间的挣扎。然而，相较于其他学员的首次访谈，诺玛展现出了更强的自我调节能力与自我效能感。这种适应性，一方面源自她内心的平稳状态，另一方面则得益于她与学生之间已经建立起的默契关系。

作为一名年轻教师，有时即使对自己的能力充满信心，尝试新的事物仍然会感到困难。在这个阶段，我对自己教导他们（上文提到的格拉斯哥某中学S3班级）的能力并没有太大的把握（笑）。我想，随着经验的积累，我会在这份"混乱"——或许混乱这一词不够准确，我更愿称之为热闹——中感到更加游刃有余，毕竟我的学生在课堂上非常活跃（笑）。

我觉得在这次第二次实习里我会更好地应对这些情况。然而，作为一名实习教师，在学校的时间有限，总感觉自己时刻处于被关注之中。你会不断思索，会不会犯错？这些15岁的孩子会不会突然嘲笑你？会不会又出现什么措手不及的问题？

你渴望富有创造性，想要尝试一些新颖的教学设计。尤其是我对英语教学充满兴趣，期望通过创新积累更多经验。但与此同时，你也希望给周围的学生留下深刻印象，不想让学生或听课的指导老师觉得你对课堂缺乏掌控力，或者认为你欠缺教学能力。

综上所述，诺玛的观点可以概括为大胆的创新必须基于对学生的深入理解，只有这样才能实现有意义的创新，赋予学习活动或新颖教材背后真正的教育价值。简言之，就是在创新过程中精准把握好度。

学生在创造性活动中可能会显得有些喧闹，但至少要在课堂结束时有所收获，比如写出一首诗歌，或掌握了拟人等修辞手法。有时很难两全其美，这可能需要分课时完成。作为教师，你不希望像用勺子喂食那样，让课堂变得过于程式化，毫无创意空间。我认为这是一个相当困难的平衡。

尤其在英语教学中，这种挑战尤为明显。对于许多学生来说，要让他们真正投入地写作和完成任务，确实非常具有挑战性。原因有很多。我相信很多教育者都会同意，这种挑战性是普遍存在的。因为每个人都有很多想法，有些非常有创意，但并不是每个人都能将这些想法付诸实践，即使不完全成功地实现也是一种收获。

3. 环境对学与教、师生互动的影响

诺玛在两次访谈中，基于自身的学习和教学经历，深入阐述了环境对学习、教学及师生互动的深远影响。环境塑造着人，而人则是组织文化的核心载体和传播者。一个学校的校园文化与工作氛围如何，主要取决于各个学科组、年级段教师的表现，以及优秀教师所具有的感染力和带动作用。在第二次访谈中，诺玛重点描述了学校环境以及教师如何影响学生的创造性思维与学习活动：

在我最后一次实习时，教研组里有两位老师格外富有活力，真可谓在人群中脱颖而出。尽管这所学校的教师不少，但我并不认为大多数人都具备特别的创造力。就我所观摩的课程而言，教师们似乎并未专注于鼓励和培养学生的创造力，而更关心的是学习成果是否能按时产出。

然而，那两位给我留下深刻印象的老师却截然不同。他们特别关注一种名为让思维可见的教育理念，这一理念如今在格拉斯哥的学校里广受推崇。这两位老师作为引领者，还为格拉斯哥市政厅提供相关的在职讲座和培训——这既鼓舞人心，又充满趣味。许多让思维可见的教学技巧实际上让教师与学生的创造力在课堂上更为显现。

其中一位老师的独特之处在于，她能够激发学生思考，并勇敢地表达各种观点，同时在一堂课结束时呈现出切实的创造性学习成果。我认为她成功的秘诀在于她极佳的课堂管理能力，营造出轻松且富有活力的氛围。

她的课程也包含一些结构化的部分，比如她会发给学生一张 A3 大小的导学表或者复习任务单，要求学生独立或者合作填写。此外，她还安排了课堂讨论、道具与视频资料的运用，以及多媒体素材的分析——毕竟媒体课本身就是高度视觉化的。她向学生传授了许多关于影视叙事理论的知识，以帮助他们更好地分析这些素材。她非常擅长与年轻人沟通，能够有效激发学生之间以及师生之间的讨论。

在三次实习过程中，我觉得她是我见过的最具创造力的老师。这是个相当大胆的断言（笑），可能听起来有些消极……因为我确实没有见到太多富有创意的教学，她却给我留下了深刻的印象。我认为她是一位非常优秀的老师。

研究者：这位老师似乎很受学生欢迎。

是的（笑）。她和学生的关系非常融洽。她很年轻。我曾问她："你什么时候觉得自己作为一名教师，真正具备了信心？"她的回答也让我印象深刻。她说："哦，大概是去年的时候。"而她在这所学校已经工作了大约五年。听到这个回答，我备受鼓舞。

在我和学生们眼中，她早已是一位出色的教师，尽管她的教龄并不算长。事实上，她在工作的第四年才真正自信地找到了自己的风格。她并不急于求成，给自己足够的时间去成长。这让我充满了动力，也希望有朝一日我能像她一样优秀，具备像她那样出色的课堂管理能力。

几位受访者在职前教师教育结束时一致提到，自己最大的领悟是教师的成长是一个连续不断的过程，绝非停留在通过考核的那一刻。这一认知使大多数受访者感到释然，不再苛刻要求自己在每个言行举止上都做到尽善尽美。他们认识到，新手教师的试错过程是专业成长的必经之路。

在成长的初期，优秀教师的榜样力量，以及指导教师的支持与鼓励，对学员自信心和自我效能感的提升有着重要作用。许多学员表示，实习学校中教龄五年左右的年轻优秀教师为他们树立了极具启发性的榜样。

我的系主任挺有松弛感的。我觉得他的教学风格缺乏严密的结构性，但他却是个富有创造力的人，还组建了一支乐队。

研究者：乐队？

是的，那是他的业余时间的爱好（笑）。他的办公室也有一把吉他，有时会在课堂教学中运用。我觉得他的教育理念和风格使他认为，过于结构化的教学会削弱课堂的创造力和灵活性。显然，我并不完全认同这一点。所以我认为我们在方法上存在很大差异，尽管不得不承认，他的方式确实卓有成效——否则他也不会成为系主任。

他非常鼓励我去尝试自己的想法，或许他觉得我有些紧张、过于严肃。事实上，他曾直接告诉我，他觉得我太正儿八经了（笑）。

教学风格的多样性、优秀榜样的示范作用，以及鼓励创造力发展的积极校园文化，是大多数学员最为向往的工作环境。

我所在的公立中学（第三次实习）坐落在格拉斯哥一片极为贫困的区域。然而，整个教研团队都充满了热情，富有幽默感。尽管学校面临诸多挑战，但整体氛围积极向上，大家充满动力，坚定不移地朝着共同的目标前进。

总的来说，学校虽然困难重重，但每个人都干劲十足，这也为工作增添了许多意义。在课堂上，我感到自如且自信。对于即将开始的见习阶段，这种感觉令我充满期待。我相信自己有能力胜任教学工作，带领学生取得进步。

诺玛成功申请到第三所实习学校，进行为期一年的见习，并已获得批准。从诺玛的叙述中不难看出，这所实习中学充满挑战，生源复杂，部分学生存在行为问题。然而，诺玛十分欣赏学校的学习与工作氛围，认为在这样一个弱势家庭学生集中的环境中度过新手教师职业成长的关键阶段，不仅能提升她的专业能力，还契合了她以教育促进社会公平的长期理想与追求。

4. 进阶的结构性创造

诺玛所说的结构性创造（structured creative process）可以视为形成性结果导向的创造性策略。诺玛在第二次访谈中明确指出，许多人将创造性狭隘地理解为放浪形骸、天马行空的艺术家行为。然而，她认为，与学习相关的创造性活动更侧重于逻辑思维、批判性思维、结构性支持策略的运用，这些策略能够提升创造性活动的效率，推动阶段性成果的实现。她还提到，基础教育阶段学生的创造力与创新活动，更多源自模仿、借鉴、分析和归纳等过程。

上次谈话后，我对创造性教学和学生创造力培养的问题进行了深刻的思考。基于此，我对前两次实习中设计的创意写作单元进行了调整，并在第三次实习的S1班级尝试了全新的课件。这个单元以"颠覆童话"为主题，恰巧PGDE项目的导师艾琳也曾在课堂上进行过相关的讨论。事实上，我的本科毕业论文也聚焦于童话研究，因此这是一个我十分熟悉且充满热情的主题。

我选择的文本是安吉拉·卡特①的《染血之室》(The Bloody Chamber)短篇童话故事集，想要突出哥特式童话故事中那种神秘诡谲的氛围，以及华丽文笔背后蕴含的女性主义与批判理论等深刻思想。将这些元素融合在一起，不仅充满趣味，还能激发学生更深入的思考和探索欲望。

然而，考虑到这是一年级的学生，我并没有一开始就探讨过于深刻的意义和主题，而是选择了适合这个年龄段的翻转童话——《小红帽》(《染血之室》中的版本)。我们一起研究了几个经典的童话版本，追溯了这个民间传说的来源。通过集思广益，我们进行了分析和故事创作活动，例如为狼和小红帽绘制角色画像，并从不同的叙事视角展开故事。

众所周知，传统的《小红帽》多从小红帽的视角进行叙述，无论是第一人称还是第三人称。因此，我引导学生们尝试从狼的角度看待整个故事，并以第三人称进行创作。经过前期的分析，他们已经能够模仿出一个较为完整的故事。

为了进一步帮助学生将灵感转化为实际的文字，我设计了一个写作框架。这个框架仅在开头、中间和结尾用几句简洁的语言进行引导，留给学生们充足的空间去填充内容。由于篇幅短小且易于理解，学生们很快就掌握了这个写作方法，并对这个主题表现出极大的兴趣。总体来说，我发现他们对这项活动非常投入。

我的指导老师对我设计的课件和写作框架十分赞赏，并表示想用它们来教其他年级。我把课件分享给她，她做了些许修改后在教学中使用了。对此我感到非常自豪，有老师愿意采用我设计的课件，这无疑是一种极大的鼓励和肯定。

翻转童话、哥特小说、悬疑侦探小说、恐怖小说是苏格兰中学英语课程中常见的创意写作主题，这与当地独特的地理生态环境和深厚的历史文化传统密不可分。这些题材的文学作品在英国乃至世界文学舞台上独树一帜，占据着举足轻重的地位。

苏格兰辽阔荒凉的高地、古老的城堡、神秘的湖泊与水怪传说、如繁星般散布的岛屿，常常成为童话、哥特小说和恐怖文学的背景，渲染出一种神秘而充满魅力的超自然氛围。而凯尔特文化的深厚积淀，又为冒险、解谜、悬疑故事的创作提供了丰富的灵感源泉。"卓越课程"格外强调与本土文化紧密相连的文学语言和文化元素，力求让学生在各个年龄段持续接受熏陶，培养他们在这些方面的知识、能力和素养。

除了学校教育，苏格兰的国立与市政图书馆、各类基金会等公益与非营利机构也经常举办写作沙龙及文化活动，积极鼓励全民阅读与市民创作。以苏格兰图

---

① 安吉拉·卡特（Angela Carter, 1940—1992年），英国著名女作家，作品风格独树一帜，混合魔幻现实主义、女性主义、哥特式及黑暗系童话，想象奇异诡谲，语言瑰丽璀璨，充满戏仿的狂欢。她曾于1969年获毛姆奖，1983年担任布克奖评委，被《时代》周刊誉为20世纪最杰出的作家之一。

书信托基金会为例，这一慈善机构的宗旨是通过阅读和写作改变生活。每年，基金会都会组织征文活动，设立多种奖项，以支持儿童与青少年作家、诗人、插画家及表演艺术者的创造性发展。此外，他们还在官方网站上提供丰富的创作素材以及公益采风活动的资助机会。

许多学校教师及 PGDE 项目的学员会浏览这些网站，寻找适合的素材以用于课程设计，进一步推动创意写作在课堂上的应用与实践。

还有一个单元是关于散文写作的，学生们（S3 班级）正在研究动物权利这一主题。然而，他们的参与度令人担忧，大部分学生缺乏学习动力。这个班级学生的问题行为也很普遍。

面对这些挑战，我常常感到遗憾，因为作为教师，本有机会更好地启发学生的创造力，培养他们的文学写作能力。但我意识到，教师的创造力不仅体现在教学内容上，还在于如何应对学生的问题行为，尤其是通过积极有效的方法来激励他们主动参与学习活动。

在 BGE（基础阶段）教学中，我观察到一种趋势——尽管各校情况不同——学生似乎有些缺乏学业压力。许多人认为教师没有给这些年轻人施加足够的压力，但我并不这么看。因为随着"国考"4 阶和"国考"5 阶的临近，学生实际上面临相当大的压力，尤其是那些对自己的学业信心不足的学生，容易产生焦虑感。如果他们之前没有经历过这样的考试压力，紧张和不适应的情绪会更为强烈。

虽然我们不应让年轻人过早承受过度的压力，但我认为适度的压力是必要的。因为他们无法避免这些和评估，而我们要求他们参加的目的，是希望他们能够通过这一过程从学校带走一些切实的收获，证明自己在特定技能或学科领域具备相应的能力。因此，我认可标准化考试的重要性。

诺玛认为，只要教师能够适当引导，适度的标准化测试压力有助于提升当地学生的学习积极性。同时，即便在看似枯燥和程式化的复习备考过程中，教师依然有空间施展创造力，激发学生的创新潜力，从而提升他们的学习效率。

这个 S3 的复习单元完全是为考试准备的。在我实习的最后一节课中，我尝试采用了一些更具创意的教学方法。当时我们正在分析一篇评论文章的结构。我认为结构对于这个班级尤为重要，毕竟学生的整体能力并不理想。

因此，我结合从网站搜索到的资料和其他学校听课时借鉴的经验，设计了一套首字母缩略词顺口溜，帮助学生掌握评论性文章和议论文的写作框架。

在第二次实习中，我对一位老师的教学印象深刻。他在讲解小说时运用了结构性导图的策略。这让我觉得非常有效，能够帮助教师迅速评估学生对小说内容的理解深度。

我的首字母缩略词顺口溜特别适合那些刚起步、需要夯实写作基础的学生。尤其是对于那些能力相对薄弱的学生——所谓薄弱，指的是他们在组织文章时毫无章法，想到什么就说什么。在实习过程中，我才发现许多学生对议论文的概念及其基本结构感到困惑。他们习惯于故事或散文创作，但对于如何进行评论和论述却一无所知。因此，我模仿了那位老师，创建了速记模型和顺口溜记忆法，供这些学生参考和套用。

在英格兰，我在中学学习论文写作时没有这么多规范——也许是我忘记了，也许是课程要求变了。但是苏格兰的"国考"对议论文是有结构要求的。因此，我认为对于那些学习进度较为落后的孩子，思维方式的可视化可能是最有效的途径。视觉化的内容能够更好地辅助记忆。

因此，如果你采用那种启发式、非常开放的创造性教学方法，对于这些学生来说是行不通的。你必须为他们提供一个论文的框架，否则一个单元结束后，他们可能毫无收获。他们只是在纸上写下了一些零散的想法，却无法完成一篇真正成形的议论文。

我认为，这正是结构和框架与独立思考、创造性思维之间的微妙平衡。我试图通过一步步、有逻辑、有结构的方式，帮助那些学习有困难的学生完成任务。我相信这是一种较为富有创意的结构化教学活动。

如果学生的能力更强，我会适当调整这种方法。或许我会将其作为导入活动，而不会贯穿整个课堂。毕竟，他们在知识掌握方面确实存在较大困难，反复练习对巩固他们的记忆至关重要。

唯一让我感到遗憾的是，我希望自己能更早采取这种方法。

许多受访者在反思"卓越课程"改革中的重要组成部分——评价体系时，提出了不少反馈意见。正如诺玛所言，苏格兰的"国考"不仅包括我们常说的限时纸质标准化测试（即闭卷考试），还涵盖了多种考核材料的提交，如英文学科中的不同体裁作文，或音乐学科中的高级词曲创作等形式。

从考核标准来看，"国考"是一个典型的终结性评价方式，依据学科知识结构设计，甚至有着严格的评分体系。虽然教育部门宣称，"国考"的目的是为学生的成长提供反馈信息，以便教师能够在数据支持下，更好地帮助学生实现自主学习，提升"卓越课程"中强调的核心技能。然而，标准化测试与BGE阶段日常教学中倡导的通过活动自主学习、开放式探究和无指定课本的教学方式之间存在一定的冲突，尤其是在S3阶段，学生需要经历一个适应的过程。

受访者普遍认为，苏格兰基础教育面临的一个关键问题是学生之间的学习能力倾向、学业表现和学习动机差异较大。许多教师将这一问题归因于小学阶段缺乏标准化测试或指导性标准。正如许多受访者在首次实习中感到惊讶的那样，"中学教师常常需要帮助学生复习他们本应在小学阶段就已经熟练掌握的知识和能力"。

基于一线教师的反馈意见，苏格兰政府从2018年12月起开始实施新版"苏格兰国家标准化测试"政策。①新政策要求全苏格兰小学一年级、四年级、七年级及初中三年级（P1、P4、P7、S3）的学生在学年内任意时间参加线上读写与数学测试，小学七年级和初中三年级的学生还需额外测试盖尔语中级教育科目。该测试不设时间限制，也不向学生公布及格、不及格或分数等级标准，主要目的是为地方教育机构和教师提供有关学生学习状况的专业评估依据。测试结果每年公开发布，供学校、地方及国家教育机构参考。

从上述政策中不难看出，虽然该测试对教师和教育机构有一定参考价值，但由于测试未设固定答题时间、缺乏严格的时间限制（可在上半学期或下半学期参加），且采用网络开卷形式，其信效度自然受到质疑。此外，测试设计的核心原则是可及性（accessibility），难度相对较低，旨在帮助教师了解学生知识掌握的底线，但对不同能力层级的区分度较为不足。

结合上述信息与诺玛等受访学生的叙述数据，苏格兰"卓越课程"改革中的标准化测试显然仍有较大改进空间。正如诺玛所言，适当的压力有助于提升学生的学习积极性，激发其竞争意识，帮助学生及教师更为客观地掌握学生在特定年龄和学段中的能力发展与知识掌握情况。

如果说在"卓越课程"改革中，如何平衡和优化形成性评价与终结性评价是其中的主要挑战之一，那么对于大多数准教师和在职教师而言，如何在创造性教学与烦琐、沉重的机械化工作之间找到平衡，则是他们长期面临的关键难题。一些学员在实习阶段未能找到这种平衡，或发现教师职业与他们的预期大相径庭，因而选择退出PGDE项目。

以伊森为代表的少部分学员在实习中遭遇了较大的内外挑战，但他们在焦虑与压力中重新起步，持续磨砺自己的意志，不断提升抗压能力与应变技巧。诺玛则满怀喜悦地发现，教师工作比她预想的更具创造力，并将这一特质视为其职业成就感的重要来源。

> 总体来说，职前教师教育让我感到……如释重负，同时也让我有了更多的安全感。我认为成为一名专业教师，这个决定确实带有一定的风险。我在大学时教过两次课，都是暑期学校的教学经验。然而，在进入PGDE项目之前，我总是在想，学生会喜欢我的想法吗？成为一名教师真的是我想要的工作吗？会不会在这一年的学习结束后，我发现自己其实并不适合当老师？这种自我怀疑一直存在。

---

① Scottish Government. National standardised assessments for Scotland: National report 2022 to 2023［EB/OL］.（2024-03-01）［2024-03-01］. https://www.gov.scot/publications/national-standardised-assessments-scotland-national-report-academic-year-2022-2023/pages/2/.

但现在，我有了明确的答案。我觉得当老师是一件非常棒的事。我热爱这个职业，我很庆幸自己做出了一个正确的职业选择，这份工作与我的许多个人兴趣相契合。而这种兴趣与职业的完美结合并不常见。

最初面试 PGDE 项目时，我的想法是：好吧，作为教师，我或许可以在某种程度上推动与社会变革相关的事情。因为我喜欢做一些对社会有意义的工作，这也是我参与社会的一种方式——通过改变学生，让他们变得更好。但是，我当时没有想到，课程计划和学习活动的设计竟然如此富有创意！

后来我突然意识到，哦，原来我真的很喜欢备课。当你完成一堂课时，即便出现了严重错误，你总是可以重新回到白板上，反思、修改、再设计，准备下一次实践新的想法。对我而言，这正是一个充满创造力的过程。我认为自己热爱这份工作，因为作为教师，必须时刻保持创意。

4.2.9 奥莉薇亚 Olivia：热情是成为好老师的关键助力

1. 教师的个性和热情显著影响教学效果

奥莉薇亚在加入中学教育师资培训课程前，刚刚完成了英语专业的本科学业。她来自苏格兰的四大群岛之一——设得兰群岛，在上大学之前从未离开过家乡。由于地理环境的特殊性，群岛上的学校相对分散，这与苏格兰其他地区的教育模式有所不同。

奥莉薇亚在家乡完成了小学和初中四年的学业，随后前往稍远一些的高中继续学习两年。这也是"卓越课程"改革之前，苏格兰大多数中学所采用的学制模式。根据这一体系，学生在完成初中四年后，可以选择进入职业教育或直接就业，而有意申请大学的学生可进入高中阶段继续深造。

据奥莉薇亚介绍，如今设得兰群岛绝大多数的中学生可以在同一所中学连续学习六年，直到毕业。这一变化反映了苏格兰课程改革的核心理念，即保障弱势家庭学生获得公平教育的权利，并通过提升这些学生的学业表现和升学率，进一步促进教育公平。

在加入 PGDE 项目之前，奥莉薇亚主要通过参与"布朗尼女生联盟"（Brownies）的志愿活动与青少年互动交流。"布朗尼女生联盟"是苏格兰一个由社会公益组织和基金会资助的女童社会教育组织，面向 7 至 10 岁的女孩，通过露营、户外运动、游学以及各种社区公益和社会志愿服务，鼓励女童积极参与社会交往，拓宽视野，培养主动的社交能力和健全的社会情感，为她们未来成长为青年领袖提供更多机会。

"布朗尼女生联盟"提供多样化的活动，并已深入各行政区的学区，依托当地政府教育机构的平台，广泛开展社会教育。作为大学生志愿者，奥莉薇亚主要带领7至10岁的女童参与手工制作和艺术创作，为孩子们带来丰富的体验和启发。

我认为这段志愿经历使我能够更加自如地与这个年龄段的孩子相处，同时也培养了我的社交能力，这对我在PGDE项目中的学习帮助巨大。有些教师可能不太注重与学生的日常互动，我觉得这更多取决于个人的特质。而且，我非常热爱手工制作和艺术类活动，这也是我创造性个性的一种自然表达。

回忆起学生时代与创造力相关的经历，奥莉薇亚立即想到了自己曾遇到的一位充满教学热情的优秀教师。她认为这位约翰（化名）先生极具感染力，让学习变得轻松有趣，仿佛水到渠成，也在她心中悄然播下了成为教师的种子。

我认为约翰先生在激发我们学习热情方面做得非常出色。我们班级人数很少，只有14名学生，其中9个男生和5个女生。女生相对乖巧，比较听话；而男生则常常有些调皮，或者对学习缺乏兴趣，参与度较低。

约翰先生总是努力让男生也融入课堂，给他们安排一些有趣且可以完成的学习任务，不断试图让他们保持参与感。我觉得，这源于他对英语学科的热爱，他总是竭力确保每个人都能像他一样享受学习，并且取得优异的成绩。

研究者：在你的学习经历中，周围的男生在学习上的积极性不高吗？

我觉得情况因人而异。尤其是在我的家乡，很多学生中学毕业后选择不继续上大学，许多男生直接去工作了。因此，我觉得无论是男生还是女生，当他们进入青少年时期时，学习热情都会显得有些不足（笑），可能面临各种各样的问题。

在课堂上，总会有几个对学习充满兴趣的学生，也有一些坐在后排，对一切都漠不关心的学生。其他老师开始也会反复强调"请你们听我讲，请你们参与讨论"，但那些学生依然无动于衷，最后往往老师也不再管了。但约翰先生给我留下最深刻的印象就是，他的教学目标始终是让每个人都参与进来，而且他也确实成功地做到了。

奥莉薇亚认为，这位约翰老师成功的秘诀在于他善于通过游戏和活动吸引学生的注意力，激发他们参与学习的热情。这样的教学方式在她的中学时代颇为少见，因此显得尤为有效。青少年的天性使他们充满好奇，探索欲望强烈，这也使他们更容易被这种寓教于乐的学习方式所吸引。正如奥莉薇亚所总结的："这些学习活动对学生来说非常有趣，与我们每天经历的传统课堂教学方式有所不同。而且，这些活动依然紧密结合教学内容，有助于学生更长久地记住所学知识。"

奥莉薇亚的叙述表明，教师对科目和教学的热情与奉献，尤其在教学方面，往往对学生的参与度、兴趣动机以及自我效能产生深远的影响。如果一位教师即使富有创造力，却缺乏教学热情，教学手段单一，且不善于与学生沟通互动，那么这种创造力便难以传递给学生，也无法对他们产生积极的影响。

我记得初中一年级时，有一位英语老师，他是一位屡获殊荣的作家，在创意写作领域可谓极具才华和创造力。然而，他的教学却相当平淡，甚至可以说是枯燥无味。每次上课，他总是让我们轮流朗读一本书，而他则能借此机会专注于自己的事务，几乎不怎么关心课堂教学（笑）。他在课堂上对我们几乎毫无关注。

举例来说，我对英语，尤其是写作，怀有浓厚的兴趣，但他从未对我的作业做过任何点评，也从未在课堂上分享过他的创作经验。学生能够敏锐地感受到，老师是否真的关心教学和学生。

奥莉薇亚显然对这位老师的教学方式颇为不满，多年后依然将其视为好教师的反例。相比之下，奥莉薇亚认为约翰老师不仅对教学充满热情，还格外关注学生的个性发展。"他能够看见我的潜力，并加以培养。"总而言之，奥莉薇亚认为，像约翰先生那样的热爱学科和学生、教学形式新颖生动并充满鼓励的风格，有效地激发了她对英文学科的兴趣，进而在大学阶段选择了这个专业，还将成为英文教师作为自己未来的事业追求。

奥莉薇亚的中学时代正值"卓越课程"改革刚刚出台并在小学阶段推广的时期。虽然她本人未曾经历改革后的教育，但她的弟弟有幸赶上了这场变革。对比两人的教育经历，奥莉薇亚指出，她的中学教育中以教科书为基础的教学十分常见，但随着"卓越课程"在各个教育阶段的普及，这一趋势正逐步向主动学习理念转变，而教学风格酷似约翰先生的中小学老师也明显变多了。

在课程改革的影响下，像约翰老师那样具有创造性的教学方式在一定程度上得到了推广，但奥莉薇亚对此依然持谨慎态度。她认为教育的实际效果"似乎依赖于教师个人对课程和创造力概念的理解"，尤其是对主动学习这一理念的诠释。

例如，在一节绘画课上，教师可能会示范如何临摹静物，学生则按步骤模仿；或者教师仅仅展示静物，不做任何指导，任由学生自由发挥。奥莉薇亚认为，这两个例子都不能算是主动学习的典范。虽然学生在临摹和自由发挥的过程中表面上参与其中，但他们的能力和想象力依然受到了不同程度的限制，无法通过多样的绘画作品来真正表达个人的创意。因此，她认为，这样的教学方式并未为学生提供足够的主动创造空间。

我上中学的时候还有许多老师非常依赖教科书。然而，随着年级的升高和"卓越课程"改革在中学的推广,我感受到老师们在求变方面承受着越来越大的压力。越来越多的老师开始尝试新颖的、鼓励式的、活动式的教学方式。至于具体效果,我认为这取决于教师个人的理解和执行情况。

奥莉薇亚强调了"成为一名富有创造力的教师"这一概念的两个紧密相连的方面。首先,教师应在教学中注入创造力,并激发学生的创造性潜力。既要注重创造性地输入,也要重视学习成果的输出,从而实现创造力的可持续发展,而非短暂的激情迸发。

她认为,许多教师在职业初期满怀热忱,但由于缺乏合理的规划与平衡,常常被过多的创意和想法所吸引,在追求创新的道路上投入过多的时间与精力,导致实际付出远超其工作负荷。这种过度奉献的倾向,往往会在短期内耗尽教师的精力,进而削弱他们的幸福感,并对创造性工作的热情产生负面影响。个人生活与专业承诺之间的失衡,可能进一步引发教师在职业发展中的创造力衰退。因此,若要持久保持创造力,教师必须学会在个人生活与职业责任之间找到适当的平衡。

其次,教师的创造性思维与教学目标应紧密围绕学生学习过程的参与度与学习成效展开。奥莉薇亚指出:

如果你未能将学生的所作所为与他们应当掌握的知识内容相结合,那么整个教学过程便失去了意义。无论你让学生花一整节课制作海报或参与类似的活动,若在课程结束时,他们未能达到既定的学习目标,那么这一切都将显得毫无价值。

综上,奥莉薇亚在实习初期便明确指出,教师需平衡教学热情与个人生活,强调可持续创新对学生创造力发展的重要性。同时,她特别强调,学生的自主学习与创造性探索应有一定的边界,不能影响学习成果的展现与学习目标的实现——毕竟,后者才是教师的核心责任所在。

2. 为创造性活动"搭架子"

与其他受访学员相比,奥莉薇亚更为直率地将教师的创造性教学与对学生创造力的培养视为教师个性的一部分。这既与教师的性格紧密相关,又在其专业成长的过程中不断汲取新知、提升技能,将"我喜欢这样做"与"我有能力这样做"巧妙融合。

教师的创造性专业行为,首先体现在其善于了解并判断具体的学情,搭建支架,通过有效的教学策略,组织学生自主学习,从而实现预期的学习目标。奥莉薇亚坦言,实习初期,她曾对部分学生学习动力不足以及课堂参与度低感到震惊。

从学生时代起，我就非常喜欢英文写作，几乎不用费力就能轻松达成学习目标。然而，在实习过程中，我逐渐意识到学生之间的差异是如此显著。第二次实习所在的学校是一所刚刚成立的新校，设备相当齐全，每个班级都配备了苹果智能电视，学校也十分重视通过平板电脑等智能教学设备进行授课。然而，尽管有这些物质条件和教育技术支持，学生们的表现却仍有诸多挑战。

尤其是一年级（S1）班级的学生，他们在用合适的词汇表达自己的想法时显得尤为吃力，我清楚地感受到了他们的挣扎。作为教师，你必须为他们提供支架，在预设的框架内引导他们进行创作。

比如，在短篇小说单元，我要求他们创作一个恐怖题材的故事。我给予了学生充分的创作自由，同时也采用了一些文本教学和规律总结，帮助他们缩小创作范围、理清思路。

即便如此，你依然会听到学生们时不时说："老师，我不知道该写什么！"有的学生抱怨："老师，我不明白这个方法。"我意识到对许多孩子来说，从零开始创作一个故事是相当吓人的任务，需要教师帮助他们将其分解为一个个小任务，一步步完成。

回顾整个过程，智能辅助设备的确帮了大忙。比如，我设计了大量的阶段性练习题，用来帮助学生复习恐怖小说的题材特点，还让学生们上台参与学习游戏，比如"连连看"这样的活动。因为苹果电视相当于一块大型平板，学生们可以通过滑动屏幕来选择正确的答案。这种互动性极强的活动让他们乐在其中，比在学习单上连线要有趣得多（笑）。

研究者：那么在这个恐怖故事创作单元学生们的反馈如何呢？

最终，他们创作出了很多精彩的故事，我为他们感到无比自豪。有些故事真的非常惊悚。学生们的想法天马行空，完全契合了恐怖小说的主题。我想，经过这段时间，我逐渐找到了鼓励学生进行创造性写作的方式，在支持他们的同时，为他们提供一个清晰的创作框架，直到他们能够独立完成创作，提出属于自己的新点子。

"卓越课程"改革在一些传统弱势社区进行了学校整合与重组，新成立的学校设施相对齐全，尤其在数字化设备方面具备后发优势。然而，这些新学校也面临着明显的挑战：尚未形成独特的校园文化与组织管理风格，且学生生源较为复杂，不少学生的学习基础相对薄弱，学习的主动性也不高。

在实习过程中，奥莉薇亚逐渐意识到，某些看似富有创意的教学方法和行为，未必适合她所教授班级的具体情况。教师的创造性归根结底应以学生为中心，符合他们的发展需求。因此，教师不仅要为学生的创造力发展搭好支架，还需合理规划课程设计，在追求原创性和新颖性的同时，确保教学内容更具实用性与适应性，真正服务于学生的成长与进步。

在第一次实习中，我曾几度为自己的新点子感到无比兴奋。比如，有一天下午的课，我早已准备好课程计划和相关素材,但当天早上灵光一现:"等等,我可以用一种更好的方式来呈现这个主题。"于是,我大胆且冒险地推翻了先前所有的计划,重新设计了一个全新的学习活动。

当时,学生们正在学习创意写作单元。我的目标是让他们学会如何通过情感表达,创造戏剧冲突。那个灵光一现的新设计是这样的:在课程的第一部分,我邀请学生自愿上台表演不同的情感,他们必须通过表情和肢体动作来表达内心的感受,而台下的同学则要猜测所展现的情感。

接着,我播放了几个视频片段,其中两个来自迪士尼的动画电影,另一个片段则取自电影《哈利·波特》。学生们可以通过这些片段分析角色的表情和心理活动,讨论戏剧冲突的前因后果。坦率地说,我已经不记得原本的计划是什么了,但可以肯定,绝没有这个活动来得吸引人且充满趣味。这节课的课堂气氛十分热烈,学生们的片段写作也更加生动具体,充满了细腻的情感描写。这是我觉得比较成功的一次尝试。

然而,有时候你会因为一个创意而心动,甚至不惜推翻既定的计划,但结果未必如你所愿。因此,在发挥创造力时,必须全面权衡新想法的优缺点,既要勇敢尝试,也要预估其中的风险。

比如,在第二次实习中,我为S3班选择了小说《夜色中的小狗疑案》(*The Curious Incident of the Dog in the Night-Time*)作为教学文本。小说的主人公虽然拥有出色的数学天赋,但患有自闭症,就像电影《雨人》中的主人公一样,他无法理解日常的笑话。

为了让学生更深刻地感受到主人公的独特性,我用一整节课来探讨"不同类型的笑话在不同情境下未必成立"这一主题。我从维多利亚时代的书籍中选了一些笑话,还挑选了一个从其他语言翻译过来的笑话——因为一旦脱离了特定的文化语境,笑话的幽默感便会消失殆尽。

这节课令我颇为满意,学生们确实学到了知识,而我也收获了一些新的教学灵感。但是,我选的一些笑话对比效果不尽如人意,没有达到预期的教学设计目的,这是我未来需要继续改进的地方。

奥莉薇亚的叙事揭示了"教学是一门艺术"理念中的两大看似矛盾,实则相辅相成的要素:灵机一动与日积月累。在艺术创作中,灵机一动常指创作者在某一瞬间突发的灵感,仿佛无声无息中,创意迸发而出。表面看来,这种灵感与长期的思索和筹划无关,更多依赖于个人天赋或瞬时的感悟。

在人们关于创造力的想象中,往往更倾向于推崇艺术家灵光乍现的瞬间之美,认为天赋的奇思妙想更具原创性和吸引力。灵感的不可预测性赋予了它一种独特的魅力,似乎比经过漫长努力的成果更为迷人,因为它彰显着新颖、独特,甚至带有几分神秘色彩。与此相比，日积月累似乎略显平凡，不如灵光乍现那般耀眼，更多强调持续的实践、学习和观察。

然而，实际上，在创造的过程中，尤其在将抽象的原创想法具象化并落地的过程中，个人的专业积累与经验、集思广益的交流过程，以及不懈的试错与改进，往往更为关键。在奥莉薇亚的教学成长历程中，灵感与不断试探调整的过程有着密不可分的联系。尽管在初期访谈中，她尚未完全意识到教师的创造性教学往往源自经验积累的架构中所捕捉到的灵感。

随着两次实习的积累，奥莉薇亚已经在创造性课程设计与教学实践上取得了初步的经验，同时也深刻体会到教师进行创造性工作的最大障碍——时间的紧迫性。

时间的限制无疑是教师生活中最为棘手的挑战之一。你肩负着大量的教学内容，怀揣着诸多美好的创意，但留给你的时间却异常有限。在大多数学校中，一节课不过40分钟，你得花15分钟引导学生进入状态——这包括他们进教室后安静下来、倾听你的发言、完成一个热身活动或导入课程。而课尾的5到10分钟又需要用于复习总结，真正用于课程主体的时间便所剩无几。

我深刻体会到，很多时候完成一个教学环节所需的时间远超出你的预期。记得有一次，我班上的孩子们有些调皮，故意拖延进度，试图在接下来的几节课中少做些事情。我不得不暂停教学，强调纪律，组织秩序。那一刻，我心中充满了愤怒和沮丧（笑），这段经历至今让我记忆犹新。

研究者：那么，面对类似的问题行为，你是如何应对的呢？

后来，我为学生设定了明确的任务时间限制，直截了当地对他们说："如果今天无法完成这些学习任务，那你们就把它作为家庭作业带回家，因为这是我们必须完成的。"纪律管理对于那个班级来说，这无疑是个挑战，因为学校的课程安排实在是糟糕透顶。

拿我的英语课来说吧，每周有三次安排在最后一节课，其中两次是在体育课之后，学生们此时已经身心俱疲，对我所讲的一切几乎毫无反应。他们看起来只想赶快下课回家。

最后我只能拿家庭作业当杀手锏整顿班级纪律。其实我并不愿意这样做，我打心底里希望他们能在课堂上完成任务。在理想状态下，课程设计应当为任务的完成留足时间，然而在实际教学中，各种突发的阻碍总是不可避免。

在首次访谈中，奥莉薇亚提到的时间障碍，主要是指课堂教学与师生互动的时间限制。在教师创造力高涨、跃跃欲试的阶段，奥莉薇亚依然对学校教学充满新鲜感与好奇，享受课程设计的过程。然而，显而易见的阻碍在于当富有创造性的课程计划落实到实践教学时，她往往会面临学生的问题行为、学习动机不足及参与度偏低等课堂管理上的挑战。

这也从侧面反映了一个问题，作为新手教师，奥莉薇亚在教学设计的过程中并未预留充分的时间应对可能出现的纪律问题、学生理解问题等等。课程和教学活动设计得太满，学习目标定得太高，对师生课堂互动预设得过于完美是大多数实习教师初入课堂"水土不服"的症结所在。

3. 松弛感与有节制的创造性教学

奥莉薇亚在第三次实习后顺利通过了所有考核，即将步入见习期。回顾三次实习以及大学期间的专业课程学习，她认为自己最显著的成长表现在心态和情绪上的松弛感，对课堂教学节奏的把握愈发得心应手。同时，她在课程设计方面也更趋务实，能够适度融入创造性的教学理念，始终以学生的兴趣、需求和课堂反馈为中心，组织并引导学习活动。

这些成长无不建立在与学生互动的基础之上，同时借鉴并反思资深教师的教学经验。在此过程中，实习教师需要创造性地将自身学科知识与技能转化为以学生为核心的课程设计，精心组织并实施相应的学习活动。

> 我的第三次实习学校很有特点，这是一所位于富裕区与贫困区交界的公立学校，因此学生的来源相对复杂。我既带了尖子班，也接触了挑战性较高的班级。总体而言，这次实习体验非常积极，因为学校的教师们给予了我极大的支持，他们的建议也很有帮助，很实用。
>
> 研究者：你这次依然带的是低年级的班级吗？
>
> 是的，这次我只负责 S1 和 S2 班级，高年级的学生都在备战"国考"，所以整个 PGDE 的学习期间我在高年级教学方面暂时没有经验。

在第三次实习的叙事中，奥莉薇亚更多谈及了实习指导教师对她的支持，以及她从听课中获得的启发。相较于首次访谈时，她侧重反思了自己学习经历中的好老师对她的影响，以及自身创造性灵感在实习教学中的尝试。这种叙事重心的转移，并不能简单归结为在前两次实习中她未能有效观摩和借鉴全职教师的授课经验。

另一种解释是，随着课堂教学实践的逐步积累，奥莉薇亚对自己的教师身份和教学风格有了更加清晰的认知与定位。因此，她的专业反思逐渐转向对具体课堂互动与问题解决方法的观察和探讨，并更加有意识地寻求资深教师的指导意见，汲取职业经验。

> 这所学校的教师风格各异，但都非常鼓励我去尝试新事物。一位老师主动建议我："我们可以试试这个活动，然后你可以接着做那个，再让学生们讨论，等等。"另一位老师建议："你可以自由选择教学方式，但我建议你预留一些时间，让学生们安静地进行自主学习。"

每当我决定尝试一些新的教学方法时，老师们总是十分支持，并且给予我一些实践方面的指导。我认为这种支持对新教师来说非常宝贵。我也听说其他实习学校有些学员可能会遇到一些挑战。回顾我的三次实习经历，无论在哪所学校，教师们都乐于让我探索新想法。

在第三次实习中，我遇到了一个非常出色的班级，学生们活跃且富有创意，常常提出各种新奇的想法。于是，我设计了一个名为"影视文本与镜头语言"的学习单元，带领他们观看一部改编自经典小说的悬疑电影，并引导他们理解导演如何通过镜头语言和电影技巧营造悬疑和戏剧冲突。

在教学中，我带学生复习了影视分析课上学到的基本技巧，引导他们研读小说与剧本中的场景描写。随后，我们观看了对应的电影片段，以便学生建立起知识框架，进一步理解如何通过镜头语言和拍摄技巧呈现文字所描述的场景。

接下来，我挑选了一些经典的文字描述场景，让学生们思考如何通过灯光、音效、摄像角度和场景调度将文字转化为影像。我把学生分成了多个小组，每个小组的展示方式各有侧重。

其中，有几个小组联合起来在全班面前进行舞台表演：一个学生扮演角色，其他同学则化身为门或者其他布景，利用教室里的寻常物品制造声效，渲染气氛。一些学生则用手机和手电筒营造灯光效果，展示光影的不同应用。

还有一个小组制作了海报，设计了分镜和故事板，详细展示了他们会如何拍摄场景，并通过不同的海报解释其技巧。另一个小组则决定自己设计、制作电影场景中的服装，总之是各显身手。

在此需要对奥莉薇亚的"影视文本和镜头语言"课程设计及相关学习活动进行一些背景说明。在苏格兰的教育体系中，有一个专门术语——屏幕教育（Screen Education），其核心是通过屏幕文本来培养学生的识字技能。这种学习与教学实践包括引导学生像阅读纸质印刷文本那样去分析和解读屏幕文本，同时学习影视语言的分析，脚本与剧本的创作，探索、欣赏并分享多媒体文本。电影作为激发学生想象力和个人创造力的媒介，在屏幕教育中扮演了重要角色。

在"卓越课程"改革中，特别强调了两大核心素养——识读素养（Literacy）和算术素养（Numeracy），这两者的范畴远超出传统的英文与数学学科。传统上，识读素养被定义为阅读与写作的能力；然而，如今这一概念已经扩展到更广泛的层面，涵盖了通过文本、视觉、音频及视频等多种媒体进行信息定位、评估与沟通的能力。这其中包括电影、电视节目、电脑游戏、音乐视频，甚至社交媒体与数字平台等多种形式。

因此，屏幕教育贯穿于"卓越课程"体系的各个阶段，并与八大课程领域密切结合，包括艺术、健康与福祉、语言文学与识字、数学与计算、宗教与道德、自然科学、社会科学以及技术等选修领域，旨在培养学生的操作技能、创新思维、批判性分析能力及表达与沟通的意识。

在 PGDE 项目的课程设计中，英文学科的学员通常会与艺术学科，尤其是戏剧、影视分析及数字化媒体技术专业的学员一同参与职业能力研习这一必修及选修课。这一跨学科、项目化学习的设计与实践培养了准教师们跨领域教学的能力，使他们在未来的教学中能融会贯通，灵活运用。从这一角度看，奥莉薇亚的许多创新想法实际上与 PGDE 项目的培养理念紧密相关，是她在长期学习与思考后的自然流露与创意实践。

在另一个 S3 班级，我设计了另一个以不同电影为主题的教学单元，重点研究各种影视技巧。我让学生们选择不同的拍摄方式，并用 A4 纸模拟这些技巧的呈现方式。例如，如果他们选择中景拍摄，就要设定在何处持框；如果是跟踪拍摄或全景拍摄，他们需要思考如何走位。我鼓励他们在教室内走动，模拟拍摄过程，将理论应用于实践。

在这次实习中，由于许多班级的纪律良好，学生们也非常乐于参与动手操作的活动，我有更多机会去尝试各类课程设计的想法。因为不必过多担心课堂管理，我能够更加专注于创新教学和激发学生们的创意。

在第二次访谈中，奥莉薇亚特别强调了将创新理念从构想到实践操作的重要性。她指出，围绕特定目标所产生的有形的与可操作的学习成果或学习过程，本身正是创造力的有力展现。

我认为，当前苏格兰中小学教学过程中确实非常强调学生的主动学习，这在某些情况下非常有益。然而，我不认为教师可以单纯依赖学生持续主动地参与，期望通过这种方式自然获得理想的学习成果。学生有时确实需要通过反复练习来巩固他们所学的技能。因此，教师有时需要借助工作表、任务单，甚至教科书来布置具体的学习任务。

对于某些学习主动性较强、实践能力突出的学生，教师可以适当给予更多自主空间；而对于另一些学生，他们则需要更多的结构性支持，以帮助他们获得实实在在的学习成果。

在某些情况下，我认为反复练习相比开放式任务，能够更有效地帮助学生掌握知识，确保他们在规定时间内完成学习目标，并从中获得成就感。总之，我认为教师应根据具体情况作出判断，工作表、任务清单、练习单等工具都有其重要性，它们能让学生通过反复练习巩固学习效果。而主动性活动则有助于学生从不同角度处理信息，培养批判性思维和创造性学习的能力。

奥莉薇亚在叙事中更为强调学习目标的关键性，以及目标设定的合理性与系统性。在教学中，她有意识地引导学生学会如何主动学习，明确学习的方向，并清晰传达通过学习所期望获得的能力。她致力于将那些看似灵光乍现的创造性想法，及其表面上具有随机性与不可预测性的创作过程，转化为可预见、受系统支持并能导向具体成果的学习体验。

提到创造力这个词时，人们自然会联想到创造出什么具体的东西，尤其是那些看得见摸得着的成果。在与一个班级的学生讨论中，我们深入探讨了布鲁姆的教育目标分类学。我向他们介绍了这个不同思维层次的模型，并指出其中最高层次就是创造力。

我认为，创造力就是从已学的信息中衍生出全新的事物，将所学知识灵活应用于不同情境。我希望学生们能够明白，我们所提到的各种技能都能在多样的创造性活动中得到良好的应用。

在完成关于"影视文本与镜头语言"的情境学习后，我与学生们交谈，发现他们非常喜欢这个活动。尽管在单元刚开始时，很多孩子并不情愿参与设计活动，有些学生甚至说："老师，我不喜欢表演。""我们必须在全班面前表演吗？"我告诉他们："你们不一定要表演，如何展示小组成果由你们自己决定。"令人欣慰的是，这些孩子后来完全投入了表演。

其中一个男孩，起初拒绝参与，但后来却成为小组的组长，主导了所有的表演活动。课后我与他交谈时，他说："我很高兴自己参与了进来。"看到他们的转变与热情，我感到由衷的喜悦。

而另一个S3班级的情况则有所不同，整个班级氛围冷漠，缺勤现象频繁。每天都有三四个学生缺席，教师几乎难以让他们参与任何活动，或是回答任何问题。明年他们就要升入四年级了，需要完成"国考"所要求的创意写作与散文作品任务。

我曾试图与学生们交流，许多人回应道："老师，我不喜欢写作，为什么我们必须写作？"但这是课程要求他们必须掌握的啊！我始终相信，没有哪个学生是天生教不好的，我对每个孩子都充满信心，相信他们最终会参与进来。但有时我在内心仍会有些担忧，害怕课堂上会有人制造麻烦，或者发生争执，抑或整堂课毫无进展。

奥莉薇亚的教师专业成长历程，反映了许多准教师和新手教师在职业初期常见的焦虑与压力来源：她们渴望快速看到教学成效，急切希望展现自己对课堂的掌控力。由于考核的需求，实习中的学员往往希望自己的每一堂课、每一个教学行为，都能够清晰、完美地呈现在实习指导教师和探班的大学教师面前。

除了考核压力之外，绝大多数学员的内心有一个教育理想，或者说对教师这份职业有理想滤镜。无论是出于对学科的热爱还是出于对教育公平的追求，他们都强烈希望鼓励学生培养学科领域的学习兴趣，善于思考实际问题，为未来生活做准备。遇到学生缺乏学习动机乃至消极厌学的情况，许多实习教师会感到困惑、吃惊、不知所措，乃至出现焦虑情绪。

例如，在遇到学生质疑为什么要学习英文，为什么一定要学习写作时，奥莉薇亚在访谈过程中依然难掩震惊的表情，这可能是她实习前未曾预料到的情况。在实习时，她也只是对学生解释道，因为写作是"国考"的要求项目，是"卓越课程"的核心目标和关键能力之一，是未来生活和就业的重要技能之一等等。

虽然没有到"颠覆价值观、世界观"的程度，但实习期间遇到的一些问题的的确确打破了学员们关于学科知识结构和学校教育的刻板印象，从而引发了一系列心态和情绪变化。上文提及海伦的案例，引用了吉登斯关于本体性安全感的社会身份理论。相关研究指出，当个体感受到本体性安全感遭遇威胁时，倾向于寻找能够带来确定感的事物，以保护自我，抵御外部的动荡。这种安全感往往寄托在一些看似无关紧要的日常琐事中。奥莉薇亚在分享她实习期间遇到的阻碍与困难时，表达了如下感受：

> 实习期间确实充满挑战。有时，当你步入教室的那一刻，突然意识到："哦，我该去拿纸了。"但我却不知道纸放在哪里。于是你只能匆忙向其他老师请教。我感觉这些对其他教师而言都不是什么难事，也许等到见习期结束，我拥有了自己的班级后，这些也不成问题。除此之外，学生的行为问题是我最大的困扰。

如同奥莉薇亚那样，许多学员在初次实习时渴望在学生面前树立信任与权威，赢得指导教师的肯定。因此，在实习学校工作期间，他们往往对自己的言行举止要求过于严苛，时常伴随着一丝紧张感。随着专业学习的深入以及教学实习经验的积累，绝大多数学员逐渐找到了放松的状态，在指导教师的支持下，学会了接受课堂上的小缺憾和不如意，并以更加积极、从容的心态反思自身的优点与不足，从中不断成长。

在课程设计与学习活动的策划和组织上，像奥莉薇亚这样的学员逐渐意识到，并不需要为了展示自身对"卓越课程"改革要求的契合，而将新颖的想法全部塞入一个短短的单元学习中。

> 我对自己的教学以及观察到的一些活动性课程有了更深入的思考。有一些英文课的学习活动，又唱又跳，热闹非凡，跨学科的主动学习活动安排得层出不穷。这些设计本身确实很精彩，曾经我也觉得很厉害，简直是符合"卓越课程"理念的理想模板。
>
> 但我现在意识到，在日常课堂中，教师往往专注于一项任务，或者说能够将某一件事做到极致。比如，有的课时侧重小组合作，有的则聚焦于自主探究学习，很难面面俱到。
>
> 我认为，教师必须更加现实。一开始，我也曾满怀激情地想尝试各种新方法，觉得我

要试试这个，还想试试那个，效果一定会很好（笑）。但如今，在经历了第三次实习后，我在使用这些方法时会更加节制。相比前两次实习，我现在更清楚什么时候该用什么设计。

真正有创造力的教师并不是让课堂过度充满各种创意，而是理性思考如何在恰当的时机应用这些方法，以达到最佳效果。有时候，使用传统的练习任务，比如让学生独立写作，反而能更有效地巩固所学知识。合理搭配各种教学策略，不仅更为合适，也有助于教师持续进行创新。毕竟，持续不断地创新是很耗费精力的。教师的热情与灵感若消耗过快，反而不利于长久的教学热忱。

第五章 苏格兰教育专家叙事

导　言

高质量教师是推动高质量教育发展的中坚力量。从第四章苏格兰英文教师的成长叙事中，我们可以看到，优秀的教师在许多职前教师的成长历程中，播下了探求未知、乐学善思的种子，提升了他们在青春期的自信心，并有效塑造了他们对教师职业的初步印象。

刚刚踏入职前教师教育项目时，许多学员以实际行动诠释了那句"长大后我就成为你"。他们有意无意间模仿着自己崇拜和喜爱的教师，希望通过专业学习，最终成为一名合格的中学教师，鼓励并支持学生积极成长。

苏格兰的教师教育者往往拥有丰富的基础教育学科教学经验，同时也是经过教育学、心理学、教育技术等领域学术训练的实证研究者，并亲历了"卓越课程"改革的进程与政策制定。这些教育者在职前教师及新手教师的成长过程中发挥着至关重要的作用。他们不仅参与设计了 PGDE 项目的课程模块与活动设置，构建并记录学员的专业成长档案，还在苏格兰大学的教育学院、中学、市政厅及教育部门之间搭建了有效的沟通桥梁。

大学教师教育者不仅需要在 PGDE 项目的实习期中走访学校，与中学教师和领导者进行深入的沟通与交流，还要在学员完成职前教师教育后，进入中学展开为期一年的见习阶段时，继续承担校访的任务，为准教师和新手教师的专业起步阶段提供系统化的支持。

因此，苏格兰 PGDE 项目中教师教育者的专家叙事，不仅有效补充并佐证了英文教师的专业成长经历与自我反思，也为我们深入理解苏格兰"卓越课程"改革的理念提供了丰富且深刻的洞见。

本章紧随上一章关于英文教师成长的叙事，重点聚焦两位 PGDE 项目的资深教师教育者对于苏格兰教师全职业生涯专业成长以及课程改革趋势的反思。导师甲来自英文学科背景，主要负责英文《课程与教学》必修课的设计与教学，并指导英文专业实习。导师乙则来自戏剧学科，负责组织和教学全体中学学员的必修课《教师专业研习》。

此外，本书还将综合苏格兰本土教育学者的研究文献、政策文本以及 PGDE 项目的日常观察与交往等非文本信息，全面梳理苏格兰职前教师教育的特点与发展脉络。

5.1 苏格兰课程改革的叙事主线

苏格兰的"卓越课程"改革源于优秀教师的实践智慧，始于苏格兰议会成立后对于巩固国民身份认同的追求，并得到了教育界及社会各界对构建融合式、公平、优质国民教育体系的殷切期望与鼎力支持。自课程改革酝酿之初，苏格兰便不断在创新中前行，持续拓展其教育视野。

一线教师的创造力与其全职业生涯的专业成长，是推动课程改革得以实施并不断完善的内在动力。正如本书案例中 PGDE 项目负责人艾琳女士所言："要吸引学习者的兴趣，教师必须具备创造力，这是教师身份所赋予的使命。"（引自艾琳女士访谈稿）①

本研究通过对 PGDE 项目英文学科导师甲的深入访谈，从教师教育者的视角对学员经历的课程改革与专业成长进行了进一步解读。回顾中学英文教学中的方法变革，导师甲首先提及了当今教室中更具创造性的布局方式，这与传统教学法形成了鲜明的对比：

在过去的十至十二年间，"卓越课程"改革对英文教学方法的影响深远，超越了政策层面的变革。这种变化首先显现在物理环境中。过去，学生们通常是两两一组，面朝黑板而坐。而如今，走进任何一所苏格兰学校，几乎不再见到这样的教室布局。

如今，大多数教室采用共享桌子，学生围坐成小组，教室里预留了充足的活动空间。桌椅与书柜的摆放显然已随着课堂教学的变化而重新设计。墙上挂满了色彩缤纷、形式多样的装饰品，其中许多是学生的作品，或是由学生亲手布置的。二十年前，大多数老师整堂课都会站在教室前方，很少移动。

研究者对 PGDE 项目课程课堂观察的记录显示，大学课堂的布局也已根据中学现行的方式进行了调整，桌椅不再是传统的一排排朝前摆放。通常，四张桌子拼成一组，或将桌子移到一旁，椅子围成一圈，学员们在中央进行演讲，或使用投影设备进行试讲。教师教育者在授课时，也会按照这种布局模拟中学教师的走动路线。这种安排使学员们在进入中学实习之前，便能够感受到课程改革所带来的外部变化。

此外，导师甲还进一步阐述了"卓越课程"改革在教育理念、课程设计和教学实践中的深刻变革。这种内在转型对教师角色的重新定位与专业创新产生了深远的影响：

---

① 本节引文部分如无特殊说明，均选自导师甲（化名）访谈稿。

教师的创新体现在教授学科内容的过程中,这本身就是一种富有创造性的实践。教师不仅需要邀请学生积极参与学习活动,还要通过这些活动帮助他们获取新知。这是教师专业角色的重要组成部分,也深刻契合了其作为教师的身份与职责。教师的核心任务在于激励每一位学生,充分挖掘并引导他们的潜能。

导师甲在整个访谈中多次强调,教师在课堂中与学生进行的即兴互动也是教学创新的重要组成部分。教师通过幽默、灵活、生动且恰到好处的反馈,激发学生成为具有创新精神的学习者。然而,与艺术类教育活动或艺术学科的教学相比,英文及其他知识性学科的教学创新往往未得到应有的关注。

导师甲以英文中学教师为例,深入阐释了"卓越课程"改革以及苏格兰 PGDE 项目如何培养富有创造力和反思能力的中学教师。笔者根据导师甲的叙述框架绘制了图 5.1。如图所示,导师甲认为,苏格兰的教育体系及教师全职业生涯的专业发展都尊重教师的专业自主性与教学创新能力,这也是教师身份的核心内涵所在。

从教师教育者的专家视角出发,PGDE 项目的首要目标是帮助学员构建充满个性与创造力的教师身份。以下四个维度与苏格兰中学教师的专业身份以及自主创新的核心特质密不可分,也是 PGDE 项目重点培养每位学员的方向:

(1)告别课本。"卓越课程"改革取消了英文学科的指定教材,赋予教师在选择教学文本和材料上的自由与空间。在此基础上,培养学员掌握扎实的专业知识,尤其是激发他们对学科和教育的热情,显得尤为重要。学员应在职前教师教育的学习与实习阶段,选用多样化、多媒介、新颖且富有趣味的本土与全球性文本,以促进学生的广泛接受与兴趣。

苏格兰目前实行非规定性课程,课程并未要求必须使用哪些特定文本或完成哪些指定任务。学生大约在 16 岁时面临"国考",届时会有一些规定内容。然而,即便如此,固定的内容仍然有限,"国考"更加注重的是对学生能力与批判性思维的考查。

一旦你引导年轻读者投入阅读并培养他们对阅读的热爱,你就能帮助他们探索那些此前可能未曾考虑涉足的阅读领域。我对英文学科与教学最为欣赏的一点,便是其极大的开放性。然而,这种开放性同时也赋予了教师更大的责任,需要不断思考与设计有趣的课程,真正使学生学有所获,激发他们的兴趣与能力。

导师甲认为,教师的职业责任在于促使学习者能够包容性地参与学习。尤其是在英文学科中,"卓越课程"改革赋予教师极大的自主权,允许他们自由设计多样化、富有创意且与时俱进的文本,这些文本不仅能够代表苏格兰的优秀文化,还能激发学生的探究热情。文本的形式多样,涵盖电影、戏剧、漫画及社交媒体等。

因此，该项目的课程设计旨在引导英文学员承担起设计课程的责任和自主性，确保这些课程能够激发学生的学习热情、想象力、批判性思维以及积极参与知识的能力。正如上述引文所建议的，PGDE项目在教师职前培养过程中，反复培养学员选择新文本、设计新课程的意识，并训练他们相关的教学能力，推动学生在实习期间实践新颖的教学理念，将理论学习与实践教学紧密结合，从而打破传统高等教育训练中形成的学科刻板印象。

（2）"教学是一种社会实践"（引自导师甲访谈稿）。在英文学科中，这种基础性和工具性的运用尤为突出，体现了其与学生生活以及社会变迁的紧密联系。导师甲特别强调了在职教师和学员常常面对的挑战，即如何应对课堂上的"意外"情况。

她将教学与其他实践性专业（如工程、建筑、医学和法律）进行了对比，指出教师与学生在课堂上的人际互动是教师创造力的重要表现之一。然而，与日常课堂情境密切相关的这种专业创造力往往被低估。实际上，英文教师在课堂情境中的灵活应变、随性而至的幽默和创造性，正是学生认识文化与社会生活的重要窗口。

如果你是一名建筑师，你对自己的专业有深刻的理解，在团队合作中，你能够独立完成自己的部分，并对此负责。对教师而言，许多具体情况和学习过程是无法完全预见的。

有时，你教授一个班级，一切进行得非常顺利；但第二天，他们再回来时，情况可能完全不同。你无法预知孩子们的情绪，比如他们在玩耍时与人发生争执，或刚刚参加了体育活动，疲惫得无法配合你准备的任何学习任务。

因此，我认为一位优秀的教师必须具备灵活的应对能力，能够根据不同的情境调整教学计划，甚至在需要时临时修改计划，以确保学习能够顺利进行。这正是教师的创造力与创新精神所在。

教学本质上是一项创造性的事业，教师是一份充满创意的职业。许多人或许没有意识到这一点，但事实如此。从课程的设计到课堂的实施，都蕴含着对不确定性的应对智慧、创造性的调整能力和极强的灵活性。

从上述引文可以看出，导师甲不仅强调了教学作为一种社会实践的重要性，更突出其内在的生活交往性。而生活交往的核心在于人的感官、体验、情绪与情感的交织。在英文教学的理念与实践策略中，导师甲反复提及语言文学教师必须时刻铭记的一点，即要充分调动学生的视觉、听觉、触觉、空间感知等多重感官，构建富有教育意义且具有实用性和明确目的的教学情境，让学生在主动参与中展开学习。

此外，英文写作是英文教学中的独特创新领域，也是学生创造力孕育的沃土。教师应充分利用这一平台，促进学生之间的交流与互动，同时激发他们的自我创造力与想象力。在这个过程中，教师不仅要培养学生的创造性思维与能力，还要提升他们的书面表达技巧、问题发现与分析能力，以及思辨与论辩写作的素养。

导师甲还强调，"优秀的教师必须具备反思实践、反思生活的能力"，并拥有"创新思维和想象力"。以英文学科为例，该项目鼓励学员通过社交平台和多媒体学习资源，培养学生的想象力。同时，学员们从批判教育学的角度组织教学活动，广泛阅读教育行动家如贝尔·胡克斯的著作，以及教育社会学与批判文学方面的相关文献。

我们当然会教授一些经典的作品，比如莎士比亚的戏剧，但除此之外，还有许多可能更契合当下孩子兴趣的选择……也许不能说更有趣，但有时更符合他们的兴趣和需求。有时候，孩子们需要一座桥梁，连接经典与流行文学，连接主流的典范文本与他们当下的阅读选择，甚至连接个性与普适性的表达。而这正是教师，尤其是英文教师，肩负的责任。

你看，面向儿童和青少年的文学作品常常被认为内容浅薄、写作糟糕，比如《饥饿游戏》或"某某某日记"等等。而莎士比亚的作品则被文学家们视为完美之作。或许这评价是公允的，但这并不妨碍像《饥饿游戏》这样的流行作品拥有巨大的吸引力，点燃了许多年轻读者的阅读兴趣——要知道，如今主动去阅读的学生已远不及以往。我们需要架起这座沟通的桥梁。

上述引文进一步诠释了"教学是社会实践"这一理念，强调教师应恰当地引导儿童和青少年走进阅读的世界，并激发他们对阅读的热情。要实现这一目标，教师首先应放下姿态。尽管经典文本蕴含深厚的文学价值和教育意义，但其丰富的内涵、精巧的结构，以及或优美，或深邃，或独具个性的行文，常常让一些学生望而却步，产生畏难心理。

在我们所处的互联网时代、智能时代及新科技时代，学生面对的多媒体信息量呈现爆炸式增长，更新换代的速度令人目不暇接。而青春期的中学生，有不少人带有些许叛逆心理——在导师甲看来，这恰恰是一种思辨能力的萌发与个性觉醒的标志，不能一味地加以否定，而应学会倾听他们的需求与声音。

一些价值观和文学性略有争议的流行文化作品和现象恰恰为探究式学习和批判性思维的培养提供了机会。如果教师对此避之不及，那就错过了开展批判性学习的大好机会。一旦优秀的文化和正确的引导不能在青少年发展的关键期占据一席之地，那么庸俗的文化和错误的导向就有可能趁虚而入，毕竟互联网资源越来越唾手可得了。

在适应学生需求的同时，教师还需潜移默化地提升他们的欣赏水平。通过培养阅读兴趣，逐步积累文学素养，进而提升他们的文学鉴赏能力和主动阅读的积极性，帮助学生在此过程中掌握筛选、甄别、分析、批判文学文本的高阶能力。

为了帮助学员更深入地理解教学，并引导他们思考创意写作中的创造力，我们在课程中尝试了一种方法：让学员们进行写作——无论是在 Word 文档上还是用白纸书写。你会发现，学员们对此往往感到非常焦虑，因为他们中的大多数自毕业以来就很少以这种正式的方式进行写作，至少没有在即席的情境下创作。因此，他们表现得极为紧张和不自在，尽管每个人都拥有英文学位……

这个活动的设计并非刻意为难大家，而是希望他们亲身体会孩子们在写作学习过程中常常遇到的挑战与焦虑。人们往往对作家和创作怀有一种浪漫的滤镜，一些媒体报道也乐于将作家塑造成偶像，将写作过程渲染得神秘而高不可攀。

生活中我们常会说："写作是作家的事情，只有少数具有天赋的人才能做到。"然而，事实并非如此，任何人都可以写作，就如同任何人都可以绘画或歌唱一样。尽管要达到卓越的水准需要时间和积累，但我们鼓励不同能力和兴趣的学生都能够开始写作，积极投入其中。写作，本质上是一种表达的过程，而这种表达，人人都可以做到。

导师甲关于 PGDE 培养学员换位思考与打破陈规的案例，与英语学员艾隆在面试中通过文本碰撞激发学生创造力的叙述相得益彰，鲜明地体现了这一教学理念。大多数受访学员在大学课程中汲取并观察到的教育理念和学习活动，经过自主反思与深化，结合自身学习经历，在实习中设计了相应的课程教学单元。

值得注意的是，当学员们回忆起这些模仿与借鉴的经历时，首先浮现在脑海的往往是实习阶段听课时的观察，或是实习指导老师提供的建议。仅有极少数受访学员（如艾隆、诺玛）提到了自己受到大学 PGDE 项目课程的启发。

（3）跨学科合作。培养学生的跨学科能力是苏格兰"卓越课程"改革对教师提出的核心要求之一，同时贯穿了对社会中有组织性、规律性以及符号化"做事方式"的关注。这种关注体现在各种机构化空间的建筑、景观和氛围中。PGDE项目中的大学课程与学校实习则成为对学员的重要考核标准之一，项目的设计与组织同样展现了这一理念的贯彻与落实。

跨学科不仅关乎单一学科或多学科的知识，更重在教师如何在多个学科之间进行有效的协调与融合。这就像我们追求的是色彩的真正交融，调和出新的色调，而不是如彩虹般看似绚丽多元，实则界限分明的所谓跨学科。

PGDE 项目特设多学科学习单元活动，强调设计的主题选择和实用性设计。这不仅为学员的创造力提供了广阔的发挥空间，也要求他们超越自身的学科局限，善于观察外部世界，培养学生在特定主题下掌握实用知识与技能的能力。

在此活动中，要求所有参与者以小组形式合作，通常涵盖三个以上的不同学科，围绕特定主题设计出一个连贯且和谐的大单元。学员不仅需要精通自身学科的知识与技能，还需要接纳与理解其他学科的知识框架，从而培养多学科协作与跨学科融合的能力。

本研究聚焦的项目设置了跨学科职业发展必修课及多样的选修课。在必修课程中，跨学科单元设计是其中一个重要的考核内容。学员可自由组合成五至六人的小组（至少涵盖三个不同学科背景），围绕与社会生活相关的主题，协同开发单元教案，并在课程末期进行展示和解说。笔者旁听了这一环节，并对课程负责人导师丙进行了采访。

汇报过程中，较为典型的一个案例是某小组以咖啡为主题，融合了生物、地理、商科、家政四个学科：咖啡的种植（生物）、主要出口国与进口国的地理环境（地理）、速溶咖啡与咖啡厅的不同营销策略（商科），以及咖啡包装设计（家政）。教案设计了三种评估方式：学生可以撰写一份关于咖啡的研究报告，设计一套营销方案（有条件的学生可在社区中实践），或设计并制作环保型咖啡包装。

导师丙认为，该单元教案的学科融合度高且实用性强，基本反映了目前"卓越课程"的实践情况。关于学习成果的评测设计也体现了多元发展和全纳教育的理念。特别是"设计营销方案"活动在苏格兰的实际教学中颇受欢迎，常被数学和商科教师采用。

"学员在这个跨学科课程设计活动中收获的不仅仅是精美的课件，"导师丙强调，最重要的是同事间的沟通交流和相互尊重，这是学员未来教学工作中的关键部分。

然而，"跨学科协作当然也面临一定挑战"，导师甲指出。在她设计和组织的"音乐与英文协作教学，创作乡村歌曲"模块中，曾出现音乐学员指责英文学员作词水平不佳的问题。导师甲认为这是一种"本末倒置"的表现。他指出，"教师标准2012"明确要求教师具备跨学科沟通与协作的能力。类似的教师职前教育模块能够及时发现并解决问题，帮助学员突破学科壁垒，培养协作精神。研究者在非参与式观察日志中记录了导师甲提到的这个例子。

导师甲组织的一次跨学科学习会议于上午9点准时开始，参加者包括英文学员与音乐学员。会议地点选在一楼的音乐教室，便于学员们接触到各类乐器与设施。在音乐导师的协助下，导师甲展开了为期两小时的活动。她首先用半小时进行了活动说明和暖场，主要介绍了几种音乐流派（如爵士乐和乡村音乐），并探讨了英文歌词与诗歌的关系，同时展示了一些辅助素材，包括图像和音频剪辑片段，如美国著名吉他演奏家帕特·麦悉尼（Pat Metheny）和拥有"电风琴魔法师"之称的吉米·史密斯（Jimmy Smith）的爵士乐作品。

尽管大多数学员已经意识到歌词和诗歌之间的联系，但这种学科间的关联还是出乎许多人的预料。整个活动氛围轻松而富有趣味，一些学员三五成群地站在乐器旁，而不是像以往那样围坐在桌子周围，这或许受到音乐教室布局的影响。从场景来看，这更像一场典型的大学讨论课和小组活动。

随后，导师甲与音乐导师要求英文和音乐学员自由组队，并集体创作一首乡村歌曲，每个小组至少要有一名音乐学员（活动共有约20名英文学员和13名音乐学员）。许多熟悉的学员迅速组成小组，而有些组合则由彼此并不熟识的成员组成。由于英文学员人数较多，每个小组内总有几位彼此较为熟悉的成员。

各个小组分散在建筑物的不同角落，主要集中在走廊和楼梯旁，进行合作创作。在活动进行到一半时，两位导师分别走访了每个小组，了解进展。所有学生教师在活动结束前的最后几分钟内，回到音乐教室进行了简要展示。

有一个小组由三位英文学员和一位音乐学员组成，因为对吉他共同的热爱，他们此前已经较为熟悉。小组迅速确定了一个故事主题，接着展开了歌曲创作。其中一位英文学员不仅对作曲和吉他演奏怀有浓厚的兴趣，且具备相应的技艺，但他并未在创作过程中试图扮演领导的角色。

在创作过程中，他与唯一的音乐学员各持吉他，为组员伴奏。一位英文学员主笔，在海报纸上草拟歌词，并记录下其他成员的想法。吉他演奏显然对歌词的创作起到了助推作用，因为组员一致认为旋律应与歌词的韵律和故事主线相得益彰。

这个小组内的交流顺畅，英文学员主导歌词创作，而音乐学员则在作曲上提供了专业指导。他们充分利用了各自学科的优势，从不同的视角提出创作思路，激发灵感。虽然在创作过程中一度遇到了瓶颈，但组员们通过轻松的交谈和即兴弹奏，不断尝试，突破了障碍。两位英文学员还利用网络资源查找押韵词汇，辅助歌词的打磨与创作。

其他小组的合作过程大体相似，唯有一个小组例外。据该小组的英文学员反馈，他们与音乐学员的合作极为困难。这位音乐学生教师希望主导整个过程，认为自己"显然是音乐领域唯一的专家"，并对同组英文学生教师创作的歌词表现出嗤之以鼻，导致气氛很不愉快。导师甲和英文项目的导师在巡视过程中已经进行了调解，再次解释了跨学科合作的关键是互相尊重，同心协作。景观过程曲折，但是必须承认，该小组依然按要求且高质量地完成了跨学科合作。

（研究者日志节选）

导师甲在访谈中表示，那位音乐学员始终没有真正领会此次会议的核心——合作与跨学科学习。她遗憾地补充道："这次活动的目标并不是创作一首完美的音乐作品。"导师甲分析认为，该音乐学生教师的学科背景可能导致了某种刻板印象，使他在与其他学科的教师同伴合作时遇到障碍。不过，学会与不同性格、态度和专业背景的教师进行合作正是PGDE项目设置这个活动的初衷。导师甲认为这种挫折虽然不常见，但也为教师教育者提供了进一步澄清相关政策的机会。

（4）批判性教学与批判文学。每一位学科教师都应竭力培养学生的创造性思维，激发其发现与解决问题的创新能力。受访专家多次强调PGDE项目中英文学科学员在批判性教育与教学中的成长。归根结底，这一理念旨在帮助学员从英语专业学习者、学科专家和从业者的身份，顺利过渡到英语教师的角色认同，使他们在教学思维与实践中始终秉持"以学生的成长为首，学科为次"的核心理念。

在实际教学中，中学英文教师所负责的四大领域——阅读、写作、口语和听力，与高等教育并无显著差异，依然是教学的核心焦点。这四个领域本身蕴含着一定的知识体系，能够作为学生评估和课程设计的参考依据之一。

然而，教师还必须注重培养学生的识文断字能力，提升其批判性阅读水平，帮助他们学会超越文字与文学的表层意象，深入理解文本核心要素。这也是"卓越课程"所强调的实践运用能力与高阶思维能力的体现。

因此，我们（PGDE项目导师）并非将口语、阅读、写作和听力割裂开来教导学员如何分开授课。职前教师教育中的每一门课程都会与这四个方面建立密切联系，尽管各部分的侧重点有所不同，因为实际生活中所需的能力从来不是孤立存在的。

在为期一年的学习过程中，大学课程与学校的观察、实习相互交错安排，实习期间也设置了一定的间歇。特别是在第二次实习中，安排了一周的返校日。我们要求学员对实习经历进行反思，撰写反思报告，同时告知我们他们希望深入了解哪些方面，以便我们组织后续的课程讨论。

我们还会安排专题讨论课，邀请在某一领域具有丰富经验和专业素养的学员与大家分享他们的实习体会，或者在大学课堂上模拟一节英文教学展示课，供其他学员和老师点评交流。

例如，今年有一位拥有传媒学博士学位的学员在实习中教授了许多与传媒、英文相关以及二者之间有机融合的课程。我们请他为所有英文学员举办了一场题为"新媒体如何支持英文课堂教学"的讲座。

通过教学案例与专业分析，这位学员为那些尚未有相关教学经验的学员提供了宝贵的建议。我本人则做了一场关于高年级英文阅读教学的讲座，因为学员普遍反映在实习中缺乏针对高年级教学的经验与指导，我们尽可能灵活地给予他们帮助。

从导师甲的叙述中可见，学员自进入职前教师教育的那一刻起，便需培养自身的反思能力和自主学习意识，真正做到"成为学习的主人"（引自导师甲访谈稿）。苏格兰的 PGDE 项目实质上是学员、大学导师与中学指导教师共同构建的学习旅程，既有框架性的必修与选修课程，也有根据学员个人需求与兴趣生成的自我学习课程。

作为教师职业准入的关键环节，职前教师教育往往通过限时、相对短期的专业发展课程，为学员提供必要的学科内容知识、课程与教学知识、有关学生和学习规律的认知，以及关于教育体系、教育目的和价值的理论背景。一旦完成这些课程，获得教师资格证书，学员便顺理成章地成为一名合格的专业人士，享有合理的权威（legitimate authority），并被期望"时刻清楚自己在做什么"。然而，这种传统观念将教师专业能力的发展简化为一个线性过程，忽略了教师信念、态度、情感、身份认同、专业技能与经验，以及职业成就感在整个职业生涯中对其身心发展与工作表现的潜在影响。

"教育背景不断变化，而你所教的学生也各不相同。"一位即将退休的资深数学导师这样评价苏格兰职前教师教育的变革，他指出，PGDE 项目的核心在于更加关注教师作为"专业学习者与学习引导者"的复杂性和非线性成长过程。PGDE 项目为职前教师提供的"成长支持"，主要体现在反思性与内生的创造性上，涵盖了对自我身份的认知，与学生及同事关系的处理，对校园组织环境的理解，以及对课程、教学、教育改革及其背景的深入反思与重新创造。

5.2 改革的实践者与动力源

1. 戏剧学科在苏格兰教育体系的地位变化

导师乙在 PGDE 项目中主要负责戏剧学科的教学工作，同时担任各学科必修课程《教师专业研习》的课程负责人与导师，对"卓越课程"改革的历程，以及包括英文学员在内的 PGDE（中学）项目学员的专业成长有着深刻的见解。

戏剧作为导师乙的专长，在苏格兰基础教育中占据着举足轻重的地位。这门学科作为跨学科学习领域的典型代表，致力于通过丰富多样的学习机会，培养学生的创造力、表达能力、批判性思维及团队合作技巧。苏格兰的教育政策制定者与广大教师普遍认同，戏剧活动能够帮助学生建立自信，提升沟通能力，并在充满创造力的环境中探索与表达自己的观点与情感。

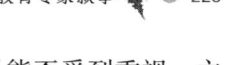

导师乙曾回忆，在"卓越课程"改革实施之前，艺术学科能否受到重视，主要依赖于各地市政厅及学校的支持力度。

我们和音乐、美术、体育教师的境遇是相似的。在21世纪之前，苏格兰的课程体系对戏剧并未给予足够的重视，它甚至未必作为一门独立的学科开设。这往往取决于各地市政厅是否支持表演艺术，以及是否为学校拨款，支持这些艺术类课程的开展。

我原本是一名戏剧演员，在伦敦西区演出。就在我进入学校的时候，戏剧的全国资格考试制度开始实施，我记得是在1994年。[①]

近二十年来，戏剧教育在苏格兰的学校中得到了广泛支持和实践。学校通常提供丰富多样的戏剧课程和课外活动，包括戏剧表演、戏剧制作以及戏剧欣赏等内容。学生们有机会参与剧本创作、角色扮演、舞台设计与表演等活动，全面发展他们的艺术技能和天赋。此外，戏剧也在苏格兰的考试制度中占据了重要一席。

学生可以选择参加"国考"5阶与"国考"高阶的戏剧学科考试，通过完成戏剧项目并参与表演评估来获得学分。这些考试不仅考核学生的演技和戏剧表现能力，还注重学生对剧本、戏剧理论及戏剧历史的理解与掌握。

总的来说，戏剧作为一门学科在苏格兰的基础教育中被视为重要的教育工具，它不仅传承了苏格兰与英国文化历史的精髓，还鼓励学生结合本土化与情境化的元素进行创作，旨在促进学生全面发展，培养他们在表达、创造与合作等方面的能力。

从个人对戏剧专业的深入理解出发，导师乙基于其在苏格兰中学戏剧表演与教学的丰富经验，构建了他对创造力的整体认识。

戏剧与音乐颇为相似，当你以为人类已将所有音符、旋律与歌词的组合探索殆尽，当你觉得创造力已然枯竭，某一天某位天才的出现，又会让这个领域的边界焕然一新。这种开创性的创造力或许源自独特的天赋与不懈的努力，但它仍然根植于已有的规律与经典之作之中，离不开对前人精髓的学习与吸收。文艺领域的创新，往往是一代人对前一代人作品的诠释、传承与发展……创造力，正是人类所独具的非凡能力。

导师乙对创造力的整体理解与许多英文学员的观点不谋而合。他们普遍认为，创造力不仅体现在天才们创造出"全新"作品，推动人类文明的进步，更是一种持续学习、传承与创新的过程。

在学校教育的语境中，创造力往往表现为学习者以"独特"的方式吸收知识，

---

① 本节引文部分如无特殊说明，均选自导师乙（化名）访谈稿。

超越常规的方法重新诠释、改造已有的元素——如词汇、语法、旋律等学科基础——从而创造出个性化、富有原创性的表达和作品。

2.《教师专业研习》理念：培养引领课改的创新者

在《教师专业研习》课程的设计与教学中，导师乙结合戏剧学科特点，促进学员的反思与创造性成长。导师乙举例说明了学员首次实习后的一次大学课程活动。学员们自由分组，轮流扮演在中学实习时观察到的教师和学生课堂情景，重点刻画行为问题、师生沟通不畅及教学困境等。其余小组成员可随时喊停，分析表演中的问题并提出解决方案。

大多数表演揭示了实习教师在课堂语言运用和师生沟通中的不足之处。例如，声音太小、走动不够、对学生的回答和作品进行负面评价、板书时背对学生等。这些"错误"会被其他小组及时"冻结"，并进行相应调解。此类表演活动既有趣又发人深省，深受学员喜爱。

有时，学员在表演中无意间流露出的小失误，或者可以改进的地方也常常被指出来，比如双手抱胸呈现防御姿态、走动较少、评语不妥等。正如一些学员所言，这是一种通过互动展现自己对教师和教学的观察与反思的方式，也是切实参与实践的过程。虽然我们有剧本，但常常伴随许多随机事件的发生，就像真实的课堂互动一样。

从第四章中英文学员的叙述中不难发现，大多数学员认为，游戏、表演活动及多感官学习体验能够有效激发中学生的课堂参与热情，深化他们对知识的理解与记忆，同时提升他们的沟通、合作能力。

在导师乙举例的《教师专业研习》课程中，教师教育者也有意识地让学员担任编剧、演员、旁白、观众及点评者，轮流扮演不同的角色，亲身体验如何在主题任务学习中进行自我评估、互相评估、协作反思。而这一系列学习活动都基于他们实习中的教学实践与课堂观察的第一手资料，充分体现了苏格兰职前教师学员这个术语（student teachers）的内涵：他们既是专业的学习者，也是不断在专业成长中成为教师的实践者。

导师乙深信，无论是数学、科学，还是英语、艺术，每一门学科都有其独特的创造性空间，教师应积极投身于推动专业知识前沿与边界的教学改革。PGDE项目的目标之一，就是帮助学员认识到专业发展是贯穿整个职业生涯的过程，教师教育者的首要职责之一便是协助学员在职业生涯初期就建立起与之相关的教师信念、知识基础与技能。导师乙认为，维果茨基的社会文化理论是整个PGDE项目的核心支撑理论之一，强调教师在社会互动中的经验连续性建构。

PGDE的课程学习是一个双向互动的过程。我在回应学员，学员也在回应我，我们的教学是动态生成的。你无法完全预设这种互动，也无法预见他人的回应。你必须对这些回应保持开放，灵活应对。

因此，你可以根据学员的需求和关注点展开课程，学员或许会带领你进入计划之外的讨论领域，进行一场"旅行"。我们的教育理念是以学员为中心，这种方式能提升参与度，使学员成为课程建构的主体，而不仅仅是教师（教师教育者）发号施令。

在结构设计上，学员必须掌握专业领域的课程设计、教学方法和评估方式。但成为一名优秀教师显然还需要更广泛的教育背景和分析能力，不能局限于某一学科领域。

因此，我们设置了《教师专业研习》这门必修课，三个班的学员来自不同学科，这种安排也真实反映了他们在苏格兰学校中即将面临的多学科、跨学科工作环境。学习多学科、跨学科课程设计，并与其他专业的同事进行顺畅而有效的沟通与合作，是教师应具备的核心技能之一。这对许多学科专家出身的学员来说，是他们此前未曾接触的全新内容。

在课程讨论中，我们经常探讨教育与社会的主题。学员们分享不同的经历、教育见解以及各自的思考，这使得学习过程更加丰富多彩。通过多元背景与观念的碰撞，学员不仅体验到协作学习的价值，也更深刻地理解如何将自己的学科与广泛的社会生活背景、与学生的现实生活相联系。

从我的专业出发，我认为戏剧是一条重要的途径。它不仅反映了现实生活和真实人物之间的互动与行为，也经过了创造性的加工。这对学员们学会如何创造性地设计多感官刺激的学习活动和情境有着极大的帮助。

导师乙在访谈中明确提及 PGDE 项目的整体指导思想与维果茨基的社会文化理论相契合。社会文化理论强调社会互动与文化背景在学习者认知发展中的核心作用，这一理论不同于传统以知识为中心的经典认知学习理论，更加突出学习者作为独立探索者的角色和主体地位。

从导师乙对"教师专业研习"课程设计理念的阐述来看，生成性学习理论（generative learning theory）的主张贯穿其中。这一理论的特点与目的在于强调有意义的深度学习，而这种"意义"的生成体现在学习者能够主动运用批判性思维、逻辑推理与知识迁移的能力，将新获取的信息融入已有的知识体系。因此，在生成性学习过程中，教育者特别强调学习者的主体地位，尤其是在信息的组织与整合中扮演的重要角色。

导师乙进一步指出了更高阶学习能力的目标——创造性的革新。无论是"表达性艺术"（expressive arts，如音乐、美术、戏剧、舞蹈、文学等），还是注重逻辑思维与抽象推理的科学、数学学科，都蕴含着基于学科话题和特性所拓展的创造性空间。学科教师应在学科的创造空间与社会生活实践之间架起桥梁，鼓励学生在高阶思维与创造力的领域中不断探索、学习。而作为专业人士的教师，同样拥有自己的创造性空间。导师乙强调，苏格兰的 PGDE 项目与"卓越课程"改革的宗旨，正是希望教师成长为推动课程改革不断深化的创新者与实践者。

5.3 多元叙事视角下的苏格兰学校教育

叙事理论强调，地方（place）与空间（space）的概念既相互关联，又有所区别。空间通常更为抽象，具有流动性与自主性的特质；而地方则更倾向于体现内部的同一性与稳定性。从现象学的视角出发，多元空间的叙事分析不仅关注地理意义上的地方，更聚焦于意义建构的空间，即叙事主体与叙事对象在特定时空维度中的多重关联及其所承载的意义。

5.3.1 苏格兰学校教育的旗帜与核心任务

当代苏格兰社会高度认同其平等主义传统，并在文化情感上更倾向于欧陆文化，而非英格兰文化。众多苏格兰学者与政治家称此为平等主义迷思和苏格兰迷思。苏格兰的社会文化身份认同强调自下而上的民主协商过程，坚韧务实的民族特质，以及包容和谐的苏格兰公民国家主义。

在教育传统方面，17 世纪的苏格兰已是欧洲少数通过国家法律明确推行综合性基础教育的封建王国。苏格兰的教会、议会、市政厅及行业精英携手推动了全国性的扫盲教育运动，奠定了苏格兰教育公平的基石。这一传统与英格兰以 14 岁为界，职教与中学后教育分离的模式形成了鲜明对比。

在基础教育政策的支持下，苏格兰涌现出大量接受过综合教育，并拥有学徒训练与操作经验的发明家、实业家和工程技师，如冰箱的发明者、化学家威廉·卡伦，以及苏格兰工匠与发明家詹姆斯·瓦特等。在塑造苏格兰社会文化身份认同的过程中，这些文化与精神象征被苏格兰人民有意识地融入学校与家庭教育之中。

苏格兰议会重组后，"卓越课程"改革的酝酿、发展与评估由苏格兰教育中心（Education Scotland，ES）主导，着力构建创新、实用且一体化的国家课程体系。"一体化"指的是"卓越课程"将原有课程体系从"面向 5 至 18 岁学生"扩展至"面向 3 至 18 岁学生"，涵盖了幼儿保育、学前教育、综合基础教育与职业启蒙教育。

在传统学术型核心课程之外，各领域课程内容丰富多样，实践性强，着重培养学生的跨学科思维与技能，强调主动学习和教师引导下的活动学习。八大课程领域不仅涵盖了语言、数学、自然科学、社会科学等传统学科，还包括具备职业启蒙作用的技术类课程。现代外语及技术类课程根据年段和学校实际情况有所不同，但需确保核心必修科目——英语、数学、健康与幸福的连续性及学时分配，其中，英语与数学为"国考"必测科目。

"卓越课程"改革的创新之处在于高度重视学习活动的设计与操作性技能的培养，这不仅赋予了教师更大的自主权，同时也对教师提出了更具挑战性的专业要求。因此，苏格兰教育改革的另一个重要领域便是教师的职前教育与全职业生涯的专业发展。过去十年间，苏格兰中小学教师的职前教育及其职业生涯中的专业发展经历了两次重大变革。

第一次变革发生在"卓越课程"改革推行后的第二年，即2012年，实施了"教师职业系列标准"的变革。此次改革着重从职前教师教育阶段开始，致力于培养教师在以下几个关键领域的专业能力：根据课程大纲，能够自主选择并设计与学生兴趣和技能相契合的教材；具备组织学生跨学科学习，开展探究式学习活动的能力；并能够对学生的核心素养与技能进行发展性评估与档案式报告。①

第二次较显著的改革始于2017年，经过多方协商，教师委员会于2021年8月初正式推出最新版"教师职业系列标准"（下文简称"2021最新标准"）。② "2021最新标准"进一步强调了教师全职业生涯成长的理念，特别关注学校中层管理者的培养与发展——相比于新入职教师和校长的职业成长，中层管理者在过去所获得的关注较为有限。"2021最新标准"明确将"数字素养"纳入教师的核心专业能力体系，成为不可或缺的关键能力。

此外，在现有的"教师专业知识与理解"这一核心能力框架下，单独列出了"学习群体"和"学习情境"两个重要维度：前者指的是教师之间的跨学科、跨学段以及多元专业学习群体的发展；后者则强调教师在组织与管理学生学习、提升学生参与活动的主动性，以及构建学习情境方面的素养与能力。

值得一提的是，英国公立小学的教师通常为全科教师——体育、技术类和外语类课程可以根据实际情况安排专科教师，而中学则通常实行专科教师制度。

总之，"卓越课程"改革的产生与发展，得益于英国各方利益妥协后形成的

---

① The General Teaching Council for Scotland. Archive: 2012 professional standards［EB/OL］.（2023-12-11）[2023-12-11]. https://www.gtcs.org.uk/professional-standards/archive-2012-professional-standards/.
② The General Teaching Council for Scotland. Professional standards for teachers 2021［EB/OL］.（2021-08-02）[2023-11-01]. https://www.gtcs.org.uk/professional-standards/professional-standards-for-teachers/.

地方高度自治制度。在组织结构方面，地方议会下属的教育管理机构、专业行会与团体、大学，特别是教师委员会，承担了咨政议政的主导责任，最终确立并推动了政策的实施。在具体执行过程中，改革持续汲取家长、中小学教育者、大学教师教育者、市政厅及地方议会等多方利益相关者的反馈意见，不断对课程进行改进和完善。

苏格兰的课程改革路径与英格兰形成了鲜明对比。苏格兰更倾向于借鉴欧洲，特别是北欧创新国家的教育与教学经验，同时注重与OECD的紧密合作。在其政策文本中，多次引用并反思OECD对"卓越课程"的评估意见。[①]

5.3.2 课程改革的主攻方向

课程活动空间的分析维度以"卓越课程"改革的实践经验为基础，涵盖了"卓越课程"改革中强调的学习活动（learning activity）与学生主动参与（active engagement）元素，并高度重视教师与学校主导设计的多样化教材、资料和学习活动的独特性。"卓越课程"改革的革新性不仅体现在课程类别的广度与内容的应用性上，更体现在其赋予教师和学校充分的自主权，以设计学校战略、学科教材和学习活动。

"卓越课程"改革实施以来，持续改进并发展出一套课程"基准"（CfE benchmarks），结合具体教育案例，指导各门课程应当培养学生的哪些学习兴趣、核心素养与技能，如何进行形成性评估，以及如何通过学生的课堂参与来判断教育目标的实现等方面。除语音、语法基础、数学、化学等学科的知识逻辑结构本身难以人为改变外，大多数学科的设计都以这一"基准"为参考，以学校战略为指导，各学科、年段教研室和教师发挥创意设计课程。[②]

所选用的"教材"已突破了传统教科书的范畴，涵盖学科领域的文本、多媒体资料、活动设计、跨学科学习以及户外学习等多种形式，确保学生的学习体验能够反映学科发展的独特性与前沿趋势。具体而言，"卓越课程"改革对传统教学形式的革新可归纳为以下三大方面。

1. 数字技术融入跨学科学习

在"卓越课程"改革中，数字技术不仅作为独立学科呈现，更广泛融入各个

---

① Education Scotland. Exploring the four capacities ［EB/OL］.（2022-08-01）［2023-12-11］. https://education.gov.scot/media/fyhfck3p/education-scotland-notosh-exploring-the-four-capacities-october-2022.pdf.
② Education Scotland. Benchmarks ［EB/OL］.（2017-01-01）［2023-11-01］. https://education.gov.scot/curriculum-for-excellence/curriculum-for-excellence-documents/curriculum-for-excellence-benchmarks/.

课程领域。数字技术与学术类学科的结合，激发了学生的学习兴趣和主动性，引导他们跳脱传统文本与思维定式，体验其在实际问题与任务中的应用；而在实践导向较强的技术类课程中，如食物与材料科学、纺织科学、产品设计、工程与绘图等，数字技术与 3D 打印、设计软件、虚拟现实、多媒体教学等有机结合，极大拓展了课堂学习空间，助力学生职业启蒙与行业入门，真正实现学以致用。

数字技术的融入有效提升了当地学生的学习兴趣和主动性。苏格兰及英国青少年普遍热衷于艺术类学科，如戏剧、音乐（器乐、声乐、创作等）、视觉艺术、舞蹈等。"卓越课程"将多媒体社交平台和数字媒体技术引入这些热门艺术学科，教师在设计学习活动时，以网络社交为情境，潜移默化地教授个人信息保护和互联网礼仪，引导学生健康认知自我，避免沉迷于"虚拟形象"，尤其关注儿童和青少年的心理健康，预防并杜绝网络霸凌。

在研读莎士比亚经典、历史、古希腊语、古拉丁语等学术性较强的课程时，学习活动常与音乐、绘画、戏剧、服装设计与手工制作、体育、摄影等课程相结合，营造图文并茂、动静结合、"声临其境"的沉浸式学习体验，让学生在"玩中学"，促进其综合能力与审美趣味的提升。

自 2021 年 8 月起，苏格兰要求小学一年级至初中三年级（P1—S3）实施"英语加两门外语"的必修政策。该政策强调，外语课程不仅仅是知识的传授，更是数字技术融入教育生活的契机，能够有效促进学生多元思维能力的锻炼，激发他们自主学习多元文化的兴趣与习惯，同时提升其积极参与国际交流与竞争的素质与能力。

在课改前，多数英国学生在数学和科学科目的学习中缺乏主动性，欠缺榜样激励与自信心。许多学生认为这些课程内容枯燥乏味，与现实生活脱节，难以产生共鸣。而那些数学成绩优秀的学生，常被贴上"缺乏想象力""循规蹈矩""无趣"的负面标签，极大削弱了他们的学习成就感。

为解决这些问题，苏格兰的教师教育专家与中小学优秀教师紧密合作，打破职前与在职教师固有的学科认知壁垒及刻板印象。笔者在苏格兰研究期间了解到，阿伯丁大学与苏格兰艺术协会（Scottish Arts Council）及中小学长期合作，优化教师教育课程结构，培养教师跨学科教学的意愿与能力，旨在打造一支"面向未来"、善于激发学生创造力的苏格兰教师队伍。

爱丁堡大学在职前教师教育项目中设有常规的跨学科学习活动单元，鼓励科学（Science）、技术（Technology）、工程（Engineering）、数学（Mathematics）（简称 STEM 教育）学科学员与其他学科学员充分交流，合作实践更多新颖有趣、契合学生年龄、兴趣与能力发展的学习活动。数学学科的学员经常与音乐、体育、舞蹈等学科的学员共同设计教学游戏、编写数学知识歌谣，甚至通过手臂舞蹈模仿二次函数的变化。学生们将二次函数舞蹈制作为短视频上传至社交平台，不仅体验到数学的乐趣，还收获了社交上的成就感，进一步激发了学习兴趣。

在这些跨学科活动设计过程中，无论是教师教育者、实习学校教师，还是艺术与数学学科的学员，都看到了打破刻板印象后新的可能性，为日后更多跨学科教学合作奠定了基础。

2. 可持续生长理念联通课堂：户外学习活动

户外学习与可持续生长理念是"卓越课程"的重要组成部分，且与八大课程领域中的"健康与幸福"紧密相连，贯穿于总体教育目标、课程架构及核心素养的培养中。可持续生长在苏格兰的教育叙事中并不仅限于生态环境科学，而是更加侧重于通过"卓越课程"实现对学生身心健康、创造力，以及高阶思维能力和实践技能的全面培养。

苏格兰教育体系长期以来注重在户外环境中创设劳动任务与合作情境，这一文化传统不仅帮助学生认同、继承和发展当地的文化与社会传统，提升民族身份认同感与自豪感，还有效锻炼了学生的综合能力与意志品质。同时，这种方式也有助于加强学校与社群及社会经济环境之间的联系，促进整体社会的可持续发展。

苏格兰的学校充分利用周边自然环境，积极开展与数学、物理、历史等学科紧密结合的户外学习活动。大部分学校每学期都会固定安排数学的户外学习时段，数学教研组致力于设计与当地自然环境、社会背景及文化传统相匹配的学习活动。常见的主题包括："数学—体育"相结合的速度、时间和距离测量活动；"数学—商科—数字化平面设计"结合的数量、单价、成本和利润学习，配合慈善义卖设计产品；"数学—自然—艺术"融合的植物观察与写生，探讨对称、阴影、黄金比例等美学元素；"数学—物理—手工—历史"结合的桥梁建筑研究，涉及几何形状、角度与长度测量，船模制作与流速实验，以及建筑历史调查等。

在社会历史课程中，数学教师常以防空洞设计为主题，结合角度、测量等数学知识，带领学生参观二战时期的防空洞遗址与其民用化改造后的空间，进行爱国主义教育。同时，一些岛屿中的中小学则因地制宜，指导学生观测潮汐、风力等自然现象数据，并通过相关软件进行建模，在当地能源与旅游产业的项目框架下开展项目化学习。

当地数学教师普遍认为，这些跨学科的户外项目化学习不仅大大激发了学生主动探究知识的兴趣，还提升了知识的实际运用能力，改变了社会对数学的刻板印象。

户外学习往往容易陷入只注重场地而忽视空间的局限，未能充分利用周围环境与学生的学习目标、任务、兴趣以及学科知识和技能进行有机融合。虚拟现实技术的应用有效促进了物理和虚拟学习空间的结合，帮助学校和教师克服现实条件的限制，并降低安全风险。

研究者在调研中了解到，爱丁堡著名的私立寄宿学校厄斯金·斯图尔特·梅尔维尔学校（Erskine Stewart's Melville College，以下简称梅尔维尔学校）设立了数字学习中心，充分利用数字技术辅助教学，提升学习质量。如今，该校已实现从小学到高中的全套虚拟现实课程开发，尤其在历史、古典文学、现代外语和科学等学科的应用中取得了显著成效。

值得一提的是，梅尔维尔学校在高中三年级的物理课上运用虚拟现实技术，让学生仿佛亲临欧洲核子研究中心，实地观察阿特拉斯大型强子对撞机的内部与外部运作机制。这种体验在现实中是无法实现的，因为对撞机附近的温度超过200摄氏度。该校的教师表示，虚拟实验室有效帮助学生理解和掌握难度较高的物理知识。

梅尔维尔学校的数字化学习设计引起了格拉斯哥大学教育学院研究者的关注。自2019年起，格拉斯哥大学的学者将梅尔维尔学校的虚拟现实技术课程开发经验融入小学教师职前教育项目（科学教育专业）中，并获得了积极的反馈。跟踪研究表明，在职前教育阶段接受数字技术培训，能够显著提升未来教师对新技术应用的自我效能感。尽管培训时间有限，学员的技术掌握水平可能不高，但为后续的实践和在职学习打下了坚实的基础。

这一案例充分体现了苏格兰大学与中小学之间的紧密合作关系，通过扎根基层的经验，将教师职前与在职教育有机结合，形成了长效的合作模式。

3. 学习社群支持健康社交与职业发展空间

英国学校教育的一大传统特色是"以能力为基础的分层教学"（sets），尤其在英文、数学和科学等学科中尤为明显。学校通常将同一年级的学生按成绩分为高、中、低三个层次的班级，实行"走班制"教学，以便教师能够根据不同学生的学习进度进行教学，从而提高教学效率。

然而，在课程改革之后，大多数学校逐渐摒弃了分层教学和走班制，转而鼓励兴趣、学习需求和学业表现各异的学生在同一课堂中互动交流。这样的安排旨在让学生取长补短，共同发展，进而打造健康、积极、多元、包容的学习社群（learning communities），培养学生之间正向的人际关系和彼此尊重的态度。

与此同时，苏格兰大学开设的教师教育项目和"2021最新标准"也对教师提出了更高的要求。教师不仅需要具备因材施教的能力，还必须能够设计趣味性强、任务内容丰富、评价方式多样的学习活动。此外，教师还必须对学生进行恰当的过程性评价，鼓励学生进行合理的自评与互评。而实现这些教学目标的有效方法和核心途径，正是通过建立和发展学习社群。

在苏格兰的教育背景下，学习社群呈现出多层次的涵义与实践。首先，从广义角度来看，苏格兰的学习社群旨在通过学校与各种社会组织的紧密合作，满足特定地区学生多样化的学习需求。这些社群通常依托包括公共、私营、志愿服务机构及社区团体等在内的多方资源，推动儿童、青年与成年人之间的广泛互动，激发各个层面的学习潜力。学习社群将学习视为提升社区能力的重要手段，旨在促进社会凝聚力、包容性以及经济发展。

其次，在狭义的学校教育领域，学习社群主要指由学校之间组成的社群，通常表现为"以公立中心中学为核心，辐射周边公立小学"的校际网络。苏格兰全境划分为 32 个行政区（相当于市级单位），每个行政区又根据地理位置和文化传统细分为若干社区。每个社区至少设立一所公立综合性中学，并以此为中心，辐射若干公立小学。

校际社群所组织的学习活动充分体现了"卓越课程"对儿童与青少年在"发展学习、生活与工作技能"方面的期望，强调广泛参与就业教育，以及为未来职业选择与职业发展所开展的学习活动。这不仅是对学生的期望，更是教育者应承担的责任。

最后，线上或线下的创新孵化中心（creative hubs）突破了国别与区域的界限，极大促进了苏格兰本地学校与英国及欧盟之间的合作交流，为学生提供了更加广阔的社交与学习空间。创新孵化中心在此特指由英国文化教育协会（British Council）与欧盟长期合作、资助推出的多元创新合作组织孵化计划。而苏格兰创新中心（Creative Scotland）则肩负着对接苏格兰创新产业与社会各相关领域的重任，特别是在推动中小学校"参与苏格兰文化事业发展"的创意实践活动中发挥了重要作用。

尽管受脱欧及疫情的冲击，这一项目仍在持续运作。文创旅游、艺术与康养是苏格兰的支柱产业，当地拥有多个享誉世界的旅游胜地，以及具有国际影响力的文化艺术节。在创新中心的资助下，位于苏格兰历史名城斯特林的斯特林大学与当地市政厅、中小学、融合教育公益团体及产业界紧密合作，聚焦于数字与新兴技术领域，开发了"上进"（Level Up）学校工作室网络。该网络邀请创业领袖与行业专家在当地学校举办讲座，指导学生及社区中有特殊需求的群体共同参与创意研发。目前，已有多名高中生通过该计划进入科创企业实习，开启了他们的职业生涯。

总之，苏格兰课程改革的推动者与实践者在教育实践中高度重视以任务为载体，以情境中人与人之间的交往为核心的学习群体建设。形式多样的学习任务群体不仅满足了儿童与青少年同伴间的互动、互助与社交需求，还培养了他们的共情能力与健康的身心素质，深化了对社会公民责任与权利的理解。

同时，这些群体也激发了学生的好奇心与兴趣，促使他们主动探索个人与社群之间的关系，连接跨学科知识、学习任务与社会现实环境，进而建构意义。而这些被赋予了意义的学习活动，不再仅仅是抽象的知识或外部强加的考试与测评压力。

上述学习活动与学生的参与过程，皆发生在特定的空间中。无论是在学校、户外、家庭、社区，还是在现实环境或虚拟数字空间，学习空间应如同一个健康的有机体，能够为学生的创新思维碰撞与实践操作提供安全的输出口与全媒介平台，唯有如此，知识才能突破纸面的局限，走出教室的藩篱，得以真正融入生活与社会。

5.3.3 校长与教师的专业自主空间

教师自主性（teacher agency）和自主权（teacher autonomy）是两个极易混淆且紧密相关的概念。本文采用的定义是：校长和教师的自主权主要指其开展一系列专业行动的空间；以及教育权力机构为教师专业行动所提供的资源，所制定的规范和评价标准在何种程度上影响专业行动空间。自主权主要反映了学校、教师同各级教育权力机构之间的动态关系。校长与教师的自主性则侧重其基于教育理想和理念、专业责任感、从教经验而产生的专业行为，所做的专业决定。

下文主要通过分析苏格兰议会近5年出台的教育政策文本对校长和教师的问责力度，探究当地学校在"卓越课程"改革中的自主权；并通过教师进入职业领域的一系列准入机制和全职业生涯成长要求来分析教师群体的自主性。

1. 平等主义教育政策、"国考"对学校的问责压力

前文在宏观叙事的分析中提到，苏格兰执政党不断强调平等主义与教育公平的理念，并将其深植于相关教育政策文本和"卓越课程"改革之中，从而赢得了广泛支持并最终得以付诸实践。在人才培养的目标与标准上，"卓越课程"改革突出学生可持续发展的自主性，着重培养学生的创新思维、问题解决能力等高阶思维，以及在具体情境中成长的应用型技能。在课程活动空间层面，"卓越课程"改革赋予学校与教师较大的专业自主权，鼓励教育团队因地制宜、因材施教，设计校本课程体系，并研发教材、教学资源与活动。

然而，值得关注的是，自 2015 年以来，苏格兰政府日益倾向于削弱地方政府的教育决策权与管理自主权。这一趋势具体表现在政府以"提升学生学业表现，缩小由社会经济背景所导致的学业表现差距"（即"closing the attainment gap"，下文简称"消弭鸿沟计划"）为政策导向，主要通过立法与财政杠杆，进一步加大了对学校及其领导者的问责力度。

传统上，苏格兰的大部分中小学由地方行政区议会负责管理，后者有权根据调研结果和学校反馈制定年度教师招聘计划、分配拨款并审批基础设施建设等事项，而苏格兰议会则进行宏观管理。例如，苏格兰议会制定了教师薪资待遇的国家标准，确保教师的待遇不因学生成绩、学校排名等因素而出现较大波动。诚然，学生学业表现、学校发展战略及其实施情况是评估学校的重要指标，因此带来了排名和拨款的压力。

在"卓越课程"改革之后，影响学校排名的关键因素主要包括：第一，国家标准化测试（Scottish National Standardised Assessments，简称 SNSAs）的学业成绩，尤其是在语言素养与能力、数学素养与能力方面的表现；第二，弱势家庭，尤其是贫困家庭学生的学业成绩及其与非弱势家庭学生之间学业成绩的统计学差距。

自 2015 年起，苏格兰执政党，即苏格兰民族党，逐渐显露出将"卓越课程"作为政治筹码的倾向，而基于"卓越课程"改革的国家评估体系改革，则成为强化中央管控权的重要举措之一。同年，苏格兰政府推出了"全国教育改进框架计划"（National Improvement Framework and Improvement Plan），旨在强化中央政府在以下四个方面的教育质量监管：

（1）学生就业技能发展；

（2）学生的健康与幸福情况；

（3）贫困家庭学生学业成绩与其他家庭背景学生之间的差距；

（4）学生在英文与数学素养和能力方面的学业成绩。[1]

2017 年 6 月，苏格兰政府正式成立苏格兰教育协会（Scottish Education Council），负责监管苏格兰中小学在上述四大方面的表现。该协会以"赋权"为政策核心，为校长配备了"消弭鸿沟计划"的专项顾问，旨在加强中央政府与学校层面的沟通。同时，法律规定了对中小学校长在执行"消弭鸿沟计划"中的表现进行问责。

到了 2019 年，苏格兰政府颁布了《学校管理"权力下放"：地方政府指导意见》

---

[1] Scottish Government. National improvement framework and improvement plan 2024 [EB/OL]. (2023-12-12) [2024-01-11]. https://www.gov.scot/publications/education-national-improvement-framework-improvement-plan-2024/documents/.

(*Devolved School Management Framework Document for Local Authorities*)，对地方政府在学校管理及双方决策协商机制方面提出了宏观指导。文件宣称此举是为了确保地方教育管理的民主性，然而，也有舆论指出，中央政府此举可能有干预传统地方自治的倾向。

目前，苏格兰的中小学、教育研究者和决策者对于中央政府的集权倾向持有不同看法。大多数教育专业人士认可推行国家标准化测试的重要性，但对于现有测试体系的设计能否真正体现"卓越课程"改革所倡导的平等主义理念、跨学科学习活动以及学生创新应用技能的培养，仍存有疑虑。OECD对苏格兰国家标准化测试（SNSAs）的评估报告也质疑其设计依据及其与"卓越课程"之间的逻辑关系。然而，这些质疑并未撼动执政党建立苏格兰国家测试体系的决心。

教师专业群体则采取了"练好内功、增强话语权"的行动姿态。例如，苏格兰教师协会在2021年发布的《苏格兰校长力职业标准》（*The Standard for Headship*）中，首次使用"校长力"（headship）一词取代了"校长领导力"，凸显了校长在组织设计、清晰表达学校战略规划以及参与教育决策中的重要作用。同年，苏格兰首次面向学校中层管理者推出了《苏格兰学校中层管理者职业标准》（*The Standard for Middle Leadership*），明确规划了从"优秀教师—中层管理者—校长"的职业发展路径，鼓励更多优秀教师成长为学校管理者和领导者，积极参与课程改革和教育政策的制定。

2. 全职业生涯发展的启航期：新教师的严格筛选与焦虑情绪

苏格兰教师的全职业生涯专业发展呈现出"一中心加一主体"的特点，根植于中小学教育实践，要求教师从职前教育阶段起，便以专业型、研究型、创新型的变革者为成长目标。尽管体育、音乐等科目仍设有少量本科教育项目，但进入教师行业的主要途径仍是申请职前教师教育项目。

申请者须具备优异的英文、数学"国考"5阶和"国考"高阶成绩、良好的本科毕业成绩与学士学位；通过大学主办的面试考核后，便开启"学员—准教师—新手教师—熟练教师—研究型教师/领导者"的全职业生涯发展历程。"一中心"即指苏格兰教师专业自治团体教师委员会负责组织、协调和监管这一过程。尽管该协会独立于苏格兰议会，但其颁布的改革措施仍需召开咨询磋商会议，并获得利益相关方的支持。

"一主体"则指职前教师教育必须由苏格兰本土大学教育学院作为办学主体，大学与当地中小学深度合作，后者作为准教师实习的基地，亦是实习表现的重要评估者之一。承办职前教师教育项目的大学需首先通过教师委员会考查获取招生授权，并根据教师委员会颁布的办学框架及教师职业系列标准开展教学。

苏格兰主流职前教师教育项目为期一年，其中一半时间用于大学学习教育教学课程，另一半则在与大学合作的中小学进行实习。实习期间，由实习学校教师和大学教师共同评分；所有课程学习与实习均合格者，方可向教师委员会申请成为"预注册"教师，进入为期一年的见习期。见习期评估合格后，教师方能申请成为正式注册教师，进入职业成长适应期。

在职前教育实习期与见习年，新教师需完成一项教育研究项目，将理论与实践相结合，进行质性、量化、行动或教师反思研究。由此可见，苏格兰职前教师教育筛选严格，既注重教育理论与科研能力，也强调实践操作，淘汰率高且考核周期长。中小学不仅是经验分享的场所，更是评判准教师是否具备成为优秀教师潜力的关键环节。

苏格兰教师的高职业准入标准、高淘汰率以及全职业生涯发展理念，确保了中小学教师多为专业成绩优异的毕业生或相关领域的执业者（如戏剧演员、会计、工程师等），他们经过严格的职前教育与考核，认同并符合"卓越课程"对教师的专业期望。

即便如此，新教师在早期专业发展阶段仍面临巨大挑战，尤其是在紧张的学制内迅速将自身从学科专家转变为课程构建者，如何有效引领学生主动学习成为其主要难题。评价"好老师"的标准已从课改前的知识储备和道德风尚拓展至多个领域。

研究表明，新教师的成长受实习学校氛围与管理方式，即"办公室文化"的影响显著：若实习学校的指导教师风格民主，擅长设计、组织学习活动，并鼓励、引导新教师在"卓越课程"倡导的方向上发展，新教师的成长动力往往更为积极。

然而，部分新教师进入较为保守、论资排辈或以应试为中心的学校，往往在"卓越课程"理念与传统教学方式的冲突中感到困惑。尤其是执教中学高年级的新教师，面对"消弭鸿沟计划"对其专业能力与道德的高要求，专业自主性常感受到挤压，容易产生焦虑。

在创新学习活动与应试压力之间，许多新教师更倾向于先满足应试需求，暂时回归传统教学方式，或执行"权威"教师与管理者制定的教学方案，待获得"注册教师资格"后再探索创新的"卓越课程"设计。由此可见，长时间的职业准入机制与高要求的全职业生涯发展，容易让新教师产生不安全感，进而引发焦虑情绪。

第六章 诠释主义现象学视角下的教师教育与身份建构

导 言

质性研究通常作为一种探索性研究方法，旨在深入理解复杂的社会现象或人类行为，而非单纯验证假设或讨论因果关系。由于研究的性质、目标以及研究对象的独特性，质性研究主要依赖非数值化的数据，这些数据通常包括文字、语言对话、图像、符号、情境、肢体语言以及社会交往的实践等。在当今数字化飞速发展的时代，越来越多的学者也开始深入探讨互联网和社交媒体中的颜文字、表情包、网络模因及网络生态。

质性研究所获取的数据往往看似简单、随意，受访者的分享仿佛唾手可得，他们的故事也显得自然质朴，如同你我生活中不经意间的日常点滴。然而，正如我国教育学质性研究的奠基者之一陈向明教授所言：

> 这是一个非常艰苦的过程：在困惑中寻找和修改自己的研究问题，反复思考自己的理论前提和经验性知识，尝试与陌生人建立和保持关系，对他们进行多次深度访谈和现场观察，收集他们的各种人工制品，参与他们的各种活动，甚至长时间地与他们生活在一起。
>
> 与此同时，还需要绞尽脑汁地写各种研究备忘录，画各类图表和分析框架图，对被研究者的"本土概念"进行分析，反复推敲已浮出水面的初步研究结果，反思研究过程中的每一个环节，特别是研究关系、伦理道德、研究结果的效度和推广度等问题。[1]

质性研究的核心与过程远非表面看上去那般轻松自在、无拘无束，背后蕴藏着严谨的学术思考与精细的研究设计。

---

[1] 陈向明. 我为什么对质性研究情有独钟［EB/OL］.（2017-10-11）［2024-02-01］. https://www.sohu.com/a/197469895_708421.

研究者在进入观察场域的过程中，往往会遭遇诸多不可抗的客观阻碍。甚至在数据收集初期，只有一位学员因看到招募海报而主动联系研究者，表达访谈意愿。一些学员因大学、中学与家庭住址不在同一城镇，通勤时间过长，最终未能按约参与。还有许多学员因为担忧实习表现、忙于备课或完成作业，婉言谢绝了邀请。此外，一些实习基地的中学为了维护教学秩序，或出于对外国研究者的顾虑，未能批准非参与式观察和访谈的请求。这些意料之外的障碍与出于礼貌的拒绝，几乎成为每一位质性研究者乃至社会科学研究者日常需面对的挑战。

　　然而，样本数量与外部推广度从来不是质性研究的核心追求，也不是衡量其科学性的绝对标准。在与众多国内外质性研究者的交流中，笔者发现他们普遍认同，质性研究——尤其是质性案例研究——蕴含着许多无法言表、隐而不显、通过身体感知生成的内容，甚至是看似偶然的意义与信息。这些内容往往需要通过研究者与参与者的面对面交流、细致的观察、共情与理解，在叙事展开的过程中被逐步唤醒、打磨、生成，并最终通过质性分析的特定过程得以凝练与升华。

　　在质性研究的整个过程中，研究者本身即是最为重要的研究工具，研究对象并未被机械地分解为一系列量化的变量，而是依据研究的目的与方法，在保持原生环境复杂性、整体性与流动性的基础上，进行适度的设计。

　　举例来说，这些特性在本书第四章关于 PGDE 项目学员个性化叙事主题、内容与修辞的讨论中得到了最直观的体现。学员在访谈互动中呈现的教师专业成长故事并不总是严谨或完美，叙事的片段中充满了模糊的语义、前后重复乃至自相矛盾之处，偶尔透露出自我怀疑，也夹杂着偏见与粉饰。有时他们充满活力，有时又感到疲惫失落，常常为日常琐事所扰，在紧张的教学生活中失去些许锐气，但他们依然保有对理想的全新领悟和不懈追求的斗志。教师专业成长的道路未必是一帆风顺，人生的叙事又何尝需要完美无缺呢？

　　一位拥有海外 EAL 教学经验和本土教学背景的受访学员曾私下向研究者感慨，大意是"太阳底下无新事"。教师的酸甜苦辣，表面上各有千秋，实际上总是在学生、绩效考核和课程改革等主题间兜兜转转。然而，在真正开口说出这些职前教师教育的经历与收获之前，他从未专门抽出时间，静下心来，重新审视自己在这段时间的成长(growth)与蜕变(transformation)。

　　乍听之下，研究者感到惊讶。因为顺利完成职前教育、成为预注册教师的核心要求之一正是"教师反思"。考核方式则体现在实习期间，以及大学授课过程中，学员都需要撰写大量反思日志与报告。

然而，随着研究的深入，研究者逐渐意识到，所谓的教师反思，更多是在学校特定专业情境中，依据权威的专业执业标准，对自身能力发展、课堂应对策略、师生关系等方面进行评估。这与个体自觉意识到专业经历对其内在的转变及其人生意义，并不完全相同。归根结底，教师只是学员众多社会角色中的一个，是他们正在建构中的职业角色与身份。若脱离其完整的人生经历和社会身份（social identity）来分析教师的专业成长，犹如将教学活动置于人工设定的情境中，进行变量控制的实验研究一般。

若将苏格兰的历史文化背景与宏大叙事喻为肥沃广袤的土壤，将"卓越课程"改革视作独特的气候，那么苏格兰的中小学校便如同一座座色彩斑斓的花园。而准教师们则如同刚从苗圃移植到这些花园中的花草树木，既有各自的个性特征、生长规律和需求，又迫切需要适应并融入新的生存环境，与其他因素和谐共生，积极参与这一生态的微循环中。

本书的核心聚焦，犹如对移植过程中背景与机制的深入探讨，以及其进展过程中的剪影与深描。换句话说，前文不仅呈现了宏大叙事、教育叙事与个体叙事交织的脉络剪影，更通过个体视角细致描绘了"卓越课程"改革在教师教育和中学教育实践中的鲜活案例及其成效与弊端。

作为本书的终章，本章着重从诠释主义现象学的理论视角出发，凝练总结苏格兰教师成长与学校课程改革的多元叙事脉络，试图构建苏格兰教师专业成长与身份形成的叙事网络。

尽管这一理论提炼过程基于特定的叙事背景和小样本的受访者，不追求量化研究的广泛推广性，但本研究的初衷是为那些在成为全职教师的过程中曾经历过类似挑战与困惑、感受过相似情感波动，或正在蜕变却尚未觉察的准教师、新手教师及教育从业者提供参考与启迪。研究希望激发他们拿起叙事工具，回顾并反思自己的教师成长之旅。也许，许多教师——包括即将踏上教师之路的师范生——会发现，那些未曾言明的为难与难为，那些在沉默中积淀的酸甜苦辣，那些用汗水守候桃李花开的默默耕耘……这一切，绝非孤立的个案。

6.1 诠释主义现象学叙事网络的理论建构

6.1.1 诠释主义现象学与叙事身份建构

本书在第三章第三节中简要论述了诠释主义现象学的理论视角，特别提及了法国哲学家保罗·利科对叙事理论发展的重要推动作用。保罗·利科（1913—2005年），法国著名哲学家，也是当代最重要的解释学家之一，曾在法国斯特拉斯堡大学、巴黎大学担任教授，并在美国芝加哥大学、耶鲁大学及加拿大蒙特利尔大学等地担任客座教授。2004年，他荣获素有人文领域诺贝尔奖之称的克鲁格人文与社会科学终身成就奖。

浙江大学著名哲学研究者杨大春教授在其著作《语言·身体·他者：当代法国哲学的三大主题》中，系统梳理了法国哲学流派对现代哲学发展的深远影响。这种影响体现于两大主要传统：一是以萨特、梅洛-庞蒂、马塞尔、列维纳斯、保罗·利科、亨利、马里翁等学者为代表的现象学—实存主义哲学流派；二是以福柯、德里达、利奥塔、布尔迪厄等学者为代表的结构—后结构主义。这两大传统并非泾渭分明、彼此对立，而是相互交织，互相启发。①

利科的诠释主义，属于现象学的诠释主义，其核心虽聚焦于语言和叙事，却并不将语言简单地视为"表象观念或表达思想的工具"，语言不仅具有概念意义，更蕴含实存意义。身体经验作为本体与认识建构的主体，与语言和意义紧密相连，均源于社会人现实交往与活动中的经历与意义建构。正如利科所强调的，我们通过语言在世，如同通过身体在世。语言不仅仅是思想的表达，更指向本体论层面的实存，是实存沟通的具体形式，也是其升华的载体。

上文对于诠释主义现象学的介绍，主要依托于哲学学科的语言体系与代表性学者的诠释，不同文化、经历与学科背景的读者，可能对这一段文字的理解和偏好各有差异。这正是一个复杂的语言文化现象的诠释案例，既体现了个体的主观能动性与独特性，同时又无法脱离其自身的阅历、语言及教育文化背景。正如查尔斯·泰勒在其著作《自我的多种根源：现代身份的形成》（Sources of the Self: the Making of the Modern Identity）中所指出的那样：

从某种意义上说，一个人无法单独成为自我（self）。我能够成为自我，是在与特

---

① 杨大春.语言·身体·他者：当代法国哲学的三大主题［M］.北京：北京师范大学出版社，2021.

定对话者(interlocutors)的关系网之中形成的：在某种意义上，对话伙伴和个人的交往关系，对自我定义(self-definition)的形成产生至关重要影响；这些对话伙伴对我持续掌握自我理解所需语言产生了关键影响。自我只存在于"对话关系网络"之中(webs of interlocution)。①

在语言学与话语分析领域中，对话者指的是参与交流的个体。在两个或更多人之间的互动中，他们互为对话者。作为道德研究领域的权威，查尔斯·泰勒的著作聚焦于西方现代社会中自我道德意识的解构与重构，尤其是其宗教意义上的演变现象。然而，在后现代解构主义、批判理论及女性主义等思潮的语境下，许多学者进一步扩展了泰勒的"对话网络"身份形成理论，借此探讨宏大叙事与"绝对权威"被解构之后，社会叙事所呈现的多样化特征。

（1）多元化和去中心化：互联网宽带、智能手机、自媒体乃至生成式人工智能的迅速普及，彻底打破了传统的信息与知识传播模式，颠覆了以往的社交方式，对人类意义的建构及自我形成产生了深远的影响。在数字化、智能化的自媒体时代，任何人都可成为信息的发布者与传播者，人们足不出户便能实时了解全球的新闻轶事，甚至能够与虚构的二次元角色"对话"，或与素未谋面的异国网友构建跨越万里的社交社区。这种变化促使叙事来源的多元化，每个人都可以分享自身的观点与故事，甚至产生一定的社会影响力与号召力，逐步形成了去中心化的传播格局。

（2）个性化、碎片化和即时性：自媒体平台使用户能够依据个人兴趣与需求定制内容，从而使叙事愈加个性化、定制化。同时，信息传播的速度大幅提升，内容呈现出碎片化特征，短视频、微博、朋友圈等形式广泛流行。人们的喜好变化更为迅速，网络与日常生活中涌现出大量缩略语、非正式用法，以及以表情包、梗图为代表的图像语言。自媒体叙事日益注重视觉效果，视觉化的表达方式更加直观且富有吸引力，显著增强了信息的传播效力。

（3）互动性和故事性：自媒体平台鼓励用户互动与参与，评论、点赞、分享等功能让受众不再是被动的接受者，而成为积极的参与者。这种互动性极大地提升了叙事的影响力与传播效果。为了争取更多流量和更广的传播效果，网络时代的叙事往往通过激发情感共鸣来吸引受众，进而形成社群效应。叙事者通过讲述个人故事、分享感受等方式，与受众建立起深层的情感联系，甚至为精准迎合受众需求，夸大或虚构了叙事的情节和情感表达。这导致叙事的虚构性与真实性界

---

① TAYLOR C. Sources of the self: The making of the modern identity [M]. Cambridge, MA: Harvard University Press, 1989:36-37.

限愈发模糊,虚假信息、煽动性谣言等问题频繁出现,不仅削弱了媒介与语言交流的公信力,还引发了公众舆论领域的矛盾与冲突。

当代儿童与青少年所习得的语言、所受的文化熏陶及其社交习惯,是否已发生深刻变化?这些变化是否将对他们的生活经历及自我认知的建构产生深远影响?泰勒曾对这一问题表达了观点。

我通过确立自身的出发点与立场来界定"我是谁"。这一立场可能由家族血脉、社会空间、地位或地理位置所塑造,也可能由我与所归属群体、所爱之人之间的关系所影响,抑或是受我在道德与精神层面的自我认知所引导。[①]

这与利科的诠释学与叙事理论的观点相契合:语言不仅是身份建构的驱动力之一,亦是身份外显意义的表征。通过研究叙事——包括叙事语言、叙事脉络、主要人物与情节等元素——可以深入理解个体基于生活现象的经历与意义的建构过程。

诠释主义现象学叙事身份理论的基本论点可以归纳为三个相互关联的维度,即时间性、空间性和具身性。

1. 时间维度的叙事建构:虚构与感官经验交织的想象

诠释主义现象学的叙事身份理论强调时间性的双重维度,既是在真实的时间框架中,又是在叙事脉络的时间中分析叙事现象。它探讨了经验、时间与叙事之间的关系,以及它们在个体身份建构的特定阶段所产生的影响。利科在其1985年出版的法语版《时间与叙述》第二卷中深入阐释了叙事的真实性与虚构性的关系。传统的实证研究往往关注客观的真实性与可验证的因果关系等事实,如历史研究的重点是考证真实发生过的历史事件。

然而,利科指出,诠释主义理论的核心并非对过去和现在事实的客观记录,而是通过叙事建构来探究意义。该理论关注历史学家和社会文化习俗等宏大叙事与专业叙事,如何将零散的事实编织成有意义的整体,如何构建具体事件的描述,使过去的事物变得可理解。

以历史学科为例,不同时期的历史学家在解释材料、编纂史书时,不可避免地带有特定的时代性与个人主观性。正是这些看似"不客观"的因素为史实重新赋予了故事性。叙事建构使过去与现在重新产生关联,是人类创造性集体想象的体现。因此,传统实证研究与量化研究回避的"虚构性",正是诠释主义现象学的研究重点之一,即人们如何在叙事文本的重构过程中,赋予特定人物、事件和情节以意义,使其呈现出特定的想象效果。

---

① TAYLOR C. Sources of the self: The making of the modern identity [M]. Cambridge, MA: Harvard University Press, 1989: 35.

利科指出，叙事的时间维度首先可以指特定时间内世界上正在发生的事情；其次，叙事时间是指叙述者按照时间顺序组织故事，使其对叙述者和读者来说更具意义；第三，历史或文化对人们的意义建构以及元认知方式产生的深远影响。就第三点而言，可以通过留学生常遇到的生活实例进行说明。

例如，在较为正式的社交场合，英国乃至许多欧洲国家的社交文化极为强调日程规划和预约制。工作会议往往需提前几周甚至几个月预约，以便人们能空出时间按时参与。无论是去诊所、医院，还是访亲探友，也尽可能提前预约，甚至要精确到具体时刻。一时兴起的拜访可能会吃到闭门羹，被视作冒失。但在其他文化中，兴之所至、宾主尽欢的互访并不显得突兀。法国人柯思婷·佳玥（Christine Cayol）曾在北京已经生活了近二十年，随后创作了两本漫谈中西方时间观念、风俗习惯差异的图书《为什么中国人有时间》《十句中国格言的智慧》，从一位在华生活多年的外国人视角看待国别比较，也颇具启发性。

在语法方面，英语的口语交流中区分单复数、性别以及多种时态；而罗曼语族，如法语、意大利语和西班牙语，几乎对所有名词进行了阴性和阳性的区分，且在动词变位方面有着复杂的规则，精确表达时间、语气、动作和状态。

在发音方面，尽管英伦三岛的面积不大，却因历史迁徙与社会阶层等因素，形成了众多复杂的口音与方言俚语。许多地区甚至社区对自己的口音和方言充满自豪感，人们通过口音来标识并认同自己的地域与文化身份，积极保护并传承这些独特的语言特征。然而，这也同时呈现出部分口音歧视与排斥现象。这些日常实例均反映了语言与历史对人们元认知方式产生的深刻影响。

历史之所以具有意义，是因为人类行为赋予了其意义。而这些意义在世代相传的人类时间中保持着连续性。这种连续性体现在人类对时间的体验中，它将时间组织为未来、过去与现在，而不仅仅是简单的时间顺序。利科指出，"当人类讲述自己的故事时，赋予了自己身份。无论是虚构的故事，还是可验证的历史，都为我们提供了身份的来源。"[①]

换句话说，人类区别于其他生物的创造力，便在于自远古时代起，我们便通过"讲故事"的方式来理解宇宙的奥秘，传承星辰的变迁。通过故事的流传与讲述，我们教育后代，延续文明。个体既是故事的聆听者与读者，同时也是故事的讲述者。无论是历史、教育、影视作品带来的间接经验，还是个人生活中的切身体验与感官经历，我们对这些经验的解释都帮助我们对个体的过去、现在与未来进行有意义的重构与建构。

---

① RICOEUR P. Time and narrative（Vol. 2）[M]. Chicago: University of Chicago Press, 1985: 214.

2. 空时关系与具身维度的叙事建构：网络与节点

叙事身份理论对时间性的强调，与空间性紧密相连。这里的空间性，指的是个人叙事身份的持续建构，而这一过程，必须在与个体密切相关的时间与空间关系中进行探讨。正如前文所述，泰勒的对话关系网络涵盖了时代、语言、社会关系及自我互动的交织。这一无形且不断变化的网络，早期主要以个人生活的社区为基础，个人的主要对话关系和语言构建，来自家庭、亲友、学校与社区的社交关系。

随着个人进入大学和工作阶段，生活社区的变迁带来"对话关系网络"的演变。此时，网络中的"关键他人"（significant others）逐渐变为同学、导师、伴侣、朋友、同事和上司等。在这一网络中，时空性与关键他人的影响，常常取决于叙事的具体主题。

例如，在职业价值认同的意义建构上，个人或许更多受到大学教育和同事关系的影响；而在子女教育相关的叙事主题中，个人可能倾向于从原生家庭关系或自身成长中的关键事件中汲取意义。

在这一对话关系网络的建构过程中，人作为具身性的存在，嵌入特定时空的物理环境，而这种具身性的感官体验，亦在意义的构建中起到作用，并在不同的叙事时空节点产生影响。

换句话说，诠释主义现象学的叙事理论反对笛卡尔的身心二元论，主张感官体验、情感和态度并非不稳定的干扰因素，亦不认为认知思维高于感官体验。一个人的经验和感知总是在特定的时间与空间中发生，而我们往往比自己意识到的，更加关注周遭的物理环境，以及社会与自然环境的影响。

语言习俗和元认知策略的建构，同样深受环境的制约。英国人曾戏谑道，英文中有一千种形容雨的词汇与修辞。而法语在烹饪、烘焙与时装领域，则占据了话语权，成为这些行业的标准。意大利面作为统称，其形状各异的意面、意饺与披萨饼，皆有独特的称谓，构成了意大利人引以为傲的饮食文化和家族精神传承，而这一切亦深受地理气候与农业发展的影响。

荷兰人将橙色视为勇气与男子气概的象征，作为国色，橙色早已渗透于社会生活的每个角落，从郁金香、店铺装潢到运动队服装。历史学家认为，橙色源于纪念荷兰王室祖先奥兰治亲王，而另一种更接地气的观点则认为，自17世纪起，橙色胡萝卜的大规模种植为荷兰提供了重要的食物和维生素，因而橙色也被视为生命力的象征。

总而言之，现象学在探讨身份建构时，强调理性与思考离不开人的生理系统，离不开认知、感知和对物理环境的直觉与体验。泰勒将此具身性理论总结为**现象学对情感、直觉及其他身体经验作用的认可与肯定**。

个体的身份往往会随着年龄、经历、社会变迁和文化影响而发展、转变。因此，身份是一个动态演化的过程，个体在不同情境中可能展现出多样化的身份认同。例如，一位教师在课堂上是学生的引导者；在学校的组织架构中，她既是管理者，也是被管理的对象；在家庭中，她是妻子、母亲和女儿；在社区中，她是公益活动的积极参与者与组织者；而在朋友圈里，她又是健身达人、环保主义者等等。多重身份与角色有时会相互融合，也可能展现出明显的差异性，需要在特定的时空背景中加以探索。

个人的多元身份建构，亦是社会化的过程与结果。在课程改革之前，教师的某些教学行为或许符合当时的职业标准，但随着改革的推进，这些行为可能已不再适应新的职业要求，促使教师重新调整自己的职业认同与行为表现。由此可见，个体在具体文化与社会情境中的人际互动和生活实践，是构建和塑造身份的关键途径。个体在特定的时间与空间背景下，对自身、关键他人及关键事件的意义建构，具有丰富的叙事研究价值。

6.1.2 教师专业身份建构的叙事网络

在诠释主义现象学叙事身份理论的视角下，本书前五个章节分别探讨了苏格兰历史文化的宏大叙事，苏格兰基础教育与教师群体的专业叙事，以及某大学 PGDE 项目中英文学员和教师教育者的微观叙事。这些内容勾勒出苏格兰教育背景中的故事与教师专业成长的个人故事。图 6.1 总结了苏格兰教师在正式进入岗位之前，专业身份建构的叙事网络结构，展示了教师教育阶段不同层次的身份发展过程。

在本书的 3.2 章节中指出，国际教师教育研究领域通常将教师身份和教师专业身份视为等义，但二者也存在微妙差异。教师身份强调了个体身份的多样性，性别、种族、社会阶层、职业、民族、宗教、生活环境等因素均会影响身份建构，而教师只是其中的职业维度之一。

相比其他职业，教师的个性与个人生活常常与职业紧密交织。教师专业身份则聚焦于职业理想、信念、使命感、专业知识与技能、职业表现等方面。本书采用教师专业身份这一概念，旨在强调苏格兰教师教育体系中的全职业反思能力，尤其在职前教育阶段，准教师对自我性格与教育经历的反思，成为寻找自身教学风格与职业定位的核心途径。

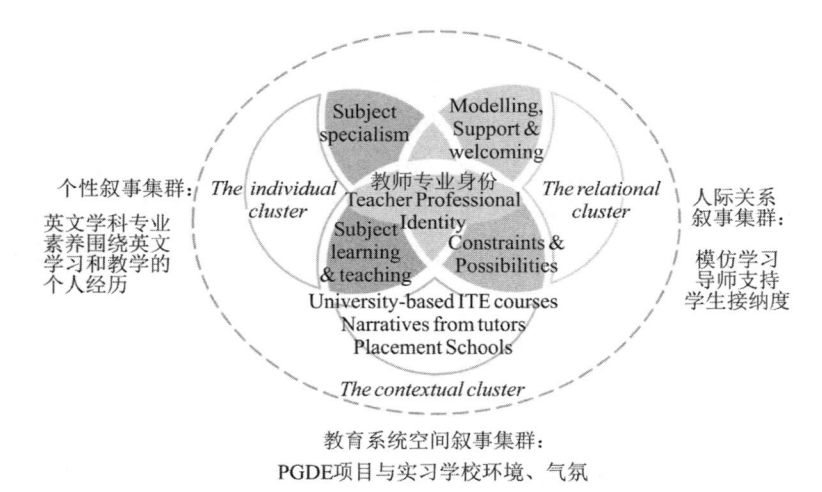

```
个性叙事集群：      教师专业身份      人际关系
英文学科专业         Teacher Professional    叙事集群：
素养围绕英文         Identity              模仿学习
学习和教学的                              导师支持
个人经历                                 学生接纳度

         教育系统空间叙事集群：
         PGDE项目与实习学校环境、气氛
```

图中显示四个交叠椭圆：Subject specialism；Modelling, Support & welcoming；Subject learning & teaching；University-based ITE courses Narratives from tutors Placement Schools；中心为 Teacher Professional Identity / Constraints & Possibilities；外圈标注 The individual cluster、The relational cluster、The contextual cluster。

图 6.1 教师专业身份建构的叙事网络

如图所示，教师专业身份的建构过程在特定的时间节点（职前教育阶段）和空间节点（苏格兰大学提供的 PGDE 项目）中，可以分为三个相互关联、相互影响的叙事集群：组织空间叙事集群、人际关系叙事集群与个性叙事集群。

（1）个性叙事集群 主要关注个人内心世界及其对外部事件的意义建构，展现于对成长历程中的自我身份认同与专业身份的反思叙事之中。在本研究中，英文教师的个性叙事集群集中于两大主题：一是英文学科的专业素养，二是与英文学习和教学相关的个人经历。

（2）人际关系叙事集群 侧重于准教师在职前教育阶段的人际互动，尤其是对关键他人在其成长过程中的影响进行叙事重构。该集群还包含准教师在职业学习中的模仿学习、所获得的支持与指导，以及在专业成长过程中所面临的主要挑战与应对策略。

（3）教育系统空间叙事集群 关注社会文化背景、社交对话网络与个人身份建构之间的互动。诠释主义现象学强调基础教育系统在社会历史文化宏大叙事中的筛选作用，例如"卓越课程"改革政策文件对"苏格兰民族文化与身份认同"和"平等主义"的重构与强调，已成为苏格兰教师群体公认的教育价值观与教师职责。PGDE 项目在职前教育阶段有意识地组织课程与活动，旨在培养准教师全职业生涯的专业成长自主性，并强调教师作为教育政策的积极参与者和课程改革的创新驱动力。在准教师的叙事中，这部分影响主要体现在他们对学校物理环境、教室环境的具身感知，以及对校园文化和"卓越课程"改革精神的实践观察与反思中。

6.2 苏格兰英文教师专业成长中的叙事身份建构

6.2.1 从学科专家到"学徒"教师

有别于大多数地区和国家，苏格兰的中学职前教师教育集中在专业硕士阶段——由当地大学教育学院提供的 PGDE 项目——教育层次相对较高。申请进入该项目的学员中，近半数为具备学士学位或更高学历的社会专业人士，特别是在数学、科学、外语及其他操作性较强的课程领域，职业转换者的比例更为突出。传统意义上的师范生，即已成为教师为职业目标的本科阶段教育学士（B. Ed.），主要集中在体育、音乐、艺术等专业。

这种看似高门槛的招收条件，实则是由苏格兰教师委员会代表的广大教师群体推动的职业准入标准，旨在确保教师在特定学科领域接受完整的高等教育，具备基础的学术科研意识与较广阔的学科和跨学科视野。

为成为教师的大学生提供了丰富的探索路径，他们可以通过选修课、暑假夏令营等课余活动积累教学经验。各大学还配备专门的职业发展指导教师，为学生的职业发展提供个性化的建议与指导。

然而，这种设计也对职前教师教育的课程规划提出了不小的挑战，主要体现在较短的教育周期、紧凑的课程与实习安排，以及学员所面临的较大考核压力。此外，对于大多数学员而言，专业成长的初期还伴随着一个隐性的身份转变挑战：从学科专家（subject specialists）到教师学徒（teacher apprentices）的身份解构与重构。

苏格兰的学徒制在文化传统上可追溯至中世纪手工业和工坊的兴起，至今仍在工艺制造及技术操作性较强的行业（如建筑、烹饪、酿造、手工纺织等）中得以延续。学徒通常在中学毕业后便跟随师傅学习技艺，一些中学后职业院校除了课堂教学，还会为学生指派经验丰富的师傅进行一对一指导。

而专家在苏格兰通常指那些在某一专业领域接受过系统的高等教育训练，并获得资格认证（如学历、学位、执业资格），具备职业自主性、自信心和成就感的专业人士。参与本研究的艾隆（文学博士和编辑）、伊森（编辑）、杰拉德（作家、摄影师）和尼尔（博物馆工作者），在加入 PGDE 项目之前，均拥有数年专业工作经验并取得一定成就。

学员们在 PGDE 项目的大学课程阶段通常适应良好，但一旦进入中学实习，他们很快意识到教师的工作远不止依赖教育热情、理想和学科专业知识。成为一名合格的教师，乃至优秀的教师，不仅需要强大的操作性技能（hands-on skills）、应变能力（improvisation）以及教学智慧，还需要具备教育常识与智慧（common sense and educational wisdom）。

他们逐渐发现，备受尊敬的白领职业背后，隐藏着大量看似机械、重复的纪律管理、文书处理和琐碎事务。在经历第二次、第三次实习后，更多学员意识到，成为一名教师不仅需要坚韧与毅力，还需在保持专业性的同时不失个性，并能在生活、工作与专业学习中寻求平衡，获得职业成就感。

从专家到学徒的转变过程中，他们或经历了大吃一惊的感觉；有的人在某节课前踌躇满志，却最终铩羽而归（"a total catastrophe"，芬恩第一次访谈）；也有人在挫折中艰难前行（"rolling with the punches and going on"，海伦第二次访谈），逐渐练就铜皮铁骨，处事愈加从容稳重，不好高骛远（"staying calm and pitching lower"，伊森第二次访谈）。若用叙事隐喻的方式勾勒学员在 PGDE 项目中的专业学习与教师身份建构历程，这一过程可以归纳为三个关键阶段：生存（being）、生成（becoming）与生根（belonging）。

6.2.2 从"生存"、生成到生根

在本研究的质性叙事中，"生存"（being）这一阶段的教师专业身份建构主要体现在两个方面：其一是高强度的自我反思，深入探讨自身的存在；其二则是围绕"达标"压力下的他者凝视与评判焦虑。现象学理论的代表人物海德格尔，以《存在与时间》（*Being and Time*）奠定了存在论在哲学领域的思想基石。他使用"此在"来描述人类的存在，认为人类的存在与其他存在者不同之处在于，人类不仅存在，还能够对自身的存在进行反思。①

这种存在的本质是时间，同时展现出关联性与具身性，人类始终处于与世界的交互关系之中（Being-in-the-World，存在主义概念）。这种关联不仅通过人际交往和实践体现，语言与对话同样是人与世界发生关联的重要方式。海德格尔曾言道"语言是存在的家"，强调语言不仅仅是自我表达的工具，更是存在得以显现和被理解的重要载体之一。

正如图 6.1 所示，准教师自专业成长伊始，便通过 PGDE 项目学习接触到诸多

---

① MULHALL S. Routledge philosophy guidebook to Heidegger and being and time [M]. London: Routledge, 2005.

教育政策文本，尤其是其中有关学习者与教育者角色的权威叙事。这些权威叙事构建了一个"理想"教师形象的框架。在理解和内化这一"理想"形象的过程中，准教师逐渐进入了持续的自我反思状态。最初，叙事构建的来源通常是准教师在自身学习经历中所遇到的好老师作为榜样；随着他们进入中学听课与实习，叙事来源逐渐转移到实习导师和同事，特别是那些教育理念和教学方式能引起共鸣并受到学生广泛认可的优秀教师典范（epitome）。

在进入 PGDE 项目到实习初期，准教师们在持续的反思与学习中对理想教师的想象持续进行重构。他们深刻意识到，达到职业标准，特别是符合教师委员会颁布的教师预注册要求，不仅是通往见习期、迈向教师职业的必经之路，更是学生与实习教师衡量其专业性的客观标尺。在实习学校中，实习教师往往感到自己时刻处于聚光灯下，必须赢得学生和导师的尊重、信任，甚至是认可与欢迎。

然而，部分学员在对教师客观标准和教师理想的诠释过程中，发现其与所教班级、导师及学校组织文化的反馈出现了冲突，导致原本构想的理想教师形象被逐渐解构。随之而来的，是焦虑情绪的升温，以及对自我和客观标准的质疑不断浮现。大多数学员在生存阶段的叙事重心集中于变化的空间层面，即实习学校和班级的环境、氛围及人际交往关系。这些场景不仅是身份叙事重构的孵化地，也是教师角色初现端倪的舞台。

正如本书第四章通过海伦和奥莉薇亚的成长叙事所分析的，准教师在教师专业身份建构和重构的过程中，尤其面对自我内部本体论范畴时，展现出明显的存在性问题。准教师的专业成长可以视作一个循环过程：从发现存在性问题，到自我反思的追问，再到寻求并形成解决策略，最终转化为实际的专业行为。在这一时期，大学课程和教师教育者的指导在准教师的叙事中显得相对隐性，部分受访者甚至明确表示大学课程脱离了学校实践。

如杰拉德在第二次访谈中提到的，教育政策文本中所描绘的教师和教育理想与实践之间仿佛隔着"一个透明的泡泡"（"a clean bubble"，杰拉德第二次访谈），看似触手可及，实则是两个世界。而实习的经历就像戳破了这一泡泡，使得两个世界终于交汇。

在这个跨界的时刻，时间似乎放缓了脚步，仿佛每个学生、每位教师的目光都充满了评判的意味。每节课、每次提问、每个举动都需反复琢磨，力求尽善尽美。"我绷得太紧了"（"I was stretching myself too thin"，诺玛第二次访谈），诺玛这样形容她的第一次实习，这也是许多学员的共同感受。

本书以生存来概括"being"的状态与过程，意在呈现部分准教师在面对挑战与自我解构时所经历的迷茫与焦虑。从叙事的表层来看，这些挑战与焦虑主要源于实习期间师生关系的复杂、导师与准教师之间的互动，以及学校环境中"过度强调标准化考试成绩"所带来的教师问责压力。

然而，从叙事背后的意义建构层面分析，这一叙事主题及其蕴含的情感，揭示了准教师们理想化教师形象与教育现实之间的深刻落差。理想与现实的碰撞，必然带来某种震颤，甚至引发惊讶与焦虑的情绪波动。

> 我听说有些 PGDE 项目的学员曾在一些学校实习，他们的经历简直如同噩梦。或许问题并不在于学生，而是那些管理不善的部门。我并不在意这样说是否显得太直白，但这就是现实。有些学校的教学环境确实比其他学校要更加艰难。我认为，拥有一个强大的团队来支持实习教师至关重要。
>
> 至于我自己，当然，如果在那次失败的实习中，我能更加努力，表现得更加积极，或许我有通过的机会。但现在，我无法改变这个结果，唯一能做的就是向前看。我想说，有些人在这门课上的经历比我还要糟糕得多。实习对我们而言，简直像是一场"生存游戏"真人秀。
>
> （伊森，第二次访谈）

基于本研究所收集的叙事数据，"生成"指的是准教师逐渐意识到，苏格兰教师职业标准并非刻板的行为准则，也不是限制教师自主创造性的枷锁。教师的专业成长是一个动态的生成过程，从实习教师成长为驾轻就熟、自信机智、富有个人风格的专业教师，通常需要 3 到 5 年的磨合期。这种领悟往往发生在职前教师教育结束的阶段，当受访学员通过所有 PGDE 项目考核，成功完成预注册，即将进入见习期时，他们的情绪趋向相对放松、感到安全和稳定，这种情感状态也影响了叙事的基调。

在外部考核压力骤然消失的时刻，准教师或预注册教师的个人叙事中，对教师专业成长的理解逐渐与苏格兰教育系统的政策文本叙事趋同。二者都强调教师专业成长的生成性，包括其时间的延续性、灵活性、个性化，以及与教育环境的具体性关联。不同之处在于，苏格兰教师教育的权威文本强调教师的专业成长从职前教育阶段开始，贯穿整个职业生涯。

而学员们尽管了解这一文本的内容，却往往在实现预注册的阶段性目标后，才在内心真正认同这一陈述。部分退学的学员或许并不完全接受苏格兰教师职业教育标准以及相关的职业准入考核要求。

正如前文对诠释主义现象学与叙事身份建构的理论讨论所揭示的，人们对时间和空间变化的意义建构，离不开身临其境的感官体验、知觉和反思。在职前教师教育的绝大部分时间里，准教师对教师专业成长的理解往往呈现为一种线性的达到特定标准的模式。这一理解深受 PGDE 项目实习和大学阶段教育穿插进行的日程安排影响，使得教师的成长在体制内被碎片化为一系列具体的考核。准教师倾向于逐条解读职业标准，并将自己的课程设计和教学行为与这些标准对照，以期达到合格的外部标准。

然而，当外部考核的"生存危机"解除后，预注册教师开始期待为期一年的连续见习期以及未来完全注册教师的工作阶段。这一显著变化在教师专业身份认同的叙事中得以反映，表现在教师对专业成长的认知发生了转变。时间不再是考核压力下的离散节点，而被重构为一个流动、延续且个性化的成长过程。

随之而来的是对空间——即见习期身处的教学工作环境——稳定性的感知和意义建构，这在相关叙事中通常体现为名词所属格的大量涌现：我的班级、我的教室、我的学生们、我的见习期、我的空间、我的领域等等。这些所有格集中出现在对见习期的计划和展望中。而在 PGDE 项目实习期间，大多数受访者都提到了自己作为实习教师尴尬的"客人"身份和角色的临时性，此类叙事常伴随着诸如这不是我的班级、我没有自己的班级这样的陈述。

在第四章引用的学员叙事中，我们不难发现，受访者大量使用客体叙事角度（"you/your"）来回忆和叙述自身的实习经历，并解读教师角色：

在前两个实习中，在写作单元我可以用启发教学，比如设计一个活动情境，抛出一个引子或者问题，让学生们主动去思考、讨论，形成创作思路，再给予指导。但在这里，我认为这很困难，因为你必须反复解释一些非常基础的东西。例如，创意写作有一定的规则，但有时你可能需要打破规则使它变得更好。有些学生就是无法理解这一点。

（伊森，第二次访谈）

你总是得边做边学，时常感觉时间紧迫。从实习的第一天起，所有的教学工作都需要你亲自主导，必须做出决策。

在 PGDE 项目实习时，你首先要面对的挑战是如何赢得学生和老师的信任，如何在课堂上掌控全局。你会不断反思，自己的每一个决定好不好，对不对？如果是经验丰富的教师，他们会怎么处理？当进入下一个实习学校时，你总是问自己，这次表现是否比上一次更好，是否有任何改变或进步？这是一个与自己对话、探索自我、逐步找到教学风格的过程。

（海伦，第二次访谈）

这所学校在这方面表现得尤为卓越，他们不会限制你教授给学生的文本内容。不同于一些学校，尤其是到了 S4 高年级，学生必须学习大量规定的教材，教师也要严格按照固定的模板和材料教学，所有人都遵循相同的教学指南。然而，这所学校完全不同，他们真正将选择权交到了你的手中。他们给了我选择权。

> 作为一名实习教师，你不仅需要不断向孩子们证明自己的能力，还要向指导教师和学校管理者展示你清楚自己在做什么，并具备教学的能力。只有这样，他们才会对你说："好吧，我们会给你自由发挥的空间，因为我们相信你能够胜任。"当获得这种信任时，那种感觉非常……自在。你终于可以按照自己的方式行动了，心中不禁松了一口气。
>
> （尼尔，第一次访谈）

从话语分析的角度来看，使用第二人称叙述自身经历和感受，往往表明讲述者正在进行深刻的反思与内省。在访谈过程中，这种反思通过言语外化，第二人称的运用使讲述者仿佛在与自己对话，既是对叙事事件的回顾，也是对自我心境的剖析。从受访者成长的社会文化背景来看，传统的英式文化崇尚理性、内敛与镇定的社交方式，作为职业人士，使用第二人称叙述有助于避免过多主观情感的卷入，从而形成一种客观的陈述风格，这种叙事方式更契合社会对情绪稳定的精英职业人士的期待。

从专业教育的角度来看，受访者作为英文学科专家，往往在叙事过程中通过第一人称明确表达自己的观点（如"我认为"，"我感觉"等），并突显自己在具体社交行为中的行动主体性（如"我问"，"我的第三次实习"，"我设计了"等）。而采用第二人称叙述观点、选择、感受、行为和经历，从语言策略的角度来看，可以增强听众的代入感，赋予原本个体的、自我的经历更广泛的意义和感染力（如"你想要赢得学生和老师们的信任"，"你想成为什么样的教师"）。

从人际关系叙事集群的角度来看，受访学员清晰地意识到自己的实习表现与人际交往始终处于学生、指导教师以及实习中学其他工作人员的凝视与评判之下。在实习教师的眼中，这些关键他人的肯定与配合直接影响其合格与否的评价。第二人称叙事的频繁出现，体现了受访学员在实习过程中不断反思并重构自我意识、教育理想，思考如何措辞表达他人眼中的自我形象和他人对自己职业行为和表现的评价。

第一人称和第二人称的交替使用，反映出在学校环境的鼓励与支持下，以及与关键他人之间形成的信任和尊重关系中，实习教师的个性与自我主张得以逐渐显现，并在实习过程中得以充分表达。而当PGDE项目完全结束，外部的考核与"他者凝视"暂时抽离后，受访者对其生成的认同才逐步浮现，暂时成为教师专业身份叙事网络中的核心。

"生根"在字面意义上通常被解读为归属感。无论是在国内还是国外，大多数教师在专业学习中都会接触到马斯洛的需求层次理论，即人的需求分为五个层次，从低到高依次为生理需求、安全需求、爱与归属、尊重需求以及自我实现的需求。而在社会身份领域的研究中，归属感被视为人类行为动机与情感驱动的核心基础之一。

在社会身份建构或日常生活世界的叙事中，归属感通常通过我们是什么样的人、我们渴望成为什么样的人、我们的目标是什么、我们追寻的人生意义是什么等，这一类叙事脉络与主题来展现。部分学者强调，归属感的形成与维系对个人的身心健康、生活与工作目标的设定，乃至人生意义的建构，都具有至关重要的影响。[1] 归属感是人们在多元环境和社会交往背景中维持自我同一性的锚点，是安全感和稳定感的重要来源。[2]

有国外研究通过量化与质性相结合的方法发现，在新手教师专业身份建构的早期阶段，全职教师的职业归属感显著高于兼职教师。新手教师与同事及学生之间较为稳定且频繁的人际互动，是归属感形成的关键所在。无论是全职教师还是兼职教师，都非常重视与工作组织中的成员，尤其是同事教师、领导和行政工作人员之间的联系与沟通。他们普遍认为，这种联系与沟通不仅对自身专业技能的提升产生全方位的影响，更能赋予新手教师一种"被接纳为社群一员"的归属感，而这种归属感对其自我效能感具有显著的推动作用。[3]

在职前教师教育阶段，学员叙事中的归属感具有临时性和情境性，主要体现在人际关系叙事集群中，例如与学生的教学互动（如课堂纪律、教学活动的参与度、学业任务的完成情况）、与指导教师的关系，尤其是指导教师和教研组对学员的支持、鼓励、信任等方面。值得注意的是，学员对专业自主性尤为重视，具体表现为学校和教研组是否允许学员自主设计课程和教学活动，进行一定的教学创新尝试，而非严格要求实习教师遵循既定的教学方案和教材内容。

对于某些学员而言，教师的专业自主性和自主空间超越了组织所给予的接纳、欢迎和支持，成为其专业身份建构中更为关键的元素。换言之，鉴于学员对实习身份临时性的敏锐认知，多数学员在职前教师教育阶段所形成的归属感，并非源于实习学校中人际关系层面的被接纳或被肯定，而是源于对学科教师职业角色与教育理念的认同，以及对苏格兰学科教师这一职业群体的归属感与期待。

这一年里，我从错误中汲取了许多宝贵的经验，尤其是在第二次实习中，尽管那段经历充满挑战，且融入感困难重重，却让我学到了很多。如果未来再次面对类似情境，我有

---

[1] ALLEN K A. The psychology of belonging [M]. New York: Routledge, 2020.
[2] MILLER L. Belonging to country—A philosophical anthropology [J]. Journal of Australian studies, 2003, 27（76）: 220.
[3] HANSEN K D. Psychosocial factors and early career college faculty: Teacher identity, teaching self-efficacy, and sense of belonging [D]. Ontario: The University of Western Ontario, 2020.

信心能够从容应对。只要专注于工作并全力以赴，我相信在积极的环境下，事情会更加顺利；即使在困难重重的环境中，也能取得成功，这正是性格的历练与成长。

（诺玛，第二次访谈）

正如引文中诺玛所述，在第二次实习中，她虽面临人际关系的挑战，却依然拥有自主尝试和创新的空间，专业能力得到了显著提升。与其将精力集中在负面情绪和挑战上，她更专注于更高层次的尊重和自我实现需求——通过教师工作推动教育公平这一个人理想。

诺玛将困难与挑战视为教师专业成长的养分，顺利通过了各项测试，成功进入见习期。当然，并非每位学员都能在负面的工作环境和人际关系中突围成功（参见伊森的成长叙事）。这种负面结果常常在短期内严重削弱准教师的自信心与教学热情，甚至导致部分学员退出教师职业的准备轨道。

从苏格兰的社会背景和基础教育体系来看，教师并非拥有铁饭碗，也不属于高收入群体。对于参加 PGDE 项目的学员而言，教师的经济收入和福利待遇对本科毕业生的吸引力较为明显，而对于拥有硕士及以上学历或已有职业经验的学员来说，则处于中等水平。教师职业的相对优势主要体现在稳定性、受尊敬程度以及基于教育公益性的自我实现感。

对于二十岁出头、刚从本科毕业的学员来说，教师工作的变动往往受到个人生活重大事件的影响，主要涉及恋爱关系、婚育以及家庭迁徙。在 PGDE 项目的案例中，学员在进入教师岗位的前五年内，因家庭或配偶搬迁而导致工作变动的情况并不少见。一部分学员在异国重新考取教师资格或选择私立学校继续从事教育工作。

在苏格兰的背景下，教师职业身份建构的早期阶段，教师对专业自主性的认同、教育理想与信念，以及对自我专业能力的信心与热情——若以科塔根的洋葱结构理论来说，属于内层因素（见本书 3.2 章节）——较为显著地影响了个体是否会扎根于学校教育领域。即便在节奏较为闲适、社会结构变化较缓的苏格兰，随着老一辈教师逐渐退休，一辈子扎根于一所学校的现象也在逐渐消失。

在本研究中，"生根"（belonging）还特别指向语言文化生活与语言文学教师专业身份建构之间的互动关系，亦即两者的互相建构过程（co-construction）。在案例 PGDE 项目中，英文学科的学员大多为苏格兰人和英格兰人，而在其他学科，尤其是数学、科学和外语学科中，欧洲学员占有相当比例，其中以爱尔兰人为主。在受访及研究者进行非参与式观察的英文学员中，除杰拉德因导游工作选择定居苏格兰外，其余学员皆具有在苏格兰接受高等教育的背景。

已有研究表明，语言在文化身份认同的形成过程中扮演着举足轻重的角色。文化身份认同的构建可理解为围绕以下叙事脉络展开的意义建构过程：

（1）共同传承并参与创作的集体想象：涵盖一个文化的起源传说、宗教信仰、风土人情与生活习俗，国民偶像与审美趣味，社会规范与价值观，文学作品与民间故事，方言、俚语以及口音等。

（2）共同历史遗迹、文化符号与经历的重构：对过去事件的集体记忆、历史叙述与经历的再塑，深刻影响着群体的身份认同。

（3）对地理环境与社交空间的感知与变迁：群体所居住或认同的物理空间与地理环境，在文化认同的塑造中起着至关重要的作用。

上述三大叙事脉络或许无法涵盖文化身份认同的全部内容，却是本研究之中英文学科准教师身份建构叙事网络中的主要线索，且与苏格兰"卓越课程"中英文学科的学科属性、课程设计和学习活动密切相关。

这些脉络从"洋葱结构"的外层——环境、行为与能力——逐步渗透，进而影响并可能转变英文教师的教育信念与专业认同。回顾第四章中英文教师的专业成长叙事，不论是来自苏格兰群岛、高地或沿海城市的学员，还是来自英格兰的学员，都对"选择苏格兰作家的文本"以及"反映苏格兰本土文化与社会生活的文本"高度认同，并在实习教学中践行这一理念。

出身英格兰中产阶级家庭的诺玛设计了"格拉斯哥俚语"教学单元，旨在打破"阳春白雪"与"下里巴人"的人为界限，鼓励学生通过日常方言和俚语的口语表达，从本地作家对格拉斯哥的描绘中理解并创作十四行诗。

苏格兰人尼尔则勇于打破学生对苏格兰的刻板印象，引导他们通过多种信息来源，认识一个多元文化共存、开放包容的"新苏格兰社会"。拥有英文与历史双学科背景的芬恩则通过戏剧表演的形式，带领学生探讨苏格兰城市的历史变迁，表达当代青少年对城市历史与未来的理解与想象。

从全体学员的叙事中可以看出，"卓越课程"改革中的英文学科教育在各年级都融入了苏格兰传统的文学创作题材，如哥特、奇幻、悬疑和侦探小说等主题教学单元，特别注重这些主题教学在年级之间的延续性与衔接性，并对此进行了深入的教研探讨。通过整本书的阅读与短篇小说的创作，旨在培养学生的文学素养，赋予他们更加广阔和多元的想象力与文学创作空间。

在互联网、社交媒体和智能手机占据青少年大量注意力的时代，苏格兰的英文教师尝试通过漫画、青少年戏剧、青少年小说等多种"流行文化"文本，以及数字化学习与创作平台，降低文学阅读与学习的门槛，激发中学生对语言和文学学习的兴趣，共同塑造当代苏格兰人的文化身份认同。因此，无论教师是否出生于苏格兰，当地英文教师的专业成长过程也成为重塑与巩固苏格兰文化社会认同的关键环节。

6.3 创造者身份认同与英文教师专业成长

6.3.1 关于创造力的迷思

自20世纪50年代起，创造力这一概念从发散思维的心理测量与心理学范畴迅速传播，迅速跃升为炙手可热的关键能力、成功要素和新世纪的必备技能。无论是在技术产业、教育科研领域，还是在联合国教科文组织、世界经济合作组织等国际机构，以及各国的政策文本和战略规划中，创造力始终占据着重要地位。[①]其实，创造力的概念由来已久。

在历史上，人们往往将创造力与天才、伟人、文豪、艺术大师以及发明家紧密相连，普遍认为创造性是一种少数天才所独有的天赋，代表着卓越的智慧与非凡的能力。甚至有观点将创造力与精神分裂症或狂放不羁的个性神秘地联系在一起。如今，学术界普遍接受创造力可分为卓越创造力（Big-C 或 eminent creativity）与日常创造力（little-c 或 everyday creativity）两类，[②]但二者并没有绝对的界限，并有可能互相转换、相辅相成。[③]

绝大多数政策文件、社会舆论以及教育政策中，都强调每个人都具备创造性潜能，教育者应积极鼓励和支持儿童与青少年发展创造性思维及解决问题的能力，旨在培养未来的创造者与革新者。苏格兰的"卓越课程"改革文本亦深刻反映了这一趋势。

创造力显然是"卓越课程"的核心理念，同时也是苏格兰教育总目标中"培养成功学习者"的根基，更是实现其他培养目标的关键所在。

（《苏格兰卓越课程》，前言）

成功的学习者：秉持终身学习的积极态度，学术表现卓越，能够以开放包容的心态接纳新颖的观点和思想，具备创新思维、独立思考与合作学习的能力，能够在不同情境中灵活运用所学知识；

---

① VINCENT-LANCRIN S, et al. Fostering students' creativity and critical thinking: What it means in school [R]. Paris: Centre for Educational Research and Innovation, OECD, 2019.
② KAUFMAN J C, BEGHETTO R A. Beyond big and little: The four C model of creativity [J]. Review of general psychology, 2009, 13（1）: 1-12.
③ GUILFORD J P. The nature of human intelligence [M]. New York: McGraw-Hill, 1967.

自信的个体：身心健康，勇于面对挫折，博学洽闻；

负责任的公民：积极参与政治、经济及社会文化活动，具备全球视野，了解自身国家在全球发展中的地位，理解多元文化，并深刻认识当今世界的环境与科技问题；

高效的参与者：拥有创业精神，坚韧不拔，能够在全新的环境中运用批判性思维独立判断，具备良好的沟通能力、合作意识，以及解决问题的能力。

"卓越课程"四大教育目标的阐述，确实反映了当前相关学术研究对创造性的基本共识。从吉尔福特（Guilford）、托兰斯（Torrance）等心理测量学者的研究视角来看，创造性与智力虽有一定联系，但并非呈现正相关。创造性作为一种独特的思维能力与潜在才华，包含两大核心要素：原创性与新颖性（originality and novelty），以及实用性（utility）。[1]

上述要素暗含着打破常规与颠覆固有认知的倾向，毕竟唯有推陈才能出新。自20世纪60年代以来，大量关于创造力的心理测量研究提倡通过创造性思维的流畅性（fluency）、灵活性（flexibility）、原创性（originality）和表达性（elaboration）进行标准化测试。

创造性人格领域的研究者则更关注那些与创造性倾向和行为密切相关的人格特质，诸如思维的开放性、包容性、可塑性，外向性格，乐观积极的态度，以及抗压能力和毅力等品质。[2] 无论是认知心理学还是人格心理学，都着重于对个体创造力的研究。

社会心理学家则将创造力置于社会互动的过程中加以探讨。积极心理学和创造力领域的著名学者米哈里·齐克森米哈里（Mihaly Csikszentmihalyi）指出，创造力应被视为一个完整的创造性过程，涵盖将新颖、独特且适用于特定背景的想法转化为创造性产品、策略或成果的全过程。在这一过程中，兴趣、好奇心、探究的热情与专注力是推动创造力的关键动力。[3]

齐克森米哈里提出了"心流"（flow）的概念，指的是一种创造者在具备明确目标的同时，完全沉浸于某项活动中的状态。在这种状态下，个体会感受到高度的专注与投入，伴随有愉悦感，并常常失去对时间的感知，忽略外界干扰，既不会感到无聊，也不会感到过度焦虑。哈佛商学院的阿玛比尔（T. M. Amabile）教

---

[1] TORRANCE E P. The nature of creativity as manifest in its testing [M] //. STERNBERG R. The nature of creativity: Contemporary psychological perspectives. Cambridge, UK: Cambridge University Press, 1988: 43-75.

[2] FEIST G J. Creativity and the big two model of personality: Plasticity and stability [J]. Current opinion in behavioral sciences, 2019, (27): 31-35.

[3] CSIKSZENTMIHALYI M. Flow and the psychology of discovery and invention [M]. New York: Harper Collins, 1996: 107.

授则从组织管理学的视角，分析企业的组织架构、工作环境、激励机制与评价方式，如何对雇员的创造力表现产生影响。①

尽管上述研究各有侧重，但从本质上依然将创造力视为一种普遍的认知能力或潜力、人格特质或态度，或是创造性工作的过程与表现。在现代社会意义构建的宏大叙事中，创造力早已不再是孤独天才的专属标签，而是与成功、自信、原创性、沟通与合作、创新与创业等紧密相连，成为劳动力市场所需的核心能力与素质。

由于创造力是一种人人皆有的潜能，且可以通过培养和锻炼得以提升，学校教育应积极支持儿童与青少年为未来的生活与职业发展做好准备，将提升学生的创造性问题解决能力与创造性思维视作教育改革的关键方向。

近年来，越来越多的学者提出，创造力与多元智力相似，不同学科领域的创造力可能存在显著差异。创造力研究者考夫曼及其同事则通过自评问卷与量表，将创造力划分为七大领域，涵盖表演领域（如表演、舞蹈、唱歌等）、数学与科学领域（如代数、几何、化学、生物学等）、问题解决相关领域（如计算机科学、逻辑推理、谜题解答、机械操作等）、视觉艺术领域（如工艺、室内设计、绘画与绘图等）、语言艺术领域（如文学与语言表达等）、企业家领域（如领导力、资金管理、销售技能等），以及人际交往相关领域（如社交、解决个人问题、教育学等）。②

随着神经科学与心理学交叉研究的不断深入，一些学者通过神经影响分析发现，在英语语境下的创造性认知加工过程中，负责音乐（如音乐即兴创作）、语言（如故事生成）以及视觉空间（如视觉空间旋转或物体构建）的大脑神经网络呈现出协同作用，且存在显著的交叠现象。

由此可见，创造性思维作为公认的人类高阶思维与能力，其复杂性与广泛的关联性，仍然超出现有技术的解析范围。这也决定了人类的创造力尚无法被人工智能及其他生物或数字技术完全取代。

创造力并非哗众取宠、毫无章法的求新、求变，当前的研究领域更多聚焦于创造性过程中的关键环节，即如何将想法转化为实在的产品或具备可行性的成果。创造力是可以教授与培养的，它的发展是一个动态、多维的社会交往过程，可能受到认知发展、性格特质、情绪态度、内在动机以及外部环境等多重因素的综合影响。

---

① AMABILE T M. Social psychology of creativity: A componential conceptualization [J]. Journal of Personality and Social Psychology, 1983, (45): 997-1013.
② KAUFMAN J C, GLĂVEANU V P, BAER J. The Cambridge handbook of creativity across domains [M]. Cambridge, UK: Cambridge University Press, 2017.

6.3.2 英文教师的创造力与创造性专业角色认同

世界各国普遍将语言文学作为基础教育的核心科目之一。联合国教科文组织将识字定义为终身学习的关键，也是基本的人权之一。长期以来，人类将语言视为独特的表达与交流工具，涵盖口头语言与书面文字。语言不仅是人类发明的符号系统，更是人类区别于其他动物的根本特征之一。

四大文明古国——古巴比伦、古埃及、古印度和中国，都拥有各自独特的文字体系。通过讲故事、使用象形文字符号进行交流，传递知识，传承文明，这是人类最古老的创造性活动之一。话语的背后是思想，是道。自古以来，中华文化推崇文以载道，歌以咏志，诗以言情。

现代心理学中对创造力的研究，将创造性思想的语言表达流畅性、清晰性、逻辑性和原创性作为评价创造潜能的外显标准。相关研究认为，在创造性过程中，多元信息的搜索与分析能力、沟通与表达能力，以及创造性理念的说服力与推广能力，都是将创新思想转化为实质产品或产生影响的关键环节。创造力研究表明，语言创造力与艺术、视觉空间，以及人际交往中的创造力密切相关。

从语言文学的起源与发展、其定义与认知结构，以及其作用与功能来看，语言文学具备高度的创造属性。因此，语言文学的教育与学习，始终是培养、传承与推动人类创造力的重要途径之一。

参与本研究的 PGDE 项目英文学员一致将创造力视为自身重要的人格特质与精神追求。受访学员普遍认为，创造性工作是英文学科领域的标志性特点与内在需求，这一观念深刻影响了部分学员的职业选择及其专业成长规划。

本章第 6.2 节指出，参与案例 PGDE 项目的英文学员中，近半数拥有学科领域的职业经验，即便是刚刚毕业的学员，也普遍以荣誉毕业成绩脱颖而出，是英文专业领域的杰出代表。他们往往自幼对艺术和语言文学，尤其是文学创作，怀有浓厚的兴趣。部分学员身为文学研究者、编辑，甚至是成功出版作品的作家，长期活跃于创造性活动之中。兴趣与探究的内在驱动力、专业教育经历以及相关的创造性实践，塑造了大多数学员的学科专家身份认同和创造者身份认同。

英文学员对创造力的理解主要源自其个人兴趣、爱好及能力倾向。而英文学科的专业教育与职业经历，亦深刻影响了受访者对这一学科中创造力的解读。

在进入职前教师教育阶段、尚未积累丰富实习经验的时刻，学员的个性叙事中所展现的学科专家自我认同、个性化自我认同及与学科相关的学习经历，共同构成了学员作为创造者的身份认同，这也在一定程度上塑造了他们对教师职业的想象。

尽管心理学研究尚未对创造力的构成要素、外在表现以及其学科相关性达成一致意见，但参与本研究的英文准教师对创造力的意义建构却展现出高度的一致性。值得关注的是，PGDE 项目中的英文学员普遍认为数学学科缺乏创造性，甚至被称为"毫无创造力的学科"。

学员认为，数学的学习者必须掌握大量陈述性知识——如公式、定理等——才能完成具体任务，限制过多，缺乏想象力和自我表达的空间。普通学习者几乎不可能创造或发明公式、定理。至少，英文学员普遍认为，相较于英文学科，数学的创造性更依赖于既有的知识结构，侧重于逻辑性与推理能力，而非想象力、变通性与个性化表达。

上述关于创造力的叙事脉络及其高度趋同性主要受到以下方面的影响：

首先，英文词语联想对叙事思维的直观影响：语言是人类发明的特有符号系统，具有鲜明的时间性和空间性，在国家和地区的教育传承过程中潜移默化地塑造了人们的思维定式，影响了人们的认知结构和策略。

创造力的英文名词是"creativity"，动词创造（to create）来源于拉丁语词"creare"，意思是"生产、制造、带来、引起"，往往与具体的行为变化、实实在在的产品和成果、实质的影响相关联。[1] 我们常说的"作文"或"文学创作"在英文中被称为"creative writing"，即创意写作，直接与创造力紧密相关。

而数学的英文单词"mathematics"则源自古希腊语"μάθημα"（máthēma），意为"需要学习的知识与课程"，也进一步引申为学术领域的探究。[2] 数学的拉丁语形式为"mathematica"，专指包括算术、几何、代数、微积分在内的数学科学与知识，这也是英文"mathematics"的直接来源。从英文的构词法与词源来看，创造力与英文写作显然有着直接的关联性。

其次，历史文化的宏大叙事与生活习俗对个人叙事有着深远的塑造作用。苏格兰的文化艺术传统丰富多彩，涵盖了风景画与人物肖像画、史诗民谣与盖尔语诗歌创作；也有风笛演奏、高地集体舞蹈以及欢快的社交舞蹈凯利舞（ceilidh dance）；当地人民对英式橄榄球和足球赛事的热情也十分高涨。这些文化历史深深根植于凯尔特与盖尔文化的源流，充满浓厚的乡土气息，并通过生活习俗代代相传，至今仍活跃在苏格兰人的日常生活中。

例如，每年 1 月 25 日是苏格兰最重要的传统节日之一——彭斯之夜（Burns

---

[1] Online Etymonline Direction. Create［EB/OL］.（2024-05-01）［2024-05-01］. https://www.etymonline.com/word/create.

[2] Online Etymonline Direction. Mathematic［EB/OL］.（2024-05-01）［2024-05-01］. https://www.etymonline.com/word/mathematic.

Night），为了纪念备受苏格兰人敬仰的民族吟游诗人罗伯特·彭斯（Robert Burns），这一天男女老少欢聚一堂，分享具有民族特色的美食与音乐，吟唱彭斯的诗歌，朗诵他的演讲文稿。

这种以社区、家庭和学校为核心的庆祝活动，展示了传统手工艺（如毛线编织、刺绣、首饰制作）和文化休闲活动（如驾船、园艺、风笛演奏、凯利舞、戏剧表演与街头即兴喜剧）的蓬勃生命力。它们不仅为创造性表达提供了灵感与展示空间，也在一定程度上延缓了快餐式外来文化的侵蚀。

然而，这种文化氛围在一定程度上也催生了刻板印象。许多苏格兰人认为数学、科学等知识仅是会计、工程师、建筑师和技术人员等专业人士所需，与创造力毫无关联。虽然传统意义上的技术型职业人士受人尊敬，但除发明家外，当地人很少将这些工作视为创造性的劳动。

最后，学科学习经历对个人发展的重要影响不容忽视。大多数英文学员在基础教育阶段接受的都是以教师为中心的授课式教学法。在"卓越课程"改革之前，当地教师较少主动对教学方法进行创新，鲜有将有趣、新颖、开放式元素融入课堂。

在受访者的回忆中，涉及鼓励创造力发展的学习经历，主要集中在艺术、英文、历史等学科的教学以及课外活动中，而在数学、科学等学科的教学中则极为罕见。这不仅与苏格兰基础教育的发展历程息息相关，同时也不可避免地受到受访者个人兴趣、爱好和能力倾向的影响。

在教师专业学习的早期，受访的英文学员常表现出一种思维定式的倾向：

（1）既然英文学科是创造性学科，英文教师理应肩负起鼓励学生创造性学习的责任，尤其是在创造性写作教学中培养学生的创造力；

（2）既然"我"是一个富有创造力的个体，那么"我"也可以成为一位具有创造力的教师。正如一些学员在叙事中明确指出，参与创造性的工作能够带给他们更大的职业满足感与自我实现感，而机械性、高度重复的工作则往往显得枯燥乏味，容易引发职业倦怠，甚至耗尽了教师的工作热情和精力。

随着实习经验的积累和教师专业学习的深入，大多数学员逐渐意识到，追求创造性的职业道路并非轻而易举。将专业知识与能力转化为创造性的课程设计、教学和评估方式，需在多重因素的制约下实现——时间的限制、考核的压力、教研组的支持与否、学校氛围，以及学生的需求与能力等，皆是不可忽视的影响因素。那么，从英文教师的专业成长与身份建构角度出发，哪些叙事维度能够积极推动英文教师的创造性教育能力与实践呢？

多样化维度（diversity）。与此相对的是故步自封、固执己见，视野狭隘。心理学的相关研究表明，个体的创造力与创造性表现往往与特定人格特质密切相关，尤其是对待经验的开放性（openness）。这种开放性体现在日常互动中的价值观、信念与态度，而并非简单区分内向与外向，或社牛与社恐类型的性格。

在教师专业成长的语境中，多样化维度则涵盖了准教师在本专业的知识与技能建构中，是否拥有广阔的视野，具备兼容并蓄、好学求知的态度，以及灵活变通的能力。例如，善于利用多种媒介诠释文本，能够将学术知识与自身及学生的现实生活与问题有机关联，并能灵活运用于教学实践。同时，多样化维度还包括跨学科学习与合作的能力。

如今，跨学科教育、多学科学习、项目化学习与问题导向学习、STEM 和科学、技术、工程、数学加艺术学科（STEAM）教育早已席卷全球教育界。这些理念背后蕴含着一个实质性的变化：我们的学生不仅需要寻找答案，更要学会发现问题。在智能科技迅速变革的时代，善于发现关键问题并另辟蹊径地解决问题，才是掌握并应对挑战的关键。

如果中学教师不能突破学科界限与心理舒适区，又如何设计出合理且富有成效的跨学科学习活动呢？多样化维度并不是要求教师成为博学家，而是强调新时代教师应具备终身学习的内驱力，跨学科、跨领域地进行专业学习，保持好奇心与开放态度，从而在多学科交流与协作中实现专业能力的创造性成长。

具身性维度（embodiment）。数字化学习空间、人工智能伴学以及各类语言学习软件，正对语言文学学科产生巨大的冲击。有学员提到，母语为英文的学生时常质疑：为何要花费如此多的时间学习英文？他们认为自己已经能够进行日常交流，读写英文毫无问题，便已足够。他们不觉得需要练习创意写作，因为网络上有丰富的小说、漫画、影视作品和游戏可供消遣。他们也认为说服性写作和议论文的学习毫无必要，只需借助搜索引擎，各类论文模板唾手可得。如果不以作家或文字工作者为目标，钻研高阶英文知识、培养文学修养还有必要吗？

"因为太过熟悉，反而没有新鲜感，需要寻找学习的意义。"一位准教师这样形容中学生普遍缺乏对英文学习的内在动机。此外，另一种观点则质疑语言文学类真人课堂教学的效率，认为学习软件与数字化学习素材能够更加高效地达成教学目标，节省的时间可以用于其他学科及操作性技能的训练和提升。

这些观点实际上否定了语言文学在文化传承中的作用，忽视了文学对人类认知、情感、价值观、审美与创造力形成的深刻影响。同时，它们也忽略了肢体语言、情境、气质性格以及社会交往对儿童和青少年成长的重要意义，片面地将符号习得与认知发展视为教育的全部，将鲜活的生命简化为二维世界中的人机互动。

在数字化、智能化技术深度融入日常生活的今天，语言文学学科的教师应当善于利用数字学习空间以及智能软件和教辅技术，拓宽教学的维度，乃至通过创造性的方式推动学科前沿的发展。数字化与智能技术应当成为英文教师的得力工具，而非取而代之的替代品。与此同时，课程的人性化与个性化设计、学习情境的构建，理应成为英文教师专业成长的核心方向。

在小班教学已成为普遍现象的苏格兰，基础教育的普及已然实现，而个性化、定制化、公平性与融合性则是教师进一步努力的目标。然而，这并不意味着放弃传统优秀教师的"看家本领"（"Tricks up your sleeve"，导师甲访谈）——教师的应变能力与教育智慧，或称之为教育艺术。

在准教师与 PGDE 项目导师的回忆中，哪怕在二三十年前讲授式教学主导的年代，总有些教师能精准洞察学生学习中的困难，通过一个游戏或一个道具帮助学生牢牢记住知识，哼唱一首歌或一句玩笑话就能激发学生的兴趣与积极性，一句鼓励或关怀便能温暖孩子的心灵，悄然在他们幼小的心中播下未来的希望。

教师的人格魅力与智慧幽默，在他们的举手投足、言谈举止中自然而然地流露，体现在课堂上流畅生动的互动和与学生的交往中。具身性不仅指教师"存在感"和感染力在数字学习空间的延展，也同样体现在线下课堂中的师生互动与生生互动。这正是准教师和新手教师在专业成长初期，尤其需要重视的关键方面。

想象性维度（imagination）。

创造性思维与创造性解决问题的能力被视为未来社会的关键素养，且属于高阶能力，因而各国教育界普遍重视儿童和青少年创造力的早期培养。在英文学科中，创造力的核心便是想象力。所谓想象力，指的是能够将不在当前感官或知觉范围内的事物或想法，经过加工转化为精神图式或概念的能力与过程。

在日常生活与学习中，人们的想象力并非完全脱离经验与现实，往往依托于已有的知识和经历，并与之相互促进。想象力使我们能够超越当前的信息与事实，生成新的观点和解决方案。这种能力使我们得以摆脱经验与既有框架的限制，进行创造性的思考与探索，而非局限于对已知信息的简单重复。

英文教师在课程设计与实际教学中，应当注重鼓励和支持学生想象力的培养。苏格兰的英文教师尤其强调通过比喻与通感等修辞手法来创设教学情境。比喻作为常见的修辞手法，其本质在于通过细致的观察与逻辑思维，发现 A 类（常见、易懂）与 B 类（稀少、抽象）事物之间的相似性，借助浅显易懂的事物来解释深奥难解的概念，从而使语言更具感染力与表现力，提升交流的有效性与艺术性。

通感，也称"移觉"，是在描述事物时通过形象化的语言使不同感官的体验互相转化。例如，将嗅觉的词汇用于形容视觉，令意象更加生动鲜活。这种修辞手

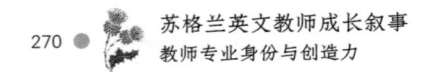

法不仅是英文教师教学中的重点与难点，同时也被视为培养学生想象力与抽象思维的绝佳机会。

此外，为学生的创造性思维与表达搭建支架，并结合半开放式活动任务，也能显著提升学生学习的主动性与责任感。在英文学科中，想象力通常体现在对多种文本的意义建构与创意表达上。教师可以根据学生的年龄、学段、能力情况以及学习主题的性质，搭建辅助性支架，帮助学生在习得基本知识的同时，培养其想象力的火苗。想象力是有机的，会随着知识的增长而不断壮大。

英文学科的结构决定了学生需要通过听、说、读、写等途径，运用口头语言和书面语言展示自己对文本的理解与诠释，从而实现交流的目的。如果只有想法而无法呈现，只有信息输入而无法输出，学生的个性与想象潜能便无法被倾听，缺乏成长的空间。教学实践表明，诸如故事脉络或故事框架（见艾隆的故事创作框架）这类半开放式的学习任务，能够充分激发学生主动表达的积极性，平衡学生学习的自主性与学习效率。

参考文献

论 文

[1] ALLEN R, HIGHAM R. Quasi-markets, school diversity and social selection: Analysing the case of free schools in England, five years on [J]. *London Review of Education*, 2018, 16 (2): 191-213.

[2] AMABILE T M. Social psychology of creativity: A componential conceptualization [J]. *Journal of Personality and Social Psychology*, 1983, (45): 997-1013.

[3] BEBBINGTON D W. Religion and national feeling in nineteenth-century Wales and Scotland [J]. *Studies in Church History*, 1982, 18: 489-503.

[4] BETCHAKU A. Thomas Chalmers, David Stow and the St John's experiment: A study in educational influence in Scotland and beyond, 1819-c. 1850 [J]. *Journal of Scottish Historical Studies*, 2007, 27 (2): 170-190.

[5] BRITZMAN D P. Decentering discourses in teacher education: Or, the unleashing of unpopular things [J]. *Journal of Education*, 1991, 173 (3): 60-80.

[6] COCHRAN-SMITH M. The new teacher education: For better or for worse? [J]. *Educational Researcher*, 2005, 34 (7): 3.

[7] CONNELLY F M, CLANDININ D J. Stories of experience and narrative inquiry [J]. *Educational Researcher*, 1990, 19 (5): 2-14.

[8] CRUICKSHANK M. David Stow, Scottish pioneer of teacher training in Britain [J]. *British Journal of Educational Studies*, 1966, 14 (2): 205-215.

[9] FEIST G J. Creativity and the big two model of personality: plasticity and stability [J]. *Current Opinion in Behavioral Sciences*, 2019, (27): 31-35.

[10] FLORE M A, DAY C. Contexts which shape and reshape new teachers' identities: A multiperspective study [J]. *Teaching and Teacher Education*, 2006, 22: 219-232.

[11] FURLONG J. Globalisation, neoliberalism, and the reform of teacher education in England [C] //The educational forum. Milton Park, in Oxfordshire, UK: Taylor & Francis Group,

2013, 77（1）: 28-50.

[12] HIGHAM R. 'Who owns our schools?': An analysis of the governance of free schools in England [J]. *Educational Management Administration & Leadership*, 2014, 42（3）: 404-422.

[13] KAUFMAN J C, BEGHETTO R A. Beyond big and little: The four C model of creativity [J]. *Review of General Psychology*, 2009, 13（1）: 1-12.

[14] KINNVALL C. Ontological insecurities and postcolonial imaginaries: The emotional appeal of populism [J]. *Humanity & Society*, 2018, 42（4）: 523-543.

[15] KYRITSI K, DAVIS J M. Creativity in primary schools: An analysis of a teacher's attempt to foster childhood creativity within the context of the Scottish curriculum for excellence [J]. *Improving Schools*, 2021, 24（1）: 47-61.

[16] MCCAFFREY J F. Thomas Chalmers and social change [J]. *The Scottish Historical Review*, 1981, 60（169）: 32-60.

[17] MILLER L. Belonging to country—A philosophical anthropology [J]. *Journal of Australian Studies*, 2003, 27（76）: 220.

[18] MULHOLLAND J. James Macpherson's Ossian poems, oral traditions, and the invention of voice [J]. *Oral Tradition*, 2009, 24（2）: 393-414.

[19] MUSCATELLI A, ROY G, TREW A. Persistent states: Lessons for Scottish devolution and independence [J]. *National Institute Economic Review*, 2022, 260: 51-63.

[20] PAGANELLIM P. Recent engagements with Adam Smith and the Scottish enlightenment [J]. *History of Political Economy*, 2015, 47（3）: 363-394.

[21] PILLEN M, BEIJAARD D, BROK P D. Tensions in beginning teachers' professional identity development, accompanying feelings and coping strategies [J]. *European Journal of Teacher Education*, 2013, 36（3）: 240-260.

[22] PRIESTLEY M, HUMES W. The development of Scotland's curriculum for excellence: Amnesia and déjà vu [J]. *Oxford Review of Education*, 2010, 36（3）: 345-361.

[23] PRIESTLEY M, MINTY S. Curriculum for excellence: 'A brilliant idea, but…' [J]. *Scottish Educational Review*, 2013, 45（1）: 39-52.

[24] SHULMAN L S. Knowledge and teaching: Foundations of the new reform [J]. *Harvard Educational Review*, 1987, 57（1）: 1-22.

[25] SOMERS M R. The narrative constitution of identity: A relational and network approach [J]. *Theory and Society*, 1994, 23（5）: 605-649.

[26] WATERMAN A M C. Economics as theology: Adam Smith's wealth of nations [J].

Southern Economic Journal, 2002, 68（4）: 907-921.

［27］康安峰, 王亚克. 英国自由学校变革成功了吗？［J］. 外国教育研究. 2020,（11）: 73-89.

［28］宋博. 经济金融化与新自由主义及其悖论初探［J］. 国外理论动态, 2019（9）: 32-42.

［29］周东. 人工智能时代教师的身份镜像：困境与建构［J］. 中国远程教育. 2024, 44（04）: 81-93.

专 著

［1］ALLEN K A. *The psychology of belonging*［M］. New York: Routledge, 2020.

［2］BEIJAARD D, MEIJER P C. Developing the personal and professional in making a teacher identity［M］// CLANDININ, JUKKA. *The SAGE handbook of research on teacher education (Vol. 1)*. London: SAGE Publications Ltd, 2017: 177-192.

［3］BERGER P T. LUCKMAN. *The social construction of knowledge*［M］. London: Penguin, 1966: 77.

［4］BERRY C J. *Idea of commercial society in the Scottish enlightenment*［M］. Edinburgh: Edinburgh University Press, 2013.

［5］CLANDININ D J, ROSIEK J. Mapping a landscape of narrative inquiry: Borderland spaces and tensions［M］// CLANDININ D J. *Handbook of narrative inquiry: Mapping a methodology*. Los Angeles, US: Sage Publications, Inc., 2007: 35-75.

［6］CRUICKSHANK M. *A history of the training of teachers in Scotland*［M］. London: London University Press, 1970.

［7］CSIKSZENTMIHALYI M. *Flow and the psychology of discovery and invention*［M］. New York: Harper Collins, 1996: 107.

［8］GARDNER H E. *Multiple intelligences: New horizons in theory and practice*［M］. New York: Basic Books, 2008.

［9］GUILFORD J P. *The nature of human intelligence*［M］. New York: McGraw-Hill, 1967.

［10］HERMAN A. *How the Scots invented the modern world*［M］. New York: Crown, 2007.

［11］HONG J, CROSS F, SCHUTZ P A. Research on teacher identity: Common themes, implications, and future directions［M］//SCHUTZ P, HONG J, CROSS F. *Research on teacher identity*. London: Springer, 2018: 243-251.

［12］HOPPER K. *The Puritan gift: Reclaiming the American dream amidst global financial chaos William Hopper*［M］. London: I. B. Tauris, 2009.

［13］HOUSTON R. *The literacy campaign in Scotland, 1560—1803*［M］// ROBERT F

ARNOVE, HARVEY J G. *National literacy campaigns: historical and comparative perspectives*. New York: Springer, 1987: 50-51.

[14] HOUSTON R A, WHYTE I D. *Scottish society, 1500—1800* [M]. Cambridge: Cambridge University Press, 2005: 10; 11-12.

[15] KAUFMAN J C, GLĂVEANU V P, BAER J. *The Cambridge handbook of creativity across domains* [M]. Cambridge, UK: Cambridge University Press, 2017.

[16] KEATING M. *State and nation in the United Kingdom: The fractured union* [M]. Oxford: Oxford University Press, 2021.

[17] LYOTARD J F. *The postmodern condition: A report on knowledge* [M]. Minneapolis: University of Minnesota Press, 1984.

[18] MEYER M, HUDSON B. *Beyond fragmentation: Didactics, learning and teaching in Europe* [M]. New York: UNESCO, 2011.

[19] MILLIGAN W. *The present position and duty of the church of Scotland: Being the closing address of the moderator of the general assembly of 1882* [M]. Edinburgh: William Blackwood and Sons, 1882: 9.

[20] MOORE D. *International companion to James Macpherson and the poems of Ossian* [M]. Edinburgh: Association for Scottish Literary Studies, 2017.

[21] MORAN D. Dasein as Transcendence in Heidegger and the Critique of Husserl [M] // TZIOVANIS G, ENNIS P J. *Heidegger in the twenty-first century*. Dordrecht: Springer Netherlands, 2015: 23-45.

[22] MORGAN A. *Rise and progress of Scottish education* [M]. Edinburgh: Oliver and Boyd, 1927: 212.

[23] MULHALL S. *Routledge philosophy guidebook to Heidegger and being and time* [M]. London: Routledge, 2005.

[24] RICOEUR P. *Time and narrative (Vol. 2)* [M]. K MCLAUGHLIN, D PELLAUER, TRANS. Chicago: University of Chicago Press, 1985: 214.

[25] SMITH A. *An inquiry into the nature and causes of the wealth of nations, II* [M]. Oxford: Clarendon Press, 1976: 785.

[26] STEVENSON J. *Fulffling a vision: The contribution of the Church of Scotland to school* [M]. Eugene, Oregon, US: Pickwick Publications, 2012: x- xi; 35-53; 38.

[27] STOW D. *The training system of education* [M]. London: Longman, Green, Longman, and Roberts, 1859: v; 210; 213-214.

[28] TAYLOR C. *Sources of the Self: The making of the modern identity* [M]. Cambridge, MA:

Harvard University Press, 1989: 35; 36-37.

［29］TORRANCE E P. The nature of creativity as manifest in its testing［M］// STERNBERG R. *The nature of creativity: Contemporary psychological perspectives*. Cambridge, UK: Cambridge University Press, 1988: 43-75.

［30］WEEDON C. *Feminist practice and poststructuralist theory*［M］. Oxford: Blackwell, 1997: 32.

［31］WITHRINGTON D. *Church and state in Scottish education before 1872*［M］. East Lothian: Tuckwell Press, 2000: 61.

［32］李茂森. 教师身份认同研究［M］. 北京：北京师范大学出版社, 2014.

［33］洛瑞. 民族发展中的苏格兰哲学［M］. 管月飞, 译. 杭州：浙江大学出版社, 2014.

［34］马克思, 恩格斯. 马克思恩格斯全集46卷（上）［M］. 北京：人民出版社, 1979：499.

［35］单霁翔. 从"功能城市"走向"文化城市"［M］. 天津：天津大学出版社, 2007：36.

［37］叶澜. 回归突破"生命·实践"教育学论纲［M］. 上海：华东师范大学出版社，2015：103.

［38］杨大春. 语言·身体·他者：当代法国哲学的三大主题［M］. 北京：北京师范大学出版社, 2021.

学位论文

HANSEN K D. Psychosocial factors and early career college faculty: Teacher identity, teaching self-efficacy, and sense of belonging［D］. Ontario: The University of Western Ontario, 2020.

研究报告

VINCENT-LANCRIN S, et al. Fostering students' creativity and critical thinking: What it means in school［R］. Paris: Centre for Educational Research and Innovation, OECD, 2019.

Department of Education, UK. Teacher recruitment and retention in England［R/OL］.（2022-06-09）［2023-05-01］. https://researchbrieffngs.ffles.parliament.uk/documents/CBP-7222/CBP-7222.pdf.

网络文章

［1］Australian Professional Standards for Teachers. *The Australian professional standards for teachers*［R/OL］.（2018-01-01）［2022-04-12］. https://www.aitsl.edu.au/docs/default-source/national-policy-framework/australian-professional-standards-for-teachers.pdf.

［2］BBC. *Who is Humza Yousaf, Scotland's new first minister*［EB/OL］.（2023-03-28）［2023-

05-22］. https://www.bbc.com/news/uk-scotland-scotland-politics-64874821?source=pepperjam&publisherId=120349&clickId=4385501359.

［3］Bloomsbury. *Divided City*［EB/OL］.（2024-01-01）［2024-01-01］. https://www.bloomsbury.com/uk/divided-city-9781408181591/.

［4］Education in the UK. *Education (Scotland) act 1872*［EB/OL］.（2023-09-01）［2023-09-01］. http://www.educationengland.org.uk/documents/acts/1872-education-scotland-act.html.

［5］Education Scotland. *Benchmarks*［EB/OL］.（2017-01-01）［2023-11-01］. https://education.gov.scot/curriculum-for-excellence/curriculum-for-excellence-documents/curriculum-for-excellencebenchmarks/.

［6］Education Scotland. *Exploring the four capacities*［EB/OL］.（2022-08-01）［2023-12-11］. https://education.gov.scot/media/fyhfck3p/education-scotland-notosh-exploring-the-four-capacitiesoctober-2022.pdf.

［7］General Teaching Council for Scotland. *The standards for registration: Mandatory requirements for registration with the general teaching council for Scotland*［EB/OL］.（2012-12-01）［2024-01-01］. https://mygtcs.gtcs.org.uk/web/FILES/the-standards/GTCS_Professional_Standards_2012.pdf.

［8］Institute for the Study of Scottish Philosophy. *Henry Home, Lord Kames (1696—1782)*［EB/OL］.（2023-05-01）［2023-05-01］. http://www.scottishphilosophy.org/philosophers/henry-home/.

［9］Moray House School of Education and Sport. *Transformative learning and teaching (MSc)*［EB/OL］.（2023-01-05）［2023-06-01］. https://www.ed.ac.uk/education/graduate-school/taught-degrees/transformative-learning.

［10］Museums and Galleries Edinburgh. *Scott monument*［EB/OL］.（2024-06-01）［2024-06-01］. https://www.edinburghmuseums.org.uk/venue/scott-monument.

［11］National Board for Professional Teaching Standards. *What teachers should know and be able to do*［R/OL］.（2016-01-01）［2022-04-01］. https://www.nbpts.org/wp-content/uploads/2017/07/what_teachers_should_know.pdf.

［12］Offfce for National Statistics. *Population estimates for the UK, England, Wales, Scotland and Northern Ireland: mid-2021*［EB/OL］.（2022-01-31）［2023-05-22］. https://www.ons.gov.uk/peoplepopulationandcommunity/populationandmigration/populationestimates/bulletins/annualmidyearpopulationestimates/mid2021.

［13］Online Etymonline Direction. *Create*［EB/OL］.（2024-05-01）［2024-05-01］. https://www.etymonline.com/word/create.

[14] Online Etymonline Direction. *Mathematic*［EB/OL］.（2024-05-01）［2024-05-01］. https://www.etymonline.com/word/mathematic.

[15] Parliament of the UK. *Initial teacher training in England*［EB/OL］.（2019-12-16）［2023-05-11］. https://commonslibrary.parliament.uk/research-brieffngs/cbp-7222/.

[16] Scottish Government. *Curriculum for excellence: experiences and outcomes*［EB/OL］.（2010-12-01）［2024-06-01］. https://education.gov.scot/documents/All-experiencesoutcomes18.pdf.

[17] Scottish Government. *National Standardised Assessments for Scotland: national report 2022 to 2023*［EB/OL］.（2024-03-01）［2024-03-01］. https://www.gov.scot/publications/national-standardised-assessments-scotland-national-report-academic-year-2022-2023/pages/2/.

[18] Scottish Government. *Schools in Scotland 2022: summary statistics*［EB/OL］.（2022-12-13）［2023-05-24］. https://www.gov.scot/publications/summary-statistics-for-schools-in-scotland-2022/.

[19] Scottish Government. *West Lothian*［EB/OL］.（2024-07-01）［2024-07-01］. https://statistics.gov.scot/atlas/resource?uri=http%3A%2F%2Fstatistics.gov.scot%2Fid%2Fstatistical-geography%2FS12000040.

[20] Scottish Government. *What the Scottish Government does*［EB/OL］.（2021-09-01）［2022-09-01］. https://www.gov.scot/.

[21] Stanford Encyclopedia of Philosophy. *Francis Hutcheson*［EB/OL］.（2023-05-01）［2023-05-01］. https://plato.stanford.edu/entries/hutcheson/.

[22] Statista. *Number of pupils attending schools in Scotland from 2013 to 2022, by school type*［EB/OL］.（2023-01-24）［2023-05-22］. https://www.statista.com/statistics/715853/number-of-pupils-in-scotland-by-school-type/.

[23] Statista. *Population of Scotland in 2022, by council area*［EB/OL］.（2024-03-01）［2024-07-01］. https://www.statista.com/statistics/865968/scottish-regional-population-estimates/.

[24] Teaching Bursary in Scotland. *STEM teacher education bursaries*［EB/OL］.（2023-03-01）［2023-05-30］. https://teachingbursaryinscotland.co.uk/.

[25] The General Teaching Council for Scotland. *Archive: 2012 professional standards*［EB/OL］.（2023-12-11）［2023-12-11］. https://www.gtcs.org.uk/professional-standards/archive-2012-professional-standards/.

[26] The General Teaching Council for Scotland. *Professional standards for teachers 2021*［EB/OL］.（2021-08-02）［2023-11-01］. https://www.gtcs.org.uk/professional-standards/

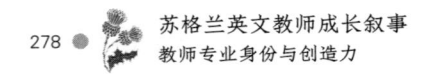

professionalstandards-for-teachers/.

[27] The Guardian. *Scottish independence: the queen makes rare comment on referendum*［EB/OL］.（2014-09-15）［2023-05-03］. https://www.theguardian.com/politics/2014/sep/14/scottish-independence-queen-remark-welcomed-no-vote.

[28] UK Government. *Devolution*［EB/OL］.（2023-05-01）［2023-05-01］. https://www.deliveringforscotland.gov.uk/scotland-in-the-uk/devolution/.

[29] UK Government. *Education (Scotland) act 1945*［EB/OL］.（2023-01-01）［2023-01-01］. https://www.legislation.gov.uk/cy/ukpga/Geo6/8-9/37/enacted.

[30] UK government. *Statistics*［EB/OL］.（2022-06-09）［2023-05-01］. https://explore-education-statistics.service.gov.uk/ffnd-statistics/school-pupils-and-their-characteristics.

[31] 北京市教委. 2022 年北京各区小学、初、高中毕业生在校生人数统计数据［EB/OL］.（2022-03-26）［2023-05-01］. https://www.sohu.com/a/532783686_414577.

[32] 陈向明. 我为什么对质性研究情有独钟［EB/OL］.（2017-10-11）［2024-02-01］. https://www.sohu.com/a/197469895_708421.

[33] 马凤芝. 定性研究与社会工作研究［EB/OL］.（2024-08-01）［2024-08-01］. http://www.shehui.pku.edu.cn/wap/second/index.aspx?nodeid=2036&page=ContentPage&contentid=10155.

[34] 尹建龙等. 欧洲民族国家演进的历史趋势——《欧洲民族国家演进的历史趋势》成果简介［EB/OL］.（2011-10-18）［2023-05-21］. http://www.nopss.gov.cn/GB/219506/219508/219523/15937831.html.

[35] 中国教育部. 2021 年全国教育事业发展统计公报［EB/OL］.（2022-09-14）［2023-05-11］. https://www.eol.cn/shuju/tongji/jysy/202209/t20220914_2245471.shtml.

[36] 中华人民共和国教育部. 2024 年全国教育工作会议召开［EB/OL］.（2024-01-11）［2024-09-01］. http://www.moe.gov.cn/jyb_xwfb/gzdt_gzdt/moe_1485/202401/t20240111_1099814.html.